魏晋南北朝时期儿童养育与儿童精神研究

本专著系西安外事学院高层次人才启动基金项目资助（编号XAIU2019007）阶段性成果。

周海燕 著

郑州大学出版社

图书在版编目(CIP)数据

魏晋南北朝时期儿童养育与儿童精神研究／周海燕著. ── 郑州：郑州大学出版社，2021.10
ISBN 978-7-5645-8106-0

Ⅰ.①魏… Ⅱ.①周… Ⅲ.①儿童教育－教育史－中国－魏晋南北朝时代 Ⅳ.①G619.29

中国版本图书馆 CIP 数据核字(2021)第 172590 号

魏晋南北朝时期儿童养育与儿童精神研究
WEIJIN NANBEICHAO SHIQI ERTONG YANGYU YU ERTONG JINGSHEN YANJIU

策划编辑	胥丽光	封面设计	苏永生
责任编辑	樊建伟	版式设计	苏永生
责任校对	席静雅	责任监制	凌　青　李瑞卿
出版发行	郑州大学出版社有限公司	地　　址	郑州市大学路40号(450052)
出版人	孙保营	网　　址	http://www.zzup.cn
经　销	全国新华书店	发行电话	0371-66966070
印　刷	郑州宁昌印务有限公司		
开　本	787 mm×1 092 mm　1 / 16		
印　张	16.75	字　　数	366千字
版　次	2021年10月第1版	印　　次	2021年10月第1次印刷
书　号	ISBN 978-7-5645-8106-0	定　　价	46.00元

本书如有印装质量问题,请与本社联系调换。

作者简介

周海燕,女,河北唐山人。郑州大学博士,研究方向为中国古代文化史。现为西安外事学院教师。曾参与国家社科基金项目一项,主持陕西省社科项目一项,参与河南省政府招标项目两项,河南省社科联项目一项,发表核心期刊论文 10 余篇。

序

周海燕由博士学位论文修改而成的《魏晋南北朝时期儿童养育与儿童精神研究》一书即将出版，请我写个序，我欣然应允。海燕博士是郑州大学历史学院姜建设教授的博士研究生，之前师从南昌大学周兆望教授学习魏晋南北朝史。我与姜先生关系很好，与周先生也比较熟悉，所以海燕入校之后也选修了我讲授的魏晋南北朝史博士课程。后来海燕与姜先生商量，确定以"魏晋南北朝儿童研究"作为自己的博士学位论文选题，为此她曾征求过我的意见，并将写好的一些论文章节让我过目，请我提出修改意见。因此，我对海燕博士的学位论文并不陌生，想借此机会谈谈自己的看法。海燕博士的这部书稿有以下一些创获：

第一，初步构建了魏晋南北朝儿童研究的基本框架，深化了魏晋南北朝儿童史研究。我们知道，社会史是20世纪中国史学研究中的一个新兴学科，儿童史则是社会史研究的重要内容之一。改革开放以来，史学界逐渐改变了以往只注重政治制度、政治事件和政治人物、社会精英的研究模式，提倡眼光向下，多多关注社会群体特别是普通民众的社会生活。因此，魏晋南北朝时期的老人、妇女与儿童这些社会群体，也开始引起学术界的关注，并取得丰硕的研究成果。但是，以往的魏晋南北朝儿童研究，大多散见于这一时期的社会生活史、社会风俗史和家庭史、妇女史等研究成果之中，相关的研究成果比较零散，全面性、系统性的研究尚嫌不足。因此，构建魏晋南北朝儿童研究的基本框架与研究体系，就成为学术发展的必然趋势和内在要求。海燕博士的这部书稿，在内容上涵盖了育婴扶幼、亲子关系、童蒙教育、孤儿救助、儿童游艺等五大专题，力求全面复原和探索这一时期社会各阶层的求子活动、生命孕育与胎养之法、家庭中的亲子关系、儿童的教育与成长规律、儿童游艺展现出的童真、童趣、童志、童智等儿童特有的内心世界和精神世界，进而探求与儿童问题相关的深层次问题如社会制度、风俗习惯、家庭关系、救助制度与思想信仰等，从而深化了魏晋南北朝儿童研究，这是该书最值得称道的一大创获。从这一意义上讲，对魏晋南北朝儿童做全面系统的综合性研究，不仅弥补了以往研究的薄弱环节，而且对于推动魏晋南北朝社会史研究，也都具有重要的学术价值和参考价值。

第二，准确地把握了魏晋南北朝的时代特征。任何一个历史时期都有其独特的时代特征和历史特征，只有把握这一时代特征，才能准确地理解历史和诠释历史，进而揭示历史发展规律。魏晋南北朝时期儿童的生存环境和成长环境也打上了深深的时代烙印，带有那个时代独特的时代气息。作者很好地把握住魏晋南北朝时代的三大特征，将儿童问题置于其中进行考察：一是魏晋南北朝时期战争频繁，社会动荡，相对于和平环境，儿童的生长环境、生存环境受到巨大的挑战。在战乱、贫困、赋役沉重等社会因素的影响下，生子不举与鬻子不养现象相当普遍，成为国家、社会、家庭必须面对的严峻问题。二是民族融合深深影响着儿童的生活轨迹。五胡内迁，中原百姓南移，各民族杂居共处，对于塑造各民族精神文化、宗教信仰，构建新的政治、经济体制有重要影响。有基于此，儿童汲取民族融合的养分，从儿童成长、生活轨迹、生存状态透射出各民族交流的特征。三是魏晋南北朝时期佛教的兴盛、道教的发展、玄学的兴起，思想园囿呈现出百花齐放、百家争鸣的繁荣局面，思想解放的浪潮冲击着儿童的精神世界，对儿童思想观念的构建、价值观体系的形成产生了强烈的震撼。魏晋南北朝儿童深受这些时代特征的影响，形成了别具一格、有别于其他历史时期的鲜明时代特征。通过上述研究，不仅从广度和深度两方面推动了魏晋南北朝儿童研究，而且也有助于读者深入了解魏晋南北朝时期的历史特色、社会发展与文明程度。

  第三，综合运用多学科理论，全方位解读儿童，研究儿童与社会之间的关系。儿童问题研究既是历史学领域的重要课题，也是社会学领域的重要课题之一。作者坚持历史学的实证研究方法，广泛地占有史料，以史料为依据，实事求是，求真求实，注意发掘史料之间的内在关联。与此同时，适应着历史研究多学科交叉互补、互相渗透的发展趋势，作者注意采用社会学、心理学的理论和方法，探讨魏晋南北朝儿童丰富多彩的生活，揭示儿童生活背后所隐含的社会发展与社会变迁。如作者采用社会学的"角色理论"和"互动理论"，对父亲、母亲、儿童角色进行定位，剖析儿童与父母间的互动关系，指出儿童与父、母的关系并非是哺育与教养的单向关系，而是共生互动的双向关系。采用"社会保障"和"社会制度"理论，探讨魏晋南北朝社会对孤儿的救助，分析教育、文化制度对儿童教育的规范与影响，以及儿童教育又反作用于社会制度，对社会变迁产生一定的影响。运用心理学的研究方法，揭示魏晋南北朝儿童的内心世界。总之，运用多学科的理论与方法来观照历史，不仅可以扩展魏晋南北朝儿童的研究路径，丰富儿童史的研究内容，而且透过儿童的成长轨迹，深刻揭示了儿童问题背后所反映的社会制度和社会问题。

  本书的出版，是对海燕博士以往研究的一个总结，也为作者开启了魏晋南北朝社会生活史研究的一扇大门。希望海燕博士以此书的付梓为起点，在学术研究的道路上继续努力，精益求精，在史学研究领域取得更大的成就。

  是为序。

张旭华
2021 年 7 月 5 日于郑州大学

前言

魏晋南北朝时期,为保持家庭人丁兴旺,求子活动在各阶层范围内盛行。各阶层求子方式多样,既有以求助佛、道、地方神祇为基础的信仰求子,又有以医学为依据的医方求子。求子活动的频繁与多样反映了古代家庭、社会对子嗣的重视。

及生命在母体孕育,胎教便提上生命历程。胎教起源于贵族阶层,历来为世家大族所重视。为培养德行兼备的子弟,士族从择偶开始便为胎教积极准备,并形成一套完整的胎教理论与方法。然而,即使在士族阶层亦存在着堕胎的风险,堕胎的原因不一,主要有二:一是由夫妻纷争、妻妾不谐、父死母嫁等家庭因素引起的堕胎,二是孕妇胎养不当而引起的堕胎。其时的养胎方法主要有二:一是以巫术为指导的养胎。各阶层孕妇以信仰为基础,寻求神祇、巫觋帮助,保佑孕妇母子平安。二是以医学为指导的养胎。各阶层孕妇以医学作为指导,根据时节制定养胎方案;重视安胎药物的作用;千方百计避免疾病,如不幸染病,会积极治疗。总之,孕妇为胎儿健康孕育都会尽最大的努力。

生命不易,弥足珍贵,家庭、国家对婴、幼儿的养育均十分重视。从家庭角度看,父母千方百计为婴、幼儿创造良好环境,在抚养婴、幼过程中,父、母角色不尽相同,承担的任务各有分工。母亲主要负责婴、幼儿的衣食住行、生活起居;而父亲则主要承担起教育婴、幼儿的责任。从国家层面看,国家从法律、政令等方面矜恤婴幼,力图减轻抚养人的生活重担,以保证婴、幼儿在国家、社会的关怀下茁壮成长。孕育生命本是值得庆贺的喜事,然而生子不举与鬻子不养现象在魏晋南北朝时期也相当普遍。这种现象有其存在的深刻根源,原因主要有三:战乱、贫困、赋役沉重等社会因素是这一现象形成的重要原因;家庭不谐、乱伦、重男轻女等家庭因素是其存在的又一诱因;同时,生育风俗禁忌又是这一现象存在的另一原因。生子不举与鬻子不养对社会及家庭产生极其深刻的影响,为此,官府积极采取措施,遏制这种现象的发生,并取得了一定的良效了。

家庭是儿童生活的温床,儿童与父母之间关系密切,直接受到父母的教养与影响。儿童与父母的关系是多方面的,既遵循礼制规范下的伦理道德规范,又靠情感体系下骨肉亲情维系。在礼制规范下,父亲是家庭权威,父子关系相对单一,形成以父亲为核心的一元次序。父尊子职,父亲的神圣地位不容侵犯,父亲的权威通过教育幼子得以实现。相对于父子关系,母子关系较为复杂,儿童与母亲的关系不仅受到礼制的约束,更受到家庭核心人物——父亲的影响,父亲在母子关系上有极大的发言权。在情感体系下,父母角色又有新的定位,在日常生活中,父、母摘下威严的帽子,与幼子亲情互动,勾勒出一幅幅父慈、母爱、子亲的画面。在礼制与情感的双重作用下,父母不仅见证了幼子的茁壮成

· 1 ·

长,而且享受了难得的天伦之乐。同时,在亲子关系中,儿童虽然年幼单纯,但有强烈的自主意识,他们以实际行动自下而上影响着父母,刷新其在父母心目中的稚嫩形象。儿童与父、母的关系并非是哺育与教养的单向驱使,而是相互影响、共生互动的双向联系。

儿童由天真无邪到知书达理,这一重大转变得益于教育的力量。魏晋南北朝时期,童蒙教育形式多端,官学、私学、家庭教育均起到重要作用。此时,虽然官学时兴时废,但小学教育行而不辍,不失为艰难生存的官学教育中一道靓丽的风景。官办小学因其性质所定,旨在培养谙熟儒家经典的名士,进而为统治阶级服务。然则,就教育内容而言,小学在汉代教育的基础上,表现出这一时代的诸多特色。一是佛教传入为小学教育注入了新的血液,出现"婆罗门书"等异域书体。二是教材种类多样化,明贤时彦以汉代蒙书为基础对其进行校注与增删,有些名家甚至亲自撰写蒙学教材,极大地丰富了蒙学读物的种类,丰富了蒙学教育的内容。相比于官学,私学中的童蒙教育更为繁荣,求学方式、教育内容、师生关系三方面均表现出多样性的时代特点。儿童受百花齐放思潮之影响,可以汲取不同营养,学习不同内容;由此,其成长、成才亦形成不同的发展轨迹。

作为儿童中的特殊群体,孤儿命运坎坷,若要立足于社会,需要国家、社会、家庭的关注与帮扶。魏晋南北朝时期,各朝统治阶级意识到孤儿生存的艰辛,重视孤儿救助这一社会问题,积极采取措施救助未成年人,官府从政令、制度方面入手矜恤婴幼,使孤儿能在艰难困苦的环境中得以生存。然而,仅有官府保障措施远远不够,孤儿还需要宗族的关爱、乡里的救济,朋友的慷慨、佛教的布施。不同阶层共同形成合力,救孤儿于危难。孤儿的生存对社会稳定与发展、家族兴旺与繁衍均有重大意义。

儿童游艺虽为"小儿之戏",却是儿童生活不可或缺的重要组成部分。然则,以儒家思想为指导的世家大族对儿童游艺不以为然,他们更推崇儿童"弱不戏弄",希望儿童幼年向学,早慧、早熟;世家大族的儿童游艺观与儿童的天性形成了鲜明的对比。事实上,儿童离不开游艺,儿童游艺不仅是小儿之戏,而且蕴含了深刻的内涵。儿童通过丰富多彩的游艺活动,展现了童年的快乐与纯真,预示了人生未来发展的方向,增进了与父母之间的亲情互动,折射出强烈的时代特征,锻炼了社会参与意识。从文化学、心理学、社会学的角度探讨,游艺反映了儿童童真、童趣、童志、童智等不同层面。

目 录

绪论 ·· 001
  第一节　问题的提出及选题意义 ······························· 001
  第二节　学术史回顾 ··· 003
    一、综论 ··· 004
    二、育婴扶幼 ·· 005
    三、家庭关系 ·· 006
    四、童蒙教育 ·· 007
    五、儿童游艺 ·· 010
  第三节　研究对象的界定 ·· 011
  第四节　研究思路、研究方法、结构设计、创新点与不足 ··· 013
    一、研究思路 ·· 013
    二、研究方法 ·· 013
    三、结构设计 ·· 014
    四、创新点与不足 ·· 016

第一章　葆育之道：育婴扶幼 ································ 018
  第一节　求子之道：生命的酝酿 ······························· 018
    一、子孙观念 ·· 018
    二、求子活动 ·· 026
  第二节　魏晋南北朝时期的胎教 ······························· 032
    一、胎教的重要性 ·· 032
    二、胎教的准备——男尊社会下男性的择偶观 ············ 035
    三、胎教之方 ·· 038
    四、胎养之法 ·· 040
    五、堕胎的风险 ··· 047

第三节　葆育之道：生命的鞠养 ·· 050
　　　一、家庭的责任：婴儿的生养 ·· 050
　　　二、官府的责任：葆育资助 ·· 057

　　第四节　生子不举与鬻子不养：生命的遗弃 ································ 067
　　　一、生子不举及其成因 ··· 067
　　　二、鬻子不养及其成因 ··· 078
　　　三、官府对生子不举与鬻子不养的惩治与救助 ······················· 082
　　　四、生子不举与鬻子不养的影响 ·· 085

第二章　情礼之间：魏晋南北朝时期的亲子关系 ······························ 087
　　第一节　礼制规范下父子关系——以世家大族家庭教育为视角 ······ 087
　　　一、父子角色定位与家教幼训 ·· 087
　　　二、家教幼训的内容 ·· 090

　　第二节　情感体系下的父子关系 ··· 098
　　　一、父之视子：父爱如山 ··· 098
　　　二、子之事父：反哺之恩 ··· 104

　　第三节　父权与礼制双重作用下的母子关系 ····························· 112
　　　一、父权笼罩下的母子关系 ·· 112
　　　二、礼制规范下的母子关系 ·· 118

　　第四节　情感体系下的母子关系：母慈与子亲 ·························· 127
　　　一、母之于子：母爱如海 ··· 128
　　　二、子之于母：情深意长 ··· 133

　　第五节　父母角色定位与亲子互动 ··· 138
　　　一、父亲角色的定位 ·· 138
　　　二、母亲角色的定位 ·· 139
　　　三、儿童角色的定位 ·· 140

第三章　求学之路：官学与私学中的童蒙教育 ································ 142
　　第一节　魏晋南北朝小学教育再探 ·· 142
　　　一、小学的含义及设立 ··· 142
　　　二、小学入学年龄 ·· 148
　　　三、小学教育内容 ·· 150
　　　四、小学教育的特点及影响 ·· 153

　　第二节　魏晋南北朝私学中的童蒙教育 ·································· 154

一、求学方式的多元格局 ………………………………………………… 154
　　二、教育内容的多元化 …………………………………………………… 159
　　三、师生关系的多样化 …………………………………………………… 164
　　四、私学中童蒙教育的特点 ……………………………………………… 169

第四章　慈幼之政:孤儿救助 ……………………………………………… 170
第一节　引言 …………………………………………………………………… 170
　　一、"孤儿"释义 …………………………………………………………… 170
　　二、孤儿救助的历史背景 ………………………………………………… 171
第二节　官府救孤制度 ……………………………………………………… 172
　　一、孤儿救助政令 ………………………………………………………… 172
　　二、巡行与救孤制度 ……………………………………………………… 181
第三节　民间救孤措施 ……………………………………………………… 189
　　一、宗族恤孤 ……………………………………………………………… 190
　　二、乡里救孤 ……………………………………………………………… 199
　　三、其个人救孤 …………………………………………………………… 202
　　四、佛教救助 ……………………………………………………………… 207
第四节　孤儿救助的特点及影响 …………………………………………… 210
　　一、魏晋南北朝孤儿救助的特点 ………………………………………… 210
　　二、魏晋南北朝孤儿救助的影响 ………………………………………… 213

第五章　童年之趣:魏晋南北朝时期的儿童游艺 ……………………… 214
第一节　弱不戏弄:儒家思想下士族对儿童游艺的态度 ………………… 214
第二节　文化学视角下的儿童游艺:传承游艺与童趣 …………………… 217
　　一、竹马之欢 ……………………………………………………………… 218
　　二、骑牛·骑羊·骑狗 …………………………………………………… 220
　　三、斗鹅·斗鸡·斗鸭 …………………………………………………… 221
　　四、水岸之戏 ……………………………………………………………… 224
　　五、博弈之戏 ……………………………………………………………… 225
第三节　心理学视角下的儿童游艺:时代特色与童志 …………………… 228
　　一、战争之戏与将帅之才 ………………………………………………… 229
　　二、聚沙为塔与向佛之心 ………………………………………………… 230
　　三、枕石漱流与清谈之志 ………………………………………………… 231
第四节　社会学视角下的儿童游艺:社会参与与童智 …………………… 233

一、弹弓·射猎 ………………………………………………………… 233
　　二、乐舞百戏 …………………………………………………………… 236
　　三、出游之乐 …………………………………………………………… 238
　第五节　游艺与亲子关系：儿童与父母的亲情互动 ……………………… 240
　　一、儿童游艺与父子关系 ……………………………………………… 240
　　二、儿童游艺与母子关系 ……………………………………………… 241

结语 ……………………………………………………………………………… 243

参考文献 ………………………………………………………………………… 246

后记 ……………………………………………………………………………… 253

绪论

第一节　问题的提出及选题意义

　　一般而言,历史的高文典册里记载的大多是叱咤风云的帝王将相,历史学家更是习惯从挥斥方遒的"大人物"着手探究历史的奥秘,而对于"乳臭未干的小儿"往往容易忽略。近代以来,随着社会史研究的兴起与发展,学界对妇女、老人与儿童这些"弱势"群体才进行关注,儿童问题的研究也取得了一定的成果,但关于中国古代儿童的探索仍有许多尚未开垦的处女地,亟待后学者努力耕植,揭示其中的奥秘。

　　儿童不仅是家庭生活中的重要成员,更是社会中不可缺少的一员,不可避免地与家庭、社会产生千丝万缕的联系。古往今来,儿童承载着家庭的寄托、国家的希望、社会的未来。生育、抚养、教育、未成年人社会保障、游艺,儿童成长的每一个环节,无不渗透着父母与家庭的心血,体现着社会与国家殷切的期盼。如果离开家庭养育与社会关注,儿童则会如无根之木、无源之水。儿童问题联系着社会制度,体现社会风俗的方方面面。透过儿童成长的点滴,一个时代的家庭关系、社会制度、风俗习惯、思想信仰等问题便会跃然纸上,生动、鲜明地展现在人们眼前。探索儿童的世界,为我们了解当时社会打开了一扇大门。对此,许多学者从不同角度进行了论证。正如胡适先生所言:"你要看一个国家的文明,只消考察三件事:第一,看他们怎样待小孩子;第二,看他们怎样对待女人;第三,看他们怎样利用闲暇的时间。"① 王振宇先生指出:"每一个特定社会中儿童的地位,是反映社会进步的标志之一。尽管他不是社会进步的原因,但作为社会发展的一个结果在表现着社会进步的程度。"② 王子今先生也指出:"未成年人的生活境遇,社会对未成年人的态度,是体现社会文明程度的指标之一。"③ 儿童生存的意义不仅在于自身的成长与自我的完善,他们更是家庭未来的接班人,是社会发展的后备力量。从这个角度而言,探索儿童问题是我们了解社会发展与文明程度的一个重要窗口。社会对待儿童的态度、国家有关儿童的制度、儿童的生存与生活状况、儿童在社会中的地位代表着一个国家文明的

---

① 胡适:《慈幼的问题》,《胡适文存》(三集),合肥:黄山书社,1996年,第584页。
② 王振宇:《尊重儿童,就是尊重人类本身》,《早期教育》1999年第3期,第15页。
③ 王子今:《汉代儿童生活》,西安:三秦出版社,2012年。

程度,反映了国家进步与发展的成熟程度。

任何一个社会都有其独特的历史空间,其社会背景为儿童的成长与生活提供了特定的历史环境,儿童生活被打上了深深的时代烙印,带有强烈的时代气息。魏晋南北朝时期,战乱纷争、社会动荡,特殊的历史环境为儿童提供的是无法选择的、残酷的生活空间。相对于和平时期,儿童的生存环境受到巨大破坏,甚至举步维艰,而儿童犹如铿锵玫瑰,在艰难的历史环境中,开出了鲜艳的花朵。民族融合作为此时又一重要的时代特征,深深影响着儿童的生活轨迹。五胡内迁、中原百姓南移,各民族杂居共处,这对塑造各民族精神文化、宗教信仰,构建崭新的政治、经济体系有深远的影响。正是由于此,儿童汲取民族融合的养分,形成具有鲜明时代特色的生活特征,从儿童成长、生活轨迹、生存状态透射出各民族交流的特征。与此同时,随着佛教的兴盛、道教的发展、玄学的兴起,思想园囿呈现出百花齐放、百家争鸣的繁盛局面,思想解放的浪潮冲击着儿童的精神世界,这对儿童思想观念的构建、价值观体系的形成产生了强烈的震撼。魏晋南北朝儿童深受这些时代特征的影响,形成别具一格、有别于其他历史时期的鲜明特征。

魏晋南北朝时期,多子多孙仍然是社会主流的思想观念,为实现这一愿望,广大百姓频繁进行求子活动。然则,深受开放风气的影响,以及深受佛、道、玄等思想的冲击,百姓求子活动表现出多重信仰、兼容并蓄的时代特色,既有祈求地方神祇保佑的求子活动,又有以佛、道教为主线的宗教求子习俗。随着医学的发展,又出现了以医学为依据的求子药方。纵观百姓的求子活动,推陈出新、花样多端,透射出各阶层人士丰富多彩的精神世界,反映出他们的宗教信仰与思想追求;各阶层人士虔诚的宗教信仰与精神追求反过来又推动了魏晋南北朝思想领域的向前发展。魏晋南北朝时期,各朝统治阶级深知人口对政治、经济以及战争的重要意义,以增殖人口为目的,纷纷颁布宽徭薄赋的政令与法律,这对广大百姓无疑是莫大的支持与帮助。然则,官府虽时有鼓励生育的措施,但战乱的环境,贫困、流离失所的生活状态,百姓的生存压力得不到根本的缓解,因此弃子不举与鬻子不养现象时有发生。

教育是儿童成长中不可或缺的大事。受时代背景的影响,官学、私学中的童蒙教育亦发生了很大改变,官学时兴时废,在艰难之中生存,私学则如雨后春笋般遍地开花。不管是官学还是私学,均在传承两汉的基础上,在教育体系、教育内容、教育特点出现了新的时代特征。儿童救助是社会对未成年人权益保障的重要课题。孤儿广泛存在,其救助问题显得十分紧迫。社会对未成年人的救助具有历史性的突破。中国历史上最早的官方孤儿救助机构——"孤独园"成立,在儿童救助史上具有划时代的历史意义。同时,佛教自传入中原大地,在魏晋南北朝时期达到繁盛,佛教成为儿童救助大军中的重要力量。基层救助组织的出现,推动了民间救助事业向前发展。儿童精神世界丰富多彩,儿童纯真活泼的天性通过游艺活动得以彰显,儿童游艺色彩斑斓、绚丽多姿,既有传承秦汉的传统游戏,又有儿童自我的创造,而创造的灵感则来源于佛教、玄学、战争等时代背景。

儿童是活泼生动的血肉之躯,他们在与成年人的共存与互动中不断成长,他们探索充满未知的未来世界,以稚嫩的声音表达对家庭、社会的理解与认知,有时语出惊人,常常令成年人刮目相看。魏晋南北朝时期,大量聪敏早慧、机智多才、思辨善言的儿童脱颖而出。儿童通过参与家庭事务、社会生活、经济劳动与家庭与社会互动,不仅给家庭带来无限希望与生机,而且为社会增添了靓丽的色彩。正是儿童身上体现的独一无二的特征,值得后世学者揭开其面纱、探索其中奥秘,为我们更深入地理解魏晋南北朝政治、经济、文化、风俗、信仰提供有力的支撑。

探索儿童的世界,剖析他们的精神本质,揭示儿童与此时代息息相关的"儿童精神"。这不仅仅是儿童本身的问题,而且是关乎社会进步与发展至关重要的命题。儿童对生命的理解、其生活的态度、对生命的思考以及所要承担的社会责任,是社会变迁与历史进步的动力与源泉。同时,通过对魏晋南北朝儿童问题的研究,从中揭示儿童成长的规律,窥探儿童的内心世界,揭示儿童身上特有的精神本质,这为我们研究当代社会儿童问题提供了宝贵的经验与借鉴。

虽然历史的车轮滚滚向前,魏晋南北朝儿童已随历史过往化为尘埃,但他们留在历史中的"儿童精神"并未磨灭,这些均被定格在历史的天空,熠熠生辉。

第二节 学术史回顾

国内外学界对儿童史的关注可以追溯到19世纪80年代。郭法奇指出:"19世纪80年代初,欧美社会出现了持续30年的'儿童研究'运动,许多心理学家和教育家积极参与儿童问题的研究,它不仅影响了当时人们对儿童的认识,也推动了学校教育的变革。"[①]同一时代,大洋彼岸的中国也开始关注儿童问题,王稚庵《中国儿童史》一书首开中国儿童史研究之先河。该书共分为四辑,分别从儿童的智、仁、勇三个方面对中国历代儿童进行了剖析。该书认为儿童教育十分重要,要为儿童创造良好的环境。[②] 书中包含了大量魏晋南北朝儿童的典型事迹,这为后来学者就儿童问题展开研究提供了宝贵的资料与线索,具有重要的参考价值。1960年,法国学者菲利浦·阿利埃斯《儿童的世纪——旧制度下的儿童和家庭生活》[③]一书问世,在西方学术界引起了强烈的反响,引起了全世界对儿童问题的热切关注。台湾学者熊秉真走在儿童史研究的学术前沿,他的《童年忆往——中国孩子的历史》一书在儿童史研究领域占有重要地位,该书从社会史的角度出发,以时间为轴线,揭开了中国古代儿童的世界,论述了世人儿童观念的衍变历程。[④] 此书虽以宋

---

① 郭法奇:《儿童教育史研究:价值、特点及设想》,《天津师范大学学报(社会科学版)》2009年第2期,第77页。
② 王稚庵:《中国儿童史》,上海:儿童书局,1932年。
③ (法)菲利浦·阿利埃斯著,沈坚、朱晓罕译:《儿童的世纪——旧制度下的儿童和家庭生活》,北京:北京大学出版社,2013年。
④ 熊秉真:《童年忆往——中国孩子的历史》,台北:麦田出版股份有限公司,2000年。

元至近世的儿童研究为主体,但其独特的视角、多元的研究方法奠定了此书的高度,值得后学者学习与借鉴。王子今是较早关注中国儿童问题的学者之一,他的《汉代儿童生活》一书结合传世文献与考古资料,透析了汉代的子孙观念、生子不举、童蒙教育、儿童游艺、孤儿命运等儿童生活的方方面面。① 以上著作为笔者展开魏晋南北朝儿童问题研究提供了宝贵的经验。

历经前辈学者开拓创新,中青年学者继往开来,已取得了一些相关的研究成果。毫无疑问,这些成就弥足珍贵,为本书的写作提供了重要的参考,现就学界对魏晋南北朝儿童研究的成果认真回顾,以期站在前人的肩膀上砥砺前行,瞭望儿童史研究领域尚未涉猎的部分空间。

一、综论

儿童史是社会生活史研究的重要一环,因此首先从魏晋南北朝社会生活史入手,探寻儿童生活的点滴。清末学者张亮采的《中国风俗史》第三编《浮靡时代》第一章"魏晋南北朝隋"描绘了魏晋南北朝社会生活的丰富画卷,简述了中古儿童名字的内涵,认为"幼小之名谓之小名,长则更名,而以小名为讳,或长亦以小名行"②。梁满仓《中国魏晋南北朝习俗史》是一部关于魏晋南北朝社会风俗的专著。该书涉及节令习俗、婚姻习俗、葬丧习俗、宗教信仰习俗、娱乐习俗以及衣食住行等各个方面。③ 内容全面,收罗宏富,其中对童婚、童谣、儿童游戏等方面的内容着墨颇多,见解独到。张承宗、魏向东著《中国风俗通史·魏晋南北朝卷》第五章"生育风俗"主要针对育婴扶幼的风俗进行分析,就生育观念、求子观念、孕妇保健与胎教、婴儿的生产风俗、诞生礼仪、取名风俗、育儿之道、儿童的家庭教育、儿童成年等问题进行了一定的论述。④ 张承宗《六朝民俗》一书第七章"民间礼俗"论述了生儿育女、成年及冠、教育卫生、养老敬老、丧葬丧服等各种礼仪习俗。他认为六朝时期存在重男轻女的生育观念,介绍了一些孕产妇保健的方法,婴儿的诞生、取名的隆重礼仪,以及育儿的相关经验。就教育而言,认为六朝士族普遍重视对子女的教育,特别强调儿童的早期教育,从小养成良好的生活习惯、树立正确的道德观念,可以奠定人生的基础。⑤ 钟敬文主编《中国民俗史·汉魏卷》第四章"社会组织民俗"论述了宗族与家庭、学校与教育。第五章"人生礼仪民俗"论述了儿童的诞生、成人礼仪、婚姻等习俗。⑥

---

① 王子今:《汉代儿童生活》,西安:三秦出版社,2012年。
② 张亮采:《中国风俗史》,北京:商务印书馆,1911年,第102页。
③ 梁满仓:《百卷本 中国全史 第8卷 中国魏晋南北朝习俗史》,北京:人民出版社,1994年。
④ 陈高华、徐吉军主编;张承宗、魏向东著:《中国风俗通史·魏晋南北朝卷》,上海:上海文艺出版社,2001年,第211—246页,第287—289页。
⑤ 张承宗:《六朝民俗》,南京:南京出版社,2002年,第216—239页。
⑥ 钟敬文主编,郭必恒等著:《中国民俗史·汉魏卷》,北京:人民出版社,2008年,第259—380页。

我国台湾学者在儿童史研究上亦占有一席之地。雷侨云《中国儿童文学研究》以文学为视角，综述了中国古代儿童文学的形式、种类和内容，其中对魏晋南北朝时期的儿童歌谣、儿童诗篇、儿童字书、家训文学、神话寓言故事等见地深刻，思路新颖。第四章"家训文学"，以北朝颜之推的《颜氏家训》为分界线，分为颜氏家训之前与之后两部分，充分肯定了《颜氏家训》的重要地位。[①] 雷侨云的另一著作《敦煌儿童文学研究》构建了一幅敦煌历史上儿童生活的完美画卷，剖析了敦煌地区通俗的儿童字书、家训文学、传记文学、二十四孝、童谣寓言与神话传说等内容。[②]

近年来，一些硕士论文开始以魏晋南北朝时期儿童为切入点进行研究。刘浩的硕士论文《魏晋儿童研究》从生养、教育、娱乐、儿童与社会的关系四个方面展开论述，认为魏晋时期的独特政治环境和繁荣的思潮不仅是中国文化转型的关键时期，也涌现了一批出色的儿童。[③] 李静的硕士论文《魏晋南北朝少儿研究》介绍了魏晋南北朝时期少儿的称谓、年龄、生死、教育、文化风俗以及游戏娱乐等自然情况，展示了这一时代少儿的特征。[④] 然而，这些硕士论文对魏晋南北朝儿童问题的研究尚不够深入、全面，仍然有继续研究的余地。

二、育婴扶幼

郭立诚女士《中国生育礼俗考》一书，综述了中国历代百姓生儿育女、育婴保赤等人生重事，就祈子习俗、胎教与禁忌、产育的迷信、生育的礼俗、育婴葆幼等问题提出了独到的见解。第一章"由高禖到子孙娘娘"认为魏晋南北朝存在高禖祭祀祈子的习俗，其他章节也穿插了中古时期多样的生育礼俗。[⑤] 香港学者刘咏聪的著作《中国古代的育儿》分析了中国古代育儿的观念、程序与内容，是一部较为详细的"育儿经"。作者针对皇族阶层、士大夫阶层及平民阶层的育儿之道展开了论述，认为不同阶层在养育子女、教育儿童、性别角色定位以及父母与子女关系方面均存在很大的差别。[⑥] 吴格言《中国古代求子习俗》一书论述了中国人的子嗣观念、求子习俗形成与发展的过程、古代求子的方法。认为古代求子习俗既存在于图腾崇拜、生殖崇拜、宗教神灵崇拜这些思想信仰领域中，又存在于婚俗、岁时节令等日常生活礼俗中。[⑦]

儿童问题研究成果又散见于妇女史研究成果之中。陈东原《中国妇女生活史》综述了中国历代妇女的生活状况。第四章"魏晋南北朝时期的妇女生活"概括了魏晋南北朝

---

① 雷侨云：《中国儿童文学研究》，台北：学生书局，1988年。
② 雷侨云：《敦煌儿童文学研究》，台北：学生书局，1985年。
③ 刘浩：《魏晋儿童研究》，安徽大学硕士学位论文，2007年。
④ 李静：《魏晋南北朝少儿研究》，南京师范大学硕士学位论文，2008年。
⑤ 郭立诚：《中国生育礼俗考》，台北：台北文史哲出版社，1971年，第7—14页。
⑥ 刘咏聪：《中国古代的育儿》，北京：商务印书馆国际有限公司，1997年。
⑦ 吴格言：《中国古代求子习俗》，石家庄：花山文艺出版社，1995年。

士族娶妇标准,认为"多子且子贤"为士族娶妇的不二准则,为此,胎教十分重要。但是,作者并未就胎教的方法与影响展开详细论述,此处应有剩义可寻。高世瑜《中国古代妇女生活》一书侧重点是古代妇女生活,但妇女与儿童密不可分,尤其妇女产育问题是研究儿童问题的学者无法回避的专题。该书"生育篇"论述了中国古代妇女祈子风俗,孕期禁忌与胎教,产育礼俗,避孕、堕胎与溺婴的相关内容。① 该书字里行间展现了妇女孕育子女的艰辛与喜悦,但关于魏晋南北朝妇女生育、养育问题的研究不够详尽。李贞德《女人的中国医疗史——汉唐之间的健康照顾与性别》一书是研究汉唐之间妇女健康与生活的专著。该书从医学的角度出发,第一章至第五章论述了汉唐之间妇女的求子医方、生产之道、堕胎与生子不举、与儿童哺育相关的乳母等问题。②

关于育婴扶幼方面的学术论文,魏向东《魏晋南北朝生育风俗述论》一文分析了魏晋南北朝时期的生育观念与求子活动,认为此时存在重男轻女的生育观念,使各种迷信的求子活动大行其道;孕妇保健和胎教初具影响,生产与养育也产生了一些约定俗成的做法,并积淀成为一定的风俗习惯。③ 刘志《魏晋南北朝节日延寿求福风俗与道教文化》一文,认为魏晋南北朝节日中的延寿求福风俗与道教文化有着密切关系,具体表现在节日中关于健康长寿、农业丰收、乞巧、生育得子等求福心态或风俗活动。④ 陈艳玲《宗教影响下魏晋迄唐生育礼俗探微:以佛道教为中心》论述了佛道对中古时期医学尤其妇产科的发展产生了深远影响,认为在关乎宗族嗣续的生育问题上,佛教的报应轮回说与道教的符箓、咒语、服水、吞符等宗教色彩被写入了产科书籍及病史中,因而在生产过程中形成了医者、病者、普通信众、职业教徒等不同的行为和观念,这些行为和观念在一定程度上反映了佛道教对中古医疗史发展的推动和促进。⑤ 侯旭东《秦汉六朝的生日记忆与生日称庆》论述了生日称庆习俗产生的背景与过程,认为虽然生日记忆早已存在且根植于本土的传统,但主要目的在于了解子女或自己的命运,由单纯的记忆转变为年度性的庆祝,最早见于南朝末年江南地区,应是受到佛教佛诞活动的启发,并在成佛信念的引导下出现的,到了唐代,生日称庆则自下而上,由民俗发展成为国家庆典。⑥

三、家庭关系

儿童是家庭的重要成员,儿童成长的每一个环节无不留下了家庭的烙印。儿童与父母、家庭之间的关系备受关注。台湾学者郑雅如《情感与制度:魏晋时代的母子关系》一

---

① 高世瑜:《中国古代妇女生活》,北京:商务印书馆国际有限公司,1996年,第7-28页。
② 李贞德:《女人的中国医疗史——汉唐之间的健康照顾与性别》,台北:三民书局,2008年。
③ 魏向东:《魏晋南北朝生育风俗述论》,《安徽史学》2003年第2期,第104-106页。
④ 刘志:《魏晋南北朝节日延寿求福风俗与道教文化》,《西夏研究》2011年第1期,第106-111页。
⑤ 陈艳玲:《宗教影响下魏晋迄唐生育礼俗探微:以佛道教为中心》,《河南师范大学学报(哲学社会科学版)》2011年第3期,第146-150页。
⑥ 侯旭东:《秦汉六朝的生日记忆与生日称庆》,《中华文史论丛》2011年第4期,第127-164页。

书剖析了魏晋时期的母子关系,认为母子情感与父系制度之间有着微妙复杂的交融与对抗,"母至亲"关系要受到"父至尊"的认可。① 然则,该书论述的落脚点在于"母",探讨母亲在父系制度下的家庭地位,"子"则是提升母亲家庭地位的重要因素,且"子"的含义也不仅仅局限于儿童。鉴于此,就魏晋时期儿童与父母关系这一论题尚有可以开拓的荒原。台湾黄莉茸《情礼之间——魏晋父女关系研究》从情与礼的角度出发,探讨了魏晋时期父女之间的关系。

王仁磊的博士论文《魏晋南北朝家庭关系研究》分析了魏晋南北朝父母与子女关系,父母对未成年子女进行抚养与教育,认为父母角色始于胎教,父母不断对子女进行着社会规范、文化知识以及处世技能的教育,以逐渐完成儿童的社会化。② 李静蓉《论魏晋时期的继母子关系》一文指出在魏晋"以孝治天下"的基本国策下,继母子之间的关系已完全融入了"孝道"之中,由激烈冲突转入相对和谐状态。③ 韩雅薇的硕士论文《魏晋亲子诗文研究》以魏晋社会现实状况和时代文化为切入点,分析了魏晋亲子诗文的概况、思想内涵以及文学意义。认为魏晋亲子诗文具体包括荣誉意识、孝悌意识、远祸意识、修身意识、个体意识。总体表现了长辈对晚辈的期望、教导、关怀和关爱,这种期望、关怀和关爱不仅在家庭内部有所表现,在家族内部表现也较为突出。④

四、童蒙教育

教育是儿童成长必不可少的环节,因此童蒙教育一直是个热门话题。然则,纵观魏晋南北朝童蒙教育的成果,大多零星散落在通史性的教育专著中,专门就"魏晋南北朝童蒙教育"研究所取得的成果非常有限。乔卫平、程培杰《中国古代幼儿教育史》一书探讨了周代至清朝的慈幼、胎教、幼儿家庭教育、蒙学教育、宫廷保傅教育、神童与早期教育、儿童游戏及文化生活等内容。⑤ 关于古代儿童教育的通史性著作很多,陈汉才撰写的《中国古代幼儿教育史》⑥,杜成宪、王伦信撰写的《中国幼儿教育史》⑦,廖其发撰写的《中国幼儿教育史》⑧均从不同方面梳理了中国古代幼儿教育发生、发展的历史,并在不同章节对魏晋南北朝时期的幼儿教育都有精彩的论述。

徐梓《蒙学读物的历史透视》一书从童蒙教育的教材入手,论述了中国古代的蒙学读物。第二章"周秦汉魏晋南北朝的蒙学读物",认为此时的蒙学读物是以字书为主,并呈

---

① 郑雅如:《情感与制度:魏晋时代的母子关系》,台北:台湾大学出版中心,2001年。
② 王仁磊:《魏晋南北朝家庭关系研究》,郑州大学博士学位论文,2010年。
③ 李静蓉:《论魏晋时期的继母子关系》,《株洲师范高等专科学校学报》2005年第1期,第45—47页。
④ 韩雅薇:《魏晋亲子诗文研究》,河北师范大学硕士学位论文,2013年。
⑤ 乔卫平、程培杰:《中国古代幼儿教育史》,合肥:安徽教育出版社,1989年。
⑥ 陈汉才:《中国古代幼儿教育史》,广州:广东高等教育出版社,1996年。
⑦ 杜成宪、王伦信:《中国幼儿教育史》,上海:上海教育出版社,1998年。
⑧ 廖其发:《中国幼儿教育史》,太原:山西教育出版社,2006年。

现出一种发散性的发展趋势,各自独立发展,相互不统属,众多的蒙学读物很难找到之中内在的逻辑联系。①

台湾卢美凤的硕士论文《六朝幼教研究》以六朝幼教为切入点,剖析了六朝儿童的胎教、生活教育、知识教育、技能教育,就教育的方法、教育理念、教育特色进行了探讨,并总结了六朝幼教的特征:教材多元,宗教深入;启发引导,家训传家;尊重个性,及早施教;妇女施教。向明《兼容并包——魏晋时期儿童教育述论》一文指出了魏晋时期儿童教育呈现出新的特点:教育内容兼涉玄、儒,重视门第教育,教育方式灵活多样,重视寓教于乐。②王仁磊《魏晋南北朝时期儿童教育略论》一文也对这一时期的儿童抚养、教育以及父母与子女的关系进行研究。③ 于方的《重任在肩 岂容逍遥自在——谈〈世说新语〉中魏晋儿童及教育》认为儿童形象个性鲜明、言行机敏,是中国历史上卓尔不群的儿童楷模。儿童教育挑起国家兴亡之重任,儿童教育追逐自然是名教的一部分,而非主要出于内心觉醒。④

关于家庭教育的成果。阎爱民《中国古代的家教》是一部关于古代家教的通史性论著。该书认为魏晋南北朝时期,由于社会的动荡不安,学校教育若有若无,教育的主要场所由学校转移到宗族和家庭,此时家诫、家训层出不穷。⑤ 李必友、张白茹《论魏晋南北朝家族教育兴盛的原因》认为魏晋南北朝时期教育发展的集中反映是家族教育的兴盛,并着重分析了其兴盛的原因。⑥ 张连生《东晋南朝时期家庭教育述论》认为家庭教育特点是家族的长辈广泛参与对子弟的教育;幼儿教育和妇女教育都受到足够的重视。教育方式多样,既有言传身教,又有用文字著作进行教育等形式。教育内容广泛,包括学术文化、科技艺术、实用知识、道德门风等方面。当时的家庭教育在青少年的素质培养方面发挥了重要的作用。⑦ 谢长法《魏晋时期的家庭教育与社会教化》论述了魏晋南北朝随着官学教育的衰落,作为私学主体之一的家庭教育获得了长足发展,并对家庭教育兴盛发达的动因、内容及其特征进行了分析,进而得出家庭教育乃是这一时期社会教化最重要形式的结论。⑧ 齐慧源的《芝兰玉树生阶庭——〈世说新语〉中神童现象与魏晋家庭教育论略》,以《世说新语》所记载的儿童为例,对魏晋神童加以探析,认为教育方式为尊重儿童、

---

① 徐梓:《蒙学读物的历史透视》,武汉:湖北教育出版社,1996年。
② 向明:《兼容并包——魏晋时期儿童教育述论》,《江苏科技大学学报(社会科学版)》2006年第4期,第41-44页。
③ 王仁磊:《魏晋南北朝时期儿童教育略论》,《山西师大学报(社会科学版)》2011年第5期,第79-81页。
④ 于方:《重任在肩 岂容逍遥自在——谈〈世说新语〉中魏晋儿童及教育》,《成功(教育)》2013年第10期,第292-293页。
⑤ 阎爱民:《中国古代生活丛书 中国古代的家教》,北京:商务印书馆,2013年,第16-19页。
⑥ 李必友、张白茹:《论魏晋南北朝家族教育兴盛的原因》,《宁夏大学学报(人文社会科学版)》2002年第4期,第108-111页。
⑦ 张连生:《东晋南朝时期家庭教育述论》,《南京晓庄学院学报》2005年第1期,第30-35页。
⑧ 谢长法:《魏晋时期的家庭教育与社会教化》,《河北师范大学学报(教育科学版)》2009年第9期,第15-19页。

赏识儿童、鼓励儿童。① 高鸿鹏《魏晋时期儿童家庭教育论略》认为魏晋时期儿童的家庭教育以儒学为主要内容，玄学为新兴内容，玄儒兼涉，文化开放。家庭教育方式注重言传身教，塑造人格。家庭重视家学传承，书训教学，培养出长于思考、雅善言谈、沉着冷静的儿童群体素质。魏晋时期儿童家庭教育对当时社会产生深远的影响。② 柳称的博士论文《魏晋南北朝时期家庭教育研究》③以魏晋南北朝时期不同地域间的几大家族的家庭教育为论述对象，从儒礼、经术、玄学、文史、才艺等方面进行研究和探讨，分析了当时世族社会的家庭教育状况。认为世家大族对胎教、早教十分重视，文中就此问题进行了一定的研讨。胡大雷《中古时期家族对儿童的"文学"教育》从儿童"文学"教育的角度论述了中古时期的家族教育，认为中古时期人们十分重视"文学"教育，"戒子""家戒"一类文章多有文学传统。家族对文学"早慧"者多有关注，并刻意培养，家族对儿童文学才华的培养，其目的就是"成门户"，于是南北朝的"家学"、家族文学传统都比较盛行。④

关于家训、家诫研究成果。翟博《中国家训经典》一书集中国历代家训之大成，取历代家训之精华，凝结了历代家庭教育的经验。其中收录的魏晋南北朝家训，对研究魏晋南北朝儿童家庭教育有重要的参考价值。⑤ 闫续瑞、杜华《论诸葛亮的家训思想及其影响》一文指出诸葛亮的《诫子书》《诫外生书》集中体现了其"淡泊明志，宁静致远"和"勉志力行"的家训思想。⑥ 北齐颜之推的《颜氏家训》被誉为"古今家训之祖"，而后世对这一阶段的儿童家庭教育研究也多由此入手，特别20世纪80年代之后迎来了研究的黄金时期，成果颇丰。刘国石先生《八十年代以来〈颜氏家训〉研究概述》对《颜氏家训》的研究做了较为全面的总结。⑦ 孙丽萍的《近十年来〈颜氏家训〉研究概述》对1997年之后的《颜氏家训》研究做了汇总。⑧

关于官学、私学中童蒙教育的成果颇微，仅吴洪成、王金霞的《魏晋南北朝时期的小学教育探析》一文。该文认为小学教育深受学术文化的影响，它的曲折历程及其成就突破了前代固有模式，形成了官、私学并重的格局，而以私学教育最具特色，小学教材的编写也对后世产生了积极的影响。⑨

---

① 齐慧源：《芝兰玉树生阶庭——〈世说新语〉中神童现象与魏晋家庭教育论略》，《徐州师范大学学报（哲学社会科学版）》2004年第6期，第42-46页。
② 高鸿鹏：《魏晋时期儿童家庭教育论略》，《黑河学院学报》2013年第1期，第110-114页。
③ 柳称：《魏晋南北朝时期家庭教育研究》，南开大学博士学位论文，2014年。
④ 胡大雷：《中古时期家族对儿童的"文学"教育》，《梧州学院学报》2008年第1期，第69-77页。
⑤ 翟博：《中国家训经典》，海口：海南出版社，2002年。
⑥ 闫续瑞、杜华：《论诸葛亮的家训思想及其影响》，《西北师大学报（社会科学版）》2013年第3期，第87-91页。
⑦ 刘国石：《八十年代以来〈颜氏家训〉研究概述》，《中国史研究动态》1997年第4期，第19-23页。
⑧ 孙丽萍：《近十年来〈颜氏家训〉研究概述》，《华夏文化》2009年第1期，第63-64页。
⑨ 吴洪成、王金霞：《魏晋南北朝时期的小学教育探析》，《南京社会科学》2007年第10期，第128-133页。

五、儿童游艺

儿童离不开游戏,对此已有学者涉猎。王永平《游戏、竞技与娱乐——中古社会生活透视》一书第十章"活泼有趣的儿童游戏",勾勒出了中古时期儿童骑竹马、荡秋千、纸鸢、弹弓、玩儿沙土、打仗、捉迷藏、掼晕、打围、钓鱼等丰富多彩的游戏画面。该书分析了中古儿童游戏的特点:儿童游戏大多是在年龄相仿或相近的儿童之间进行,儿童游戏有性别的区分,儿童游戏有较强的模仿性。剖析了中古社会儿歌、童谣以及牧童曲的政治功用。① 然则,该书主要侧重隋唐以来儿童的游戏活动,对魏晋南北朝时期儿童游戏论述稍显薄弱。胡福贞《中国古代儿童游戏今析》一文概括了中国古代儿童游戏的三种类型,认为古代教育者已初步认识到游戏对促进儿童体、智、德等方面全面发展的重要作用。② 乔孝冬的文章《〈世说新语〉儿童游戏的谐趣效应》认为《世说新语》中的儿童是游戏的儿童,儿童游戏是古代家庭教育中的重要一环。魏晋士族家庭致力于培养后辈,不仅关注、引导儿童游戏,还积极参与儿童游戏世界,以平等身份与儿童对话。儿童在参与游戏的过程中不但可以获得知识、提升创造力,而且受到中古游戏思想以及清谈世风潜移默化的影响,形成了一种儿童游戏的特殊谐趣效应。③ 这种认识对今天的儿童教育仍具有启迪意义。

近年来,随着考古学的发展,出土的一些墓室壁画中多有儿童游戏的画面。俄军、郑炳林、高国祥主编的《甘肃出土魏晋唐墓壁画》一书包含了儿童游戏的画面,其中《嘉峪关新城魏晋墓·五号墓》的《果木园图》、《嘉峪关新城魏晋墓·六号墓》的《采桑图》、《敦煌佛爷庙湾西晋墓》的《骑竹马图》与《少女刺虎图》、《嘉峪关新城魏晋墓七号墓·七号墓》的《育婴图》均生动活泼地展现了儿童游戏的场面。④ 杨秀清三篇文章《敦煌石窟壁画中的古代儿童生活(一)》⑤、《敦煌石窟壁画中的古代儿童生活(二)》⑥和《敦煌石窟壁画中的古代儿童生活(三)》⑦,通过对敦煌壁画中儿童生活图像的分析,结合传世文献,探讨了古代儿童游戏生活的乐趣及其所反映出的思想,虽然文章主要侧重唐宋,但其中涉猎了晋、北朝等时期儿童游戏的宝贵内容。路志峻的《论敦煌文献和壁画中的儿童游戏与

---

① 王永平:《游戏、竞技与娱乐——中古社会生活透视》,北京:中华书局,2010年,第349-382页。
② 胡福贞:《中国古代儿童游戏今析》,《西南师范大学学报(哲学社会科学版)》1998年第1期,第98-100页。
③ 乔孝冬:《〈世说新语〉儿童游戏的谐趣效应》,《学前教育研究》2015年第1期,第65-69页。
④ 俄军、郑炳林、高国祥:《甘肃出土魏晋唐墓壁画》,兰州:兰州大学出版社,2009年,第88页、第138-139页、第599页、第606页、第276页。
⑤ 杨秀清:《敦煌石窟壁画中的古代儿童生活(一)》,《敦煌学辑刊》2013年第1期,第24-46页。
⑥ 杨秀清:《敦煌石窟壁画中的古代儿童生活(二)》,《敦煌学辑刊》2013年第2期,第40-56页。
⑦ 杨秀清:《敦煌石窟壁画中的古代儿童生活(三)》,《敦煌学辑刊》2013年第3期,第86-103页。

体育》描绘了蹴鞠、玩猧儿、樗蒲、藏钩、弹弓等儿童游戏生活。① 胡朝阳、王义芝的《敦煌古代儿童游戏初探》②、丛振的《敦煌壁画中的儿童游戏》③对敦煌壁画中的嬉戏、乐舞、堆筑、采花、斗草、骑牛、骑竹马、捉蝴蝶、叠罗汉、倒立、顶竿、玩球和游泳一系列的儿童游戏进行了介绍性研究，图文并茂，有重要的参考价值。

第三节　研究对象的界定

"儿童"一词在中国古典文献中出现较早，《列子·仲尼》有言：

> 尧乃微服游于康衢，闻儿童谣曰："立我蒸民，莫匪尔极。不识不知，顺帝之则。"④

这是目前发现的中国古代关于"儿童"最早的称谓。汉魏以降，"儿童"一词已广泛见于史籍，成为世人对未成年人的特有称谓。《三国志·魏书·陶谦传》曰："谦年十四，犹缀帛为幡，乘竹马而戏，邑中儿童皆随之。"⑤可见，东汉末年，"儿童"一词已经专门指代未成年人。又如《三国志·魏书·贾逵传》曰："（逵）自为儿童，戏弄常设部伍，祖父习异之，曰：'汝大必为将率。'口授兵法数万言。"⑥再如《三辅决录注》曰："（张）既为儿童，（为）郡功曹游殷察异之，引既过家，既敬诺。"⑦可见，汉末时期，"儿童"一词应用十分广泛。又如东晋范宣被称为"儿童"，《世说新语》载："年十岁，能诵诗书。儿童时，手伤改容，家人以其年幼，皆异之。"⑧由此可见，东汉以降，"儿童"一词已成为未成年人特有称谓，此语应用广泛，频见史籍。

那么问题在于，"儿童"将以何种年龄为断限进行界定？中国古典文献将未成年人年龄分成不同的阶段，每一个阶段皆有相应的称谓。台湾卢美凤的硕士论文《六朝幼教研究》归纳了中国古代幼、童的年龄与称谓，认为中国古代社会，未成年人分为"初度、赤子、汤饼、襁褓、孩提、牙牙、孺、黄口、垂髫、悼、龆龀、幼学、总角、童、舞勺、舞象"等各个时期。

---

① 路志峻：《论敦煌文献和壁画中的儿童游戏与体育》，《敦煌学辑刊》2006年第4期，第85—88页。
② 王义芝、胡朝阳：《敦煌古代儿童游戏初探》，《寻根》2007年第3期，第62—71页。
③ 丛振：《敦煌壁画中的儿童游戏》，《山西档案》2015年第5期，第16—18页。
④ 杨伯峻：《列子集释》卷四《仲尼篇》，北京：中华书局，1979年，第143页。
⑤ 《三国志》卷八《魏书·陶谦传》注引《吴书》，北京：中华书局，1959年，第247页。
⑥ 《三国志》卷一五《魏书·贾逵传》注引《魏略》，北京：中华书局，1959年，第479页。
⑦ 《三国志》卷一五《魏书·张既传》注引《三辅决录注》，北京：中华书局，1959年，第473页。
⑧ （南朝宋）王义庆撰，（梁）刘孝标校注，余嘉锡笺疏：《世说新语笺疏·德行第一》注引《宣别传》，北京：中华书局，1983年，第43页。

汉代儿童年龄阶段划分较细，且不同时期称谓不一。彭卫、杨振红认为："汉代通常将未成年人分为婴儿、孺子、悼、幼、童五个阶段。……汉代的婴儿、孺子、悼、幼或幼童诸阶段相当于现代意义上的儿童时期，童或成童相当于青少年时期。"①由此可知，15 岁以前的未成年人虽有不同称谓，然世人皆以童幼视之。王子今先生在《汉代儿童生活》一书亦对汉代未成年人年龄进行了界定，认为："汉代文献所见'童'即'未巾冠'、'未笄'阶段概括'未成年'，是大体适宜的。"②

从礼制角度而言，虽然 6 岁、7 岁等不同年龄有不同称谓，然而 15 岁以下一概以儿童视之。《礼记·内则》曰："六年，教之数与方名。七年，男女不同席，不共食。八年，出入门户及即席饮食，必后长者，始教之让。九年，教之数日。十年，出就外傅，居宿于外，学书计。衣不帛襦袴。礼师初，朝夕学幼仪，请肄简、谅。十有三年，学乐诵《诗》，舞《勺》。成童，舞《象》，学射御。"郑玄注："成童，十五以上。"③据此可知，15 岁是人生历程有标志意义的重要阶段，成为儿童与成年的分水岭。从赋役角度而言，汉代官方赋予儿童特定称谓与相应的年龄断限。彭卫、杨振红认为："据居延汉简，官方对儿童尚有特定指称。简牍文书载录的年龄分层是：大男和大女，年龄在 15 岁以上；使男和使女，年龄在 7 岁至 14 岁；未使男和未使女，年龄在 2 岁至 6 岁。"④可见，汉代官方将成年人与未成年人加以区别，成年与否的分界线仍为 15 岁，不同年龄有不同称谓。据此，结合传世文献与出土文献，从礼制与赋役双重角度出发，可以认定汉代儿童年龄上限大体为 15 岁。

魏晋以降，文献并未明确记载儿童年龄的断限，但仍可从赋役制度窥其大要。赋役制度中一个重要的参考标准即为"丁"。"成丁"是个人缴纳赋税、服各种徭役的起点，因此"丁年"起始一般被视为个人成年的标志。关于丁年年龄，前辈学者多有论述，唐长孺先生在《〈晋书·赵至传〉中所见的曹魏士家制度》一文指出："魏制大概以十六七岁为丁，所以赵至在十五岁发心逃亡，到了十六岁就不得不走，否则一旦受征，那就是正式兵士了。"⑤可见，曹魏以十五六岁为始役年龄。高敏先生对孙吴赋役制度进行了考证，认为："三国时期的吴国，实行了以十五岁成丁，被称为'大男'、'大女'，十四岁以下为小，被称为'子男'、'子女'或'小男'、'小女'，六十一岁以上为老，被称为'老男'、'老女'的丁中老小制度，可补史籍的缺漏。西晋政权灭吴之后，鉴于和平环境的降临，立即颁行了'男女年十六已上至六十为正丁，十五已下至十三，六十一已上至六十五为次丁，十二已下，六十六已上为老、小、不事'的丁中老小制度，正是在吴国之制的基础上略有损益而形

---

① 彭卫、杨振红：《中国风俗通史·秦汉卷》，上海：上海文艺出版社，2002 年，第 354 页。
② 王子今：《汉代儿童生活》，西安：三秦出版社，2012 年，第 3 页。
③ 《礼记·内则》，李学勤主编《礼记正义》，北京：北京大学出版社，1999 年，第 869 页。
④ 彭卫、杨振红：《中国风俗通史·秦汉卷》，上海：上海文艺出版社，2002 年，第 354 页。
⑤ 唐长孺：《〈晋书·赵至传〉中所见的曹魏士家制度》，《魏晋南北朝史论丛》，北京：生活·读书·新知三联书店，1955 年，第 35 页。

成的统一行之于全国的制度,从而使历史发展的脉络感更为明白。"①据此可知,魏晋赋役制度中"丁"以十五六岁为断限,即十五六岁可视为个人成年之标志,是人生重要的转折点。未成年人中又可分为"中"与"小"不同的年龄阶段,二者之差即在于青少年与童幼的区别。

魏晋南北朝时期,虽然文献中关于儿童称谓不尽相同,但未成年人与成年人的分水岭大抵在15岁左右。鉴于此,本书将15岁作为未成年人年龄断限,15岁以下之未成年人虽有各种不同称谓,然均以"儿童"视之。这种年龄划分仅是为研究之需要,依据大多数儿童状况进行的区分。不可否认,因家庭、社会环境以及自身因素的影响,儿童千差万别,儿童年龄断限亦不能一概而论之。因此,书中有些儿童年龄稍有出入,当是在全局框架之下,具体问题具体分析,特此说明之。

第四节 研究思路、研究方法、结构设计、创新点与不足

一、研究思路

通过对魏晋南北朝求子习俗研究,分析此时各个阶层的内心世界,窥探贵族与民众的精神信仰与思想追求。通过对魏晋南北朝儿童生活研究,分析儿童身上熠熠闪光的特点,挖掘他们身上折射出的"儿童精神",了解此时儿童有别于其他历史时期、独特的精神风貌。通过对魏晋南北朝儿童问题的研究,透视此时社会风俗、社会生活与社会制度,了解社会变迁的历史轨迹。

二、研究方法

本书以辩证唯物主义与历史唯物主义为指导。马克思主义哲学深刻揭示了人类社会发展的一般规律,是人类哲学发展史上的高峰,对人类社会发展起到重大推动作用。马克思辩证唯物主义与历史唯物主义二者相互结合、相互渗透,运用马克思主义哲学方法,对本书撰写具有重要的指导意义。

本书以魏晋南北朝儿童为研究对象,儿童不是孤立于社会之外,而是与社会联系非常紧密,儿童生存、教育、游艺、交往等生活的方方面面均受到社会环境的影响,儿童的活动又不可避免地影响社会的进步与发展。在梳理史料的过程中,笔者牢记事物之间相互

---

① 高敏:《吴简中所见"丁中老小"之制》,《长沙走马楼简牍研究》,桂林:广西师范大学出版社,2008年,第108页。

联系的观点,将"儿童"这一论题放眼于魏晋南北朝大的历史背景之中,对与之相关的史料坚持"竭泽而渔、一网打尽"的收集方法;同时,有些史料看似与论题相去甚远,实则与之有着千丝万缕的联系,因此笔者尽量将与儿童相关的诸如妇女、教育、政治、经济、生活等方面的史料相互串联,寻找儿童与其之间的内在关联。笔者以马克思唯物史观为指导,对史料进行"去粗取精、去伪存真"的甄别,采取"取其精华、去其糟粕"的科学态度进行论证。本书论述过程中,坚持理论与实际相结合,不主观臆断、妄自菲薄,坚持实事求是的原则,以史料为依据,靠事实说话,做到求真、求实。

历史的研究离不开相关史料,本书运用史料学方法,用史料事实说话。史料包括两大部分,即第一手资料与第二手资料。

第一手资料又分为两类。一是传世文献,诸如《三国志》《晋书》《宋书》《南齐书》《梁书》《陈书》《魏书》《北齐书》《周书》、相关类书、文集、诗词等资料,为本书撰述提供了最基本的支撑。二是出土文献,国学大师王国维先生提出的"二重证据法",即结合传世文献与出土资料,二者相互印证、相得益彰。近年来,随着考古学的推进与发展,一批碑刻墓志、壁画、绘画作品等出土,这些出土文献直观反映社会历史现实,弥足珍贵,大大弥补了传世文献的不足,成为本书撰述的有力材料支撑。

第二手资料是前贤时彦对历史相关问题取得的研究成果,与第一手资料一样,这是现代史学研究不可或缺的重要组成部分。前辈的研究成果启迪后学,后来者将在此基础上继续前进,才能将史学研究推向更深、更远的方向。

"儿童"问题研究不仅是历史领域的重要课题,而且是社会学领域的重要课题之一。本书将采用社会学中"社会变迁"的理论与方法,探讨魏晋南北朝儿童丰富多彩的生活,揭示儿童生活背后所隐含的社会发展与变迁状况。同时,本书将采用社会学中"角色理论""互动理论"作为研究的理论基础之一。如分析魏晋南北朝儿童与父母的关系,首先要对父亲、母亲、儿童角色进行定位,以此为中心剖析儿童与父、母之间的互动关系。本书将采用社会学中"社会保障"理论作为依据,剖析魏晋南北朝社会对孤儿的救助,以此窥探孤儿在整个社会的生活状况与社会地位。本书将采用社会学中"社会制度"理论作为依据,分析教育、文化制度对儿童教育的规范与影响,同时儿童教育又反作用于社会制度,对社会变迁产生一定的影响。

运用心理学的研究方法,旨在揭示魏晋南北朝儿童的内心世界。如研究"儿童游艺"这一章,通过心理学的相关理论分析儿童游戏以及游戏中折射出来的儿童心理问题。

三、结构设计

本书分绪论、正文、结语三个部分。

绪论部分主要论述选题意义、学术史回顾、研究对象的界定、基本思路、研究方法、创新点与不足等内容。

正文分为五章。第一章是"葆育之道:育婴扶幼"。"不孝有三,无后为大。"传宗接代、子嗣繁衍是中国古代家庭的头等大事。魏晋南北朝时期,为保持家庭兴旺繁昌,各个阶层求子活动盛行,既有以信仰为基础的求子活动,又有以医学为依据的求子医方。及生命在母体孕育,胎教便提上生命历程。贵族阶层普遍重视胎教,从择偶开始便为胎教积极准备,形成一套完整的胎教理论与方法。生命不易,弥足珍贵,婴儿始生,不仅是家庭的喜事,而且也是社会头等大事,家庭、国家对婴儿抚养均负有不可推卸的责任。父、母是婴儿的监护人,而由于社会分工不同,父、母角色也不尽相同,母亲主要负责婴儿的衣食住行、生活起居,而父亲则主要承担婴儿教养的责任。国家从政令、法律等政策法规方面矜恤婴幼,力图减轻新生儿家庭的经济负担,以保证婴儿有宽松的生存环境。但是,此时却存在与此截然相反的一种现象,即生子不举与鬻子不养,与对子嗣的殷切期盼形成鲜明对比。究其根源,既有社会环境的因素,又有家庭以及风俗各方面的因素。生子不举与鬻子不养对社会及家庭产生极其深刻的影响,为此,官府积极采取措施,遏制这种现象的发生,并取得了一定的良效。

第二章是"情礼之间:魏晋南北朝时期的亲子关系"。本章以亲子关系为视角,研究魏晋南北朝儿童与父、母的关系。儿童与父、母的关系是多方面的,既受到礼法制度的规范,又受到情感体系的影响。就情感体系而言,儿童与父、母的关系具有一致性,体现了家庭内部父、母与子女的浓厚亲情,勾勒出了一幅幅父(母)慈子爱的画卷。然则,在礼制规范下,由于性别角色定位以及家庭分工的不同,父、母在家庭中的地位与身份不尽相同,这就决定了儿童与父、母二者之间的关系又有一定区别。父亲是家庭权威,父子关系相对单一,形成以父亲为核心的一元家庭次序。在此次序的规范下,父尊子职的模式得以彰显,父亲地位神圣不容侵犯,父亲通过教育完成对幼子教养的角色。相对于父子关系而言,母子关系较为复杂,儿童与母亲的关系不仅受到礼制的约束,更受到家庭核心人物——父亲的影响,父亲在母子关系上有极大的发言权。此外,儿童虽然年幼单纯,但儿童又是客观存在的主体,有自主意识,他们自下而上、由幼及长影响着父母,儿童与父、母的关系并非是哺育与教养的单向驱使,而是共生互动的双向关系。

第三章是"求学之路:官、私学中的童蒙教育"。魏晋南北朝童蒙教育呈现多样化发展趋势,家庭、官学、私学教育均对儿童教育做出了重要贡献。虽然官学时兴时废,但小学教育行而不辍,不失为艰难生存的官学教育中一道靓丽的风景。官办小学因其性质所定,旨在培养谙熟儒家经典之士,进而为统治阶级服务。然则,与汉代童蒙教育相比,小学教育出现了许多新的特征,带有强烈的时代特色:从教育内容看,佛教的传入打破了汉代以来以经学教育为主的单一教育内容,为小学教育注入新鲜血液;北朝鲜卑族建政之后,虽然推行一系列汉化政策,但少数民族遗风仍在,反映在教育上,某些以鲜卑特色为内容的教育仍然存在。相比于官学,私学中的童蒙教育更为发达,教育方式更加灵活,教育内容更加丰富多彩。儿童受新的思潮之影响,在私学中汲取不同的营养,其成长、成才形成不同的轨迹。

第四章是"慈幼之政:孤儿救助"。孤儿的生存与发展对社会进步、家庭的繁兴影响深远。孤儿命运坎坷,若要生存、立足于社会,需要国家、社会、家庭的关注与帮扶。魏晋南北朝时期,官府意识到孤儿生存的艰难,各朝统治阶级均下达矜恤孤幼的政令与法律,这对于缓解孤儿生存压力起到一定作用。然而,仅有官府关注远远不够,孤儿还需要宗族的关爱、乡里的救济,朋友的慷慨、佛教的布施,不同阶层共同形成合力,救孤儿于危厄,养童幼于困境。在各种力量的共同努力下,孤儿得以立足社会。

第五章是"童年之趣:魏晋南北朝时期的儿童游艺"。本章以儿童游艺为视角,剖析儿童的精神世界。以儒家思想为指导的世家大族对儿童游艺并不欣赏,他们希望儿童早慧,过早地步入成人世界,因此"弱不戏弄""幼年早成"成为士族衡量儿童的重要标准。然则,儿童游艺虽为"小儿之戏",但是儿童生活不可或缺的重要组成部分。儿童通过丰富多彩的游艺活动,展现了童年的快乐与纯真,预示了儿童未来发展的方向,增进了与父母之间的亲情,折射出了强烈的时代特征,锻炼了参与社会的意识。

结语部分重申本书研究的意义,分析了儿童身上折射出的五大时代特征,挖掘了魏晋南北朝"儿童精神",从总体上对魏晋南北朝儿童做出客观评价。

四、创新点与不足

(一)本书创新点

其一,研究领域创新。目前,国内外学界对汉、唐盛世时期儿童问题研究较多,但对于处于乱世的魏晋南北朝儿童问题研究相对薄弱。关于魏晋南北朝儿童问题的研究,很多研究成果存在于综述性的通史当中,往往会被寥寥几笔带过,对此问题的专门性、系统性研究尚付阙如。况且,学界对儿童的产育、抚养、童蒙教育、政治生活、精神生活、儿童救助等专题研究,虽已有相关的学术成果,但往往过于零散与笼统。这亟待后学者对儿童问题进行系统论述,从而挖掘儿童问题更深层次的内涵与本质。

其二,研究方法创新。历史学研究不是孤立存在的,而是与其他学科存在深深的交集,有很强的交叉性与融合性。儿童问题不仅是历史学领域的重要课题,更是哲学、社会学领域的重要问题。本书将综合运用历史学、马克思主义哲学、社会学、心理学的研究方法,从不同侧面反映"儿童问题"这一大的主题。本书以马克思主义哲学为理论基础,运用联系、认识论等方法,分析儿童与社会之间的内在关联。同时,本书既重视从历史文化、社会风俗、规章制度、政治背景等方面对儿童问题进行解读,又注重运用社会学中社会变迁、社会角色、社会互动、社会制度、社会保障等理论对家庭关系、童蒙教育、孤儿救助、儿童精神生活等问题进行分析。本书力图综合运用多种学科理论,全方位解读儿童、研究儿童与社会之间关系。

(二)本书不足之处

本书将在前辈学者研究的基础上,以儿童问题为主线进行研究,但仍有不足之处。

其一,"儿童"这一论题看似简单,但越是简单的课题越要挖掘其内在的深度和外在的广度,才能深刻揭示由这一问题所反映的社会风貌以及社会问题。笔者在撰写本书过程中,虽认识到要有问题意识,要用联系的观点看待问题,将儿童问题研究透彻、深入,同时不忘儿童问题引起的社会影响。但因才疏学浅、能力所限,常恐陷入泛泛之谈的困境。

其二,儿童问题包罗万象,涉及面十分广泛,文章架构不能面面俱到,又怕以偏概全,取舍之间,常恐不妥。"儿童"不仅是历史学中的重要命题,更是社会学、心理学、哲学领域的重要命题。本书力图将历史学、哲学、社会学、心理学等研究方法相结合,从不同角度分析儿童的特性与社会影响。

第一章 葆育之道：育婴扶幼

生命如花，若要展现绚丽缤纷的色彩，必然要经历孕育、生根、发芽与成长的整个历程。每个人从幼稚到成熟，都是一个漫长的生命旅程，而葆育阶段成为迈向人生的第一步。

第一节 求子之道：生命的酝酿

传宗接代、子嗣繁衍是中国古代家庭的头等大事，上至帝王，下及平民，概莫能外。受男尊女卑思想的影响，中国古代家庭普遍重男轻女，"弄璋""弄瓦"之说便是佐证，魏晋南北朝亦不例外。家族兴旺、子孙蕃昌是各个阶层共同的愿望，为了保证男丁兴旺，形形色色的祈子活动在社会与家庭范围内广泛流行。

一、子孙观念

（一）宜男

重男轻女、多子多孙是普遍盛行的社会观念，生男弄璋、生女弄瓦，性别不同，命运大相径庭。晋朝傅玄《历九秋篇》就曾描述了生男、生女的不同命运，曰："妾受命兮孤虚，男儿堕地称珠。女弱虽存若无，骨肉至亲更疏。奉事他人托躯。"①《苦相篇》也描绘了男女命运的巨大差别，曰："苦相身为女，卑陋难再陈。男儿当门户，堕地自生神。雄心志四海，万里望风尘。女育无欣爱，不为家所珍。"②重男轻女思想不分阶层，无论世家大族家庭还是平民家庭，均不能免俗。

---

① 逯钦立辑校：《先秦汉魏晋南北朝诗·晋诗》卷一《傅玄·历九秋篇》，北京：中华书局，1988年，第562页。
② 逯钦立辑校：《先秦汉魏晋南北朝诗·晋诗》卷一《傅玄·苦相篇》，北京：中华书局，1988年，第555页。

1. 士族家庭宜男观念

刘咏聪先生在《中国古代的育儿》一书指出:"中国古代社会,这种重男轻女的倾向,与农业社会、宗法精神、家庭伦理息息相关。"①这是古代社会重男轻女观念产生的主要原因。魏晋南北朝时期,世家大族为保证家族兴旺,重视子孙繁衍,后继有人,"宜男"观念从择偶便已开始。世家大族往往选择人丁兴旺家族的女子为婚,西晋武帝为儿子选妃,将"多子多福"作为评判女子的标准,认为"卫家种贤而多子,美而长白;贾家种妒而少子,丑而短黑"②。南齐郁林王妃何氏,因门孤无男而遭到嫌弃,《南史·后妃上·郁林王何妃传》载:"初将纳为南郡王妃,文惠太子嫌戚无男,门孤,不欲与昏。"③

生男则喜,生女则厌。南齐高帝刘皇后,母桓氏梦吞玉胜生后,时有紫光满室,以告后父刘寿之,寿之曰:"恨非是男。"④"恨非是男"反映了世家大族重男轻女的心声。梁武帝德皇后郗氏,后母寻阳公主怀妊时,"梦当生贵子"。⑤ 生后而非男,心中不免失落。北齐娄太后为博陵王娶崔㥄妹为妃,婚夕,显祖举酒祝曰:"新妇宜男,孝顺富贵。"⑥倾吐长辈对子孙期盼的心声。

重男轻女的思想观念在诗篇中多有体现,世家大族以"宜男花"为题入诗,希望宜男花为其带来"宜男"好运。"宜男花"因名而贵,相传有令人生子之功效,深为世家大族所推崇。《风土记》曰:"宜男,草也,高六七尺,花如莲,宜怀妊妇人佩之,必生男。"⑦曹魏陈思王"宜男花颂"、晋傅玄"宜男花赋"、晋夏侯湛"宜男花赋"、梁元帝"宜男花诗"、梁沈约"咏鹿葱诗"⑧等均体现士族生男之愿望。

名字是父母对子女的祝愿,同时也是父母心声的体现。许多女孩出生,未能满足父母得子之愿望,父母便给女孩取名"迎弟""招弟"等,期盼再生为男,以传宗接代、光耀门楣。晋城阳侯石尠,其夫人刘氏之母诸葛氏字"男姊"⑨,南朝刘宋会稽宣长公主名"兴弟"⑩,宋文帝路淑媛名"惠男"⑪,刘宋武帝之女吴兴长公主讳"荣男"⑫,北魏宫中女尚书

---

① 刘咏聪:《中国古代的育儿》,北京:商务印书馆,1997年,第17页。
② 《晋书》卷三一《后妃上·惠贾皇后传》,北京:中华书局,1974年,第963页。
③ 《南史》卷一一《后妃上·郁林王何妃传》,北京:中华书局,1975年,第331页。
④ 《南齐书》卷二〇《皇后·高昭刘皇后传》,北京:中华书局,1972年,第390页。
⑤ 《梁书》卷七《高祖郗皇后传》,北京:中华书局,1973年,第157页。
⑥ 《北齐书》卷二三《崔㥄传》,北京:中华书局,1972年,第335页。
⑦ (唐)欧阳询撰,汪绍楹校:《艺文类聚》卷八一《药香草部上·鹿葱》,上海:上海古籍出版社,1965年,第1396—1397页。
⑧ (唐)欧阳询撰,汪绍楹校:《艺文类聚》卷八一《药香草部上·鹿葱》,上海:上海古籍出版社,1965年,第1396—1397页。
⑨ 赵超:《晋故尚书征虏将军幽州刺史城阳简侯石尠墓志》,《汉魏南北朝墓志汇编》,天津:天津古籍出版社,1992年,第16页。
⑩ 《宋书》卷四一《后妃·武敬臧皇后传》,北京:中华书局,1974年,第1282页。
⑪ 《宋书》卷四一《后妃·文帝路淑媛传》,北京:中华书局,1974年,第1286页。
⑫ 《宋书》卷四一《后妃·孝武文穆王皇后传》,北京:中华书局,1974年,第1289页。

姓冯名"迎男"①,北魏尚书令李宪孙女名"迎男"②,北魏寇炽之孙女名"将男"③,北齐故厍狄氏武始郡君斛律夫人讳"昭男"④,北周拓跋虎妻尉迟氏讳"将男"⑤。无论是男姊、将男、迎男,还是惠男、昭男,可以肯定,这些贵族妇女的名字直接反映了父母的心声,折射了父母生男的强烈愿望。

2. 平民家庭宜男观念

平民百姓亦希望家庭男丁兴旺,多子多福。除宗法精神、家庭伦理这些原因之外,在农耕社会,寻常百姓为了生存,需要大量劳动力耕田力作、从事生产,而男性无疑是劳动的生力军。为增加劳动人手,普通民众生男愿望更为强烈。这在父母为孩子起名时便有所体现,以《北朝关中地区造像记》为例,北朝关中地区诸多信徒的名字反映了关中百姓"宜男非女"的思想。⑥ 据统计,书中女性名字有宋迎男、信迎男,雷男㛃、李男异、赵次男、刘送男、吴宜男、吴双男、吴逈男、邓男足、钳耳昭男、妙男、廉益男、吕要男、续男、男借、盖男花、李男香、张男续等。从这些女孩儿的名字看出,她们的出生并未给父母带来欣喜;相反,父母殷切期盼再生产时能迎来男丁,赤裸裸地反映了父母"宜男""生男"的强烈愿望。

(二)子孙蕃昌

魏晋南北朝时期,子孙蕃昌是各阶层人士的共同愿望,世家大族更不例外。曹魏文昭甄皇后劝文帝广纳淑媛,理由便是"昔黄帝子孙蕃育,盖由妾媵众多,乃获斯祚耳。所愿广求淑媛,以丰继嗣"⑦。皇室甚至将子孙蕃昌与阴阳五行、天道佐佑相连系。《晋书·天文志中》曰:"五星若合,是谓易行,有德承庆,改立王者,奄有四方,子孙蕃昌;亡德受殃,离其国家,灭其宗庙,百姓离去,被满四方。"⑧西晋皇室司马馗妻王氏墓志,记载了司马氏家族希望子孙蕃昌、福寿绵长的愿望,曰:"上宁先灵,下降福休。子子孙孙,天地相侔。"⑨东晋简文帝为会稽王时,生三子而俱夭,此后诸姬绝孕将近十年,虽有新安公主承欢膝下,但因其身为女子而不能延续香火,简文帝心急如焚,求助巫卜,辗转数年无果。简文帝信巫之言,不断寻找有宜男、贵男之相的姬妾。时李太后为宫人,在织坊中,形长

---

① 《魏故官御作女尚书冯女郎墓志》,《汉魏南北朝墓志汇编》,第123页。
② 《魏故使持节侍中都督定冀相殷四州诸军事骠骑大将军定州刺史尚书令仪同三司文静李宪墓志》,《汉魏南北朝墓志汇编》,第332页。
③ 《魏故广州别驾襄城顺阳二郡守寇炽墓志》,《汉魏南北朝墓志汇编》,第490页。
④ 《齐故厍狄氏武始郡君斛律夫人墓志铭》,《汉魏南北朝墓志汇编》,第414页。
⑤ 罗新、叶炜:《拓跋虎妻尉迟将男墓志》,《新出魏晋南北朝墓志疏证》,北京:中华书局,2005年,第258页。
⑥ 魏宏利:《北朝关中地区造像记》,北京:中国社会科学出版社,2017年。
⑦ 《三国志》卷五《魏书·后妃·文昭甄皇后传》注引《魏书》,北京:中华书局,1959年,第160页。
⑧ 《晋书》卷一二《天文志中》,第321页。
⑨ 《司马馗妻王氏墓志》,《新出魏晋南北朝墓志疏证》,第1页。

而色黑,宫人皆谓之昆仑。既至,相者惊云:"此其人也。"简文帝无论如何也不会喜欢一个五大三粗、黝黑奇丑的粗使丫头,但"帝以大计,召之侍寝。后数梦两龙枕膝,日月入怀,意以为吉祥,向侪类说之,帝闻而异焉,遂生孝武帝及会稽文孝王、鄱阳长公主"①。即使是皇家,为了子孙繁衍也可以不计出身与容颜,可见子孙观念之重,无子切肤之痛。北齐安德王高延宗娶赵郡李祖收女为妃,成婚之日,文宣帝巡幸至李宅,宴饮庆祝,妃母宋氏荐二石榴于帝前。问诸人莫知其意,帝投之。魏收曰:"石榴房中多子,王新婚,妃母欲子孙众多。"②帝大喜,以魏收应答得体而赏赐美锦。

子孙蕃昌又是广大民众共同的愿望。侯旭东先生就北朝民众的佛教信仰进行了统计与分析,指出民众关注的核心在于家庭。③ 从民众祈愿的内容来看,有相当多的愿望是祈求佛祖保佑子孙蕃昌。

从考古资料看,汉代铜镜铭文频见"子孙蕃昌"字样。④ 魏晋南北朝铜镜不似两汉繁多,但就出土铜镜分析,"子孙蕃昌"仍然是铭文的主要祝语。根据《汉唐纪年镜图录》⑤《鄂城汉三国六朝铜镜》⑥等书记载,就出土的魏晋南北朝铜镜所见"子孙蕃昌"铭文如下:

吴黄武六年(227)"重列神人神兽镜"隶书铭文,曰:"黄武六年五月壬子四日癸丑,造作三命之宜王且侯,服竟(镜)之人皆寿岁,子孙众多悉为公卿,收财数百牛羊而□□□□。"⑦(图1-1)

吴黄武六年(227)"分段式重列神兽镜"铭文,曰:"黄武六年十一月丁巳朔廿七日丙辰,会稽山阴作师鲍唐竟,照明服者也,宜子孙,阳遂,富贵老寿,匜先牛羊马,家在武昌,思其少天下命吉服,吾王千昔□□。"⑧

吴赤乌元年(238)"半圆方形带神人神兽镜"隶书铭文,曰:"赤乌元年,造作明镜,可照刑上辟录衼。长生老寿,位至公卿,子孙□禅,福禧无穷。"⑨

魏黄初二年(221)"半圆方枚重列神兽镜"铭文,曰:"黄初二年十一月丁卯朔廿七日癸巳,扬州会稽阴师唐豫命作镜,大六村清冒,服者高迁,秩公美,宜侯王,子孙蕃昌。"⑩

魏正始元年(240)"三角缘神人神兽镜"隶书铭文,曰:"正始元年,陈自是作镜,有

---

① 《晋书》卷三二《后妃下·孝武文李太后传》,第981页。
② 《北史》卷五六《魏收传》,北京:中华书局,1974年,第2033页。
③ 侯旭东:《五六世纪北方民众佛教信仰:以造像记为中心的考察》,北京:中国社会科学出版社,1998年,第214页。
④ 王子今:《汉代儿童生活》,西安:三秦出版社,2012年,第13-20页。
⑤ 刘永明:《汉唐纪年镜图录》,南京:江苏古籍出版社,1999年。
⑥ 湖北省博物馆、鄂州市博物馆编:《鄂城汉三国六朝铜镜》,北京:文物出版社,1986年。
⑦ 《汉唐纪年镜图录》,第52页。
⑧ 《鄂城汉三国六朝铜镜》,第34页。
⑨ 《汉唐纪年镜图录》,第60页。
⑩ 《鄂城汉三国六朝铜镜》,第33页。

经选本自匣□杜地命出,寿如金石,保子宜孙。"①(图1-2)

图1-1　吴黄武六年重列神人神兽镜　　　　图1-2　魏正始元年三角缘神人神兽镜

吴太平二年(257)"半圆方形带神人神兽镜"隶书铭文,曰:"太平二年二月二十日□□造作竟(镜),服者老寿,作者长生,宜□□□□□,万年□□,宜高官,□□□□宜子孙。"②

魏甘露四年(259)"兽首镜"隶书铭文,曰:"甘露四年五月十日,右尚方师作竟(镜),青且明,位至三公,宜高官,保子宜孙。"③

魏甘露五年(260)"兽首镜"隶书铭文,曰:"甘露五年二月四日,右尚方师作竟(镜),清且明,君宜高官,位至三公,保宜子孙。"④(图1-3)

吴永安四年(261)"重列神人神兽镜"隶书铭文,曰:"永安四年太岁己巳五月十五日庚午,造作明竟(镜),幽湅(炼)三商。上应列宿,下辟不祥,服者高官,位至三公,女宜夫人,子孙满堂。亦宜遽道六畜潘伤,乐未。"⑤(图1-4)

---

① 《汉唐纪年镜图录》,第67页。
② 《汉唐纪年镜图录》,第79页。
③ 《汉唐纪年镜图录》,第84页。
④ 《汉唐纪年镜图录》,第87页。
⑤ 《汉唐纪年镜图录》,第89页。

第一章 葆育之道：育婴扶幼

图1-3 魏甘露五年兽首镜　　　　　图1-4 吴永安四年重列神人神兽镜

吴永安六年（263）"半圆方形带神人神兽镜"隶书铭文，曰："永安六年八月二十八日，造作明竟（镜），幽湅（炼）三商，服者延年益寿，大吉羊（祥），宜子。"①（图1-5）

图1-5 吴永安六年半圆方形带神人神兽镜

吴永安六年（263）"半圆方枚神兽镜"铭文，曰："永安六年五月廿五日费氏作竟五□青石竟，服竟者位至三公，九卿十二大夫，长生□□宜子，家有五马千头羊，子孙昌，宜侯王光。"②

西晋泰始七年（271）"重列神人神兽镜"隶书铭文，曰："晋泰始七年正月十五日，王

---

① 《汉唐纪年镜图录》，第94页。
② 《鄂城汉三国六朝铜镜》，第23页。

氏作青同(铜)之竟(镜),明且孙,百富万贵□良,子孙富昌兮。"①(图1-6)

吴凤凰元年(272)"半圆方形带神人神兽镜"隶书铭文,曰:"凤凰元年九月十二日,吾作明镜幽三商,大吉利。宜子孙寿万年,家有五马千头羊。"②(图1-7)

图1-6 西晋泰始七年重列神人神兽镜　　图1-7 吴凤凰元年半圆方形带神人神兽镜

吴天纪元年(277)"半圆方形带神人神兽镜"隶书铭文,曰:"天纪元年岁在丁酉,师徐伯所作明镜,买着宜子孙,寿万岁大吉。"③

吴天纪元年(277)"重列神人神兽镜"隶书铭文,曰:"天纪元年闰月二十六日,造作明竟(镜),幽涷(炼)三商,上应星宿,下辟不羊(祥),服者富贵,位至侯王,长乐未央,子孙富昌兮。"④(图1-8)

西晋太康元年(280)"半圆方形带神人神兽镜"隶书铭文,曰:"太康元年□□,平末作明竟(镜)。购人□□□,服得男女,宜子孙。□□□□□□。"⑤

东晋太和元年(366)"半圆方形带神人神兽镜"隶书铭文,曰:"太和元年五月丙午时茄日中,造作明竟(镜),百涷(炼)青铜。是君子□□,长乐未央,子孙千亿兆。□□阳万岁。"⑥(图1-9)

---

① 《汉唐纪年镜图录》,第101页。
② 《汉唐纪年镜图录》,第104页。
③ 《汉唐纪年镜图录》,第109页。
④ 《汉唐纪年镜图录》,第110页。
⑤ 《汉唐纪年镜图录》,第114页。
⑥ 《汉唐纪年镜图录》,第126页。

图1-8 吴天纪元年重列神人神兽镜　　图1-9 东晋太和元年半圆方形带神人神兽镜

从上述各例铜镜镜铭来看,"子孙蕃昌"并非孤立存在,这一愿望往往伴随着"光宗耀祖""富贵长寿"等寓意。究镜铭之表意,无外乎如下几种:一是高官厚禄。对于古人而言,光耀门楣莫过于"高官厚禄""位列公卿",上述各例镜铭中间"宜高官""位列公卿""位至侯王"等祝愿,即是其心声的最直接的表达。二是延年长寿。铜镜铸造者赋予铜镜美好的祝愿,希望铸者与使用者皆寿如金石,反映了古人对生命的珍视,对长生不老的追求。三是吉祥辟邪。镜铭所见"子孙蕃昌"伴随着"上应星宿,下辟不祥"字样,或者"福禧无穷""吉利"等字样。从这种意义看,铜镜又具有祈福辟邪之功效。四是财源广茂。镜铭所见的祝福语言有希望"富贵""富昌""牛羊成群"等,这些都是对财富的渴望与向往。毫无疑问,魏晋南北朝时期,"子孙蕃昌"是各个阶层共同的愿望。各阶层不仅希望多子多孙,更期望子孙有所作为,建立一番丰功伟绩,从而光耀门楣。总之,魏晋南北朝铜镜铭文秉承汉代铜镜铭文的深刻内涵,不仅祈望铸造者与持有者能子孙蕃昌、家庭幸福,而且富贵长生、吉祥如意,拥有令人艳羡的社会地位。

"多子多孙""光耀门楣"对妇女的意义尤其重大。如孙权之母吴夫人,怀孕之际便希望生子以光耀门庭。《搜神记》曰:"初,夫人孕而梦月入其怀,既而生策。及权在孕,又梦日入其怀,以告坚曰:'昔妊策,梦月入我怀,今也又梦日入我怀,何也?'坚曰:'日月者阴阳之精,极贵之象,吾子孙其兴乎!'"①这一故事虽具有浓烈的神话色彩,但孙坚夫妇所信奉的子孙观念却真实可信,他们不仅希望多子多孙,更希望子孙将来大展宏图,建功立业。相反,对妇女而言,如果子孙不昌则是灾难。孙权袁夫人,有节行而无子。步夫人去世之后,孙权欲以其为嫡,夫人"自以无子,固辞不受"②。袁术之女德才兼备,嫁于孙权,

---

① 《三国志》卷五〇《吴书·妃嫔·吴夫人传》注引《搜神记》,第1195页。
② 《三国志》卷五〇《吴书·妃嫔·潘夫人传》注引《吴录》,第1200页。

深得宠幸,孙权欲立为正嫡,但袁夫人却因无子而自卑,立嫡之事也由此告终。曹植《弃妇诗》描写了妇女婚后有子与无子的天壤之别,曰:"石榴植前庭,绿叶摇缥青。丹华灼烈烈,璀彩有光荣。光荣晔流离,可以处淑灵。有鸟飞来集,拊翼以悲鸣。悲鸣夫何为?丹华实不成。拊心长叹息,无子当归宁。有子月经天,无子若流星。天月相终始,流星没无精。栖迟失所宜,下与瓦石并。忧怀从中来,叹息通鸡鸣。"①可见,无子妇女在家庭中地位堪忧,命运悲惨。生子对妇女、家庭意义重大,那么,形形色色的求子活动便应运而生。

二、求子活动

魏晋南北朝时期,在宜男与子孙蕃昌观念的影响下,各个阶层为保证香火不断,纷纷进行祈子活动,祈子风俗蔚然成风。晋张华《博物志》反映了妇女求男的方法,曰:"妇人妊娠未满三月,著婿衣冠,平旦左绕井三匝,映详影而去,勿反顾,勿令人知见,必生男。"②这种风俗是否有效已不重要,却真实反映了妇女为求男而付出的努力。《荆楚岁时记》描绘了荆楚地区妇女祈子习俗,曰:"都人上元夜作宜男蝉,似蛾而大。"③各阶层、各地区祈子风俗多种多样,令人目不暇接;然则,士族与平民的祈子风俗却不尽相同。

(一)不同阶层,不同信仰

吴格言在《中国古代求子习俗》一书指出:"原始万物有灵的观念,远古时期流传下来的神话传说中一些有关天地、万物、人类、文化起源的众多神灵至此发生了很大变化:一些为统治阶级加以改造、吸收,为统治阶级所奉祀,从而成为具有显赫地位的神灵;另一些则遭到打击和排斥,沦落到民间,为一些地区或甚至散落到个别家庭的民众所信奉;当然,也有一些神灵超越了阶级的界限,为全民所崇拜。"④此论含义有二:一是送子神祇多种多样,并不拘泥于一种形式,民众根据各自的需要选择不同神祇进行祭祀。二是信仰有阶级性,送子神祇被人为进行了阶级分化,有些神祇为贵族阶层所独享,有些为民众所奉仰,有些则超越了阶级界限为全民信赖。

1. 世家大族神祇信仰

皇室流行高禖之祀。多子、多福、多寿是古代社会各个阶层共同的心愿,皇帝更希望子孙繁衍,后继有人。为早育、多育皇子,皇室进行祈子活动。帝王贵为天子,庄严神圣不可侵犯,祈子自然有别于民众。《中国生育礼俗考》指出:"自商代以来,高禖祈子成为

---

① 《先秦汉魏晋南北朝诗·魏诗》卷七《陈思王曹植·弃妇诗》,第455–456页。
② (晋)张华撰,范宁校证:《博物志校证》卷一〇《杂说下》,北京:中华书局,1980年,第109页。
③ (南朝梁)宗懔撰,宋金龙校注:《荆楚岁时记》,太原:山西人民出版社,1987年,第91页。
④ 吴格言:《中国古代求子习俗》,石家庄:花山文艺出版社,1995年,第126页。

皇家的专利,有着庄严与繁琐的仪式。"①随时间推移,此礼行而不辍,魏明帝、晋惠帝、北齐个别皇帝均曾高禖祈子。②除此之外,南朝帝王也有高禖之祀,以祈子孙蕃昌。《隋书·礼仪志二》曰:"案梁太庙北门内道西有石,文如竹叶,小屋覆之,宋元嘉中修庙所得。陆澄以为孝武时郊禖之石。然则江左亦有此礼矣。"③此信息有二:一是至少南朝刘宋、萧梁有些帝王曾祭祀高禖祈子。二是高禖之祀在江左各朝都曾出现。高禖并非每年举行,从参与高禖祭祀的帝王看,并非所有皇帝都曾参与,而是以魏明帝、晋惠帝为代表,这是因为魏明帝、晋惠帝子嗣不倡,为了家族的香火与国家的承继,魏明帝、晋惠帝祈子活动较为频繁。

士族山水神祇之祀。魏晋南北朝时期,世家大族向山水神祇祈子的习俗较为常见。士族所信奉的山水神祇不一,祈子活动形态各异。一是向山神祈子。前赵刘渊之母向龙门山祈子,见大鱼而悦,以为嘉祥,后果生贵子。《晋书·刘元海载记》曰:

> 豹妻呼延氏,魏嘉平中祈子于龙门,俄而有一大鱼,顶有二角,轩鬐跃鳞而至祭所,久之乃去。巫觋皆异之,曰:"此嘉祥也。"其夜梦旦所见鱼变为人,左手把一物,大如半鸡子,光景非常,授呼延氏,曰:"此是日精,服之生贵子。"④

当然,刘元海出生始末带有神话色彩,这一传说未必可信;但是,刘元海之母呼延氏祈子于龙门的事未必是假,其母笃信神祇送子的求子风俗不容置疑,世家大族向神祇祈子的社会风俗由此可见一斑。

山神种类繁多,数目庞杂,祭祀求子往往表现出地域性的差别,不同地域所信奉的送子神祇亦千差万别。南齐侍中、中军将军张敬儿"于新林慈姥庙为妾乞儿呪神,自称三公。"⑤关于新林慈姥庙,《初学记》有详细记载,曰:"江宁南有慈母山,积石临江,生箫管竹。俗呼为鼓吹山,江宁谓之慈姥山。在当涂县北。"⑥张敬儿主要生活在丹阳附近,依山水地利之便,他所祭祀的是慈姥山之山神。

二是向水神祈子。水神千差万别,各不相同。有些水神原是现实生活中的人,死后被演绎成神。前秦苻坚母苟氏祈子于西门豹祠,《晋书·苻坚载记上》载:"其母苟氏尝游漳水,祈子于西门豹祠,其夜梦与神交,因而有孕,十二月而生坚焉。"⑦有些则是神话演义中的自然水神。北周高琳之母祭祀水神而得子,《周书·高琳传》曰:

---

① 郭立诚:《中国生育礼俗考》,台北:文史哲出版社,1979年,第8页。
② 郭立诚:《中国生育礼俗考》,台北:文史哲出版社,1979年,第11-12页。
③ 《隋书》卷七《礼仪志二》,北京:中华书局,1973年,第146页。
④ 《晋书》卷一〇一《刘元海载记》,第2645页。
⑤ 《南齐书》卷二五《张敬儿传》,第474页。
⑥ (唐)徐坚辑,韩放点校:《初学记》卷八《江南道第十》,北京:京华出版社,2000年,第298页。
⑦ 《晋书》卷一一三《苻坚载记上》,第2883页。

琳母尝祓禊泗滨,遇见一石,光彩朗润,遂持以归。是夜梦一人,衣冠有若仙者,谓其母曰:"夫人向所将来之石,是浮磬之精。若能宝持,必生令子。"其母惊寤,便举身流汗,俄而有娠。①

高琳之母于泗水之滨祓禊,本意是在水滨举行仪式,以期水神保佑除恶纳吉、消灾祈福,而对于妇人而言,最大的幸运莫属怀孕生子,高琳之母梦中得仙人指点,遂得以生贵子。

士族笃信山水有灵,既能祈子祈福,又能消灾除病。山水本就多种多样,山神、水神更是道法各异,世家大族根据自身需要进行祈祀,方式灵活多样,各不相同。

2. 社会下层神祇信仰

魏晋南北朝时期,民间祈子活动更是频繁,民众祈子方式多种多样、色彩纷呈,体系更为冗长繁杂,道教、佛教、地方神祇均在民众心中占有重要地位。

(1)问道。魏晋南北朝时期神仙观念盛行,其中不乏长生、求子之仙术,百姓多借助方术求子。管辂懂得方术,深谙生死之道,能通仙人,《搜神记》记载其熟知南斗、北斗之故事,曰:"南斗注生,北斗注死。凡人受胎,皆从南斗过北斗。所有祈求,皆向北斗。"②南斗、北斗主人之生死,凡人受胎生产,皆由其二人掌管。百姓笃信于此,皆从南斗、北斗祈求子嗣。这一故事虽为传说,却反映了民众对生死的敬畏,求子习俗的虔诚。唐代高僧释灵睿,家世奉道,父母亦是虔诚的道教徒,为生贵子,其母就曾于道观设斋而祈,其母相信是神灵佑佑而生灵睿。《续高僧传》曰:"其母以二月八日道观设斋,因乞有子,还家梦见在松林下坐,有七宝钵于树颠飞来入口,便觉有娠,即不喜五辛诸味。"③

(2)求佛。佛教自传入中原,在中华大地生根、发芽,很快为广大民众所信奉。在多子多孙观念影响下,百姓求佛祖保佑早生贵子,观音、佛祖均扮演过送子圣人的角色。

(3)求子。百姓笃信观音送子。李利安先生指出:"到了西晋时期,占主流地位的、体系完整的观音救难信仰开始正式传入中国。"④也就是说,西晋以来,观音以普度众生、大慈大悲、救苦救难的形象传入中国,并逐步走入民间,更贴近百姓的日常生活,成为广大百姓顶礼膜拜的救世主。对于民众而言,大难莫过于无子,民众向观音祈子,希望菩萨保佑早生贵子。到东晋南北朝,向观音祈子的百姓不在少数,这在《太平广记》中有所体现,兹举几例:

---

① 《周书》卷二九《高琳传》,北京:中华书局,1971年,第495—496页。
② (晋)干宝撰,汪绍楹校注:《搜神记》卷三《管辂》,北京:中华书局,1979年,第34页。
③ (唐)道宣撰,郭绍林点校:《续高僧传》卷一五《义解篇十一·唐绵州隆寂寺释灵睿传》,北京:中华书局,2014年,第514页。(说明:释灵睿虽为唐代高僧,但按其生平,他贞观二十一年(647)去世时,年83,其应生于565年,为南北朝时期,其应是生活于南北朝时代无疑,其母祈子反映了南北朝百姓信仰习俗。)
④ 李利安:《观音信仰的渊源与传播》,北京:宗教文化出版社,2008年,第199页。

第一章 葆育之道：育婴扶幼

晋琅琊王珉，其妻无子，尝祈观世音云乞儿。珉后路行，逢一胡僧，意甚悦之。僧曰："我死，当为君作子。"少时道人果亡，而珉妻有孕。及生能语，即解西域十六国梵音，大聪明，有器度，即晋尚书王洪明身也。故小名阿练，叙前生时，事事有验。①

宋孙道德，益州人也。奉道祭酒，年过五十，未有子息。居近精舍。景平中，沙门谓道德曰："必愿有儿，当至心礼诵观世音经，此可冀也。"德遂罢不事道，丹心投诚，归诵观世音。少日之中，而有梦应，妇即有孕，产男。②

宋居士卞悦之，济阴人也。作朝请，居在潮沟。行年五十，未有子息。妇为取妾，复积载不孕。将祈求继嗣，发愿诵观音经千遍。其数垂竟，妾即有娠，遂生一男。时即元嘉十四年也。③

《太平广记》虽为轶文小说，其中不乏佛道、鬼神之论，所载故事未必经得起推敲与考证；而抛开故事本身，仅从思想层面来看，正是志怪小说中的故事反映广大民众佛、道等宗教信仰，反映民众精神层面的迫切需要与强烈追求。由上述案例可知，百姓深受无子的困扰，他们相信天命佐佑，观音慈悲，能解百姓之危难，因而烧香诵经，以祈子许愿，盼望喜得贵子。百姓怀揣虔诚之心，隆重地完成一次又一次的祈子仪式，祈子为百姓带来心灵的慰藉与精神上的满足。

《续高僧传》记载隋朝杭州灵隐山天竺寺高僧释真观，其母颂观音经以祈求子嗣，曰："母桓氏，温良有德，尝悱愤无胤，洁斋立誓，诵《药师》、《观世音》、《金刚波若》，愿求智子绍嗣名家。"④

百姓笃信佛祖送子。隋朝高僧释信行未生之前，其母久而无子，乃"就佛祈诚，梦神擎儿告云：'我今持以相与。'寤已觉异常日，因即有娠。"⑤刘宋周朗上疏陈时之弊政，指出百姓于佛教祈子的习俗，《宋书·周朗传》曰："自释氏流教，其来有源，渊检精测，固非深矣。舒引容润，既亦广矣。然习慧者日替其修，束诫者月繁其过，遂至糜散锦帛，侈饰车从。复假精医术，托杂卜数，延姝满室，置酒浃堂，寄夫托妻者不无，杀子乞儿者继

---

① （宋）李昉撰，汪绍楹点校：《太平广记》卷一一〇《王珉妻》，北京：中华书局，1961年，第751页。
② （宋）李昉撰，汪绍楹点校：《太平广记》卷一一〇《孙道德》，北京：中华书局，1961年，第757页。
③ （宋）李昉撰，汪绍楹点校：《太平广记》卷一一一《卞悦之》，北京：中华书局，1961年，第760-761页。
④ 《续高僧传》卷三一《杂科声德篇第十·隋杭州灵隐山天竺寺释真观传》，第1245页。[说明：按其生平，其卒于隋大业七年(611)，出生应在南北朝时期，其父母求子应是反映魏晋南北朝时期习俗。]
⑤ 《续高僧传》卷一六《习禅初·隋京师真寂寺释信行传》，第600页。[说明：释信行虽为隋代高僧，按生平卒于隋开皇十四年(594)，时54，那么他应生于541年，出生应在南北朝时期。其父母应是南北朝时期人，该文应反映了南北朝时期民众向观音祈子习俗。]

有。"①周朗虽然认为释氏流传,有些百姓以佛教为名干一些不法勾当,佛教之中鱼龙混杂,其弊甚多。但也从中说明百姓信仰佛教,蔚然成风,向佛祈子之风的甚盛。

祭祀地方神祇。民间神明不一,种类繁多,百姓根据自身的信仰与实际需要供奉不同的神仙。神祇具有强烈的地方色彩,有些神祇仅为某一地区百姓所信奉。东晋剡县民众祈子,所祭祀神明带有剡县地区特色。《幽明录》载:"晋升平元年,剡县陈素家富,娶妇十年无儿。夫欲娶妾,妇祷祠神明,忽然有身。"②梁朝萧昂任琅邪、彭城二郡太守,目睹了琅邪等地百姓祈子风气之盛,百姓所笃信神明为"圣姑",向"圣姑"祈子者前赴后继、充满山谷。《南史·梁宗室上·吴平侯景传附弟昂传》曰:"时有女子年二十许,散发黄衣,在武窟山石室中,无所修行,唯不甚食。或出人间,时饮少酒,鹅卵一两枚,人呼为圣姑。就求子往往有效,造者充满山谷。"③

总之,祈子习俗是民众信仰的重要组成部分。魏晋南北朝是一个多元信仰的时代,各阶层人士信仰内容复杂,头绪众多。祈子习俗更是五花八门,既有以皇室为代表的高禖之祀、以世家大族为代表的山水神祇祭祀,又有以普通百姓为代表的佛教、道教、地方神祇之祀。祈子活动多端,反过来又为魏晋南北朝信仰体系的构建与发展做出了贡献,也为思想领域的解放与发展做出了贡献。

(二) 医学求子

信仰习俗反映了各阶层人士对子孙的殷切期盼,而医学指导则为民众求子提供了科学方法。李贞德先生在《汉唐之间求子医方试探——兼论妇科滥觞与性别论述》一文指出:"医方求子之法,自先秦以迄隋唐颇有转变与发展。汉魏六朝,求子多出现在房中书内,以行房宜忌主导求子良窾。……草药求子,在先秦两汉的医方中难得一见。隋唐之际,求子药方才大量增加,却多列于妇人方中,甚少涉及男性病变。"④其实,魏晋南北朝时期医学已有较大进步,一些医者对妇女不孕与求子已有关注,并力图通过草药治疗解决这些问题,《病原论》论述了妇人无子的诸多成因,《僧深方》《葛氏方》《小品方》分别记载了治疗无子之药方,《千金方》专开《妇人方·求子》一节,从医学的角度帮助无子家庭尤

---

① 《宋书》卷八二《周朗传》,第2100页。
② (南朝宋)刘义庆撰,郑晚晴辑注:《幽明录》卷四《女易男》,北京:文化艺术出版社,1988年,第102页。
③ 《南史》卷五一《梁宗室上·吴平侯景传附弟昂传》,第1264页。
④ 李贞德:《汉唐之间求子医方试探——兼论妇科滥觞与性别论述》,《"中央研究院"历史语言研究所集刊》1997年第2期,313—314页。

其是妇女解决困扰。①

古代社会医学并不发达,人们对生育的理解并不透彻,生儿育女多被看成是妇女的职责,无子、不孕亦被认为是妇女的责任,妇女在生育方面承受着巨大的压力。因此,求子医方、不孕的治疗首当其冲针对女性。萧梁陶弘景《本草经集注》记载了多味草药助妇人生子,治疗妇女不孕不育。如石胆②、麦门冬③、车前子④、石钟乳⑤、磁石⑥、玄石⑦、艾叶⑧、乌贼鱼骨⑨、占斯⑩。然而,难能可贵的是,随着医学的进步,陶弘景已经意识到无子并非完全由妇女所引起,男性也负有相当责任,尤其男性疾病是造成夫妻无子的重要因素之一。因此,他在《本草经集注》中记录了多味草药治疗男性少精、漏精等不育症状,这为"男尊女卑"社会的广大女性正名,对"男尊女卑"社会处于主导地位的男性无疑是一种颠覆性的冲击。如《本草经集注》记载:阳起石"治男子茎头寒,阴下湿痒,去臭汗,消水肿。久服不饥,令人有子"⑪;蛇床子"令妇人子藏热,男子阴强。久服轻身,好颜色,令人有子"⑫;雀卵"主下气,男子阴痿不起,强之令热,多精有子"⑬;安石榴"主治下痢,止漏精"⑭。这些草药虽是药物本源,均未形成方剂,但这对增加男女产育机会大有裨益,为隋唐时期求子医方的完善奠定了一定的基础。如《千金方》中"七子散"以车前子、蛇床子入药治疗无子⑮,"白薇丸"以钟乳石入药⑯。

---

① 说明:本书所引医书基本上均是魏晋南北朝时期的作品,有些医书虽成于隋唐,但作者生活于南北朝与隋唐之间,如隋代巢元方《诸病源候论》,书成于隋大业年间,但巢元方生活于南北朝、隋时代,他是在总结南北朝及隋朝妇科医学的基础上而成其书。日本学者丹波康赖《医心方》中所收集的《葛氏方》为东晋作品;《小品方》为晋宋之间陈延之所作;《僧深方》成书于南北朝后期,盛行于隋唐;《产经》亦是东晋到隋唐之间的作品。唐代孙思邈《备急千金要方》收录了北齐徐之才《逐月养胎方》等魏晋南北朝时期医家著作。陶弘景本身为南朝梁时人,他的《本草经集注》为研究魏晋南北朝妇科医学提供了依据。
② (南朝梁)陶弘景撰,尚志钧、尚元胜辑校:《本草经集注》卷二《玉石三品》,北京:人民卫生出版社,1994年,第133页。
③ 《本草经集注》卷三《草木上品》,第196页。
④ 《本草经集注》,卷三《草木上品》,第233页。
⑤ 《本草经集注》卷二《玉石三品》,第152页。
⑥ 《本草经集注》卷二《玉石三品》,第156页。
⑦ 《本草经集注》卷二《玉石三品》,第161页。
⑧ 《本草经集注》卷四《草木中品》,第316页。
⑨ 《本草经集注》卷六《虫兽三品》,第435页。
⑩ 《本草经集注》卷五《草木下品》,第372页。
⑪ 《本草经集注》卷二《玉石三品》,第160页。
⑫ 《本草经集注》卷三《草木上品》,第234页。
⑬ 《本草经集注》卷六《虫兽三品》,第425页。
⑭ 《本草经集注》卷七《果菜米谷》,第476页。
⑮ (唐)孙思邈撰,焦振廉校注:《备急千金要方》卷二《妇人方上·求子》,北京:中国医药科技出版社,2011年,第17页。
⑯ 《备急千金要方》卷二《妇人方上·求子》,第18页。

综上所述,魏晋南北朝时期,民众的祈子活动形式不一,多种多样,既存在以信仰为基础的祈子习俗,又存在以医学为指导的求子实践。佛、道、民间神灵都曾作为民众祈子的对象,祈子风俗呈现百花齐放的特征。祈子活动又存在一定的阶级差异,高禖成为皇家权利的象征,而民间大众信奉不一,因人而异。就医学实践而言,一些医书中记录的草药对妇人求子、治疗妇女不孕起到了关键的作用;同时,一些医者已经意识到不孕并非完全由女性所起,有些男性疾病是导致夫妻不孕的主要因素,这对家庭重新认识孕育与求子提供了重要参考。

第二节 魏晋南北朝时期的胎教

生儿育女、繁衍后代是古代妇女的重要职责。十月怀胎、一朝分娩,每一个生命来到世间,都要在母体经历一个漫长而神秘的旅程。在漫长的十月中,孕妇并非一帆风顺,她们既要面对医疗条件有限带来的不便,又要极力避免人为堕胎因素的干扰,妇女生产犹如经历一次"鬼门关"。为了更好地迎接新生命的到来,孕妇既要遵循各种生产习俗,谨记各种生育禁忌,又要重视胎教与胎儿保健。妇女期待新生命的幸福与喜悦,伴随着妊娠的痛苦与不安,在漫长的十月中,与腹中胎儿互动,初步建立了孕育中的母子关系。

一、胎教的重要性

颜之推曾提到教育慎在其始,曰:"教妇初来,教儿婴孩。"[1]而一个生命最早接受的教育便是胎教。中国古代家庭已十分重视胎教,早在周代便形成了系统的胎教理论[2],汉代的胎教思想更为完备[3],对此业界已有专门论述。魏晋南北朝秉承前代胎教思想,强调胎教对胎儿成长、立志与将来人生选择的重要作用。

---

[1] (北齐)颜之推撰,王利器集解:《颜氏家训集解》卷一《教子》,上海:上海古籍出版社,第25页。
[2] 程培杰:《中国古代胎教思想》,《河北师范大学学报(哲学社会科学版)》1992年第4期,第77-81页;赵国权:《浅析中国古代的胎教思想》,《河南大学学报(哲学社会科学版)》1994年第1期,第82-85页;王小婷:《论中国古代民间胎教思想习俗及其科学性》,《山东社会科学》2012年第11期,第88-93页。
[3] 胡幸福:《中国古代平民胎教略论》,《北方论丛》1997年第6期,第71-74页;李沈阳:《论汉代的胎教》,《咸阳师范学院学报》2009年第5期,第22-25页。刘咏聪:《中国古代的育儿》,北京:商务印书馆,1997年,第26-34页。

(一)歧嶷之姿,始于胎教

早在周代,古人已经意识到胎教的重要性,认为胎教会影响胎儿的发育及其品德的形成。魏晋南北朝时期,贵族阶层亦意识到胎教对胎儿成长、人格与品德形成的意义所在,认为圣贤德才之士的非凡成就与胎教息息相关。这在名士墓志铭中有所体现,阮籍墓志铭曰:"峨峨先生,天挺无欲。玄虚恬澹,混齐荣辱。荡涤秽累,婆娑止足。胎胞造化,韬光缊黁。鼓棹沧浪,弹冠峤岳。颐神太素,简旷世局。澄之不清,溷之不浊。翱翔区外,遗物度俗。隐处臣室,友真归朴。汪汪川原,迈迹图箓。"① 阮籍作为竹林七贤的代表人物之一,崇尚玄学清谈,其放荡不羁、隐逸自然的性格与韬光养晦、卓越超凡的品德与胎教不无关系。北魏散骑常侍元瞻墓志记录了他宏伟的一生,重点提到元瞻卓越品质与超凡能力,而其品质与能力的养成正是开始于胎教。其墓志铭曰:"公资灵川岳,藉气风烟,浥河汉之沧浪,蒂玄圃之翁蔚,既昭灼于芳鲤,亦蝉联于胎教。"② 胎教之重要意义在墓志铭中多有表述,《魏故先生寇君墓志》载寇霄胎教对其人生的重要意义,曰:"先生胎禀乾坤之姿,长有天然之行,彰贞白于学时,异恭宽于未冠。所以炳焕于英俊之群,灼丽于文彦之域。"③ 北周柱国大将军纥干弘墓碑,记述了胎教对其品德形成的影响,曰:"公本姓田氏,……公以胎教之月,岁德在宫。诞载之辰,星精出昴。既而受书黄石,意在王者之师,挥剑白猿,心存霸国之用。常愿执金鼓而问吴王,横珊戈而反齐地,有志不就,忠贞死焉。"④ 很显然,纥干弘丰功伟绩建立的原因在于良好的胎教,胎胞教化对其人生发展有重要指导意义。北朝封孝琰之妻崔娄诃贤德良淑,其优秀品质亦源自于胎教,墓志铭曰:"大风之胤,载祀传芳。并州济济,汲郡堂堂。禀自胎教,行举名扬。一醮为美,二族生光。嫔仪内穆,母德外彰。"⑤

阮籍、元瞻、寇霄、纥干弘、崔氏等人墓志铭从不同角度展现了他们卓越的人格与优秀特点,他们闪闪发光的优秀品格表现在方方面面,或超然脱俗,或驰骋沙场,或温柔贤淑,但共同之处在于这些均始于胎教,强调了胎教对其品格形成的重要作用,正是父母给予的胎教,为其人格形成奠定了良好的基础。

(二)信仰传承,源于胎胞

魏晋南北朝释、道并存,许多妇女深受宗教信仰的影响,结婚生子,为人之母,其信仰不由自主地传递给下一代,这一传承从母亲的胎教便已开始。东晋葛洪认为人之慧根及

---

① 《艺文类聚》卷三六《人部二十·隐逸上》,第656页。
② 《魏故散骑常侍抚军将军金紫光禄大夫仪同三司车骑大将军司空公元瞻墓志》,《汉魏南北朝墓志汇编》,第227页。
③ 《魏故先生寇霄墓志》,《汉魏南北朝墓志汇编》,第269页。
④ 《艺文类聚》卷四六《职官部二·太保》,第829页。
⑤ 《封孝琰妻崔娄诃墓志》,《新出魏晋南北朝墓志疏证》,第471页。

命运始于结胎受气,得道成仙、贫富差别、生命长短等本自天命,非后天所得,而其原因有二,即天道命运与母亲胎胞之教,胎教是其中重要原因之一。《抱朴子·辩问》载:

> 按仙经以为诸得仙者,皆其受命偶值神仙之气,自然所禀。故胞胎之中,已含信道之性,及其有识,则心好其事,必遭明师而得其法,不然,则不信不求,求亦不得也。《玉钤经》主命原曰:人之吉凶,制在结胎受气之日,皆上得列宿之精。其值圣宿则圣,值贤宿则贤,值文宿则文,值武宿则武,值贵宿则贵,值富宿则富,值贱宿则贱,值贫宿则贫,值寿宿则寿,值仙宿则仙。①

葛洪之说虽未必可信,但其宣传胎教的重要意义却不无道理。父母胎教能影响胎儿思想观念的形成,有些僧尼皈依佛门,笃信释教,重要原因便是受父母胎教的影响。《比丘尼传》记载:

> 僧敬,本姓李,会稽人也。寓居秣陵。僧敬在孕,家人设会,请瓦官寺僧超、西寺昙芝尼,使二人指腹,呼胎中儿为弟子,母代儿唤二人为师,约不问男女,必令出家。将产之日,母梦神人语之曰:"可建八关。"即命经始,僧像未集,敬便生焉。闻空中语曰:"可与建安寺白尼作弟子。"母即从之。及年五、六岁,闻人经呗,辄能诵忆。读经数百卷,妙解日深。②

释僧敬之母虔诚信佛,怀孕伊始便为腹中胎儿祈福拜师,发誓不管男女,必令小儿出家修行。其母心愿所致,通过胎教传递给腹中胎儿,不可否认,僧敬幼年出家,表现出深厚的佛教造诣与其母怀孕时的胎教息息相关。

唐代高僧释慧壁,母亲怀他之时便绝辛腥,《续高僧传》曰:"爰初胎孕,母绝辛腥,及诞育后,生嫌臭味,故始自孩婴,至于七岁,菜蔬饱腹,诸绝希求。出家依法流水寺严师明教,随顺修奉。"③高僧释空藏"母初孕日,自然不食酒肉五辛,时以同尘身子故,密加异之。既诞育后,灵鉴日陈,情用高远,读诵经论,思存拔济"④。众所周知,布衣蔬食、杜绝荤腥是佛教教徒修行的基本特征,释慧壁、释空藏之母崇信佛教,心向佛法,怀孕时期潜心修

---

① 王明撰:《抱朴子内篇校释》卷一二《辩问》,北京:中华书局,1980年,第226页。
② (南朝梁)释宝唱著,王孺童校注:《比丘尼传校注》卷三《齐·崇圣寺僧敬尼传》,北京:中华书局,2006年,第124页。
③ 《续高僧传》卷一三《义解篇九·唐苏州法流水寺释慧壁传》,第469页。(说明:按释慧壁生平,贞观末年去世,时年七十余,其大约生于南北朝之末年,其母应是南北朝时代之人,其行为反映了南北朝时代的信仰与风俗。)
④ 《续高僧传》卷二九《读诵篇八·唐京师会昌寺释空藏传》,第1185—1186页。[说明:按释空藏生平,其贞观十六年(642)去世,时年74岁,则其应生于569年,南北朝时代,其母行为反映了南北朝时代的信仰与风俗。]

行,不食荤腥,母亲的习惯与心思会潜移默化影响胎儿,是对腹中胎儿最直接的胎教。受母亲影响,这些孩童均较早就皈依佛门。

二、胎教的准备——男尊社会下男性的择偶观

在男权社会里,世家大族的男性在择偶上有相对主动权。男性选择配偶十分慎重,这是因为女性肩负生儿育女之家庭大任。薛瑞泽先生对魏晋南北朝士族之"择偶标准"进行了论述,认为士族择偶主要侧重两个方面:"一是相貌标准,以赏心悦目为佳;二是才能标准:注重不拘一格。"①笔者认为在此基础上,士族择偶还有第三种标准,即道德标准。男性择偶一般注重妇女的道德品质,因为妇女是胎儿孕育的母体,在胎教中责任重大,其德行将直接影响将来胎教的质量,广泛意义上的胎教从择偶、婚配便已开始。

诚然,魏晋南北朝时期,社会分裂与动荡的历史环境引起思想领域的极大变化,玄学兴起,释、道并传,儒学独尊地位受到严重冲击,这种新思潮反映到社会生活中,引起了各个领域的巨大变化。在家庭之中,妇女冲破礼教、个性解放的事例屡见不鲜,妇女的地位也有所提高,对此学界已达成共识,许多前辈从不同角度进行了专门论述。② 然而,总体而言,儒家思想仍是主流思潮。③ 儒家思想所构建的社会、家庭秩序依然占主体地位,父权制的家庭关系依然没有改变。士族对于妇女僭越礼法、违反常规的行为持否定态度,晋代葛洪对妇女"舍中馈、广交游"的行为给予严厉的批评。《抱朴子·疾谬》曰:

> 而今俗妇女,休其蚕织之业,废其玄纴之务。不绩其麻,市也婆娑。舍中馈之事,修周旋之好。更相从诣,之适亲戚,承星举火,不已于行。多将侍从,晔晔盈路,婢使吏卒,错杂如市,寻道亵谑,可憎可恶。或宿于他门,或冒夜而反。游戏佛寺,观视渔畋,登高临水,出境庆吊。开车褰帏,周章城邑,杯觞路酌,弦歌行奏。转相高尚,习非成俗,生致因缘,无所不冒,诲淫之源,不急之甚。④

葛洪将妇女休蚕罢织、舍弃中馈等违背礼法的行为列入"疾谬"篇,是对晋代以降妇女僭越礼法行为的驳斥与批判。在儒家构建的家庭秩序下,无论是帝王之家,还是世家

---

① 薛瑞泽:《嬗变的婚姻:魏晋南北朝婚姻形态研究》,西安:三秦出版社,2000年,第94—108页。
② 周兆望、侯永惠:《魏晋南北朝妇女的服饰风貌与个性解放》,《中国史研究》1995年第3期,第13—20页;庄华峰:《魏晋南北朝时期的妇女再嫁》,《安徽师大学报(哲学社会科学版)》1991年第3期,第343—348页;郑训佐:《论魏晋南北朝妇女人格的蜕变》,《东岳论丛》1992年第6期,第100—105页;李凭:《魏晋南北朝之际妇女的精神面貌》,《文献》1993年第4期,第60—67页;张承宗:《魏晋南北朝妇女的社交活动》,《襄樊学院学报》2005年第3期,第90—93页。
③ 万绳楠:《魏晋南北朝时代的思想主流是什么》,《史学月刊》1957年第8期,第8—12页。
④ 杨明照撰:《抱朴子外篇校笺上》卷二五《疾谬》,北京:中华书局,1991年,第616—618页。

大族,上层社会男性仍然坚持将"妇德"作为选择配偶的标准之一。

(一)母仪天下——皇室男性的择偶观

魏晋南北朝门阀制度盛行,皇室择偶逃不过门第因素与政治考虑。然则,在门第范围内,择偶需要考虑的重要因素便是妇女的德行。皇室往往选择善良贤淑的女子为妻,希望她们母仪天下、身先垂范,以教育后代,培养孝悌仁义、堪当储君大任的圣贤之子。这在正史《后妃传》多有记载,如三国武宣卞皇后"怒不变容,喜不失节","抚养诸子,有母仪之德"。① 西晋武帝为太子选妃更为典型,选妃标准主要是贤德与多子,帝曰:"卫家种贤而多子,美而长白;贾家种妒而少子,丑而短黑。"② 当然,晋武帝最终还是为惠帝选择了贾皇后,原因有二:一是元后的坚持;二是荀𫖮、荀勖对贾氏德行夸大其词,后者才是武帝最终下决心的根本原因。可见,贤德是皇室选妃首要考虑的因素。正史中此类例甚多,不一而足,仅以一斑而见全豹。

北魏入主中原以来,不断汲取汉民族的文化,逐步实现了鲜卑民族汉化的过程,其对儒学为代表的汉族文化逐渐内化并加以应用,表现在治国持家的方方面面。皇室择偶以儒家"礼""德"为标准,这在近年出土的后妃墓志铭中多有体现。高祖孝文帝嫔妃赵充华墓志铭曰:"穆矣充华,凤膺上灵,女仪婉娩,淑慎其声。承训素里,流光紫庭,金辉玉润,兰风永馨。"③ 世宗宣武帝嫔妃李氏亦有德行,其墓志铭曰:"爰在父母之家,躬行节俭之约,葛覃不足踰其懃,师氏莫能增其训。是以灌木之音遥闻,窈窕之响弥远。遂应帝命,作配皇家,执虔烝祀,中馈斯允。事先帝以成,奉姑后以义。"④ 北魏胡昭仪亦因德行见称,得以选入宫廷,其墓志铭曰:"(昭仪)四德聿修,六行光备,户牖之教既成,有行之义攸在。遂以懿德充选掖庭,拜左昭仪。内毗阴教,外协宸华,义穆四门,声高九宇。"⑤ 由此可见,皇室家庭在择偶时注重考察女性的德行,这一标准甚至位列相貌、才能标准之上,希望她们有母仪之德,相夫教子、侍奉长辈。

(二)德行标准——士族家庭男性的择偶观

在门第范围之内,士族男性坚持以儒家思想为标准,希望娶德才兼备、贤良贞淑的女子为妻。相比于德行,相貌其次。许允娶妇甚丑,初不礼之,新妇以德行相激,终使许允不计相貌,而以德敬之,夫妻恩爱白首。《世说新语》曰:

---

① 《三国志》卷五《魏书·后妃·武宣卞皇后传》,第156-157页。
② 《晋书》卷三一《后妃上·惠贾皇后传》,第963页。
③ 《大魏高祖九嫔赵充华墓志》,《汉魏南北朝墓志汇编》,第74页。
④ 《魏世宗宣武皇帝李嫔墓志》,《汉魏南北朝墓志汇编》,第184页。
⑤ 《魏故胡昭仪墓志》,《汉魏南北朝墓志汇编》,第209-210页。

第一章 葆育之道：育婴扶幼

> 许允妇是阮卫尉女，德如妹，奇丑。交礼竟，允无复入理，家人深以为忧。……（允）既见妇，即欲出。妇料其此出，无复入理，便捉裾停之。许因谓曰："妇有四德，卿有其几？"妇曰："新妇所乏唯容尔。然士有百行，君有几？"许云："皆备。"妇曰："夫百行以德为首，君好色不好德，何谓皆备？"允有惭色，遂相敬重。①

又如，晋王湛见郝氏之女在井上汲水，容止娴雅，举动合宜，观其行为便知其品德良淑，因而心动，自求婚于郝氏。《世说新语》曰：

> 王汝南少无婚，自求郝普女。司空以其痴，会无婚处，任其意，便许之。既婚，果有令姿淑德。生东海，遂为王氏母仪。或问汝南何以知之？曰："尝见井上取水，举动容止不失常，未尝忤观。以此知之。"②

王氏家族另一位媳妇钟氏亦因女德而备受称赞。《世说新语》曰：

> 王司徒妇，钟氏女，太傅曾孙，亦有俊才女德。钟、郝为娣姒，雅相亲重。钟不以贵陵郝，郝亦不以贱下钟。东海家内，则郝夫人之法。京陵家内，范钟夫人之礼。③

妇女德行在墓志铭中多有描述，晋待诏中郎徐君夫人菅氏，幼承孝义之训导，嫁入徐家侍舅姑以孝、侍夫以顺，其墓志铭曰：

> （夫人）虽生自出于督孝之门，而志存礼让，祇奉姑舅，接事夫主，自始及终卅一年，其谦让之节，柔顺之行，曾无片言违慢之失。整修中匮，仆御肃然。是以姻族慕其义，父党贵其行。④

北朝士族择偶亦强调女子德行，这在妇女墓志铭中多有刊载，赵超《汉魏南北朝墓志汇编》、罗新《新出魏晋南北朝墓志疏证》载多名贵族妇女俱四德之仪，主持中馈、侍奉舅姑、教育幼子，表现出妇女优良的道德品质。如《大魏扬列大将军太傅大司马安乐王第三

---

① （南朝宋）刘义庆撰，（南朝梁）刘孝标校注，余嘉锡笺疏：《世说新语笺疏·贤媛第十九》，北京：中华书局，1983年，第741页。
② 《世说新语笺疏·贤媛第十九》，第756–757页。
③ 《世说新语笺疏·贤媛第十九》，第757页。
④ 《晋待诏中郎将徐君夫人菅氏墓志》，《汉魏南北朝墓志汇编》，第4页。

子给事君夫人韩氏之墓志》曰:"夫人贞顺自性,聪令天骨,德容非学,言功独晓。"①《元宗正夫人司马氏墓志》载元谭夫人司马氏德行,曰:"夫人女工妇德,聿修无倦。"②

此类例甚多,兹不一一罗列。

总之,世家大族早意识到,女性肩负着胎教之大任,妇女之德行对子孙后代及家族影响重大,西晋惠帝娶妻贾氏,皇后无德终使家无宁日,国无安康,这便是反面教材。妇德成为相貌、才能之外另一重要评判标准。

三、胎教之方

(一)胎教禁忌与习俗

总体而言,胎教起源于贵族阶层。③ 古人重视胎教,然而中国古代科学不甚发达,即使贵族妇女怀孕亦难免懵懂,胎教被蒙上了神秘的面纱,变得高深莫测,产生了各种禁忌与习俗。西晋张华《博物志》记载了孕妇保健与胎教的相关内容,如:

> 妇人妊娠,不欲令见丑恶物、异类鸟兽。食当避其异常味,不欲令见熊羆虎豹。御及鸟射射雉,食牛心、白犬肉、鲤鱼头。席不正不坐,割不正不食,听诵诗书讽咏之音,不听淫声,不视邪色。以此产子,必贤明端正寿考。所谓父母胎教之法。故古者妇人妊娠,必慎所感,感于善则善,恶则恶矣。妊娠者不可啖兔肉。又不可见兔,令儿唇缺。又不可啖生姜,令儿多指。④

以上胎教之法十分完备,从饮食、视觉、听觉、行为等方面规范了孕妇的日常生活,孕妇要谨遵各种禁忌;如其不然,便有善恶因果相报,容易令儿残疾、不德。其实,在张华看来,孕妇行为举止应符合礼制规范与上层社会的道德需求,张华之论带有明显的儒家伦理色彩,成为士族阶层妇女胎教的行动指南。

北齐颜之推在《颜氏家训》中重申古人胎教之方,曰:"古者,圣王有胎教之法:怀子三月,出居别宫,目不邪视,耳不妄听,音声滋味,以礼节之。书之玉版,藏诸金匮。"⑤颜之推强调胎教中的"礼"的作用,胎教的目的在于为培养遵循礼制的上层贵族早做准备。北齐徐之才认为胎教的目的在于培养品德贤良之后代,其《逐月养胎方》云:"欲子美好数视璧

---

① 《魏扬列大将军太傅大司马安乐王第三子给事君夫人韩氏墓志》,《汉魏南北朝墓志汇编》,第71页。
② 《魏元宗正夫人司马氏墓志》,《汉魏南北朝墓志汇编》,第136页。
③ 《中国古代的育儿》,第29页。
④ 《博物志校证》卷一〇《杂说下》,第109页。
⑤ 《颜氏家训集解》卷一《教子》,第25页。

玉,欲子贤良端坐清虚,是谓外象而内感者也。"①可见,妇女欲生贤子,自怀孕之始便要注意言行,需端正清虚,避免外部不良环境对胎儿的影响。相反,妇女妊娠期间不幸视有秽物、听闻恶声往往被认为是不祥之兆,应格外注意,西魏文帝悼皇后郁久闾氏,怀孕期间听闻狗吠,以为不祥之兆,后因难产而崩:

> "后怀孕将产,居于瑶华殿,闻上有狗吠声,心甚恶之。又见妇人盛饰来至后所,后谓左右:'此为何人?'医巫傍侍,悉无见者,时以为文后之灵。产讫而崩,年十六,葬于少陵原。"②

以张华、颜之推、徐之才等为代表总结了一套系统的胎教方法,从孕妇衣食住行等生活细节、言谈举止的规范以及孕妇精神面貌等各个方面对孕妇加以约束,这种胎教方法在士族妇女中得以贯彻执行。士族家庭的胎教,成为儒家正统教育的开始。

父母对胎儿寄予厚望,并通过胎教暗示胎儿,与胎儿互动,希望培养出符合儒家规范的端正贤明之子;同时,父母更希望胎儿长大建功立业、大展宏图,光宗耀祖。如《拾遗记》载:

> 薛夏,天水人也,博学绝伦。母孕夏时,梦人遗之一篚衣云:"夫人必产贤明之子也,为帝王之所崇。"母记所梦之日。③

薛夏之母妊娠期间感梦,梦神人点化必生贵子,其子将大有作为,她暗自欣喜,牢记所梦时日,对腹中胎儿怀有光宗耀祖的殷切期盼,并将这种期盼与喜悦通过身体与腹中胎儿分享,这无疑是一种暗示与胎教。又如南朝任昉之母妊娠之际,通过"感梦""占卜"等方式暗示胎儿,希望腹中之子幼有令才,长有所成。《南史·任昉传》载:"遥妻河东裴氏,高明有德行,尝昼卧,梦有五色采旗盖四角悬铃,自天而坠,其一铃落入怀中,心悸因而有娠。占者曰:'必生才子。'"④再如北周宇文泰,母曰王氏,孕五月,夜梦抱子升天,才不至而止。寤而告德皇帝,德皇帝喜曰:"虽不至天,贵亦极矣。"⑤由此可见,任昉之母占梦得知必生贵子,才华横溢;宇文泰父母希望孩子将来出人头地,这种感梦、求卜等行为本身就是父母心念所致、意识所及,父母将自己的愿望通过与胎儿互动传递给胎儿,期盼与教导腹中胎儿幼有才德,长大建功立业、有所作为。

---

① 《备急千金要方》卷二《妇人方上·徐之才逐月养胎方》,第22页。
② 《北史》卷一三《后妃上·文帝悼皇后郁久闾氏传》,第507页。
③ (晋)王嘉撰,(南朝梁)萧绮录,齐治平校注:《拾遗记》卷七《薛夏》,北京:中华书局,1981年,第171页。
④ 《南史》卷五九《任昉传》,第1452页。
⑤ 《周书》卷一《文帝纪上》,第2页。

(二)胎教医方

魏晋南北朝时期,医学在两汉的基础上有一定的进步与发展,一些杰出的医者从医学角度阐释了妇女胎教的方法。巢元方认为妇女妊娠之初胎儿尚未定性,孕妇应从饮食起居多加注意,须端正庄严、清静和一,目不斜视、耳无杂听,曰:"妊娠男女未分之时,未有定仪,见物而化,故须端正庄严,清静和一,无倾视,无邪听。儿在胎,日月未满,阴阳未备,腑脏骨节,皆未成足,故自初讫于将产,饮食居处,皆有禁忌。"①《产经》载胎教方法与此大同小异,云:"凡妊身之时,端心正坐,清虚如一,坐必端席,立不斜住,行必中道,卧无横变,举目不视邪色,起耳不听邪声,口不妄言,无喜怒忧患,思虑和顺,卒生圣子,产无横难也。而诸子有痴疵、丑恶者,其名皆在其母,岂不可不审详哉。"②可见,这些医者认为孕妇的举止行动将直接影响胎儿的发育,实际上他们也强调妇女德行对胎教的重大意义,要求孕妇遵循礼法,不断调整身心行为,保持端庄、清静等优良品质,这与士族的胎教思想如出一辙。

四、胎养之法

胎儿顺利降生、健康成长是父母最大的心愿。妇女妊娠并非易事,尤其在医疗条件不发达的古代社会,孕妇更是面临流产、死胎等各种危险。因此,妇女安胎、养胎成为重中之重。《诸病源候论》记载了孕妇胎养的重要意义,曰:"小儿所以少病痫者,其母怀娠,时时劳役,运动骨血,则气强、胎养盛故也。若待御多,血气微,胎养弱,则儿软脆易伤,故多病痫。"③养胎不仅关系到家庭的发展,而且关系到国家兴亡,曹魏王朗上疏,强调胎养对国家的重要意义,曰:"嫁娶以时,则男女无怨旷之恨;胎养必全,则孕者无自伤之哀。"④

然则,问题在于妇女如何养胎?其时,究其方法有二:一是求助于巫术信仰,二是依靠医学指导。二者相辅相成、相得益彰。

---

① (隋)巢元方著,宋白杨校注:《诸病源候论》卷四一《妇人妊娠诸病上》,北京:中国医药科技出版社,2011年,第231页。
② (日)丹波康赖撰,高文柱校注:《医心方》卷廿二《妊妇修身法》,北京:华夏出版社,2011年,第447页。
③ (隋)巢元方著,宋白杨校注:《诸病源候论》卷四五《小儿杂病一》,北京:中国医药科技出版社,2011年,第249页。
④ 《三国志》卷一三《魏书·王朗传》,第409页。

(一)巫术信仰与养胎

中国古代一段时间内医、巫并不相背,古人对生老病死现象无法给出医学的解释时,往往求助于巫术,企图借助神灵的力量解决困惑。胎养也是如此,一些孕妇祈求神、巫保佑母子平安、早生贵子。北魏拓跋瑞之母在孕养胎即是一例,《魏书·昭成子孙·秦明王翰传附瑞传》载:

> 初瑞母尹氏,有娠致伤。后昼寝,梦一老翁具衣冠告之曰:"吾赐汝一子,汝勿忧之。"寤而私喜。又问筮者,筮者曰:"大吉。"未几而生瑞,祯以为协梦,故名瑞,字天赐。①

尹氏有娠致伤,对胎儿危害极大,甚至有滑胎的危险,尹氏对此十分担忧;后梦神人指点,令其少安毋躁、安心养胎,尹氏醒后又求助巫卜,得吉祥之征,稍稍宽慰,神、巫在尹氏安胎中起到了重要作用。

北齐颜恶头善于巫卜,《北史·艺术上·颜恶头传》记载他为孕妇占卜养胎一事,曰:

> 颜恶头,章武郡人也。妙于《易》筮。游州市观卜,有妇人负囊粟来卜,历七人,皆不中而强索其粟,恶头尤之。卜者曰:"君若能中,何不为卜?"恶头因筮之,曰:"登高临下水洞洞,唯闻人声不见形。"妇人曰:"姙身已七月矣,向井上汲水,忽闻胎声,故卜。"恶头曰:"吉,十月三十日有一男子。"诣卜者乃惊服曰:"是颜生邪!"相与具羊酒谢焉。②

妇女身怀六甲,大腹便便,背负粟米就市占卜,无非验知性别男女,祈求胎儿安康,达到胎养的目的。

(二)医学与养胎

中国古代,有限的医学为孕妇养胎提供了科学指导,医学养胎在一定程度上缓解了孕妇身心压力,保证了母子平安。台湾学者李贞德就徐之才"逐月养胎方"进行了摘录,按月份进行了分类。③ 笔者试在此基础上加以补充,以期对此时的医学养胎有更全面的认识。

---

① 《魏书》卷一五《昭成子孙·秦明王翰传附瑞传》,北京:中华书局,1974 年,第 373-374 页。
② 《北史》卷八九《艺术上·颜恶头传》,第 2931-2932 页。
③ 李贞德:《汉唐之间求子医方试探——兼论妇科滥觞与性别论述》,《"中央研究院"历史语言研究所集刊》1997 年第 68 本第 2 分,355-357 页。

> 妊娠之人,有宿挟痼疹,因而有娠,或有娠之时,节适乖理,致生疾病,并令腑脏衰损,气力虚羸,令胎不长。故须服药去其疾病,益其气血,以扶养胎也。①

可见,母子一体,妇女在怀孕之前便应调理身体,保证身心健康,无心虚气衰、痼疹等顽疾,给胎儿提供一个健康舒适的"房子"。妇女妊娠期间如不慎染疾,则会危及胎儿健康,甚至有流产的危险,孕妇应及时治疗,这种医学养胎思想在现代社会仍然适用。

1. 时节与养胎

孕妇应时刻注意时令节气,随其变化而选择衣食住行,避免生病伤胎。《诸病源候论》载妊娠妇女与节气变化的关系,曰:

> 四时之间,忽有非节之气,如春时应暖而反寒,夏时应热而反冷,秋时应凉而反热,冬时应寒而反温,非其节而有其气。一气之至,无人不伤,长少虽殊,病皆相似者,多挟于毒。言此时普行此气,故云时气也。妊娠遇之,重者伤胎也。②

四时之间非节之气、忽冷忽热对人体损伤很大,致使体内挟裹毒气,这种变化在老弱病孕等特殊人群首先表现出来,孕妇应从饮食、衣服、居住及行动上特别小心,避免因时节变化而生病,伤及胎儿后果不堪设想。

2. 安胎药物与养胎

魏晋南北朝时期已有多种安胎药。前秦已经以人参入药安胎,《晋书·苻生载记》曰:

> (苻生)尝使太医令程延合安胎药,问人参好恶并药分多少,延曰:"虽小小不具,自可堪用。"③

《本草经集注》中记录了多味安胎草药。干地黄主治妊娠妇女胞漏,在安胎方面有一定疗效,曰:"女子伤中,胞漏,下血,破恶血,溺血,利大小肠。"④《备急千金要方》亦以干

---

① 《诸病源候论》卷四一《妇人妊娠诸病上》,第231页。
② 《诸病源候论》卷四二《妇人妊娠诸病下》,第233页。
③ 《晋书》卷一一二《苻生载记》,第2877页。
④ 《本草经集注》卷三《草木上品》,第199页。

地黄治疗"漏胞"及"下血"。①《本草经集注》载,白胶与阿胶两味草药也有安胎之功效。②《本草经集注》记载有安胎功效的草药还有以下几种:

  紫葳:主治妇人产乳余疾,崩中,癥瘕,血闭,寒热,羸瘦,养胎。③
  大、小蓟根:主养精保血。大蓟主治女子赤白沃,安胎,止吐血,衄鼻,令人肥健。④
  鹿茸:主治漏下恶血,……养骨,安胎下气,杀鬼精物,不可近阴,令痿,久服耐老。⑤
  蛇全:主治惊痫,寒热,邪气,除热,金疮,疽痔,鼠瘘,恶疮,头伤。治心腹邪气,腹痛,湿痹。养胎,利小儿。⑥

3. 孕妇疾病治疗与养胎

妇女妊娠期间比较脆弱,容易造成身体各个器官不适,心、腹、腰、肾、肺、头、腿等均可能出现不良反应,甚至容易感染各种疾病,诸如咳嗽、子烦、疟疾、下痢、中恶、小便不利、水肿、霍乱、尿血等,这些不适与疾病轻者引起胎动烦躁,重者危及胎儿生命。三国时期陈叔山小儿之疾,究其原因是源自母亲妊娠期间胎养不当。《三国志·魏书·华佗传》载:"东阳陈叔山小男二岁得疾,下利常先啼,日以羸困。问佗,佗曰:'其母怀躯,阳气内养,乳中虚冷,儿得母寒,故令不时愈。'"⑦

孕妇生疾应积极进行治疗,否则将危及胎儿健康发育。《诸病源候论》认为:"胎动不安者,多因劳役气力,或触冒冷热,或饮食不适,或居处失宜。轻者止转动不安,重者便至伤堕。若其母有疾以动胎,治母则胎安;若其胎有不牢固,致动以病母者,治胎则母瘥。"⑧为便于认识,笔者对孕妇易发疾病及其治疗方法进行梳理,兹列表如下(表1-1):

---

① 《备急千金要方》卷二《妇人方上·漏胞第二》,第26页;卷二《妇人方上·下血第七》,第28页。
② 《本草经集注》卷六《虫兽三品》,第399-400页。
③ 《本草经集注》卷四《草木中品》,第305页。
④ 《本草经集注》卷四《草木中品》,第315页。
⑤ 《本草经集注》卷六《虫兽三品》,第419-420页。
⑥ 《本草经集注》卷五《草木下品》,第363页。
⑦ 《三国志》卷二九《魏书·方技·华佗传》,第800页。
⑧ 《诸病源候论》卷四一《妇人妊娠诸病上》,第231页。

表1-1 孕妇疾病与养胎之方

孕妇疾病	病源	疾病危害	治疗方式	病源及药方出处
妊娠之初而肿	脾胃虚弱,脏腑之间有停水。	水渍于胞,则令胎坏。	赤小豆五升,商陆根一斤,切,上二味,以水三斗煮取一升,稍稍饮之,尽更作。	病源出处:《诸病源候论》卷四一《妇人妊娠诸病上》,第231页。药方出处:《备急千金要方》,第30页。
妊娠数月,漏胞候:妊娠数月而经水下。	冲脉、任脉虚,不能制约太阳、少阴之经血。	胞内泄漏,不能制其经血,漏血尽,则人毙。	方一:生地黄半斤咬咀,以清酒二升煮三沸,绞去汁,治如食法。方二:干地黄捣末,以三指撮酒服,不过三服。方三:生地黄汁一升,以清酒四合煮三四沸,顿服之。不止频服。方四:干地黄四两,干姜二两,上二味治下筛,以酒服方寸匕,日再三服。	病源出处:《诸病源候论》,第231页。药方出处:《备急千金要方》,第26页。
妊娠腹痛候	风邪入于腑脏,与血气相击搏。	伤损胞络,令动胎。	生地黄三斤,捣绞取汁,用清酒一升合煎减半,顿服。	病源出处:《诸病源候论》,第232页。药方出处:《备急千金要方》,第27页。
妊娠心痛候	风邪痰饮,乘心之经络,邪气搏于正气。	伤心正而经而痛,则为真心痛,邪若伤之,朝发夕死,夕发朝死;伤心支别络而痛,则乍间乍盛,乍作有时。令胎动,甚至血下。	《僧深方》:吴茱萸五合,以酒煮三沸。分三服。	病源出处:《诸病源候论》,第232页。药方出处:《医心方》,第454页。
妊娠心腹痛候	腹内宿有冷疹,或新触风寒,皆因脏虚而致。	导致动胎,甚者伤堕。	《小品方》治妊娠心腹刺痛方:盐烧令赤熟,三指撮,酒服之。立瘥。	病源出处:《诸病源候论》,第232页。药方出处:《医心方》,第454页。

续表 1-1

孕妇疾病	病源	疾病危害	治疗方式	病源及药方出处
妊娠小腹痛候	胞络宿有冷,妊娠血不通,冷血相搏。	动胎	《小品方》治妊身腹中冷,胎动不安:甘草、当归各二两、干姜三两、大枣十枚,凡四物,以水五升,煮取三升,分三服。	病源出处:《诸病源候论》,第232页。药方出处:《医心方》,第450页。
妊娠尿血候	劳伤经络而有热,热乘于血,血得热流溢,渗入于胞。	伤胎	《产经》方一:取其爪甲及发,烧作末,酒服之。方二:龙骨治下三指撮,先食酒服,日三。方三:鹿角屑一两,熬,大豆卷二两桂心一两。三味下筛,酒服方寸匕,日三。	病源出处:《诸病源候论》,第232页。药方出处:《医心方》,第456页。
妊娠腰痛候	肾主腰脚,因劳损伤动,其经虚,则风冷乘之	痛甚则堕胎	《小品方》:大豆三升,以酒三升,煎取二升,服之。《僧深方》:敷盐令热,布裹与熨之。	病源出处:《诸病源候论》,第232页。药方出处:《医心方》,第454页。
妊娠子烦候	脏虚而热气乘于心,则令心烦;停痰积饮,在于心胸。	伤胎	方一:竹沥一升,防风、黄芩、麦门冬各三两,茯苓四两,上五味㕮咀,以水四升合竹沥煮取二升,分三服。不瘥再作。方二:时时服竹沥,随多少,取瘥止。	病源出处:《诸病源候论》,第234页。药方出处:《备急千金要方》,第26页。
妊娠疟病候	夏伤于暑,客于皮肤,至秋因劳动血气,腠理虚而风邪乘之,动前署热,正邪相击,阴阳交争。	寒热之气迫伤于胎,多致损动也。	《僧深方》:竹叶一升,细切;恒山一两,细切;水一斗半,煮竹叶取七升半,纳恒山渍一宿,明旦煮取二升半,再服,先发一时一服,发一服尽。去竹叶纳恒山。	病源出处:《诸病源候论》,第233页。药方出处:《医心方》,第457页。

续表 1-1

孕妇疾病	病源	疾病危害	治疗方式	病源及药方出处
妊娠中恶候	心腹刺痛，闷乱欲死。	损胎	《产经》方一，当归葱白汤方：当归四两、人参二两、厚朴二两、葱白一虎口、胶二两、芎藭二两，右六物，以水七升，煮取二升半，分三服。 方二，吴茱萸酒方：吴茱萸五合，以酒三升，煮三沸，分三服，良。	病源出处：《诸病源候论》，第234页。 药方出处：《医心方》，第457页。
妊娠霍乱候	阴阳清浊相干，谓之气乱，气乱于肠胃之间，为霍乱。	损胎	《产经》甘草汤方：甘草二两，炙；厚朴三两，干姜二两，当归二两，右四味，切，以水七升，煮取二升半，分三服，日三。	病源出处：《诸病源候论》，第234页。 药方出处：《医心方》，第457页。
妊娠下血候	有损动，或冷热不调	伤胎，甚至流产。	榆白皮三两，当归、生姜各二两，干地黄四两，葵子一升（《肘后》不用），上五味咬咀，以水五升煮取二升半，分三服。不瘥，更作服之，甚良。	病源出处：《诸病源候论》，第232页。 药方出处：《备急千金要方》，第28页。
妊娠下痢候	春伤于风，邪气留连，遇肠胃虚弱，风邪因而伤之，肠虚则泄，故为下痢。	损胎	酸石榴皮、黄芩、人参各三两，榉皮四两，粳米三合，上五味咬咀，以水七升煮取二升半，分三服。	病源出处：《诸病源候论》，第234页。 药方出处：《备急千金要方》，第29页。
妊娠咳嗽候	肺感于微寒，寒伤于肺，则成咳嗽。	久不已伤于胎	《产经》人参汤方：人参、甘草各一两，生姜五两，大枣十枚，凡四物，切，以水四升，煮取一升半，分二服，良。	病源出处：《诸病源候论》，第235页。 药方出处：《医心方》，第457页。

续表1-1

孕妇疾病	病源	疾病危害	治疗方式	病源及药方出处
妊娠小便数候	肾与膀胱合,俱主水,肾气通于阴。肾虚而生热,热则小便涩,虚则小便数,虚热相搏,虽数起而不宣快也。	伤胎	方一:葵子一升,榆白皮一把,切,上二味,以水五升煮五沸,服一升,日三。 方二:葵子、茯苓各一两,上二味末之,以水服方寸匕,日三。	病源出处:《诸病源候论》,第236页。 药方出处:《备急千金要方》,第29页。

据此,可得出如下结论:一是孕妇养胎之重点在于"养"。妇女妊娠期间应谨慎小心,衣食住行均应随气候时节等变化而调整,防患于未然,避免胎养不当而引起疾病,从而危害腹中胎儿。二是妇女妊娠期间面临各种疾病的威胁,这些疾病不仅影响孕妇身心健康,而且危及胎儿性命,孕妇如不慎染疾应及时治疗,否则后果不堪设想。三是魏晋南北朝时期医术有所发展,孕妇所患常见疾病已有药可寻,医者对此并非束手无策,这是孕妇健康及胎儿成长的极大福音。四是此时医学虽有一定发展,但不应夸大医学的作用,从上表分析,个别医者成就斐然,但总体而言,医学的发展仍需进步。

五、堕胎的风险

(一)士族家庭孕妇面临的堕胎风险

由于史料所限,平民妇女堕胎情况无可考,现仅就士族家庭中孕妇堕胎风险进行考证。士族家庭生活相对优越,不至出现因经济问题而被迫堕胎的情况,然而堕胎孕妇仍然频见史籍,这其中必有根源。究竟是何原因导致士族妇女面临堕胎的危险?

士族家庭孕妇堕胎原因不一。有些是由夫妻关系不协而引起的堕胎。曹魏桓范世为冠族,家境殷实,与妻言语失和,乃以刀环撞其腹。其妻时怀孕在身,遂"堕胎死"①。

有些是因为大妇妒忌而谋杀孕妾。钟会在孕之时,其母张氏遭孙氏妒忌,孙氏主持中馈,乃"置药食中,夫人中食,觉而吐之,瞑眩者数日"②。虽然孙氏谋害张氏母子的行为未能得逞,但张氏眩晕数日,母子命悬一线。西晋贾皇后无子,又妒忌酷虐,见惠帝之妃怀孕,便手自杀之。《晋书·后妃上·惠贾皇后传》载:"妃性酷虐,尝手杀数人。或以戟

---

① 《三国志》卷九《魏书·曹爽传》注引《魏略》,第290页。
② 《三国志》卷二八《魏书·钟会传》注引其母《传》,第784页。

掷孕妾,子随刃堕地。"①南朝梁元帝之徐妃妒忌,尝手杀孕妾,《南史·后妃下·元帝徐妃传》曰:"(妃)酷妒忌,见无宠之妾,便交杯接坐。才觉有娠者,即手加刀刃。"②北魏刘辉尚兰陵长公主,公主颇严妒,引起妻妾纷争,"辉尝私幸主侍婢有身,主笞杀之。剖其孕子,节解,以草装实婢腹,裸以示辉"③。兰陵公主妒杀孕妾导致夫妻关系恶化,刘辉主动还击,他"推主堕床,手脚殴蹋,主遂伤胎,辉惧罪逃逸"④。夫妻不谐,大打出手,兰陵公主自己的孩子也未能保住。

有些是父死母嫁,不欲腹中胎儿为累而主动堕胎。南朝徐孝嗣"父被害,孝嗣在孕,母年少,欲更行,不愿有子,自床投地者无算,又以捣衣杵春其腰,并服堕胎药,胎更坚。及生,故小字遗奴"⑤。徐孝嗣之母这种跳跃、自损等堕胎方式未能奏效,不得已而生下孝嗣。其实,如果孕妇欲堕胎可以求助医方,《产经》载:"大麦面五升,以清酒一斗合煮,令三沸,去滓,分五服,当宿不食,服之,其子即糜腹中,令母不疾,千金不易。"⑥

(二) 因胎养不当而致的堕胎与治疗

有些妇女妊娠期间胎养不当,致使胎死腹中,虽非所愿,但无力回天,此后应及时就医使死胎产出,否则将危及孕妇性命。三国时期名医华佗妙手回春,他对治疗妇科疾病也十分娴熟。《三国志·魏书·华佗传》载华佗助孕妇出腹中死胎案例二则:

> 故甘陵相夫人有娠六月,腹痛不安,佗视脉,曰:"胎已死矣。"使人手摸知所在,在左则男,在右则女。人云"在左",于是为汤下之,果下男形,即愈。⑦
> 李将军妻病甚,呼佗视脉,曰:"伤娠而胎不去。"将军言:"闻实伤娠,胎已去矣。"佗曰:"案脉,胎未去也。"将军以为不然。佗舍去,妇稍小差。百余日复动,更呼佗,佗曰:"此脉故事有胎。前当生两儿,一儿先出,血出甚多,后儿不及生。母不自觉,旁人亦不寤,不复迎,遂不得生。胎死,血脉不复归,必燥著母脊,故使多脊痛。今当与汤,并针一处,此死胎必出。"⑧

史书并未记载华佗堕胎药方,后人也无从考证,但《小品方》记录了五种治疗死胎产出之方,如下:

---

① 《晋书》卷三一《后妃上·惠贾皇后传》,第964页。
② 《南史》卷一二《后妃下·元帝徐妃传》,第342页。
③ 《魏书》卷五九《刘昶传》,第1311页。
④ 《魏书》卷五九《刘昶传》,第1312页。
⑤ 《南史》卷一五《徐羡之传附孝嗣传》,第438页。
⑥ 《医心方》卷廿二《治妊妇欲去胎方》,第458页。
⑦ 《三国志》卷二九《魏书·方技·华佗传》,第799页。
⑧ 《三国志》卷二九《魏书·方技·华佗传》,第802页。

"大豆醋煮,服三升,死儿立出,分二服之。"

又方:"桃白皮如梧子大,服一丸,立出。"

又方:"好书墨三寸,末,顿服。"

又方:"盐一升,鸡子二枚,和,顿服之。"

又方:"瞿麦一把,煮令二三沸,饮其汁立产。一方下筛,服方寸匕。"①

有些孕妇数次怀胎而不能保,其原因大多源于孕妇体质虚弱、阴阳不调。《诸病源候论》曰:"阳施阴化,故得有胎,荣卫和调,则经养周足,故胎得安,而能成长。若血气虚损者,子脏为风冷所居,则血气不足,故不能养胎,所以致胎数堕。候其妊娠而恒腰痛者,喜堕胎也。"②可见,孕妇血气不足、阴阳失衡是导致堕胎的主要原因,治疗气血不足成为孕妇关心的头等大事。对此《产经》论述了治疗之方,曰:"作大麦豉羹食之,即安胎。"③此方以食入药,既简单易行,又安全无副作用。又曰:"取母衣带三寸烧末,酒服即安。"④

有些孕妇怀胎日月未满而胎动欲产,早产导致胎儿身体羸弱,不易存活,孕妇应及时治疗避免早产。《小品方》载孕妇避免早产之方,曰:"捣知母,和蜜为丸,如梧子,服一丸,痛不止更服一丸。"⑤

胎教与胎养是产育过程的重要环节。母子一体,孕妇与腹中胎儿能够产生心灵互动,在胎教与胎养过程中承担了大部分责任。为此,在男尊社会下,男性从择偶开始便为胎教做积极准备,择偶重妇德,选择贞德贤淑的女性为妻。这些女性妊娠伊始便着手对胎儿进行教育,力图培养符合儒家伦理标准的贤德君子。孕妇在胎养环节还要遵循各种禁忌,运用医学手段安胎疗疾,避免各种堕胎的意外,保证胎儿的身心健康发育。总之,在男尊的古代社会,相比于男性,妇女在产育环节付出最多,责任最大,产育对妇女的影响也最大。就家庭关系而言,因"男尊女卑"的历史现实,妇女地位不如男性,而"母以子贵",为保持在家庭、家族中一席之地,生子是妇女保持家庭中地位的主要通道。同时,就家族利益而言,产育关系家族香火传承、子孙繁衍,家中喜添男丁,意味着家族后继有人,为家族蕃昌提供了种种可能。

孕妇经历漫长的妊娠期,一个新生命即将降生,妇女生育将提上日程。

---

① 《医心方》卷廿二《治妊妇胎死不出方》,第458页。
② 《诸病源候论》卷四一《妇人妊娠诸病上》,第232页。
③ 《医心方》卷廿二《治妊妇数落胎方》,第451页。
④ 《医心方》卷廿二《治妊妇数落胎方》,第451页。
⑤ 《医心方》卷廿二《治妊妇日月未至欲产方》,第458页。

第三节　葆育之道：生命的鞠养

一、家庭的责任：婴儿的生养

（一）母亲的责任

《诗经》云："哀哀父母，生我劬劳。"①父母之恩、生养之苦，狭义上始于妇女分娩。孕妇经历漫长的妊娠期，一朝瓜熟蒂落，生产将提上日程。对妇女而言，生产喜忧相伴，既有迎接新生命的欣喜，又有如历鬼门关的危险。为预防分娩中的不测，妇女谨遵各种风俗习惯，坚守生产信仰，谨记各种禁忌，以祈母子平安。

1. 分娩信仰与禁忌

神祇信仰。妇女分娩也称"在草"或者"落草"，因妇女分娩以草蒿为产具而得名。如惠帝皇后贾氏假孕，让人准备草蒿之物为产具，以虚张声势。《晋书·后妃上·惠贾皇后传》载："初，后诈有身，内橐物为产具，遂取妹夫韩寿子慰祖养之，讬谅闇所生，故弗显。"②可见，藁草等是妇女分娩必不可少的产具。晋元帝亦生于藁草之上，《晋书·元帝纪》曰："咸宁二年生于洛阳，有神光之异，一室尽明，所藉藁如始刈。"③萧梁高僧释法云，其母吴氏产之于草蒿，因此以"坐草"指代分娩。《续高僧传》曰："母吴氏，初产坐草，见云气满室，因以名之。"④妇女生产之际，家人要为之准备草蒿，铺地作为产具，新生儿出生落在草蒿之上，故生子谓之"落草""坐草"。

中国古代社会，妇女生产犹如行走在鬼门关，很多妇女因难产而丧命，为了保证孕妇生产顺利、母子平安，孕妇需遵循相关产育信仰，避免一定的产育禁忌。

为迎接新生命的到来，生产之家为孕妇准备草蒿等产具时便颇为讲究，往往伴随请神过程，以祈请神祇保护母子平安。《产经》铺草席咒曰："铁阳铁阳，非公当是王。一言得之铜，二言得之铁，母子相共，左王后，西王母，前朱雀，后玄武，仙人玉女，来此护我，诸恶魅魉，莫近来触。急急如律令。"⑤《产经》本是医书，仍记载为产妇祈福消灾的风俗禁忌。可见，医巫同源，人们面对医学难以解决的问题时，转而求助于巫术，值妇女生产之际，家人为其邀请各路神仙，驱除恶魔鬼魅，以保证婴儿顺利降生，这既表明孕妇生产之

---

① 程俊英、蒋见元：《诗经注析·小雅·蓼莪》，北京：中华书局，1991年，第626页。
② 《晋书》卷三一《后妃上·惠贾皇后传》，第965页。
③ 《晋书》卷六《元帝纪》，第143页。
④ 《续高僧传》卷五《义解篇初·梁扬都光宅寺沙门释法云传》，第160页。
⑤ 《医心方》卷廿三《产妇禁坐草法》，第463页。

危险境遇,又反映了生产之家虔诚的信仰习俗。

《高僧传》载晋代高僧于法开助产的小故事,从中可一窥孕妇生产之信仰习俗:

> 于法开,不知何许人。事兰公为弟子,深思孤发,独见言表。善《放光》及《法华》,又祖述耆婆,妙通医法。尝乞食投主人家,值妇人在草危急,众治不验,举家遑扰,开曰:"此易治耳。"主人正宰羊,欲为淫祀,开令先取少肉为羹,进竟,因气针之,须臾羊膜裹儿而出。①

但凡做过母亲的女性都体验过分娩的痛苦,即使医术完备的现代社会,妇人生产也不免心惊胆战,更何况古代社会医学相对落后,产妇分娩更是异常危险。为了使孕妇免于难产,婴儿得以顺利降生,生产之家借以求助神灵,杀猪宰羊祈祷祭祀,以求神灵保佑母子平安。高僧于法开便目睹晋朝百姓之家孕妇难产,母子生命危急,其家主人杀羊祭神祈福的过程。东晋葛洪《抱朴子·内篇》记载产妇分娩的符咒。如产妇不幸遭遇难产,可求助于道家,持三皇文,心愿至之则婴儿即出,曰:"余闻郑君言,道书之重者,莫过于《三皇内文》《五岳真形图》也。……其经曰,家有《三皇文》,辟邪恶鬼,温疫气,横殃飞祸。若有困病垂死,其信道心至者,以此书与持之,必不死也。其乳妇难艰绝气者持之,儿即生矣。"②北朝窦泰在孕,过了预产期仍未出生,其母对此十分忧惧,后经巫婆指点,传授生产之法,这对稳定孕妇情绪、帮助生产大有裨益,其母听从巫师之言得以顺利生子。《北齐书·窦泰传》曰:"期而不产,其母大惧。有巫曰:'渡河湔裙,产子必易。'便向水所。忽见一人,曰:'当生贵子,可徙而南。'泰母从之。俄而生泰。"③

古人多信鬼神,产妇及其家人深信婴儿新生,命运自有天定,非人力所及,为婴儿祈福者时或有之。曹魏华歆曾深夜投宿,遇主人家妇女夜产。是夜,有神至门,议定小儿之阳寿而去,曰:

> 歆为诸生时,尝宿人门外。主人妇夜产。有顷,两吏诣门,便辟易却,相谓曰:"公在此。"踌躇良久,一吏曰:"籍当定,奈何得住?"乃前向歆拜,相将入。出并行,共语曰:"当与几岁?"一人曰:"当三岁。"天明,歆去。后欲验其事,至三岁,故往问儿消息,果已死。歆乃自知当为公。④

由此可知,孕妇分娩有各种各样的风俗信仰,产妇及家属相信新生儿诞生之始,命由

---

① (南朝梁)释慧皎撰,汤用彤校注:《高僧传》卷四《义解一·晋剡白山于法开传》,北京:中华书局,1992年,第167—168页。
② 《抱朴子内篇校释》卷一九《遐览》,第336页。
③ 《北齐书》卷一五《窦泰传》,第193页。
④ 《三国志》卷一三《魏书·华歆传》注引《列异传》,第405页。

天定,生老病死、福禄寿财皆有序章,个人意志很难改变,产妇对此笃信不疑,中国古代社会百姓宿命思想可从生产信仰与生育习俗中窥见一斑。

风俗禁忌。分娩不仅是孕妇个人的大事,更是家庭与家族的大事。为了确保孕妇顺利分娩,除祭祀神灵之外,民间又流传着许多风俗禁忌。《诸病源候论》载:"人处三才之间,禀五行之气,阳施阴化,故令有子。然五行虽复相生,而刚柔刑杀,互相害克。至于将产,则有日游、反支禁忌,若触犯之,或横致诸病。故产时坐卧取处,须顺四时五行之气,故谓之产法也。"①可见,巢元方认为产妇分娩不仅是瓜熟蒂落之事,还要顺应四时五气,选择良时吉日,避免不祥之征;如其不然,则或招致横祸,或致产妇生病。曰:"诸临产若触犯日游、反支诸所禁忌,则令血气不调理,而致运也。其运之状,心烦闷,气欲绝是也,故须预以法术防之。"②

产妇分娩禁忌颇多,《千金方》《小品方》等医书对此多有记载,产妇应谨遵这些禁忌,以求母子平安。《千金方》载多种禁忌:一是不能令丧服在身之家瞻视,否则会导致孕妇难产,或者伤及新生婴儿。曰:"产妇虽是秽恶,然将痛之时,及未产已产,并不得令死丧秽家之人来视之,则生难。若已产者,则伤儿。"③二是禁止多人探视,曰:"凡欲产时,特忌多人瞻视,唯三人在傍待生,总讫了,仍可告语诸人也。"④三是婴儿始生,忌问男女,曰:"一切人及母忌问是男是女。又勿令母看视秽污。"⑤《小品方》载妇人生产血露未净,不可出户门,不可至井灶之所,不可祭祀神祇、祠堂。云:"凡妇人产,阎秽血露未净,不可出户庸,至井灶所也,不朝神祇及祠祀也。"⑥

2. 医学助产之法

魏晋南北朝时期,妇女分娩已有助产之士。助产士分为两种,一种是术士或医者身份。如前文所述的晋朝高僧于法开精通医术,以针灸之法助产妇生产;又如北齐术士许遵精通术数,同时又是手艺精湛的助产士。其子许晖欲从父学术数,遭到乃父反对,乃父转而教授其助妇人生产之法。许晖得父真传,助产之术精湛,徐氏父子共同成为当时著名的助产士。《北史·艺术上·许遵传》载:

> 子晖,亦学术数。遵谓曰:"汝聪明不及我,不劳多学。"唯授以妇人产法,豫言男女及产日,无不中。武成时,以此数获赏焉。⑦

---

① 《诸病源候论》卷四三《妇人将产候》,第238页。
② 《诸病源候论》卷四三《妇人将产候》,第238页。
③ 《医心方》卷廿三《产妇用意法》,第462页。
④ 《医心方》卷廿三《产妇用意法》,第462页。
⑤ 《医心方》卷廿三《产妇用意法》,第463页。
⑥ 《医心方》卷廿三《产妇用意法》,第463页。
⑦ 《北史》卷八九《艺术上·许遵传》,第2936页。

《南史·张邵传附徐文伯传》记载南朝刘宋医者徐文伯善诊与助产之故事,曰:

> 宋后废帝出乐游苑门,逢一妇人有娠,帝亦善诊,诊之曰:"此腹是女也。"问文伯,曰:"腹有两子,一男一女,男左边,青黑,形小于女。"帝性急,便欲使剖。文伯恻然曰:"若刀斧恐其变异,请针之立落。"便写足太阴,补手阳明,胎便应针而落。两儿相续出,如其言。①

这则故事虽旨在抨击后废帝之荒淫暴虐,却从侧面反映出徐文伯医术高超,精通针灸,善于助产而不伤胎儿。

西魏文帝悼皇后郁久闾氏怀孕将产之际,即请医巫助其生产。《北史·后妃上·文帝悼皇后郁久闾氏传》曰:"后怀孕将产,居于瑶华殿,闻上有狗吠声,心甚恶之。又见妇人盛饰来至后所,后谓左右:'此为何人?'医巫傍侍,悉无见者,时以为文后之灵。产讫而崩,年十六,葬于少陵原。"②

另一种是民间产婆。《搜神记》载:"苏易者,庐陵妇人,善看产,夜忽为虎所取。行六七里,至大圹,厝易置地,蹲而守。见有牝虎当产,不得解,匍匐欲死,辄仰视。易怪之,乃为探出之,有三子。生毕,牝虎负易还。再三送野肉于门内。"③妇人苏易善为人看产,在庐陵一带家喻户晓,连老虎都熟知她精通此道。此虽为传说,故事本身可能带有虚构成分,但从中可以看出庐陵一带像苏易这样为人接生的产婆确实存在。

一些医书中还记载了妇女分娩中助产士的人数。《千金方》曰:"凡欲产时,特忌多人瞻视,唯三人在傍待生,总讫了,仍可告语诸人也。"④产妇分娩禁多人探视,只留三人,包括产婆与其助手在旁待产,这估计是贵族家庭妇女生产之状况,普通百姓之家由于财力有限,能请产婆已属不易。

为避免难产,产妇应掌握一些简单的生产之法,这在医书中多有记载。《产经》云:"妊身垂七月,常可服丹参膏,坐卧之间,不觉忽生也。以温酒服如枣核,日三。"⑤《葛氏方》云:"密取马鬐毛,系衣中,勿令知耳。"⑥《小品方》二方,一云:"马衔一枚,觉痛时左手持之。"二云:"蛇蜕皮头尾完具者一枚,觉痛时以绢囊盛绕腰,甚良。"⑦《陶景本草注》曰:"鼺鼠皮毛,以与产妇持之,令易产。"⑧鬐毛、马衔、蛇蜕、鼺鼠等与产妇分娩究竟有何关联不得而知,但医书记载此法以,应为当时产妇所青睐,她们深信这些物品有助产之良效,

---

① 《南史》卷三二《张邵传附徐文伯传》,第839页。
② 《北史》卷一三《后妃上·文帝悼皇后郁久闾氏传》,第507页。
③ 《搜神记》卷二〇《苏易》,第237页。
④ 《医心方》卷廿三《产妇用意法》,第462页。
⑤ 《医心方》卷廿三《产妇易产法》,第463页。
⑥ 《医心方》卷廿三《产妇易产法》,第463页。
⑦ 《医心方》卷廿三《产妇易产法》,第463—464页。
⑧ 《医心方》卷廿三《产妇易产法》,第464页。

将其放置于产房之中。礜毛等物品如何助产姑且不论,而这些助产之物的意义在于对产妇进行心理暗示与精神慰藉,或许产妇正是因此物而心情愉悦与放松,加之配合助产士,生产便变得更为容易。

3. 各阶层分娩的差别

世家大族与普通百姓的生活有天壤之别,妇女分娩更是差异巨大。世家大族家境富裕,有些士族甚至生活豪奢,常常一掷千金,遇到孕妇分娩这等大事,自然不惜一切。李贞德先生指出:"不同阶层产家在妊娠末期所能提供给产妇的资源,多寡不一。……富贵之家或能按图设帐、寄产安庐,但平民百姓以至贫贱之人,设备完整和精密的程度想必递减。"①魏向东先生亦言:"上层社会妇女的产房,空间宽敞。"②

古代社会没有医院,妇女多在家中分娩,贵族家庭亦不例外。世家大族生活条件优越,其家孕妇自然生活无忧,在生产这等要事上准备充分,衣食住行、产房布置均十分考究。就产房而言,贵族家庭妇女多生活在气势宏伟、豪华壮丽的府邸,其产房宽敞舒适、明亮洁净。刘宋后废帝刘昱"生于卫尉府"③,北魏明元帝"生于云中宫"④,孝文帝"生于平城紫宫,神光照于室内,天地氤氲,和气充塞"⑤。北齐后主生于并州府邸,《北齐书·后主纪》曰:"天保七年五月五日,生帝于并州邸。"⑥北周孝闵帝"生于同州官舍"⑦。可见,贵族阶层或生于宫廷,或产于官邸。宫廷肃穆高大,官邸豪华宽敞,皇帝为代表的贵族阶层生活富足,资产丰富,遇妇女临盆等大事自然不可马虎。又如刘宋文帝之袁皇后,生子刘劭,因其形貌不端而欲不举,太祖不依,乃"狼狈至后殿户外,手拨幔禁之,乃止"⑧。由此可知信息有二:一是皇家院落极大,雄伟壮丽,有前庭后院,亭台楼阁。二是皇后分娩的产房在后殿,十分宽敞,有门户庭院之隔,又有帐幔庇护。可见皇室妇女分娩,其条件优越,非寻常百姓之家所能比拟。萧梁高祖德皇后郗氏,生时"有赤光照于室内,器物尽明,家人皆怪之"⑨。从郗氏出生的产房内陈列器物看,虽未言及器物多少,但只有贵族家庭才有资金、有条件添置摆设,其产房应非同一般。北魏孝明帝"生于宣光殿之东北,有光照于庭中"⑩。孝明帝产房之外有庭院,可见皇家院落层叠不尽,其生产的优越条件可想而知。西魏文帝悼皇后郁久闾氏于寝宫生产,《北史·后妃上·文帝悼皇后郁久闾氏

---

① 李贞德:《汉唐之间医书中的生产之道》,李建民主编《生命与医疗》,北京:中国大百科全书出版社,2005年,第86页。
② 魏向东:《魏晋南北朝生育风俗述论》,《安徽史学》2003年第2期,104—106页。
③ 《宋书》卷九《后废帝纪》,第177页。
④ 《北史》卷一《魏本纪·太宗明元皇帝纪》第25页。
⑤ 《魏书》卷七上《高祖纪上》第135页。
⑥ 《北齐书》卷八《后主纪》,第97页。
⑦ 《周书》卷三《孝闵帝纪》,第45页。
⑧ 《宋书》卷四一《后妃·文帝袁皇后传》,第1285页。
⑨ 《梁书》卷七《高祖德皇后郗氏传》,第157页。
⑩ 《魏书》卷九《肃宗纪》,第221页。

传》曰："怀孕将产,居于瑶华殿。"①

相比而言,寻常百姓家境贫寒,妇女分娩的条件有限,甚至简陋至极,有些孕妇因饥寒交迫、居无定所而不择产地。《搜神记》载:"先时有张妪者,尝往周家佣赁,野合有身,月满当孕,便遣出外,驻车屋下。产得儿。主人往视,哀其孤寒,作粥糜食之。"②张妪为人佣赁,将产之际被主人遣出,穷困之中没有安身之地,仓皇之下于车屋生产,其状十分可怜。

总之,孕妇经历了分娩的忐忑与疼痛,终于迎来新生儿的降临,婴儿的诞生为家庭增添了蓬勃生机。然而,初为父母者将面临另一个重要问题——新生儿的养育,婴儿的生命之旅慢慢开始,父母的育儿过程也由此拉开帷幕。

(二)父亲的责任

1. 父亲的角色

李贞德指出:"在妇女分娩中,丈夫被视为责无旁贷。"③分娩是妇女的事情,丈夫无法替代,那么,丈夫在妻子临盆时如何履行职责?《礼记·内则》给出了答案,曰:"妻将生子,及月辰,居侧室。夫使人日再问之。作而自问之,妻不敢见,使姆衣服而对。至于子生,夫复使人日再问之。"④贵族妇女即将临盆,一般不允许丈夫进入产房,然而丈夫并非袖手旁观,而是时刻牵挂妻子、胎儿安危。丈夫派人每日两次问候妻子,及时掌握妻子及胎儿的情况。丈夫虽不直接参与生产过程,但丈夫的问候是最好的催产剂,能给妻子以最大的信心与精神支持。丈夫的意义在于守候与陪伴,给予妻子精神支持与心理慰藉。妇女临盆,丈夫一般于家中陪伴妻子,以应对分娩中可能出现的各种问题与危险。东晋陶渊明的《命子诗》记载了其子诞生之夜,他陪在妻子身边,见证幼子出生的过程,表达了身为人父后的欣喜之情。《命子诗》曰:"厉夜生子,遽而求火。凡百有心,奚特于我。既见其生,实欲其可。人亦有言,斯情无假。"⑤北魏彭城王元勰为高肇所诬陷,宣武帝召元勰入宫,欲刑之以法,元勰知凶多吉少,不欲前往,给自己找了个无懈可击的理由,即其妻即将生产。《魏书·献文六王·彭城王勰传》曰:"时勰妃方产,勰乃固辞不赴。"⑥妇女临盆,丈夫一般陪伴守候,即使朝廷要事亦可推辞,可见妇女分娩意义重大,丈夫陪伴妻子顺理成章。北齐神武帝尝将出师西讨,神武明皇后娄氏夜产危急,左右侍从请求告知神武,请其还师。《北齐书·神武明皇后娄氏传》曰:"神武尝将西讨出师,后夜孪生一男一

---

① 《北史》卷一三《后妃上·文帝悼皇后郁久闾氏传》,第507页。
② 《搜神记》卷一〇《张车子》,第123页。
③ 李贞德:《汉唐之间医书中的生产之道》,李建民主编:《生命与医疗》,北京:中国大百科全书出版社,2005年,第95页。
④ 《礼记·内则》,《礼记正义》,第860页。
⑤ 《先秦汉魏晋南北朝诗·晋诗》卷一六《陶渊明·命子诗》,第971页。
⑥ 《魏书》卷二一下《献文六王·彭城王勰传》,第582页。

女,左右以危急,请追告神武。"①虽然娄氏未能听从属下所言,即使生产这等人命关天的大事也不劳丈夫分心;但其文旨在宣扬娄氏深明大义,为巾帼之魁,正是如此,却从侧面反映出生育无小事,丈夫绝不可以掉以轻心。

魏晋南北朝时期,丈夫在妻子分娩中扮演了重要角色,丈夫的陪伴与守候给妻子精神上的支持与心灵上的慰藉,一定程度上缓解了产妇对分娩的恐惧与压力;同时,如果产妇分娩中有稍有意外,丈夫可以主持大局,应对风险,稳定产妇情绪,保护胎儿性命。从这种意义上讲,丈夫是妇女分娩的"主心骨"。

2. 父亲的责任

在中国男主外、女主内的家庭背景下,父亲一般不直接参与婴儿的鞠养,但这不代表父亲对婴儿不闻不问;相反,父亲对婴儿疼爱有加,父亲的爱与责任通过对婴儿的教育表现出来。婴儿始生,教育无从下手,而父亲早已做好准备,其对幼子教育从为子立名便已开始。名字寓意深刻,包含了父亲对幼子的祝愿与期盼,从中可见父亲对幼子最初的教育。《礼记·内则》曰:"父执子之右手,咳而名之。"②已有学者对此进行了论述。笔者在此基础上,就父为子命名之内涵与原因加以补充。

父亲为子命名含义多端,从情感角度而言,名字含义有二:一是寄托了父亲对孩子美好的祝愿。东吴孙休为四子命名标新立异,不愿同于古人,曰:"人之有名,以相纪别,长为作字,惮其名耳。礼,名字欲令难犯易避,五十称伯仲,古或一字。今人竞作好名好字,又令相配,所行不副,此瞽字伯明者也,孤尝哂之。或师友父兄所作,或自己为;师友尚可,父兄犹非,自为最不谦。孤今为四男作名字。"③虽然裴松之对孙休违背礼制为子命名的做法进行了批判,但从中可见一个父亲对儿子的美好祝愿。北周宇文贵母初孕贵,梦有老人抱一儿授之曰:"赐尔是子,俾寿且贵。"及生,形类所梦,故以永贵字之。④ 可见,宇文贵父母以梦中之佳语为子立名,祝愿其子富贵长寿。

二是寄托了父亲对孩子殷切的期待。曹魏文德郭皇后儿时聪慧,其父永奇之曰:"此乃吾女中王也。"遂以女王为字。⑤ 郭氏之父为女立名为"女王",希望女儿成人后为巾帼之魁,饱含了作为父亲对女儿的期盼。曹魏杜理之名,亦饱含其父杜畿对他的殷切期待。《三国志·魏书·杜畿传附子恕传》载:"恕弟理,字务仲。少而机察精要,畿奇之,故名之曰理。"⑥王昶希望其子谦逊诚实、忠厚善良,将此愿望反映在孩子的名字中。《三国志·魏书·王昶传》曰:"其为兄子及子作名字,皆依谦实,以见其意,故兄子默字处静,沈字处道,其子浑字玄冲,深字道冲。"⑦西晋贾充字公闾,皆因其父贾逵老年得子,希望儿子将来

---

① 《北齐书》卷九《神武明皇后娄氏传》,第123页。
② 《礼记·内则》,《礼记正义》,第863页。
③ 《三国志》卷四八《吴书·孙休传》注引《吴录》,第1160页。
④ 《周书》卷一九《宇文贵传》,第311页。
⑤ 《三国志》卷五《魏书·后妃·文德郭皇后传》,第164页。
⑥ 《三国志》卷一六《魏书·杜畿传附子恕传》注引《杜氏新书》,第508页。
⑦ 《三国志》二七《魏书·王昶传》,第744页。

光耀门楣,这是贾逵对其子殷切的期盼。《晋书·贾充传》载:"逵晚始生充,言后当有充闾之庆,故以为名字焉。"①东晋陶渊明《命子诗》曰:"卜云嘉日,占亦良时。名汝曰俨,字汝求思。温恭朝夕,念兹在兹。尚想孔伋,庶其企而。"②命子者,训导幼子也,陶渊明通过为子立名训导幼子,希望儿子将来庄严稳重、求学好思,名字体现了他对儿子的教育与期盼。刘宋蔡廓为子命名,寄托了身为人父对子光耀门庭的期待。其《与亲故书》载:"小儿四岁,神气似可,不入非类室,不与小人游。故以兴宗为之名,以兴宗为之字。"③刘宋刘湛为子命名,反映了为人父之后对儿子的期待。《宋书·刘湛传》载:"湛负其志气,常慕汲黯、崔琰为人,故名长子曰黯,字长孺,第二子曰琰,字季圭。"④刘湛钦慕汉代汲黯、崔琰之为人,希望儿子长大后性格、品德如二人一样忠正、刚直,故以二人之名字为子立名。

总之,父亲为子立名,是对幼子美好的祝愿,又有对幼子殷切的期盼。不管哪种含义,都表达了父亲对幼子深深的慈爱之情;同时,名字又是身为人父者对幼子最直接的教育,父亲将祝愿与期盼包含在幼子名字之中,时刻教导幼子为人处世的道理,提醒他们将要肩负的责任,希望幼子履行忠孝仁义,养成正义、严谨、好学、慎思等优良品质。

二、官府的责任:葆育资助

生育不仅是家庭的喜事,也是社会的大事。生育对人口增殖、社会繁荣、官府赋役征收均有重要意义。因此,魏晋南北朝时期,各朝官府均十分重视生育,纷纷采取措施对孕妇、新生儿及其家庭实施优抚。

(一)育婴法律与政令

1.对犯罪孕妇的法律规定:孕妇宽刑,待产而决

婴儿从孕育的那一刻开始,生命在母体酝酿萌芽,即使还未降临到大千世界,已经受到社会的关爱与帮助,虽然此时婴儿无法与社会互动,但可以通过母体感知世界,婴儿的母亲——孕妇会受到社会的关注与法律的优待,主要表现在法律对犯罪孕妇的宽刑政策,既是对妇女的法律宽待,更是对母体内幼小生命的保护。

曹魏毌丘俭起兵被诛,其子甸、儿媳荀罪应坐死,儿媳荀氏通过离婚获免,但其孙女毌丘芝则没那么幸运,依法应被处以死刑。《晋书·刑法志》载:"荀氏所生女芝,为颍川太守刘子元妻,亦坐死,以怀妊系狱。荀氏辞诣司隶校尉何曾乞恩,求没为官婢,以赎芝命。"⑤毌丘俭犯大逆之罪被诛,按照曹魏法律不仅自身性命不保,而且罪及子孙。荀氏心

---

① 《晋书》卷四〇《贾充传》,第1165页。
② 《先秦汉魏晋南北朝诗·晋书》卷一六《陶渊明·命子诗》,第971页。
③ (清)严可均辑,苑育新审定:《全宋文》卷二七《蔡廓》,北京:商务印书馆,1999年,第256页。
④ 《宋书》卷六九《刘湛传》,第1816页。
⑤ 《晋书》卷三〇《刑法志》,第926页。

疼女儿,更为重要的是,其女有孕在身,如果连坐便是一尸两命。荀氏千方百计保护女儿母子,提出自愿没为官奴婢,以赎女儿母子性命。毌丘芝怀孕的境遇引起了司隶校尉何曾的怜悯,他上疏朝廷为荀氏之女辩护,认为毌丘芝为已出之女,不应从父母之诛。何曾的提案得到了朝廷的认可,保住了毌丘芝母子的性命,甚至朝廷因此而修改了法律条文。毌丘芝母子能得以存活,虽然是荀氏竭尽全力上下周旋,得到了司隶校尉何曾的帮助,但主要原因应不在于此,而是毌丘芝的孕妇事实及已出之女的身份,这两条才是毌丘芝命运转折的关键所在。曹魏由此删定法律,之后立法不仅反映了已出之女的法律地位,而且表现了朝廷对孕妇的宽刑政策。

南朝法律亦坚持孕妇宽刑的立法方针,以最大限度保护孕妇及胎儿。刘宋柳元景以谋废立被杀,其子侄"在京邑及襄阳从死者数十人。元景少子承宗,及嗣宗子纂,并在孕获全"①。柳元景之祸诛连子孙,而其少子及一孙因在孕幸免于难,盖是刘宋有优恤孕妇的法律措施。萧梁法律明确对孕妇宽刑政策。梁武帝时期法律规定:"诏鞭杖在京师者,皆于云龙门行。女子怀孕者,勿得决罚。"②孕妇可以免受鞭杖之刑,怕是孕妇不堪鞭杖之苦,易于流产而殃及腹中胎儿。萧梁法律又规定:"耐罪囚八十已上,十岁已下,及孕者、盲者、侏儒当械系者,及郡国太守相、都尉、关中侯已上,亭侯已上之父母妻子,及所生坐非死罪除名之罪,二千石已上非槛征者,并颂系之。"③老人、儿童、孕妇、盲人及侏儒残疾等弱势群体,受二岁刑以上就应"颂系"。所谓颂系,颜师古注曰:"颂读曰容。容,宽容之,不桎梏。"④即法律对犯罪孕妇等弱势群体宽大为怀,可以不戴桎梏。有学者认为:"'颂系制度'虽不是完全现代意义上的监外执行制度,但已经具有现代监外执行制度的雏形。"⑤可见,颂系制度是对孕妇等弱势群体的宽刑处理。魏晋南北朝时期,各朝官府对孕妇量刑从轻,其目的是保证孕妇母子平安,使其能顺利生产,这是对孕妇的宽刑与帮助,又是对其腹中胎儿的重要权益保障。

北魏法律多次重申对孕妇的宽刑政策。北魏太武帝时期法律规定:"妇人当刑而孕,产后百日乃决。"⑥这项法律在北魏时期得以贯彻执行,京兆王元愉妾李氏一案即是例证。宣武帝永平元年(508)秋,京兆王元愉在冀州谋反称帝,兵败被擒,论刑当诛,其宠妾李氏亦当坐死。对此,中书令崔光奏曰:

> 伏闻当刑元愉妾李,加之屠割。妖惑扇乱,诚合此罪。但外人窃云李今怀姙,例待分产。且臣寻诸旧典,兼推近事,戮至刳胎,谓之虐刑,桀纣之主,乃行

---

① 《宋书》卷七七《柳元景传》,第1990–1991页。
② 《隋书》卷二五《刑法志》,第699页。
③ 《隋书》卷二五《刑法志》,第700页。
④ 《汉书》卷二三《刑法志》,北京:中华书局,1962年,第1108页。
⑤ 吴宗宪:《非监禁刑研究》,北京:中国人民公安大学出版社,2003年,第565页。
⑥ 《魏书》卷一一一《刑罚志》,第2874页。

斯事。君举必书,义无隐昧,酷而乖法,何以示后?陛下春秋已长,未有储体,皇子褆祾,至有夭失。臣之愚识,知无不言,乞停李狱,以俟育孕。①

崔光认为李氏不应从戮,原因有二:一是法律条文的规定。无论按照旧典还是新规,对待孕妇应停刑,待产后乃决。二是治国思想的体现。崔光认为杀戮孕妇极其残酷,只有桀纣这样的暴君才干得出来,深为圣帝明王所不齿;杀戮孕妇会受到上天惩罚,导致子孙不寿或者夭折。因此,应停刑等待李氏生产,然后再议李氏之诛戮。崔光晓之以理,动之以情,他的奏折得到了宣武帝的认可与批准。宣武帝在永平二年(509)又下诏重申:"诏禁屠杀含孕,以为永制。"②

2. 生育政令:物质资助

魏晋南北朝时期,为鼓励生产,减轻生育家庭的经济负担,各朝官府对生育家庭给予一定的物质资助。东晋太和中,岁荒人饥,百姓无以相活,没有生存能力的婴儿更是命在旦夕,赖官府救助才得以存活。《晋书·孔愉传附从子严传》载:"余杭妇人经年荒,卖其子以活夫之兄子。武康有兄弟二人,妻各有孕,弟远行未反,遇荒岁,不能两全,弃其子而活弟子。"对此,官府给予极大资助,吴兴太守孔严"并襃荐之"。③ 孔严代表地方官府对遭受灾荒的百姓加以救助,保证饥馑家庭有能力抚养婴儿,使婴儿免遭被弃之命运。

十六国时期,各统治阶级也十分重视对生育百姓的资助。后赵高祖石勒多次优恤新生儿,《晋书·石勒载记下》载:"黎阳人陈武妻一产三男一女,武携其妻子诣襄国上书自陈。勒下书以为二仪谐畅,和气所致,赐其乳婢一口,谷一百石,杂彩四十匹。"④《晋书·石勒载记下》又载:"堂阳人陈猪妻一产三男,赐其衣帛廪食,乳婢一口,复三岁勿事。"⑤ 黎阳、堂阳百姓一胎多子,报之于朝廷。石勒认为天降祥瑞,对国家人口、赋税大有裨益,当即赏赐生育家庭乳婢以养婴儿,又赐衣服饮食等,免除其赋役,为新生儿成长提供各种帮助。

南北朝官府对生育家庭亦进行一定的物质资助。刘宋元嘉十二年(435)东郡水灾,百姓饥馑,扬州治中从事沈演之开仓赈济饥民,尤其重视对生子之家的资助。《宋书·沈演之传》曰:"民有生子者,口赐米一斗,刑狱有疑枉,悉制遣之,百姓蒙赖。"⑥萧梁时期,义兴太守任昉注重资助孕妇,《南史·任昉传》载:"孕者供其资费,济者千室。"⑦北魏围

---

① 《魏书》卷六七《崔光传》,第1490—1491页。
② 《魏书》卷八《世宗纪》,第209页。
③ 《晋书》卷七八《孔愉传附从子严传》,第2061页。
④ 《晋书》卷一〇五《石勒载记下》,第2737页。
⑤ 《晋书》卷一〇五《石勒载记下》,第2747页。
⑥ 《宋书》卷六三《沈演之传》,第1685页。
⑦ 《南史》卷五九《任昉传》,第1454页。

绕生育资助问题展开了讨论,旧格制:"生两男者,赏羊五口,不然则绢十匹。"①仆射崔暹请求废除这项制度,而邢邵以为不可,曰:"此格不宜辄断。勾践以区区之越,赏法:生三男者给乳母。况以天下之大而绝此条!舜藏金于山,不以为乏,今藏之于民,复何所损。"②邢邵认为区区小国尚能重视生育与人口,更何况天生大国,不能不以繁衍子孙为重,生育救助的制度应坚持不懈。他的建议得到采纳,生育家庭依令得到羊、绢等官府赏赐。北齐天保中,南清河郡界发生灾荒,绝食者千余家。太守苏琼赈济贫乏,《北齐书·苏琼传》曰:"琼普集部中有粟家,自从贷粟以给付饥者。州计户征租,复欲推其贷粟。"③苏琼一心为民,从富人之家贷粮救助贫困百姓,并计户征租。其属下深为他的前程担忧,纲纪谓琼曰:"虽矜饥馁,恐罪累府君。"琼曰:"一身获罪,且活千室,何所怨乎?"遂上表陈状,使检皆免,人户保安。此等相抚儿子,咸言府君生汝。④ 苏琼为首的地方官府全力以赴矜恤百姓、救助贫穷。百姓深知若不是官府救民于水火,多少人将死于非命,尤其是婴幼儿很有可能被活活饿死。因此,百姓对苏琼为首的官府感恩戴德,发出"府君生汝"的感慨。

3. 生育政令:宽徭薄赋

为保证普通家庭顺利生产,迎接新生儿的到来,魏晋南北朝各统治阶级对生育家庭施行宽徭薄赋的政策。三国曹魏大臣王朗上疏育民省刑,曰:"嫁娶以时,则男女无怨旷之恨;胎养必全,则孕者无自伤之哀;新生必复,则孩者无不育之累。"⑤王朗建议对新生儿家庭免除赋役,以避免因负担过重而生子不育,保证新生儿家庭有抚养婴儿的能力。两晋官府也下达政令宽徭薄赋,以救助新生儿家庭。西晋王濬任巴郡太守时,"郡边吴境,兵士苦役,生男多不养。濬乃严其科条,宽其徭课,其产育者皆与休复,所全活者数千人"⑥。巴郡百姓不堪兵役之苦,生男则弃之不养。王濬为首的地方官府从两方面着手遏制这种现象发生。一是严肃生子不举之法,二是以宽徭减赋,双管齐下,解决巴郡百姓的实际困难,使巴郡新生男婴得以存活。东晋江州刺史刘毅上表:"自桓玄以来,驱蹙残毁,至乃男不被养,女无对匹,逃亡去就,不避幽深,自非财单力竭,无以至此。若不曲心矜理,有所改移,则靡遗之叹,奄焉必及。"⑦由此可见,桓玄之乱以来东晋社会满目疮痍,百姓流离失所,致使生男不养、女无对匹,刘毅上表朝廷,提出矜理抚育措施,以改变婴儿不被举养的命运。

刘宋周朗上疏朝廷,请求减免百姓赋役,对生育家庭实行矜恤,以达到增殖人口、恢复社会的生产与发展的目的,曰:

---

① 《北史》卷四三《邢峦传附族弟邵传》,第1592页。
② 《北史》卷四三《邢峦传附族弟邵传》,第1592页。
③ 《北齐书》卷四六《循吏·苏琼传》,第644页。
④ 《北齐书》卷四六《循吏·苏琼传》,第644页。
⑤ 《三国志》卷一三《魏书·王朗传》,第409页。
⑥ 《晋书》卷四二《王濬传》,第1208页。
⑦ 《宋书》卷五二《庾悦传》,第1490页。

"凡为国,不患威之不立,患恩之不下;不患土之不广,患民之不育。自华、夷争杀,戎、夏竞威,破国则积尸竟邑,屠将则覆军满野,海内遗生,盖不余半。重以急政严刑,天灾岁疫,贫者但供吏,死者弗望埋,鳏居有不愿娶,生子每不敢举。又戍淹徭久,妻老嗣绝,及淫奔所孕,皆复不收。是杀人之日有数途,生人之岁无一理,不知复百年间,将尽以草木为世邪,此最是惊心悲魂恸哭太息者。法虽有禁杀子之科,设蚤娶之令,然触刑罪,忍悼痛而为之,岂不有酷甚处邪。今宜家宽其役,户减其税。"①

由此可见,刘宋时期国家面临巨大困境,战争频仍、苛政繁役而形成的天灾人祸使百姓苦不堪言,生育受到极大影响,致使鳏居者不复娶,生子者每不养,这必将影响国家安定与社会的繁荣。周朗上疏陈之利害,请求减免百姓赋役,鼓励人口繁衍。刘宋时期赋役沉重,十二三岁儿童便已承担赋役,这从始兴太守徐豁的上疏可见一二,徐豁对此十分担忧,上疏朝廷请求减轻百姓赋役负担,对生育家庭进行矜恤,以保证国家发展与社会繁荣。《宋书·良吏·徐豁传》载:(南朝宋)元嘉三年(426),徐豁上表陈三事,其一曰:"郡大田,武吏年满十六,便课米六十斛,十五以下至十三,皆课米三十斛,一户内随丁多少,悉皆输米。且十三岁儿,未堪田作,或是单迥,无相兼通,年及应输,便自逃逸,既逼接蛮、俚,去就益易。或乃断截支体,产子不养,户口岁减,实此之由。谓宜更量课限,使得存立。今若减其米课,虽有交损,考之将来,理有深益。"②杜佑《通典》记载了宋文帝对此奏折持肯定态度,曰:"诏善之。"③既然宋文帝赞许徐豁的上疏,必不会对产子不举、户口岁减的现象置若罔闻,会采取一些轻徭薄赋的措施以稳定社会统治,客观上起到打击生子不举、保护新生儿的作用。南齐两次下诏对产子家庭宽徭薄赋。齐武帝永明七年(489)诏令:"若有产子者,复其父。"④齐明帝建武四年(497)诏曰:"民产子者,蠲其父母调役一年,又赐米十斛。"⑤萧梁亦有抚恤产子家庭的措施。梁武帝天监十六年(517),诏曰:"若民有产子,即依格优蠲。"⑥

总之,魏晋南北朝时期,各朝官府对新生儿家庭进行优恤,其措施主要有制定育婴扶幼的相关法律,减免新生儿父母赋役,对新生儿家庭进行物质赏赐等。这些措施对于普通家庭养育新生儿十分重要。当然,我们也应看到,从各朝官府制定的法律、下达的诏令与采取措施来看,其政策时断时续,很难有连贯性,育婴的法律与政令一般是在开明君主

---

① 《宋书》卷八二《周朗传》,第2094页。
② 《宋书》卷九二《良吏·徐豁传》,第2266页。
③ (唐)杜佑撰,王文锦、王永兴、刘俊文点校:《通典》卷四《食货四》,北京:中华书局,1988年,第81页。
④ 《南史》卷四《齐本纪上·世祖武皇帝纪》,第122页。
⑤ 《南齐书》卷六《明帝纪》,第89页。
⑥ 《梁书》卷二《武帝纪中》,第56页。

统治、政治稳定时期才能贯彻执行。因此,我们应客观看待官府在育婴方面的责任与付出。各朝官府采取积极措施保护新生儿,鼓励人口增殖,其作用不容过分夸大。

(二)扶幼的法律规定

1. 法律恤幼表现在刑事责任年龄的划分方面

按照现代法律概念,所谓刑事责任年龄,即指"法律规定行为人对自己实施刑法所禁止的危害行为负刑事责任必须达到的年龄"①。有学者指出:"刑事责任年龄与刑事责任能力是资产阶级刑法学中的概念,虽然封建社会律学尚未出现这一概念,但这一问题在我国刑法中由来已久。"②可见,即使在封建社会刑事责任年龄划分这一问题仍然存在,刑事责任年龄以下的未成年人犯罪可以免于承担刑事责任。西晋刑事责任年龄划分是以十岁为断。《晋书·刑法志》载:"十岁,不得告言人。"③对此法律条文的解释众说纷纭,有学者解释为:"不满十岁的未成年人不对诬告罪负刑事责任。"④也有学者认为:"十岁以下的幼儿以及笃疾者的诉讼权利受到了法律的极大限制,除法律列举的特定几种罪名外,他们不得自行提起涉及其他犯罪的诉讼。但是,这种限制并非出于身份的歧视,而是他们享受司法特权的逻辑结果。"⑤即十岁以下未成年人不得告发他人,其原因不是为了限制未成年人的权利,反而是因为其享受了特权,指十岁以下未成年人不负刑事责任。笔者赞同后一种观点,因为十岁以下未成年人不负刑事责任,所以不得告发他人。晋朝宗室司马休谋反一案印证了这一事实,河间平王司马洪之曾孙司马休参与苏峻之乱,按照法律株连家族。《晋书·宗室·安平献王孚传附孙河间平王洪传》载:"休与彭城王雄俱奔苏峻。峻平,休已战死。弟珍年八岁,以小弗坐。"⑥司马珍年仅八岁,其被宽宥的唯一原因是"年小",即十岁以下未成年人不负刑事责任。晋宗室烈王司马无忌父子逢王敦之难,其父司马承被王敦所害,司马无忌"以年小获免"。⑦这里虽未明确司马无忌的确切年龄,但他免于刑事责任的原因亦是"年小",源于晋朝有十岁以下未成年人免于刑事责任的法律。南朝萧梁法律规定:"耐罪囚八十已上,十岁已下,及孕者、盲者、侏儒当械系者,……并颂系之。"⑧这既是萧梁刑事责任年龄划分方法,也是刑事责任能力承担的规定。从刑事责任年龄来看,二岁刑的刑事责任年龄下限是十岁;从刑事责任能力承担来看,法律规定对十岁以下未成年人减轻刑罚。

---

① 姚志伟:《略论中国古代刑事责任年龄制度》,《南华大学学报(社会科学版)》2005年第1期,第66-69页。
② 宁汉林、魏克家:《中国刑法简史》,北京:中国检察出版社,1999年,第96页。
③ 《晋书》卷三〇《刑法志》,第930页。
④ 宁汉林、魏克家:《中国刑法简史》,北京:中国检察出版社,1999年,第102页。
⑤ 徐忠明、姚志伟:《清代抱告制度考论》,《中山大学学报(社会科学版)》2008年第2期,第144页。
⑥ 《晋书》卷三七《宗室·安平献王孚传附孙河间平王洪传》,第1088页。
⑦ 《晋书》卷三七《宗室·谯刚王逊传附孙烈王无忌传》,第1106页。
⑧ 《隋书》卷二五《刑法志》,第700页。

北魏对未成年人刑事责任年龄划分方法不一。北魏太武帝时期法律规定："年十四已下,降刑之半,八十及九岁,非杀人不坐。拷讯不踰四十九。"①可见,神䴥年间司徒崔浩刊定法律,规定儿童十四岁以下至九岁为相对负刑事责任年龄阶段;除杀人罪之外,儿童九岁以下为不负刑事责任年龄阶段。文成帝时期断狱多滥,刑事责任年龄划分混乱。如兴安二年(453)十二月,河间百姓谋反十五为以下儿童可以免于死罪,《魏书·高宗纪》曰:"诛河间郑民为贼盗者,男年十五以下为生口,班赐从臣各有差。"②百姓谋反应处以死刑,但对于十五岁以下的儿童特宽宥之,改没为生口奴隶,是以十五岁以下为相对负刑事责任年龄阶段。大臣源贺上表,建议规定儿童负刑事责任之年龄为十三岁,曰:"其为劫贼应诛者,兄弟子侄在远,道隔关津,皆不坐。窃惟先朝制律之意,以不同谋,非绝类之罪,故特垂不死之诏。若年十三已下,家人首恶,计谋所不及,愚以为可原其命,没入县官。"③据此法律,十三岁以下未成年人不受连坐之罪,刑事责任年龄从十五岁降到十三岁,这一建议为文成帝所采纳。又北魏《法例律》规定:"八十已上,八岁已下,杀伤论坐者上请。"④未成年人刑事责任年龄则以八岁为断,八岁以下未成年人杀伤人要"上请",即由皇帝来裁决,这说明当时对未成年人犯罪的处罚十分慎重,皇帝一般本着"爱民如子"的原则,很有可能对未成年人从轻量刑。

北魏还可以根据不同儿童的年龄情况具体问题具体分析。孝明帝熙平中"月光童子"审判案描述了对幼儿犯罪的处罚情况,从中可窥其刑事责任年龄的划分状况。《魏书·刑罚志》载:

> 熙平中,有冀州妖贼延陵王买,负罪逃亡,赦书断限之后,不自归首。廷尉卿裴延儁上言:"《法例律》:'诸逃亡,赦书断限之后,不自归首者,复罪如初。'依《贼律》,谋反大逆,处买枭首。其延陵法攥等所谓月光童子刘景晖者,妖言惑众,事在赦后,亦合死坐。"正崔纂以为:"景晖云能变为蛇雉,此乃傍人之言。虽杀晖为无理,恐赦晖复惑众。是以依违,不敢专执。当今不讳之朝,不应行无罪之戮。景晖九岁小儿,口尚乳臭,举动云为,并不关己,'月光'之称,不出其口。皆奸吏无端,横生粉墨,所谓为之者巧,杀人者能。若以妖言惑众,据律应死,然更不破□惑众。赦令之后方显其事;律令之外,更求其罪。赦律何以取信于天下,天下焉得不疑于赦律乎!《书》曰:与杀无辜,宁失有罪。又案《法例律》:'八十已上,八岁已下,杀伤论坐者上请。'议者谓悼耄之罪,不用此律。愚以老智如尚父,少惠如甘罗,此非常之士,可如其议,景晖愚小,自依凡律。"灵太后令

---

① 《魏书》卷一一一《刑罚志》,第2874页。
② 《魏书》卷五《高宗纪》,第113页。
③ 《魏书》卷四一《源贺传》,第920页。
④ 《魏书》卷一一一《刑罚志》,第2885页。

曰:"景晖既经恩宥,何得议加横罪,可谪略阳民。余如奏。"①

延陵王买叛乱案件中,朝廷针对九岁小儿刘景晖的处罚展开了热议。廷尉卿裴延儁认为"月光童子"刘景晖妖言惑众,应处之以死刑。而廷尉正崔纂对此却提出异议,认为刘景晖罪不该死。原因如下:刘景晖尚在童幼,乳臭未干,不具备主动处心积虑煽动妖言、蛊惑百姓的能力,他只不过充当了王买等人蛊惑民众的工具,在此案件中,刘景晖遭人利用,实为傀儡。由此言之,妖言惑众之罪应在王买等人,而非在景晖。更为主要的是,北魏法律规定"八岁已下,杀伤论坐者上请",刘景晖年已九岁,但九岁、八岁仅一岁之差,若非神童早慧,八九岁的孩童心智应无大差别。因此,即使刘景晖犯罪,也应得到法律的宽宥。灵太后听从崔纂的建议,对刘景晖从轻处罚,免去其死罪。这表明北魏刑事责任年龄划分虽以八岁为断,但根据具体情况可上下浮动。

北齐刑事责任年龄划分有时可宽泛到十五岁。武平三年(572),大臣斛律羡受其兄斛律光之事株连被杀,其五子世达、世迁、世辨、世酋、伏护亦被诛杀,但"余年十五已下者宥之"②。斛律光被杀,其长子武都、次子恒伽一起被处死,唯"光小子钟,年数岁,获免"③。可见即使死罪之家,其家幼儿小于十五岁也可免于刑事责任。

根据法律规定,官府对刑事责任年龄断限以下之儿童实行优抚政策,这些儿童犯罪可免于承担刑事责任,或不完全负刑事责任,这对维护未成年人权益、保护儿童成长有积极意义。

2. 法律恤幼体现在对犯罪儿童处罚时的优待

(1)减轻刑罚。两晋法律对老、幼、妇女等弱势群体施行保护政策,儿童犯罪可以从轻处罚。《晋书·刑法志》载:"轻过误老少女人当罚金杖罚者,皆令半之。"④考虑到老人、儿童及妇女等弱势群体的自身状况,晋朝法律规定如其犯罪不重可以优抚,具体措施是:罪当罚金者,罚金较之他人减半;罪当受杖刑者,杖刑较之他人减半。又《太平御览》载《晋律》曰:"其年老小笃癃病及女徒,皆收赎。"⑤又曰:"诸应收赎者,皆月入中绢一匹。老小、女人半之。"⑥即老人、儿童、笃疾及妇女犯罪,可以减轻处罚,以"金作赎刑",且赎金为壮丁之半,这是对幼儿及老人减轻处罚的法律明文规定,充分体现了矜老恤幼的法律思想。南朝萧梁法律规定:"若人士犯罚,违扞不款,宜测罚者,先参议牒启,然后科行。断食三日,听家人进粥二升。女及老小,一百五十刻乃与粥,满千刻而止。"⑦萧梁对犯人

---

① 《魏书》卷一一一《刑罚志》,第2884—2885页。
② 《北齐书》卷一七《斛律金传附子羡传》,第228页。
③ 《北齐书》卷一七《斛律金传附子光传》,第226页。
④ 《晋书》卷三〇《刑法志》,第927页。
⑤ (宋)李昉撰,汪绍楹点校:《太平御览》卷六五一《刑法部十七·收赎》,北京:中华书局,1960年,第2911页。
⑥ 《太平御览》卷六五一《刑法部十七·收赎》,2911页。
⑦ 《隋书》卷二五《刑法志》,第699页。

采取断食方式刑讯逼供,为了保全犯人性命,断食三日可由家人送粥两升;而考虑到老人、妇女、儿童的身体承受能力,其断食一天半则允许家人送粥,此亦是对老、幼及妇女减轻刑罚的措施。又曰:"老小于律令当得鞭杖罚者,皆半之。其应得法鞭、杖者,以熟靶鞭、小杖。"①梁武帝天监十一年(512)法律规定:"自今捕谪之家,及罪应质作,若年有老小者,可停将送。"②此法律使犯罪家庭因老人、儿童而获益免刑。北齐律制:"合赎者,谓流内官及爵秩比视、老小阉痴并过失之属。"③法律规定儿童、老人犯罪可以赎金方式代替处罚。

(2)赦免幼孤。魏晋南北朝时期,按照法律规定,大臣谋反、叛逆等皆应处以死罪,其罪株连家族,但有例外,即儿童因年幼可得赦免。西晋江州刺史华轶不从元帝而被杀,其子年幼,命在旦夕。先遇恩人高悝救助,后遇朝廷大赦得免。《晋书·高崧传》载:"及轶败,悝藏匿轶子经年,会赦乃出。"④可见,遇朝廷大赦之际,叛逆之家儿童可免于死难。刘宋袁顗于泰始初举兵奉晋安王子勋,事败被诛,其子昂因幼逃匿,后遇赦而免。《梁书·袁昂传》曰:"昂时年五岁,乳媪携抱匿于庐山,会赦得出,犹徙晋安,至元徽中听还,时年十五。"⑤刘宋兖州长史刘邕因与刘义宣同谋被杀,身死彭城。其子刘芳年幼,遇赦得存。《魏书·刘芳传》曰:"芳随伯母房逃窜青州,会赦免。"⑥萧梁沈约之父沈璞于元嘉末被诛,沈约亦因幼逃匿,遇赦而免。《梁书·沈约传》曰:"约幼潜窜,会赦免。"⑦南朝陈宣帝太建元年(569),广州刺史欧阳纥受宣帝猜疑,被征入朝,除左卫将军。欧阳纥不欲任人宰割,遂于十月举兵谋反,兵败被执送京师,后被斩于建康,家破人亡,《陈书·欧阳頠传附子纥传》载:"家口籍没。子询以年幼免。"⑧欧阳询先被其父生前好友江总所藏匿,⑨太建二年(570)因皇太后崩而"大赦天下"⑩。欧阳询也因赦得免,后来才有机会成为唐代著名的书法家。北魏崔孝芬与章武王元融有旧怨,被元融诬陷,孝芬"遂见收捕,合家逃窜,遇赦乃出"⑪。崔孝芬一家受到元融的诬陷,带领全家老小逃匿,遇赦乃出,得以保全老小性命。北周也有相关赦免幼小法律,如相府司录参军李植密谋诛杀权臣晋公宇文护,因计划泄露被杀,诛及家族,而李植诸弟之中年幼者获全,《周书·李贤传附弟远传》

---

① 《隋书》卷二五《刑法志》,第699页。
② 《隋书》卷二五《刑法志》,第701页。
③ 《隋书》卷二五《刑法志》,第706页。
④ 《晋书》卷七一《高崧传》,第1895页。
⑤ 《梁书》卷三一《袁昂传》,第451页。
⑥ 《魏书》卷五五《刘芳传》,第1219页。
⑦ 《梁书》卷一三《沈约传》,第233页。
⑧ 《陈书》卷九《欧阳頠传附子纥传》,北京:中华书局,1972年,第160页。
⑨ 《旧唐书》卷一八九上《儒学·欧阳询传》,北京:中华书局,1975年,第4947页。
⑩ 《陈书》卷五《宣帝纪》,第78页。
⑪ 《魏书》卷五七《崔挺传附子孝芬传》,第1267页。

曰:"植弟叔谐、叔谦、叔让亦死。余并以年幼得免。"①

皇帝赦令赦免范围较广,即使对谋反、大逆罪犯的家属亦可既往不咎,这些家庭的儿童可因赦免于死难,获得生存的机会,这是对犯罪家庭儿童的恩惠。

(3)恢复腐刑。古有腐刑之律,魏晋则废止不行。②至南北朝这一刑律又予以恢复。北魏腐刑是对谋反、大逆罪犯之子孙的从轻处罚。有学者认为:"其目的在于欲绝其后裔,较门诛为减等。"③《魏书·刑罚志》载:"大逆不道腰斩,诛其同籍,年十四已下腐刑,女子没县官。"④北魏对谋反罪、大逆罪家族14岁以下儿童处以腐刑,绝其生育能力,杜其恶迹,不留遗嗣于后世。相比较"无少长皆斩"的法律而言无疑已经从轻量刑,这一法律在北魏谋反之家得以贯彻。北魏王质"其家坐事,幼下蚕室"⑤。北齐崔季舒、封孝琰被诬以谋反被杀,家中幼儿被处腐刑。《魏书·崔季舒传》载:"季舒等家属男女徙北边,妻女子妇配奚官,小男下蚕室,没入赀产。"⑥封孝琰"子开府行参军君确、君静等二人徙北边,少子君严、君赞下蚕室"⑦。北周时期,宇文氏与高欢之间干戈迭起,宇文泰进入关中,其族子宇文什肥留守晋阳,被高欢所害,什肥之子宇文胄"以年幼下蚕室"⑧。

腐刑在南朝也被贯彻施行,其对象亦是谋反、大逆之罪家族的儿童。萧梁大将杜岸为岳阳王萧詧所杀,萧詧"尽诛诸杜宗族亲者,幼弱下蚕室"⑨。侯景南奔之后,他在北魏的家眷下场悲惨,《南史·贼臣·侯景传》曰:"魏相高澄悉命先剥景妻子面皮,以大铁镬盛油煎杀之。女以入宫为婢,男三岁者并下蚕室。"⑩相对于诛灭三族,腐刑不得不说是对儿童的从轻处罚。

综上,魏晋南北朝时期,官府法律与政令秉承轸恤幼小、哀悯孤弱的原则,恤幼体现在方方面面,首先妇女妊娠期间享有法律优待,即使死罪亦因腹中胎儿得以暂缓执行,得以保住腹中胎儿性命。婴儿呱呱坠地,各朝官府颁布法律对婴儿加以保护与抚恤,制定政策对生产之家多方资助。法律本着宽大为怀的宗旨,对犯罪幼儿进行抚恤,一方面体现在刑事责任年龄划分方面,未成年人刑事责任年龄出现了八岁、九岁、十岁、十三岁、十四岁等不同的划分方法,但不管如何划分,在断限以下的未成年人享有免除或减轻刑事责任的权利;另一方面体现在对犯罪幼儿的处罚方面,不管是杖罚、鞭罚、赎金还是测罚,未成年人均享有减半的权利。同时,南北朝时期腐刑的实施,使犯罪家族幼儿得以免死,

---

① 《周书》卷二五《李贤传附弟远传》,第422页。
② 陶广峰:《汉魏晋官刑存废析》,《法学研究》1997年第3期,第142—146页。
③ 程树德:《九朝律考》卷十五《后魏律考卷上》,北京:商务印书馆,1927年,第34页。
④ 《魏书》卷一一一《刑罚志》,第2874页。
⑤ 《魏书》卷九四《阉官·王质传》,第2025页。
⑥ 《北齐书》卷三九《崔季舒传》,第513页。
⑦ 《北齐书》卷二一《封隆之传附从子孝琰传》,第309页。
⑧ 《周书》卷一〇《邵惠公颢传附孙胄传》,第154页。
⑨ 《南史》卷六四《杜崱传附兄岸传》,第1558页。
⑩ 《南史》卷八〇《贼臣·侯景传》,第2015页。

也充分展现了法律优恤未成年人的思想。

生育是关乎国家兴亡、家族盛衰的重大事件,育儿不仅是家庭的责任,更是社会的责任。就家庭而言,父母在新生儿生育方面均责无旁贷,母亲将婴儿带到大千世界,分娩之痛难以名状;父亲则作为母亲的坚强后盾,在胎儿生产中,最大限度给母亲以精神支持,父母双方齐心协力,从而保证胎儿顺利降生。父亲的责任虽不在生,但在于教养,父亲期盼婴儿健康长寿,甚至光宗耀祖,这在父亲为子命名中表现尤为明显。婴儿新生伊始,父母便立即进入角色,踏上鞠养幼子的漫漫征途。就官府而言,其职责主要体现在优恤与资助方面,官府制定各种政策资助、优抚新生儿,制定相关法律矜恤婴幼。在父母、官府的双重照顾下,婴儿得以沐浴阳光,茁壮生长。

第四节 生子不举与鬻子不养:生命的遗弃

魏晋南北朝时期,子孙蕃昌、多子多福的生育观念行而不辍。然而,与此截然相反,生子不举与鬻子不养作为一种特殊的社会现象广泛存在,与求子习俗形成了鲜明的对比。台湾学者李贞德在《汉隋之间"生子不举"问题》一文对中古生子不举问题进行了相关论述,认为生子不举的情况多端,或因产育禁忌而不举子,或因节制家庭人口而不举子;生子不举有地域性差异;汉唐之间各朝官府对生子不举现象进行惩治。[1] 然则,就"生子不举"产生的社会根源,鬻子不养现象及其成因,中央、地方官府对生子不举、鬻子不养现象的惩治与救助,生子不举与鬻子不养现象的影响等问题仍有可以研究的空间,笔者在前辈学者研究成果基础上,就上述问题做以下论述。

一、生子不举及其成因

(一)社会因素

众所周知,魏晋南北朝战乱频仍、灾异屡现,加之各朝官府横征暴敛,天灾人祸给百姓带来了无尽的灾难,百姓穷困潦倒、流离失所、生活艰辛,弃子不举现象屡见不鲜。

1.因战乱纷争而生子不举

东汉末年天下分崩,烽火迭起、硝烟弥漫,百姓饱受战争之苦。家园被毁,举目疮痍,百姓为了生存,被迫辗转流离、背井离乡。有些百姓在逃难过程中被迫弃子不养。东汉末年,皇帝诏书真实反映了战争为百姓带来的创伤,曰:"今四民流移,讬身他方,携白首

---

[1] 李贞德:《汉隋之间"生子不举"问题》,《"中央研究院"历史语言研究所集刊》1995年第66本第3分,第760页。

于山野,弃稚子于沟壑,顾故乡而哀叹,向阡陌而流涕,饥厄困苦,亦已甚矣。"①可见,百姓因战乱而流离失所,托身异乡,弃子不举现象时有发生。曹魏王粲《七哀诗》描绘了董卓之乱给百姓带来的灾难,曰:"西京乱无象,豺虎方遘患。复弃中国去,远身适荆蛮。亲戚对我悲,朋友相追攀。出门无所见,白骨蔽平原。路有饥妇人,抱子弃草间。顾闻号泣声,挥涕独不还。未知身死处,何能两相完?驱马弃之去,不忍听此言。"②东汉末年受战争摧残,西京长安与中原大地一片荒芜,妇人生子无力举养,狠心丢弃于草间,号哭之声相闻,令人不忍回顾。曹魏时期,《四孤论》论述了因兵难而生子不举的状况,曰:"遇兵饥馑有卖子者;有弃沟壑者;有生而父母亡,无缌亲,其死必也者;有俗人以五月生子妨忌之不举者。"③曹魏如是,孙吴亦然。吴黄武五年(226),为了维护社会安定,孙权下令宽徭薄赋,令曰:"军兴日久,民离农畔,父子夫妇,不听相恤,孤甚愍之。今北虏缩窜,方外无事,其下州郡,有以宽息。"④战争致使民离农亩,百姓生活困苦,由此夫妻无依、父子乖离现象实为无奈之举。

因战乱而生子不举现象在魏晋志怪小说中亦有体现,刘义庆《幽明录》曰:

> 汉末大乱,颍川有人将避地他郡。有女七八岁,不能涉远,势不两全。道边有古冢穿败,以绳系女下之。经年余还,于冢寻觅,欲更殡葬,忽见女尚存。父大惊,问女得活意,女云:"冢中有一物,于晨暮际辄伸头禽气,为试效之,果觉不复饥渴。"家人于冢寻索此物,乃是大龟。⑤

《幽明录》为志怪小说,故事本身未必真实可信,但其反映的汉末社会背景却为不争之事实,百姓因战乱而弃子不养现象亦非捕风捉影、空穴来风,应是当时百姓生活的真实写照。

东晋时期南北相争,百姓深受战乱之苦,弃子不举现象亦十分普遍。穆帝永和十二年(356)桓温北伐,与姚襄战于伊水之北。姚襄大败,率众逃遁,五千余百姓抛妻别子生死相随。《晋书·姚襄载记》曰:"(襄)率麾下数千骑奔于北山。其夜,百姓弃妻子随襄者五千余人,屯据阳乡,赴者又四千余户。"⑥东晋末年,孙恩之乱无疑给百姓带来一场噩梦。孙恩为首的叛贼攻陷会稽,烧仓廪,焚邑屋,刊木堙井,掳掠财货,会稽城内一片狼藉,人人不能自保。"其妇女有婴累不能去者,囊笼盛婴儿投于水,而告之曰:'贺汝先登

---

① 《三国志》卷八《魏书·陶谦传》注引《吴书》,第249页。
② 《先秦汉魏晋南北朝诗·魏诗》卷二《王粲·七哀诗》,第365页。
③ 《通典》卷六九《礼二九》,第1914页。
④ 《三国志》卷四七《吴书·吴主传》,第1132页。
⑤ (南朝宋)刘义庆撰,郑晚晴辑注:《幽明录》卷一《龟息二》,北京:文化艺术出版社,1988年,第22页。
⑥ 《晋书》卷一一六《姚襄载记》,第2963页。

仙堂,我寻后就汝。'"①俗话说"虎毒不食子",妇女抛弃骨肉婴孩而不养,其行为何其残忍,但放入战乱纷争的历史环境中也不难理解,与其让婴儿在战争中灰飞烟灭,不如将其投之水中自生自灭,也许命运眷顾,遇有缘人相救,还有生存的一丝希望。

南朝萧梁末年,侯景之乱给百姓带来深重灾难,致使百姓生子不养、杀子而食,甚至人相食现象时有发生。《南史·贼臣·侯景传》曰:"景食石头常平仓既尽,便掠居人,尔后米一升七八万钱,人相食,有食其子者。"②南齐东昏侯时期,社会处于风雨飘摇中,永元三年(501),征东将军萧衍发表檄文,列数东昏侯酷政罪状,其中一条罪状便是因乱世而造成百姓生子不能举养,曰:"行产盈路,舆尸竞道,母不及抱,子不遑哭。劫掠剽虏,以日继夜。"③百姓因社会动荡而逃难,放眼街衢,饿殍遍野、血染于路,妇人生子不能举养,号哭之声相闻,致使南齐气数日尽,群雄揭竿而起。

战争冷酷、刀剑无情,战乱致使百姓家人分离、骨肉失散,有些家庭在生死考验下,面临弃此保彼的艰难抉择,为深明大义,许多家长往往选择弃己子不养,而保全亲属、家族之子。曹魏张范之子及侄为贼所得,危机时刻,张范度不能两全,他挺身而出,欲弃子而保侄,《三国志·魏书·张范传》载:

> 太祖平冀州,遣使迎范。范以疾留彭城,遣承诣太祖,太祖表以为谏议大夫。范子陵及承子戬为山东贼所得,范直诣贼请二子,贼以陵还范。范谢曰:"诸君相还儿厚矣。夫人情虽爱其子,然吾怜戬之小,请以陵易之。"贼义其言,悉以还范。④

曹操平定冀州,遣使迎接张范。张范因疾病羁留彭城,其子、侄为贼所得,经张范周旋,贼归还张范之子而欲杀其侄张戬。张范为保全侄子以子易之,其抉择何其大义凛然。西晋永嘉年间,社会再次陷入战乱之中,河东太守邓攸逃亡,途中为保弟子而弃子不举,《晋书·良吏·邓攸传》载:

> 石勒过泗水,攸乃斫坏车,以牛马负妻子而逃。又遇贼,掠其牛马,步走,担其儿及其弟子绥。度不能两全,乃谓其妻曰:"吾弟早亡,唯有一息,理不可绝,止应自弃我儿耳。幸而得存,我后当有子。"妻泣而从之,乃弃之。其子朝弃而暮及。明日,攸系之于树而去。⑤

邓攸因战乱而逃亡,拖家带口,以担载其子及弟子邓绥,途中仓皇狼狈可想而知;二

---

① 《晋书》卷一〇〇《孙恩传》,第2633页。
② 《南史》卷八〇《贼臣·侯景传》,第2001页。
③ 《梁书》卷一《武帝纪上》,第6页。
④ 《三国志》卷一一《魏书·张范传》,第337页。
⑤ 《晋书》卷九〇《良吏·邓攸传》,第2339页。

子因幼小而不堪脚力,邓攸度不能两全,弃己子而保全其弟之子。我们知道,为人父母未曾有不疼惜骨肉者,但战乱之际,与其全家死于铁骑之下,不得已而弃此保彼,以求生还,邓攸弃子实属无奈之举。

2. 因赋役沉重而生子不举

丁年过幼与生子不举。关于魏晋南北朝时期丁年标准,学界已有论述,认为晋朝期诏令:"男女年十六已上至六十为正丁,十五已下至十三、六十一已上至六十五为次丁,十二已下六十六已上为老小,不事。"①晋承曹魏,宋因晋制,魏晋南朝大体皆以此为准。有学者认为:"曹魏与西晋初,丁年以十六岁为限,且增加了次丁,使真正的始役年龄降到十三岁。"②从人体发育的角度来看,十三岁尤为童幼,便进行各种劳作,这对儿童身体发育极其不利。儿童成丁过早,甚至赋役负担沉重,这成为百姓生子不举的重要因素。刘宋时期,扬州刺史王弘上疏陈赋役之弊,指出丁年过幼对儿童的危害,以及给百姓带来生子不举的灾难,曰:

> 旧制,民年十三半役,十六全役。当以十三以上,能自营私及公,故以充役。而考之见事,犹或未尽。体有强弱,不皆称年。且在家自随,力所能堪,不容过苦。移之公役,动有定科,循吏隐恤,可无其患,庸宰守常,已有勤剧,况值苛政,岂可称言。乃有务在丰役,增进年齿,孤远贫弱,其敝尤深。至令依寄无所,生死靡告,一身之切,逃窜求免,家人远讨,胎孕不育,巧避罗宪,实亦由之。今皇化惟新,四方无事,役召之宜,应存乎消息。十五至十六,宜为半丁,十七为全丁。③

王弘认为丁年过幼与生子不举二者之间关系密切,他列举了儿童过早服役给儿童、家庭以及朝廷带来的严重危害:对儿童本身而言,儿童身体发育尚未成熟,他们不堪苦役而逃窜求免;对其家庭而言,许多百姓因惧怕服役而生子不举;对朝廷而言,儿童逃窜、百姓生子不举势必会扰乱社会治安,造成人口隐匿,影响徭役征发,从而影响社会稳定发展。对此,他上疏朝廷,建议提高成丁年龄,以使百姓生子不弃,他的建议得到准许。

丁年过幼给百姓带来无尽的灾难,对此,许多大臣上疏朝廷请求宽徭薄赋、与民生息,提高丁年年龄,以改变百姓弃子不举的现状。曹魏王朗上疏曹丕,认为不宜以儿童充役,应待其长成而驱使之。《三国志·魏书·王朗传》曰:"壮而后役,则幼者无离家之思。"④从其称帝后征发士息一事来看,王朗的建议似乎并未得以采纳,《三国志·魏书·

---

① 高敏:《魏晋南北朝经济史》,上海:上海人民出版社,1996年,第330页。
② 李贞德:《女人的中国医疗史——汉唐之间的健康照顾与性别》,台北:三民书局,2008年,第156页。
③ 《宋书》卷四二《王弘传》,第1321页。
④ 《三国志》卷一三《魏书·王朗传》,第409页。

陈思王传》载:"是后大发士息,及取诸国士。植以近前诸国士息已见发,其遗孤稚弱,在者无几,而复被取。"① 魏文帝征兵前后三发,正丁略尽,致使"遗孤稚弱,在者无几",而魏文帝仍未有停止之意,可见曹魏士兵之子幼年被征发者不在少数。

东晋太元年间,大臣范宁意识到丁年过幼的危害,此是百姓不堪苦役、生子不举、童幼夭折的一个主要因素,他上疏建议提高丁年年龄断限,曰:

> 礼,十九为长殇,以其未成人也。十五为中殇,以为尚童幼也。今以十六为全丁,则备成人之役矣。以十三为半丁,所任非复童幼之事矣。岂可伤天理,远经典,困苦万姓,乃至此乎!今宜修礼文,以二十为全丁,十六至十九为半丁,则人无夭折,生长滋繁矣。帝善之。②

范宁主张以二十为全丁,以十六至十九岁为半丁,这个建议较之十三半役、十六全役的措施有所改善,晋孝武帝对其提高成丁年龄的建议深表赞同,因此可以推测在孝武帝时期提高了成丁年龄,但这项举措似乎并未坚持多久,如东晋安帝义熙十一年(415),刘裕将拜荆州刺史,下书曰:"此州积弊,事故相仍,民疲田芜,杼轴空匮。加以旧章乖昧,事役频苦,童耄夺养,老稚服戎,空户从役,或越绋应召。每永怀民瘼,宵分忘寝,诚宜蠲除苛政,弘兹简惠。庶令凋风弊政,与事而新,宁一之化,成于期月。荆、雍二州,西局、蛮府吏及军人年十二以还,六十以上,及扶养孤幼,单丁大艰,悉仰遣之。穷独不能存者,给其长赈。府州久勤将吏,依劳铨序。并除今年租税。"③ 至少可见荆州、雍州等地区战乱频繁,殃及百姓,致使儿童无人抚育,耄耋无以赡养;徭役沉重,老人与儿童皆充丁役,披装上阵。刘裕特别强调,十二岁以下、六十岁以上的军人应该遣散,这表明义熙年间,十二岁甚至更幼小之童便服兵役,可见范宁的建议并未得以持久贯彻执行。

北朝情况稍优于南朝,相关学者对北朝丁男年龄已有论述。蒋福亚先生认为:"北朝丁年年龄变动频繁,且不断缩小。"④ 换句话说,北朝成丁年龄不断提高,北魏规定十五成丁;北齐十八成丁,十六至十七为中,十五以下为小;北周亦以十八成丁,北齐、北周成丁年龄较北魏提高了近三岁之多,较南朝的十六成丁、十三至十五半丁提高了两岁。这似乎对缓解百姓徭役压力,促进儿童健康成长、杜绝生子不举现象有积极作用。正由于此,相比于南朝,北朝生子不举案例较少。然而,与汉代相比较,北朝成丁年龄仍然没有优势。⑤ 可见,较之汉代,魏晋南北朝时期,百姓丁年过幼,这是导致百姓负担沉重、生子不

---

① 《三国志》卷一九《魏书·陈思王传》注引《魏略》,第574页。
② 《晋书》卷七五《范汪传附子宁传》,第1987–1988页。
③ 《宋书》卷二《武帝纪中》,第35页。
④ 蒋福亚:《均田制实施期间丁男年限不断缩小的原因》,《魏晋南北朝经济史探》,兰州:甘肃人民出版社,2004年,第166页。
⑤ 汉景帝时以二十为成丁,汉昭帝时以二十三为成丁。转引自李贞德:《汉隋之间"生子不举"问题》,《"中央研究院"历史语言研究所集刊》1995年第66本第3分,第762页。

举的一个重要原因。

魏晋南北朝时期,丁年过幼给百姓带来诸多痛苦,首当其冲受到影响的是儿童本身,许多儿童不堪驱使,逃匿现象时有发生。百姓面对沉重的负担无可奈何,生子不举现象频繁发生。有些忧国忧民之士上疏朝廷,陈时政之弊,让以皇帝为代表的统治阶级对童幼、百姓疾苦有一定了解,致使朝廷在一定程度上采取措施提高丁年年龄;然而,这一政策成效并不显著,表现有二:一是这一政策仅是某些开明君主一时之举,实施时间过于短暂,并非覆盖所有朝代的长久之策;二是有些朝代仅在某些地区贯彻这一政策,缓解因丁年过幼而不举子的压力,覆盖面不够广大。从上述两点来看,朝廷所下达的政令无法从根本上解决因丁年过幼而引起的生子不举问题。

赋役繁苛与生子不举。沉重的赋役亦是导致百姓生子不举的另一重要原因。陈琳《饮马长城窟行》描述了百姓因劳役过重而生子不举的状况,曰:"饮马长城窟,水寒伤马骨。往谓长城吏,慎莫稽留太原卒。官作自有程,举筑谐汝声。男儿宁当格斗死,何能怫郁筑长城。长城何连连,连连三千里。边城多健少,内舍多寡妇。作书与内舍,便嫁莫留住。善侍新姑嫜,时时念我故夫子。报书往边地,君今出语一何鄙。身在祸难中,何为稽留他家子。生男慎莫举,生女哺用脯。君独不见长城下,死人骸骨相撑拄。"①诗中描绘了一位长城服劳役的百姓的辛酸与无奈,他举目所见"边城多健少,内舍多寡妇",可见当时百姓劳役之重。为此,百姓不堪苦役,发出"生男慎莫举"的感叹。

孙吴统治时期,大臣骆统上疏孙权陈时之要政,认为征役繁重是导致百姓生子不举的重要原因,建议轻徭薄赋,予民生息。《三国志·吴书·骆统传》曰:

> 今强敌未殄,海内未乂,三军有无已之役,江境有不释之备,征赋调数,由来积纪,加以殃疫死丧之灾,郡县荒虚,田畴芜旷,听闻属城,民户浸寡,又多残老,少有丁夫,闻此之日,心若焚燎。……又闻民间,非居处小能自供,生产儿子,多不起养;屯田贫兵,亦多弃子。天则生之,而父母杀之,既惧干逆和气,感动阴阳。且惟殿下开基建国,乃无穷之业也,强邻大敌非造次所灭,疆场常守非期月之成,而兵民减耗,后生不育,非所以历远年,致成功也。②

三足鼎立,战乱纷飞,东吴为防御曹魏急需保证兵源,为此孙权频繁征发丁役,侵寡民户,壮丁不足情况下则以残老、少儿充之,繁重的赋役使百姓叫苦连天,为避免丁役,百姓宁愿生子不养。

孙皓凶暴骄矜,政事日弊,赋役沉重,以致百姓生活困苦,生子不举、父子相弃。对此,太子太傅贺邵上疏朝廷请求宽徭薄赋,以缓解百姓生活困窘之状。《三国志·吴书·贺邵传》曰:

---

① 《先秦汉魏晋南北朝诗·魏诗》卷三《陈琳·饮马长城窟行》,第367页。
② 《三国志》卷五七《吴书·骆统传》,第1335–1336页。

自登位以来,法禁转苛,赋调益繁;中宫内竖,分布州郡,横兴事役,竞造奸利;百姓罹杼轴之困,黎民罴无已之求,老幼饥寒,家户菜色,而所在长吏,迫畏罪负,严法峻刑,苦民求办。是以人力不堪,家户离散,呼嗟之声,感伤和气。又江边戍兵,远当以拓土广境,近当以守界备难,宜特优育,以待有事;而征发赋调,烟至云集,衣不全裋褐,食不赡朝夕,出当锋镝之难,入抱无聊之戚。是以父子相弃,叛者成行。愿陛下宽赋除烦,振恤穷乏,省诸不急,荡禁约法,则海内乐业,大化普洽。①

两晋时期,各个郡县百姓苦于兵役,生子不举现象时有发生。西晋王濬任巴郡太守,时"郡边吴境,兵士苦役,生男多不养"②。东晋孝武帝时期,范宁将为豫章太守,临行上疏朝廷,指出赋役繁重,致使百姓被迫自残肢体、生男不养以避赋役,曰:"今四境晏如,烽燧不举,而仓庾虚耗,帑藏空匮。古者使人,岁不过三日,今之劳扰,殆无三日休停,至有残刑剺发,要求复除,生儿不复举养,鳏寡不敢妻娶。岂不怨结人鬼,感伤和气。臣恐社稷之忧,积薪不足以为喻。"③东晋刘毅任江州都督,亦上表陈时之弊政,指出东晋末年干戈不断,江州为代表的江南地区百姓财殚力竭,为避沉重赋役,皆生男不养,甚至逃亡深山以求活命。《晋书·刘毅传》曰:"自顷戎车屡骇,干戈溢境,所统江州,以一隅之地当逆顺之冲,自桓玄以来,驱蹙残败,至乃男不被养,女无匹对,逃亡去就,不避幽深,自非财殚力竭,无以至此。若不曲心矜理,有所厘改,则靡遗之叹奄焉必及。"④不仅江州地区,东晋举国百姓均处于水深火热之中,父子捐弃现象屡见不鲜,《宋书·武帝纪上》载:"自玄篡逆,于今历年,亢旱弥时,民无生气。加以士庶疲于转输,文武困于造筑,父子乖离,室家分散,岂唯《大东》有杼轴之悲,《摽梅》有倾筐之墼而已哉。"⑤

南朝百姓因赋役沉重而不举子现象亦十分常见。刘宋时期,大臣周朗上疏指出生子不举与赋役繁苛之间的联系,《宋书·周朗传》曰:"凡为国,不患威之不立,患恩之不下;不患土之不广,患民之不育。自华、夷争杀,戎、夏竞威,破国则积尸竟邑,屠将则覆军满野,海内遗生,盖不余半。重以急政严刑,天灾岁疫,贫者但供吏,死者弗望埋,鳏居有不愿娶,生子每不敢举。又戍淹徭久,妻老嗣绝,及淫奔所孕,皆复不收。是杀人之日有数途,生人之岁无一理,不知复百年间,将尽以草木为世邪,此最是惊心悲魂恸哭太息者。"⑥南齐官府横征暴敛是导致民不举子的一个重要原因,对此,频有大臣上疏为百姓请命。

---

① 《三国志》卷六五《吴书·贺邵传》,第1458页。
② 《晋书》卷四二《王濬传》,第1208页。
③ 《晋书》卷七五《范汪传附子宁传》,第1985-1986页。
④ 《晋书》卷八五《刘毅传》,第2208页。
⑤ 《宋书》卷一《武帝纪上》,第7页。
⑥ 《宋书》卷八二《周朗传》,第2094页。

竟陵王萧子良上疏朝廷,曰:"每至州台使命,切求悬急,应充猥役,必由穷困。乃有畏失严期,自残躯命,亦有斩绝手足,以避徭役。生育弗起,殆为恒事。"①南齐顾宪之上疏朝廷,陈赋役繁苛之危害,曰:"山阴一县,课户二万,其民赀不满三千者,殆将居半,刻又刻之,犹且三分余一。凡有赀者,多是(士)人复除。其贫极者,悉皆露户役民。三五属官,盖惟分定,百端输调,又则常然。比众局检校,首尾寻续,横相质累者,亦复不少。一人被摄,十人相追;一绪裁萌,千蘖互起。蚕事弛而农业废,贱取庸而贵举责,应公赡私,日不暇给,欲无为非,其可得乎?死且不悼,矧伊刑罚;身且不爱,何况妻子。"②百姓面对沉重的赋役无法生存,不惜触犯法律,甚至不顾生命,抛妻别子、弃子不养之事更不足为奇。

3. 因贫困而生子不举

社会动荡、灾害频发的后遗症是社会萧条、百姓困苦,许多百姓因贫穷而生子不举,甚至出现"人相食"的惨状。三国时期,夏侯渊曾因饥乏而弃子不举,《三国志·魏书·夏侯渊传》曰:"时兖、豫大乱,渊以饥乏,弃其幼子,而活亡弟孤女。"③曹魏郑浑为邵陵令,目睹了百姓因贫困而不举子的无奈。《三国志·魏书·郑浑传》曰:"天下未定,民皆剽轻,不念产殖;其生子无以相活,率皆不举。"④晋朝岁荒人饥,百姓无以相活,遂弃子不举。《晋书·孔愉传附从子严传》载:"余杭妇人经年荒,卖其子以活夫之兄子。武康有兄弟二人,妻各有孕,弟远行未反,遇荒岁,不能两全,弃其子而活弟子。"⑤晋郑休妻石氏,少有德操,既归郑氏,为九族所重。郑氏家庭贫困、生活艰辛,无以养活郑氏诸子,但石氏心地善良,知书达理,不弃郑氏之庶子,遂选择弃己子而不养,其孝义之行堪为表率。《晋书·列女·郑休妻石氏传》曰:"休前妻女既幼,又休父布临终,有庶子沈生,命弃之,石氏曰:'奈何使舅之胤不存乎!'遂养沈及前妻女。力不兼举,九年之中,三不举子。"⑥

宋武帝刘裕因家贫而险遭不被举养。《宋书·刘怀肃传》载:"初,高祖产而皇妣殂,孝皇帝贫薄,无由得乳人,议欲不举高祖。高祖从母生怀敬,未期,乃断怀敬乳,而自养高祖。"⑦刘宋大臣周郎上言饥荒与百姓生子不举的关系,曰:"又亡者乱郊,殣人盈甸,皆是不为其存计,而任之迁流,故饥寒一至,慈母不能保其子,欲其不为寇盗,岂可得邪。"⑧刘宋郭世道家贫,无产业,佣力以养继母。妇生一男,夫妻共议曰:"勤身供养,力犹不足,若养此儿,则所费者大。"郭世道因家贫无以全活老母与妻儿,乃选择赡养老母,放弃抚养婴儿,乃"垂泣瘞之"⑨。刘宋会稽张迈三人,皆因家境贫寒而不举子,后遇救助才得以养子。

---

① 《南齐书》卷四〇《武十七王·竟陵文宣王子良传》,第696页。
② 《南齐书》卷四六《陆慧晓传附顾宪之传》,第808页。
③ 《三国志》卷九《魏书·夏侯渊传》注引《魏略》,第270页。
④ 《三国志》卷一六《魏书·郑浑传》,第509页。
⑤ 《晋书》卷七八《孔愉传附从子严传》,第2061页。
⑥ 《晋书》卷九六《列女·郑休妻石氏传》,第2511页。
⑦ 《宋书》卷四七《刘怀肃传》,第1404页。
⑧ 《宋书》卷八二《周朗传》,第2095页。
⑨ 《宋书》卷九一《孝义·郭世道传》,第2243页。

《宋书·孝义·严世期传》曰:"同里张迈三人,妻各产子,时岁饥俭,虑不相存,欲弃而不举,世期闻之,驰往拯救,分食解衣,以赡其乏,三子并得成长。"①可见,刘宋时期贫不举子现象绝非偶然。北魏尚书高闾陈饥寒贫困之弊,指出饥寒对寻常百姓家庭育儿影响之深,曰:"且饥寒切身,慈母不保其子;家给人足,礼让可得而生。"②

(二)家庭因素

1. 庶子不举

除社会因素引起生子不举外,家庭因素也是导致生子不举的另一个主要原因。家庭内部,诸如庶子不举、因违反伦理道德而生子不举、生女不举等现象广泛存在。

世家大族家庭内庶子不举现象也时有发生,东晋丹阳尹王恭讨伐权臣王国宝,兵败被执,临终托付故吏戴耆之曰:"我有庶儿未举,在乳母家,卿为我送寄桓南郡。"③周一良先生指出"举"有两层含义:一是抚育长养,二是承认身份地位。④ 王恭庶子未举,显然是取其第二层含义,即未被家族承认身份、地位。究竟是何原因导致士族家庭不举庶子?这可从士族的婚姻观念以及家庭关系谈起。

(1)丈夫的态度:德行优先。魏晋南北朝时期,士族家庭基本维系一夫一妻的婚姻模式,但夫妻之外,士族可以广蓄姬妾,家庭模式是一夫一妻多妾制。礼制规范下,妻与妾有严格的界限。《仪礼·丧服》曰:"妾之事女君,与妇之事舅姑等。"⑤相对于嫡妻,妾的地位低下,有时甚至与婢女相等。《礼记·内则》云:"聘则为妻,奔则为妾。"⑥士族娶妻有严格、庄重的礼仪,而娶妾则相对随意,既不用媒证,也不用聘礼。一般而言,嫡妻地位不容逾越(当然排除特例),这点得到有发言权的丈夫的认可。有些士族为展现自己的德行,严格遵守儒家礼教规范。三国东吴诸葛瑾以德行见称于世,其处理家庭关系特立独行,不举庶子。《三国志·吴书·诸葛瑾传》曰:"瑾才略虽不及弟,而德行尤纯。妻死不改娶,有所爱妾,生子不举,其笃慎皆如此。"⑦

(2)家庭的态度:子以母贱。礼制规范下,妻妾之间嫡庶界限分明,妻妾所生之子亦如是。吕思勉先生指出:"妾既多出贱族,庶生之子,自不易与适出者并,故贱视庶孽及遇庶兄弟无礼之事,史屡见之。"⑧子以母贵,反之子以母贱。有些庶子地位卑下,出生后往往不被家族重视,甚至不予承认。刘宋文帝袁皇后即因庶生而不被举养,《宋书·后妃·

---

① 《宋书》卷九一《孝义·严世期传》,第2247页。
② 《魏书》卷五四《高闾传》,第1199页。
③ 《晋书》卷八四《王恭传》,第2187页
④ 周一良:《魏晋南北朝史札记》,北京:中华书局,1985年,第152–153页。
⑤ 《仪礼·丧服》,李学勤主编:《仪礼注疏》,北京:北京大学出版社,1999年,第586页。
⑥ 《礼记·内则》,《礼记正义》,第871页。
⑦ 《三国志》卷五二《吴书·诸葛瑾传》注引《吴书》,第1235页。
⑧ 吕思勉:《两晋南北朝史》,上海:上海古籍出版社,1983年,第917页。

文帝袁皇后传》曰:"文帝袁皇后讳齐妫,陈郡阳夏人,左光禄大夫敬公湛之庶女也。母本卑贱,后年五六岁,方见举。"①东晋桓石虔因庶生而不被举,《世说新语》曰:"桓石虔,司空豁之长庶也。小字镇恶,年十七八未被举,而童隶已呼为镇恶郎。"②从桓石虔名字与出身来看,他应不为父亲喜爱。北齐高永乐之子长命"本自贱出,年二十余始被收举"③。庶子地位卑微,不被家族重视,甚至不被举养,志怪小说中亦有所体现。《幽明录》载:"武宣程羁,偏生,未被举。家常使种葱。"④上述事例均取周一良所释"举"的第二层含义,即庶出之子身份不被承认,不以之列入户籍。庶子地位卑微,大概与童仆、佣保无异。世家大族家境殷实、锦衣玉食,不会受到贫困、赋役繁苛等因素的困扰,但仍然不认庶子,其原因在于嫡庶有别,子以母贱。

2. 家庭不谐不举

有些士族家庭不睦,兄弟之间纷争,嫡庶之间互相仇视,家庭不和谐是致使生子不举的一个重要原因。北魏卢度世与庶出兄弟关系不洽,曾深受庶出兄弟迫害,由怨生恨,发誓自己如有庶子必不举养,以避免嫡庶纷争带来的灾难。《魏书·卢玄传附子度世传》载:"初,玄有五子,嫡唯度世,余皆别生。崔浩事难,其庶兄弟常欲危害之,度世常深忿恨。及度世有子,每诫约令绝妾孽,不得使长,以防后患。至渊兄弟,婢贱生子,虽形貌相类,皆不举接。为识者所非。"⑤北魏高猛娶妻长乐公主,后又在外生男,惧怕公主知晓,置庶子于他所,不以之列入户籍。《魏书·外戚下·高肇传附侄猛传》曰:"猛先在外有男,不敢令主知,临终方言之,年几三十矣。"⑥北齐薛琡闺门不整,纳东平王元匡妾张氏为妇,遂不认前妻之子,不承认其子地位身份,为当世所讥。《北齐书·薛琡传》曰:"逐前妻于氏,不认其子,家内怨忿,竞相告列,深为世所讥鄙。"⑦北齐房谟之子房子远险薄,房谟不以之为子。《北史·房谟传》曰:"谟甚嫌之,不以为子列。"⑧

3. 不伦不举

儒家思想指导下,士族家庭重视伦理纲常,违反家庭伦理而生子则被视为大逆不道,生子遂不被举养。

一是服丧期间不能生子,其深刻的根源在于士族对儒家思想的遵循与诠释。王子今先生指出:"汉代风习,服丧时生子,通常是不可以养育的。这种应劭以为'虽至愚人'也

---

① 《宋书》卷四一《后妃·文帝袁皇后传》第1283-1284页。
② 《世说新语笺疏·豪爽第十三》,第665页。
③ 《北齐书》卷二一《高乾传》,第298页。
④ 《幽明录》卷六《程羁》,第195页。
⑤ 《魏书》卷四七《卢玄传附子度世传》,第1046页。
⑥ 《魏书》卷八三下《外戚下·高肇传附侄猛传》,第1832页。
⑦ 《北齐书》卷二六《薛琡传》,第371页。
⑧ 《北史》卷五五《房谟传》,第1993页。

应当理解和遵行的礼俗,其生成的意识背景与'礼'和'孝'的文化规范有关,值得我们注意。"①魏晋因袭汉代风尚,士族服丧期间生子违反儒家伦理道德,被视为不孝,为世所不容。因此,服丧生子往往密而不举。西晋贾皇后无子,而"诈有身,内藁物为产具,遂取妹夫韩寿子慰祖养之,托谅闇所生,故弗显"②。众所周知,皇后无子地位岌岌可危,贾南风为了巩固自己的地位抱养妹夫之子,但总得给孩子一个光明正大的名分;她计无所出,不能凭空造出一个婴儿,于是出此下策,假托服丧生子未被举养。刘宋文帝之子刘劭亦生于服丧之时,故遭遇秘而不举的命运。③《宋书·二凶传》载:"帝即位后生劭,时上犹在谅闇,故秘之。"④

二是世家大族要遵循儒家伦理道德,而叔嫂之间纠缠不清、关系不当是严重违反礼制道德规范的,因乱伦而生子则不被举养。北齐武成皇帝荒淫无度,逼迫文宣皇后李氏淫乱而生子,《北齐书·文宣皇后李氏传》载:

> 后有娠,太原王绍德至阁,不得见,愠曰:"儿岂不知耶,姊姊腹大,故不见儿。"后闻之,大惭,由是生女不举。⑤

李氏是文宣皇帝之妃,武成皇帝之嫂,叔嫂之间乱伦生子有悖礼法;虽然北朝有少数民族之风,但李氏为汉妇人,深受儒家思想教育与影响,深以此为耻,故而生子不举。

4. 生女不举

王子今先生在《秦汉"生子不举"现象和弃婴故事》一文中论证了"杀害女婴是由来久远的社会行为"⑥。魏晋南北朝时期,生女不举现象亦见诸史籍,李贞德先生《汉隋之间"生子不举"问题》一文已有论述,列举了东晋东阳黄氏生女不养、刘湛生女不养、《颜氏家训》载生女不养事例。⑦ 近年来新出土《长沙走马楼吴简》亦载东吴时期长沙郡百姓弃杀女婴的现象,对此学者已有论述。于振波先生分析了东吴长沙郡未成年人性别比例,结论是未成年人男女比例严重失调,女童人口明显少于男童,造成这种现象的主要原因在于弃杀女婴。⑧

生女不举的原因不外乎两点:一是家庭原因,受重男轻女思想影响,百姓家庭多不重女婴,得男则喜,得女则杀之。二是社会原因,天灾人祸影响下,百姓生活困苦,无力举养

---

① 王子今:《秦汉"生子不举"现象和弃婴故事》,《史学月刊》2007年第8期,第31页。
② 《晋书》卷三一《后妃上·惠贾皇后传》第965页。
③ 说明:此处皆取"举养"的第二层含义,即不被承认地位与身份之意。
④ 《宋书》卷九九《二凶传》,第2423页。
⑤ 《北齐书》卷九《文宣皇后李氏传》,第125页。
⑥ 王子今:《秦汉"生子不举"现象和弃婴故事》,《史学月刊》2007年第8期,第34页。
⑦ 李贞德:《汉隋之间的"生子不举"问题》,《"中央研究院"历史语言研究所集刊》1995年第66本第3期,第760页。
⑧ 于振波:《走马楼吴简初探》,台北:文津出版社,2004年,第132-133页。

婴孩,在极端情况下,由于女孩儿不受重视,则首先被父母遗弃。

(3)风俗因素

古人颇多禁忌,生育禁忌更是五花八门、千奇百怪。虽然古人重视子嗣,但由于受生育禁忌的影响与约束,许多婴儿初生,则因犯忌而不被举养。魏晋南北朝时期,有些婴儿始生,便被贴上生而不祥、妨害父母及家人的标签,这些婴儿一出生便惨遭不举的命运。汉赵仪同三司陈元达生而妨父,因此不为家族承认,《晋书·刘聪载记附陈元达传》曰:"陈元达字长宏,后部人也。本姓高,以生月妨父,故改云陈。"①姓氏是家族的标志,陈元达因生月妨父而被迫改姓,说明他不为家族承认,已为高氏家族所遗弃。刘宋临川太守谢灵运亦因风俗禁忌,生而不被家族所认。《异苑》载:"灵运生于会稽,旬日而谢玄亡。其家以子孙难得,送灵运于杜治养之,十五方还都,故名客儿。"②谢灵运初生不久,其祖父谢玄便与世长辞,迷信的说法将谢灵运出生与谢玄去世相关联,认为谢灵运有不祥之征,生而妨祖,本不该被举养,只是谢氏家族人丁不旺,灵运才得以保全,但仍然以不祥为由送于别处寄养。刘宋文帝长子刘劭出生,其母袁皇后深信此儿妨国、妨家,为不祥之人,乃驰白太祖:"此儿形貌异常,必破国亡家,不可举。"③北周皇室也迷信新生儿妨碍父母家人,如"高祖及齐王宪之在襁褓也,以避忌,不利居宫中。太祖令于贤家处之,六载乃还宫"④。

有些婴儿出生年月被时人认为不祥亦不被举养。王子今先生论述了秦汉以降有五月生子不举者,这一习俗在魏晋南北朝得以继承⑤,李贞德先生亦有此论述⑥,此处不赘。魏时《四孤论》亦载五月五日生子不举现象,曰:"有俗人以五月生子妨忌之不举者。"⑦盖是对这一风俗的又一例证。

二、鬻子不养及其成因

魏晋南北朝时期,社会动荡、战乱频仍,加之官府苛捐杂税以及灾荒不断,天灾与人祸的双重压力使民众处于水深火热之中,生子不举现象屡见不鲜,鬻儿卖女事情时有发生。

---

① 《晋书》卷一〇二《刘聪载记附陈元达传》,第2679页。
② (南朝宋)刘敬叔撰,范宁校点:《异苑》卷七《谢客儿》,北京:中华书局,1996年,第72页。
③ 《宋书》卷四一《后妃·文帝袁皇后传》,第1285页。
④ 《周书》卷二五《李贤传》,第417页。
⑤ 王子今:《秦汉"生子不举"现象和弃婴故事》,《史学月刊》2007年第8期,第32页。
⑥ 李贞德:《汉隋之间的"生子不举"问题》,《"中央研究院"历史语言研究所集刊》1995年第66本第3期,第753—755页。
⑦ 《通典》卷六九《礼二九》,第1914页。

（一）人祸：因赋役繁苛、战乱而鬻子不养

1. 因赋役沉重而鬻子不养

魏晋南北朝时期，各朝统治阶级横征暴敛，百姓饱受赋役之苦，生活难以为继，为了生存，鬻妻卖子现象屡见不鲜，其状惨不忍睹。三国时期，东吴丞相陆凯上疏孙皓，陈百姓生活之艰辛，曰：

> 自从孙弘造义兵以来，耕种既废，所在无复输入，而分一家父子异役，廪食日张，畜积日耗，民有离散之怨，国有露根之渐，而莫之恤也。民力困穷，鬻卖儿子，调赋相仍，日以疲极；所在长吏，不加隐括，加有监官，既不爱民，务行威势，所在骚扰，更为烦苛。民苦二端，财力再耗，此为无益而有损也。愿陛下一息此辈，矜哀孤弱，以镇抚百姓之心。①

孙皓昏庸暴虐，赋调相仍、仓廪日张，东吴统治已经岌岌可危，百姓更是穷困潦倒，生活窘迫，不得已鬻卖儿子以求活命。十六国时期，后赵赋役制度规定："征士五人车一乘，牛二头，米各十五斛，绢十匹，调不办者以斩论。"②可见后赵赋役沉重，百姓到了鬻子以充军役甚至被逼自杀的地步。《晋书·石季龙载记上》载："于是百姓穷窘，鬻子以充军制，犹不能赴，自经于道路死者相望，而求发无已。"③刘宋时期，官府不断征收苛捐杂税，致使百姓不堪重负，鬻卖妻儿者不计其数。《宋书·沈怀文传》载："斋库上绢，年调钜万匹，绵亦称此。期限严峻，民间买绢一匹，至二三千，绵一两亦三四百，贫者卖妻儿，甚者或自缢死。怀文具陈民困，由是绵绢薄有所减，俄复旧。"④虽然大臣沈怀文对百姓鬻妻卖子行为深为忧恤，上疏朝廷减轻百姓赋役负担，他的建议曾为朝廷采纳，但实施时间颇为短暂，如昙花一现，未能从根本上解决问题。宋明帝以故宅起湘宫寺，费极奢侈，其资费主要来源于征收百姓捐税，繁重的赋税负担致使百姓生活困顿，无以相活，只能卖儿鬻子以渡过难关。对此，大臣虞愿上疏，曰："陛下起此寺，皆是百姓卖儿贴妇钱，佛若有知，当悲哭哀愍，罪高佛图，有何功德？"⑤南齐赋役繁苛，竟陵王萧子良上疏陈弊政，曰："建元初，狡虏游魂，军用殷广。浙东五郡，丁税一千，乃有质卖妻儿，以充此限，道路愁穷，不可闻见。"⑥可见，南齐初年苛捐杂税繁重，百姓生活困窘，质卖妻儿以充捐税现象屡见不鲜。南齐初年，周颙任山阴令，见县旧订㴓民，以供杂使，百姓不堪驱使，贩卖、典押孩子，乃言之于太

---

① 《三国志》卷六一《吴书·陆凯传》，第1402页。
② 《晋书》卷一〇六《石季龙载记上》，第2773页。
③ 《晋书》卷一〇六《石季龙载记上》，第2773页。
④ 《宋书》卷八二《沈怀文传》，第2104页。
⑤ 《南齐书》卷五三《良政·虞愿传》，第916页。
⑥ 《南齐书》卷二六《王敬则传》，第483页。

守闻喜公子良,曰:"窃见浇民之困,困实极矣。役命有常,祗应转竭,蹙迫驱催,莫安其所。险者或窜避山湖,困者自经沟渎尔。亦有摧臂斮手,苟自残落,贩佣贴子,权赴急难。每至浇使发动,遵赴常促,辄有柤杖被录,稽颡阶垂,泣涕告哀,不知所振。"①

北魏孝文帝时期,大臣薛虎子上疏陈赋役之重,边民之患,致使百姓鬻妻卖子,民不聊生,曰:"臣窃寻居边之民,蒙化日浅,戎马之所,资计素微。小户者一丁而已,计其征调之费,终岁乃有七缣。去年征责不备,或有货易田宅,质妻卖子,呻吟道路,不可忍闻。今淮南之人,思慕圣化,延颈企足,十室而九。恐闻赋重,更怀进退。"②

魏晋南北朝时期,各朝统治阶级横征暴敛,赋役沉重,致使民不聊生。百姓为了生存,被迫质妻卖子以充赋调。

2. 因战乱流离而鬻子不养

战争引起的鬻妻卖子现象是魏晋南北朝时期又一显著特征。西晋怀帝永嘉元年(307),刘琨任并州刺史,赴任途中见百姓流离失所,父子乖离、生相捐弃,乃上表请求赈济,曰:"臣自涉州疆,目睹困乏,流移四散,十不存二,携老扶弱,不绝于路。及其在者,鬻卖妻子,生相捐弃,死亡委危,白骨横野,哀呼之声,感伤和气。……今上尚书,请此州谷五百万斛,绢五百万匹,绵五百万斤。愿陛下时出臣表,速见听处。"③可见,战乱造成百姓流离失所、鬻子不养现象十分普遍。东晋时期南北征战不断,百姓辗转流离,自战乱以来,大批中原百姓流落南方,鬻妻卖子以求生存者不可胜数,《晋书·殷仲堪传》曰:"胡亡之后,中原子女鬻于江东者不可胜数,骨肉星离,荼毒终年,怨苦之气,感伤和理,诚丧乱之常,足以惩戒,复非王泽广润,爱育苍生之意也。"④东晋苏峻之乱,引起"人饥谷贵,三吴尤甚。诏欲听相鬻卖,以拯一时之急"⑤。战乱新平,百姓饥馑,朝廷欲下诏听骨肉相鬻卖以解燃眉之急,吴兴太守陶回以为不可,认为鬻卖亲人后患无穷,请求朝廷出面对饥乏百姓进行救助。乃上疏曰:"当今天下不普荒俭,唯独东土谷价偏贵,便相鬻卖,声必远流,北贼闻之,将窥疆场。如愚臣意,不如开仓廪以振之。"⑥北魏时期,赵郡经葛荣之乱,时"民户丧亡,六畜无遗,斗粟乃至数缣,民皆卖鬻儿女"⑦。

(二)天灾:因灾荒而鬻子不养

魏晋南北朝时期灾害频发,百姓生活受到严重威胁,卖子现象多次出现。西晋元康七年(297),雍、梁州大疫。偏偏祸不单行,又大旱,陨霜,杀秋稼。时"关中饥,米斛万钱。

---

① 《南齐书》卷四一《周颙传》,第731页。
② 《魏书》卷四四《薛野䐗传附子虎子传》,第997页。
③ 《晋书》卷六二《刘琨传》,第1680–1681页。
④ 《晋书》卷八四《殷仲堪传》,第2193页。
⑤ 《晋书》卷七八《陶回传》,第2065页。
⑥ 《晋书》卷七八《陶回传》,第2065–2066页。
⑦ 《魏书》卷五七《崔挺传》,第1270页。

诏骨肉相卖者不禁"①。关中地区出现严重旱灾、霜灾,再加之疾疫横行,这对百姓而言无疑是雪上加霜。灾害引起物价飞涨、通货膨胀,百姓生活更加困顿,朝廷对此也十分恐慌,无计可施,只能下诏允许骨肉相卖,以缓解官府的压力,解决百姓的困境。正如西晋袁准谚语曰:"夫盛衰更代,丰荒相半,天之常道也。岁在申酉,乞浆得酒。岁在辰巳,嫁妻卖子。"②东晋成帝咸康元年(335)大旱,时"会稽余姚尤甚,米斗五百价,人相卖"③。童稚无劳动能力,估计首当其冲被列入鬻卖的队伍。咸康四年(338),"时天下普旱,会稽、余姚特甚,米斗直五百,人有相鬻者"④。东晋末年历经孙恩之乱,整个国家满目疮痍、一片萧条,许多百姓忍饥挨饿,甚至易子而食,许多儿童死于灾荒的屠刀之下。《宋书·沈约自序》载:"时生业已尽,老弱甚多,东土饥荒,易子而食。"⑤百姓对自己孩子不忍下手,便鬻子为食,其状何其悲惨! 陈朝会稽等地灾荒,饿殍遍野,死者相继,男女百姓不堪饥饿,为了生存皆自卖为奴。《陈书·陈宝应传》曰:"是时东境饥馑,会稽尤甚,死者十七八,平民男女,并皆自卖,而晋安独丰沃。"⑥百姓饥寒交迫,自身难保,这种状况如何能保护幼子!

北魏因灾荒而鬻妻卖子现象亦时有发生。文成帝和平四年(463),诏曰:"前以民遭饥寒,不自存济,有卖鬻男女者,尽仰还其家。"⑦孝文帝太和九年(485)诏曰:"数州灾水,饥馑荐臻,致有卖鬻男女者。天之所谴,在予一人,而百姓无辜,横罹艰毒,朕用殷忧夕惕,忘食与寝。今自太和六年已来,买定、冀、幽、相四州饥民良口者,尽还所亲,虽娉为妻妾,遇之非理,情不乐者亦离之。"⑧宣武帝延昌四年(515)诏曰:"若因饥失业、天属流离,或卖鬻男女以为仆隶者,各听归还。"⑨北周王德因家贫而卖子葬父,《周书·王德传》载:"初德丧父,家贫无以葬,乃卖公奴并一女以营葬事。因遭兵乱,不复相知。及德在平凉始得之,遂名曰庆。"⑩

一言以蔽之,生子不举之原因多端,弃子不举现象既可能发生在世家大族的家庭,又可发生在为生计奔波的百姓之家;相比于生子不举,鬻子不养情况则主要发生在贫苦大众之中。特殊的历史环境展现出残酷的社会环境,带来诸多社会问题,天灾与人祸双重压力下,百姓生活困苦不堪,迫于生存,鬻子不养、质卖妻儿的现象较为常见。

---

① 《晋书》卷四《惠帝纪》,第94页。
② 《先秦汉魏晋南北朝诗·晋诗》卷九《杂歌谣辞·袁准引谚》,第799页。
③ 《晋书》卷七《成帝纪》,第179页。
④ 《晋书》卷二八《五行志中》,第840页。
⑤ 《宋书》卷一〇〇《沈约自序》,第2453页。
⑥ 《陈书》卷三五《陈宝应传》,第486页。
⑦ 《魏书》卷五《高宗纪》,第121页。
⑧ 《魏书》卷七上《高祖纪上》,第156页。
⑨ 《魏书》卷九《肃宗纪》,第222-223页。
⑩ 《周书》卷一七《王德传》,第286页。

三、官府对生子不举与鬻子不养的惩治与救助

魏晋南北朝时期,各朝统治阶级制定法律对不举子、鬻子现象进行惩治,其目的在于保证儿童得以生存,保护未成年人的权益。

(一)中央官府采取的措施

中央官府对生子不举与鬻子不养现象十分关注。为解决这一问题,官府会采取一些措施缓解百姓压力,力争从各方面保护未成年人。三国时期,魏明帝班告益州的露布提出移风易俗的政治主张,称:"自朕即位,三边无事,犹哀怜天下数遭兵革,且欲养四海之耆老,长后生之孤幼,先移风于礼乐,次讲武于农隙,置亮画外,未以为虞。"①魏明帝下诏矜老恤幼,表明了皇帝为代表的统治阶级救老、幼于危难的决心,为打造老有所依、幼有所养的理想世界,必然对生子不举现象进行救助与惩治,从而达到稳定社会,维护国家统治的目的。

晋朝对杀子现象惩处甚严。晋安帝义熙十四年(418),一起生子不养的刑事案件引起了朝廷的重视。《宋书·徐羡之传》载:

> 大司马府军人朱兴妻周坐息男道扶年三岁,先得痫病,周因其病发,掘地生埋之,为道扶姑女所告,正周弃市刑。②

对此,吏部尚书、丹阳尹徐羡之上疏朝廷为周求情,曰:

> 羡之议曰:"自然之爱,虎狼犹仁。周之凶忍,宜加显戮。臣以为法律之外,故尚弘物之理。母之即刑,由子明法,为子之道,焉有自容之地。虽伏法者当罪,而在宥者靡容。愚谓可特申之遐裔。"从之。③

这起案件中,朱兴妻子周生子道扶,因其得病而不欲举养,遂趁其癫痫发作而活埋之。此事为道扶姑女所知,将周弃杀儿子一事告到官府。按照晋法律规定,杀子不养应被处以死刑。可见,晋朝对生子不举的惩罚极其严厉。吏部尚书徐羡之参与此案审理,他从伦理道德角度出发为周求情,朝廷才法外开恩,使周免于死难。对此,程树德先生做出评论:"据此知晋律无杀子孙减轻之条,故云法律之外。"④

---

① 《三国志》卷三《魏书·明帝纪》注引《魏略》,第95页。
② 《宋书》卷四三《徐羡之传》,第1330页。
③ 《宋书》卷四三《徐羡之传》,第1330页。
④ 《九朝律考》卷十一《晋律考中》,第4页。

由此可知：首先，晋朝对枉杀子孙的处罚条律十分明确，对杀子者皆以死刑论处。其次，晋律严酷，一般对杀子之罪难以宽宥。周应受弃市之刑，虽然徐羡之为周辩护，以情理驳斥法律，但仍然是法外开恩的特例，不为常制，故程树德先生认为此是法律之外。又如东晋安帝时，郭逸后妻杖杀前妻之子，后妻被弃市，受到法律惩罚。《太平预览》曰："晋安帝时，郭逸妻以大竹杖打逸前妻之子，子死，妻因弃市，如常刑。"①东晋杀子之法十分严厉，父母杀子将被判处死刑；而文中云"如常刑"，可见，晋时杀子法律明晰、严厉。

南朝中央官府严肃法令，对父母生子不举行为进行严厉惩治。刘宋时期，大臣周朗见华夷纷争、战乱迭起，天灾岁疫，赋役沉重，导致"鳏居有不愿娶，生子每不敢举"②。乃上疏曰："法虽有禁杀子之科，设蚤娶之令，然触刑罪，忍悼痛而为之，岂不有酷甚处邪。"③这说明刘宋时期有法律明文规定禁止杀子，但特殊时期特殊对待，由于百姓不堪赋役之重，冒生命危险以身试法，所以周朗才上疏陈为政之弊端，建议轻徭薄赋以安百姓，保证杀子之法得以贯彻执行。南齐永明七年（489）法律规定："申明不举子之科。"④对此，《南齐书·武帝纪》进行了进一步诠释，齐武帝诏曰："春颁秋敛，万邦所以惟怀，柔远能迩，兆民所以允殖。郑浑宰邑，因姓立名，王濬剖符，户口殷盛。今产子不育，虽炳常禁，比闻所在，犹或有之。诚复礼以贫杀，抑亦情由俗淡。宜节以严威，敦以惠泽。主者寻旧制，详量附定，蠲郧之宜，务存优厚。"⑤可见，南齐虽立法禁止生子不举，但难以推行，齐武帝下诏晓民以理、恤之以情，进一步严肃生子不举法令，申明对违反法律者将严惩不贷。萧梁武帝时期，法律规定对百姓产子不举的行为进行严厉制裁。如任昉为义兴太守，规定产子不举与杀人同罪，《南史·任昉传》曰："时产子者不举，昉严其制，罪同杀人。"⑥由此，足见官府对生子不举这一社会问题的重视。

北魏时期，关于父母杀子的处罚条例亦十分详细。案《斗律》："祖父母、父母忿怒，以兵刃杀子孙者五岁刑，殴杀者四岁刑，若心有爱憎而故杀者，各加一等。"⑦《斗律》虽未指明死于祖父母、父母手中子孙的确切年龄，然按常理一般应是泛指，包括儿童及成人。

关于卖子的法律处罚，可由费羊皮卖女葬母的刑事案件窥其概要。《魏书·刑罚志》载：

> 冀州阜城民费羊皮母亡，家贫无以葬，卖七岁子与同城人张回为婢。回转卖于鄃县民梁定之，而不言良状。案盗律"掠人、掠卖人、和卖人为奴婢者，死"。回故买羊皮女，谋以转卖。依律处绞刑。诏曰："律称和卖人者，谓两人诈取他

---

① 《太平预览》五一一《宗亲部一·继母》，第2329页。
② 《宋书》卷八二《周朗传》，第2094页。
③ 《宋书》卷八二《周朗传》，第2094页。
④ 《南史》卷四《齐本纪上·世祖武皇帝纪》，第122页。
⑤ 《南齐书》卷三《武帝纪》，第55-56页。
⑥ 《南史》卷五九《任昉传》，第1454页。
⑦ 《魏书》卷一一一《刑罚志》，第2886页。

财。今羊皮卖女,告回称良,张回利贱,知良公买。诚与律俱乖,而两各非诈。此女虽父卖为婢,体本是良。回转卖之日,应有迟疑,而'决从真卖。于情不可。更推例以为永式。'"①

费羊皮本是良人,其母亡后,家贫无以葬母,遂将七岁女儿卖给张回为婢,换得钱财以安葬老母;张回将此女辗转卖于他人,而隐瞒了其良人的事实。此案案情复杂,引起朝廷的关注,朝廷下诏要求大臣就此展开讨论,做出合理判决,以此典型案例作为范本,为后世法律提供参考依据。尚书李平、廷尉少卿杨钧、三公郎中崔鸿、高阳王元雍均发表不同意见。他们相同观点是,杨钧与崔鸿肯定了北魏卖子应负法律责任,杨钧议曰:"卖子孙者,一岁刑。"②崔鸿议曰:"案律'卖子有一岁刑;卖五服内亲属,在尊长者死,期亲及妾与子妇流'。"③可见,北魏时期对卖子已有成文法律,即卖子孙要处以一年有期徒刑。宣武帝综合考虑各位大臣的意见,最终做出决定:根据卖子仅处以一年徒刑的法律规定,又考虑到费羊皮卖女的目的是葬母,而非牟利,最终免除了对费羊皮的处罚。张回虽转卖费羊皮之女,但掠卖与强盗毕竟不同,根据法律量刑从轻的原则,对其处以五年徒刑。费羊皮案件之后,北魏卖子之法有了明确的处罚规定,成为之后魏世的法律标准。

(二)地方官府采取的措施

各朝地方官府亦采取措施,缓解百姓生子不举的困境。地方官府措施有二:一是法律惩治生子不举;二是轻徭薄赋,与民生息,从根本上减轻民众负担。三国时期郑浑为下蔡长、邵陵令,时"天下未定,民皆剽轻,不念产殖;其生子无以相活,率皆不举。浑所在夺其渔猎之具,课使耕桑,又兼开稻田,重去子之法。民初畏罪,后稍丰给,无不举赡;所育男女,多以郑为字"④。郑浑治下,百姓因贫困而频不举子。针对这种情况,郑浑双管齐下,一方面劝课农桑,轻徭薄赋,带领百姓生产劳动、丰衣足食;另一方面严肃地方法令,对生子不举现象严加惩治。百姓开始因畏惧官府而被迫执行法令,后在官府的领导下衣食丰赡,主动养老扶幼。以邵陵为代表的地方官府在法律与政策的双重引导下,挽救了许多即将被遗弃的儿童,这种做法得到百姓的理解与认可,郑浑本人也得到百姓的拥戴。西晋王濬任巴郡太守,时"郡边吴境,兵士苦役,生男多不养。濬乃严其科条,宽其徭课,其产育者皆与休复,所全活者数千人"⑤。王濬也从减负与严科两方面入手,救助与惩罚共施,取得了良好的效果。东晋殷仲堪为晋陵太守,下令惩治生子不举。《晋书·殷仲堪

---

① 《魏书》卷一一一《刑罚志》,第2880—2881页。
② 《魏书》卷一一一《刑罚志》,第2881页。
③ 《魏书》卷一一一《刑罚志》,第2881页。
④ 《三国志》卷一六《魏书·郑浑传》,第509页。
⑤ 《晋书》卷四二《王濬传》,第1208页。

传》曰:"(仲堪)领晋陵太守,居郡禁产子不举,久丧不葬,录父母以质亡叛者,所下条教甚有义理。"①

魏晋南北朝时期,生子不举与鬻子现象并非偶然,其原因复杂,既有战争、赋役、灾荒等社会因素,又有家庭、风俗等各种因素。生子不举必然会对家庭发展与社会进步会产生深刻影响。为此,各朝官府并未无动于衷,中央官府与地方官府均采取行之有效的措施,从救助与惩治两个方面入手,解决生子不举及鬻子不养现象,在一定程度上抑制了杀子、弃子、卖子现象的发生。这对魏晋南北朝家庭、社会的稳定,国家的长治久安起到不容忽视的作用。

四、生子不举与鬻子不养的影响

生子不举与鬻子不养不仅是家庭的问题,而且是社会的重要问题之一,这种现象的存在不可避免地对家庭与社会均产生深刻的影响。

生子不举与鬻子不养频繁发生,生相捐弃之儿童数量较多,导致国家人口锐减。如王濬治下百姓生子不举,王濬积极进行整治,其"所全活者数千人"。可见,以巴郡地区为例,不被举养的婴儿数目惊人,这必然会导致国家人口锐减,尤其会引起儿童人口严重不足。从人口学角度来看,一个国家出生率与死亡率之间的比例变化会直接影响国家人口自然增长率。当儿童死亡率高于出生率时,预示着国家人口在逐渐减少。儿童是国家的未来,儿童人口锐减会带来一系列的社会问题。一是必然会导致国家后备力量不足,社会再生产困难;二是儿童人口锐减还会影响国家人口年龄结构,当儿童人数占全国总人口的比率较低时,造成青少年人口较少,国家可能会朝着老年型年龄构成趋势向前发展,由此引起国家未来劳动力补充、养老等一系列社会问题。

生子不举与鬻子不养带来国家赋税减少,劳动力丧失。一般而言,儿童十五成丁,一二十年内便可以缴纳赋税、补充劳役、耕织力作。从长远利益来看,生子不举与鬻子不养现象的发生,使许多儿童死于非命,对朝廷而言,不仅损失了大量的人口,而且丧失诸多劳动力,赋税也由此而减少,从而影响到朝廷政治稳定、经济繁荣、社会发展等方方面面,甚至成为朝廷厚积薄发、稳定发展的极大障碍。

任何一个婴儿降临,必然经过母亲十月怀胎,妇女怀孕伊始便与胎儿产生了深厚的感情,而生子则杀之,这对妇女身心造成了严重的伤害。《颜氏家训》载:"若生女者,辄持将去;母随号泣,使人不忍闻也。"②即使生女,亦是母亲的心头肉,面对亲生骨肉被弃,妇女也会忍不住心如刀割,号啕大哭。同时,庶子不举对妾地位影响较大,士族家庭妻妾界限分明,庶子之母地位本就卑微,她们希望通过"母以子贵"改变命运,然而庶子不举使其希望破灭,在家庭关系中,妾不仅地位低下,而且命运坎坷。

---

① 《晋书》卷八四《殷仲堪传》,第2194页。
② 《颜氏家训集解》卷一《治家第五》,第63页。

一言以蔽之,魏晋南北朝时期,生子不举与鬻子不养现象广泛存在,成为备受关注的社会问题之一,这种现象有其深刻的根源,社会、家庭以及风俗因素等皆是造成生子不举与鬻子不养的重要原因。生子不举原因较为复杂,致使贵族、贫民家庭皆有此现象发生;相比于生子不举,鬻子不养主要发生在贫苦百姓家庭之中。生子不举与鬻子不养对社会、家庭造成诸多危害,官府对此十分担忧,中央与地方官府均对生子不举与鬻子不养等行为进行惩罚,并对无力举养儿童的家庭进行救助,以期改变生子不举与鬻子不养的状况。

情礼之间：魏晋南北朝时期的亲子①关系

张国刚先生指出："父母与子女的关系是多方面的,规范这种家庭伦理关系的有三种力量:第一,国家奉行的儒家意识形态价值,亦即礼制文化的要求,它是一种正统舆论力量;第二,浸润着儒家礼制文化的成文法典——《唐律疏议》的有关规定,它是通过国家权力强力保证的约束力量;第三,在实际的家庭生活中,父母与子女的角色要有更多的人情意味,形成某种习俗和惯例,可以视之为文化上的小传统。但是,这样三种力量并非总是形成合力,有时甚至会形成某种张力。"②张国刚先生从礼、法、情三个角度诠释了唐代父母与子女的关系,这种伦理、法律与情感的规则不仅影响唐代家庭关系,在魏晋南北朝的家庭中也同样适用。魏晋南北朝时期,就礼制角度而言,父、母、儿童三者有各自的身份,扮演着不同角色,承担各自的责任。就情感角度而言,三者紧密相连又相互影响,父子、母子之间共情与互动,时而冲破礼制规范,父子、母子关系难以简单用礼制框架而完全涵盖。父、母角色表现出多面性的特征,分别在儿童的抚养、教育等人生大事上有不同表现。究竟如何理解父、母的身份与角色？父子、母子之间的关系是否一成不变？儿童对父母是单方面的依赖与顺从还是互相影响、共情互动？为揭示这些问题,笔者以儿童为主线,以礼制与情感为视角,探讨儿童与父母之间的相互关系与对应特征。

第一节 礼制规范下父子关系
——以世家大族家庭教育为视角

一、父子角色定位与家教幼训

《爱的艺术》一书诠释了子女与父亲的关系,认为:"孩子同父亲的关系则跟与母亲的

---

① 本章所论"子"为广义上的子女,不单指儿子,亦包括女儿。
② 张国刚:《论唐代家庭中父母的角色及其与子女的关系》,《中华文史论丛》2007年第3期,第207页。

关系截然不同。母亲是我们所之由来的家,是大自然、土地和海洋。而父亲则不体现任何一种自然家园。在早期阶段,孩子同父亲很少有什么联系,其重要性根本无法跟母亲相比。父亲虽然不代表自然世界,却代表了人类生存的另一极:代表思想的世界,代表人造物,代表法律与秩序,代表纪律,代表旅行与冒险。是父亲来教育孩子,向孩子指出踏进世界的路径。"[1]

其实,不仅国外父子关系如此,中国古代家庭中父子关系亦是如此。魏晋南北朝时期,父、母在家庭中角色分工不同。正如《爱的艺术》一书所言,父亲规范着家庭秩序,父亲的威严与秩序通过教育来实现,父亲的责任在于指引孩子成长,为其踏进世界指明道路。父亲的角色定位决定了父亲在父子关系中的绝对优势与权威。儒家思想指导下,世家大族家庭父子关系并不平等,身为人子唯父命是从。东汉末年,司马朗父子之间的关系便为明证。《三国志·魏书·司马朗传》曰:"(朗)父防,字建公,性质直公方,虽闲居宴处,威仪不忒。……诸子虽冠成人,不命曰进不敢进,不命曰坐不敢坐,不指有所问不敢言,父子之间肃如也。"[2]司马氏家族以儒学传家,司马防秉承先祖遗训,教子甚严,父子之间尊卑有序,致使司马朗兄弟在父亲面前敛声屏气。这种关系并非一朝一夕形成,追根溯源,其父之威严与子之服从应贯穿司马朗兄弟成长始终。刘宋时期,王恢之父王敬弘教养子孙甚为严厉,《宋书·王敬弘传》载:"敬弘见儿孙岁中不过一再相见,见辄克日。恢之尝请假还东定省,敬弘克日见之,至日辄不果,假日将尽,恢之乞求奉辞,敬弘呼前,既至阁,复不见。恢之于阁外拜辞,流涕而去。"[3]王恢之在外为官,请假回家省亲,不顾风尘仆仆,寄见父问安,以解思亲之意。其父不念久别重逢,唯以循"礼"为要,与子孙克日而见,后又因事不果。恢之不敢违背父命,终未能与父谋面,带着遗憾流涕而去。王恢之虽已成年,且步入仕途,但仍不敢违父之令,冰冻三尺,非一日之寒,父严子敬习以为常,这种关系的形成非在朝夕,王敬弘对子的教育亦应追溯到恢之幼年。

父亲不像母亲那样过多照顾儿童的日常生活,主要是承担儿童教育之大任,引导幼子勤恳向学、立志修身才是父亲的职责所在。父亲角色通过家教、幼训来实施与完成。教育是严肃的,父亲角色随之显得严厉起来,父尊通过教子显现得淋漓尽致。嵇康《忧愤诗》对父母的角色进行了对比,凸显了父亲角色以及在教育中的地位,曰:"嗟余薄祜,少遭不造,哀茕靡识,越在襁褓。母兄鞠育,有慈无威,恃爱肆姐,不训不师。"[4]嵇康幼年丧父,为母兄所抚养,母兄的形象则是"有慈无威",很显然父亲扮演了家中"威严"教子的角色。晋沛国相张朗身为严父,教子有方,其子秉承父训,皆成栋梁,张朗墓志载:"(朗)抚育十子,家教修明,示导出处,三纲有成,咸佩银艾,重迭金紫,策命使符,荣显族氏,父

---

[1] (美)埃里希·弗洛姆著,赵正国译:《爱的艺术》,北京:国际文化出版公司,2004年,第49页。
[2] 《三国志》卷一五《魏书·司马朗传》注引司马彪《序传》,第466页。
[3] 《宋书》卷六六《王敬弘传》,第1732页。
[4] 《晋书》卷四九《嵇康传》,第1372页。

训致也。"①张朗之子自幼受父之教,成年之后飞黄腾达,这与父训、父教密不可分。

如果儿童犯错,父亲更是导之以规矩,甚至体罚捶挞,毫不姑息。晋司马彪年少薄行,《晋书·司马彪传》曰:"(彪)少笃学不倦,然好色薄行,为睦所责,故不得为嗣,虽名出继,实废之也。"②司马彪幼年无德,为其父司马睦所责,令其出继,实际上是被赶出家门,可见父亲有绝对权威,教训诱导子女,甚至可主宰子女命运。刘宋后废帝刘昱幼年顽劣,喜怒无常,行动失节,明帝得知后勃然大怒,对其严加管教,甚至多次捶挞。《宋书·后废帝纪》载:"初昱在东宫,年五六岁时,始就书学,而惰业好嬉戏,主帅不能禁。好缘漆帐竿,去地丈余,如此者半食久,乃下。年渐长,喜怒乖节,左右有失旨者,辄手加扑打。徒跣蹲踞,以此为常。主帅以白太宗,上辄敕昱所生,严加捶训。"③北魏清河王凶狠俭悖,不遵教训。好轻游里巷,劫剥行人,矸射犬豕,以为戏乐。太祖对其严加管教,亦以体罚捶挞为诫,太祖"尝怒之,倒悬井中,垂死乃出"④。北朝颜之推曾指出体罚捶挞对教子的重要意义,曰:"笞怒废于家,则竖子之过立见;刑罚不中,则民无所措手足。治家之宽猛,亦犹国焉。"⑤

《颜氏家训》提到父子关系,认为父子相异,角色有很大差别,曰:"父子之严,不可以狎;骨肉之爱,不可以简。简则慈孝不接,狎则怠慢生焉。由命士以上,父子异宫,此不狎之道也;抑搔痒痛,悬衾箧枕,此不简之教也。"⑥颜之推认为身为人父,应严格要求幼子,教子应恩威并施,严慈相济,绝不姑息懈怠。幼子有过,不惜体罚捶挞、督训呵斥,这是幼子成长的必经之路,就如人生病吃药一样自然,曰:"凡人不能教子女者,亦非欲陷其罪恶;但重于诃怒。伤其颜色,不忍楚挞惨其肌肤耳。当以疾病为谕,安得不用汤药针艾救之哉?又宜思勤督训者,可愿苛虐于骨肉乎?诚不得已也。"⑦又以颜氏家教为例,强调父亲教子的重要性,曰:"吾家风教,素为整密。昔在龆龀,便蒙诱诲;每从两兄,晓夕温清,规行矩步,安辞定色,锵锵翼翼,若朝严君焉。赐以优言,问所好尚,励短引长,莫不恳笃。"⑧颜氏家风缜密,子女龆龀便受父训,行动必以规矩,父严子职表现得淋漓尽致。颜之推在幼儿教育方面见地深刻,《颜氏家训》被后世奉为家教的楷模。魏晋南北朝时期,世家大族均十分重视儿童的家教幼训,纷纷撰写诫子书文,教育子孙后代秉承家训、保持家风。

---

① 《晋故沛国相张君墓志》,《汉魏南北朝墓志汇编》,第11页。
② 《晋书》卷八二《司马彪传》,第2141页。
③ 《宋书》卷九《后废帝纪》,第188页。
④ 《魏书》卷一六《道武七王·清河王绍传》,第389页。
⑤ 《颜氏家训集解》卷一《治家第五》,第54页。
⑥ 《颜氏家训集解》卷一《教子第二》,第30页。
⑦ 《颜氏家训集解》卷一《教子第二》,第28页。
⑧ 《颜氏家训集解》卷一《教子第二》,第22页。

二、家教幼训的内容

魏晋南北朝时期,世家大族家教严明,也正由于此而得以家风不坠、家门不衰。从教育内容来看,士族家教无不以儒家礼法为出发点,以严整家风、门风为目的,以"修身、齐家、治国、平天下"为主要内容。对于儿童而言,"修身""齐家"之教是重点,这是儿童成长的必经之路,是儿童走向成年,进而走入社会,"治国""平天下"的前提与基础。士族家庭正是在家教、幼训中,展现了父子角色的定位,透视了礼制规范下父子等级关系。

(一)修身之教

《礼记·大学》曰:"古之欲明明德于天下者,先治其国。欲治其国者,先齐其家。欲齐其家者,先修其身。欲修其身者,先正其心。欲正其心者,先诚其意。欲诚其意者,先致其知。致知在格物。物格而后知至,知至而后意诚,意诚而后心正,心正而后身修,身修而后家齐,家齐而后国治,国治而后天下平。自天子以至于庶人,壹是皆以修身为本,其本乱而末治者否矣。"①这段文字阐述了"修、齐、治、平"四者之间的内在关系,"修身"是"齐家、治国、平天下"的前提,是儒家思想的基础。"修身"内容十分广泛,包含正心、立德、意诚、良知、治学、谨慎等各方面,要求士族不断提升自身的文化修养与道德品质。"修身"之教成为世家大族教养子孙的首要任务。

1.立德

欲修其身,必先立德。世家大族以德行传家,教育子孙正身立德、弃恶扬善,践行仁、义、礼、智、信为主的儒家思想。曹魏王昶家诫,教育子孙扬善弃恶、修身正己,曰:

> 昔伏波将军马援戒其兄子,言:"闻人之恶,当如闻父母之名;耳可得而闻,口不可得而言也。"斯戒至矣。人或毁己,当退而求之于身。若己有可毁之行,则彼言当矣;若己无可毁之行,则彼言妄矣。当则无怨于彼,妄则无害于身,又何反报焉?且闻人毁己而忿者,恶丑声之加人也,人报者滋甚,不如默而自修己也。谚曰:"救寒莫如重裘,止谤莫如自修。"斯言信矣。若与是非之士,凶险之人,近犹不可,况与对校乎?其害深矣。夫虚伪之人,言不根道,行不顾言,其为浮浅较可识别;而世人惑焉,犹不检之以言行也。②

王昶教育子孙修身立德、弃恶扬善,遇事从自身寻找根源,即使遭人诋毁亦不能以牙还牙,而应反复自省,从自身找原因,有过则改之,无过则勉之,达到"其身正,不令而行。

---

① 《礼记·大学》,《礼记正义》,第 1592 页。
② 《三国志》卷二七《魏书·王昶传》,第 746 页。

其身不正,虽令不从"①的境地。王昶教子保持君子之素养,远离是非、凶险之士,充分体现了儒家修身正己的家教思想。

蜀汉先主刘备教子刘禅修身立德,守善弃恶,曰:"勿以恶小而为之,勿以善小而不为。惟贤惟德,能服于人。"②诸葛亮不仅诫子修身养德,且指出立德的具体方法,教育子孙清静、节俭,淡泊名利,曰:"夫君子之行,静以修身,俭以养德,非澹泊无以明志,非宁静无以志远。"③诸葛氏家训为后世传承,成为家教的至理名言。蜀汉向朗将儒家修身立德思想贯彻于实践,教育子孙以和为贵。《三国志·蜀书·向朗传》曰:"传称师克在和不在众,此言天地和则万物生,君臣和则国家平,九族和则动得所求,静得所安,是以圣人守和,以存以亡也。吾,楚国之小子耳,而早丧所天,为二兄所诱养,使其性行不随禄利以堕。今但贫耳;贫非人患,惟和为贵,汝其勉之!"④姚信教育子孙为人处要世守善、行善,行善之目的非在于功名利禄,而是提升自身道德修养,如此,则如幽兰,不言自芳。曰:"古人行善者,非名之务,非人之为,心自甘之,以为己度,崄易不亏,终始如一,进合神契,退同人道,故神明祐之,众人尊之,而声名自显,荣禄自至,其势然也。"⑤嵇康教育子孙树立远大志向,然立志的首要条件在于立德向善,曰:"人无志,非人也;但君子用心,有所准行,当量其善者,拟议而后动。"⑥周捨幼年聪颖,为其父周颙所赏识,颙临终,教导他要以守德为先,曰:"汝不患不富贵,但当持之以道德。"⑦北魏孝文帝之太子恂将行冠礼,孝文帝以儒家伦理道德为出发点,戒之勤于修身正己,立德立言,曰:"夫冠礼表之百代,所以正容体,齐颜色,顺辞令。容体正,颜色齐,辞令顺;故能正君臣,亲父子,和长幼。然母见必拜,兄弟必敬,责以成人之礼。字汝元道,所寄不轻。汝当寻名求义,以顺吾旨。"⑧魏收以子侄年少,申以戒厉,教导子侄正身立德,行善去恶;正直公平,遵纪守法。故作《枕中篇》曰:"宜谛其言,宜端其行。言之不善,行之不正。鬼执强梁,人囚径廷。幽夺其魄,明夭其命。不服非法,不行非道。公鼎为己信,私玉非身宝。过涅为绀,踰蓝作青。持绳视直,置水观平。时然后取,未若无欲。知止知足,庶免于辱。是以为必察其几,举必慎于微。知几虑微,斯亡则稀。"⑨

颜之推教子弃恶扬善,曰:"王子晋云:'佐饔得尝,佐斗得伤。'此言为善则预,为恶则去,不欲党人非义之事也。凡损于物,皆无与焉。"⑩颜氏又教子修身立德,践行儒家忠孝

---

① 《论语·子路》,李学勤主编《论语注疏》,北京:北京大学出版社,1999 年,第 173 页。
② 《三国志》卷三二《蜀书·先主传》注引《诸葛亮集》,第 891 页。
③ 《艺文类聚》卷二三《人部七·鉴诫》,第 421 页。
④ 《三国志》卷四一《蜀书·向朗传》注引《襄阳记》,第 1010 页。
⑤ 《艺文类聚》卷二三《人部七·鉴诫》,第 420 页。
⑥ 《艺文类聚》卷二三《人部七·鉴诫》,第 420 页。
⑦ 《梁书》卷二五《周捨传》,第 375 页。
⑧ 《魏书》卷二二《孝文五王·废太子传》,第 587 页。
⑨ 《北齐书》卷三七《魏收传》,第 494 页。
⑩ 《颜氏家训集解》卷五《省事第十二》,第 311 页。

仁义思想，曰："行诚孝而见贼，履仁义而得罪，丧身以全家，泯躯而济国，君子不咎也。"①

修身立德又在于戒骄戒躁，去骄奢、存礼仪，坚守道德礼法。南齐豫章王萧嶷就曾指出骄奢之危害，训诫诸子去骄奢、守礼节，曰："凡富贵少不骄奢，以约失之者鲜矣。汉世以来，侯王子弟，以骄恣之故，大者灭身丧族，小者削夺邑地，可不戒哉！"②北魏源贺诫子戒骄戒躁、扬善弃恶，去奢侈、荒怠等陋习，养成勤于思考、恭谨慎思的美好品德，曰："汝其毋傲吝，毋荒怠，毋奢越，毋嫉妒；疑思问，言思审，行思恭，服思度；遏恶扬善，亲贤远佞；目观必真，耳属必正；诚勤以事君，清约以行己。"③北魏杨椿诫子为人处世之道，教育子孙去骄奢、存礼节，曰："闻汝等学时俗人，乃有坐而待客者，有驱驰势门者，有轻论人恶者，及见贵胜则敬重之，见贫贱则慢易之，此人行之大失，立身之大病也。汝家仕皇魏以来，高祖以下乃有七郡太守、三十二州刺史，内外显职，时流少比。汝等若能存礼节，不为奢淫骄慢，假不胜人，足免尤消，足成名家。"④

2. 治学

欲修其身，必致力于学。世家大族意识到书学教育对子孙的重要性，教子致力于学，这对家族文化传承、家门兴衰具有十分重要的意义。

东晋陶潜以诗训子，教育子孙立志向学，其《责子诗》曰："白发被两鬓，肌肤不复实。虽有五男儿，总不好纸笔。阿舒已二八，懒惰固无匹。阿宣行志学，而不好文术。雍端年十三，不识六与七。通子垂九龄，但觅梨与栗。天运苟如此，且进杯中物。"⑤陶潜诗词直白通俗，以诗讽喻，恨子不学，对幼子不学无术的行为甚是忧虑与无奈。刘宋前废帝刘子业少年狷狂，书迹不谨，孝武帝为书诘让之，教导其潜心向学，曰："书不长进，此是一条耳。闻汝素都懈怠，狷戾日甚，何以顽固乃尔邪！"⑥南齐豫章王萧嶷诫子读书向学，曰："勤学行，守基业，治闺庭，尚闲素，如此足无忧患。"⑦萧梁简文帝教子幼年向学，曰："汝年时尚幼，所阙者学，可久可大，其唯学欤。所以孔丘言'吾尝终日不食，终夜不寝，以思无益，不如学也。'若使墙面而立，沐猴而冠，吾所不取。立身之道，与文章异，立身先须谨重，文章且须放荡。"⑧北朝颜之推论述了士族子孙致力于学的重要意义，曰："自古明王圣帝，犹须勤学，况凡庶乎！此事遍于经史，吾亦不能郑重，聊举近世切要，以启寤汝耳。士大夫子弟，数岁已上，莫不被教，多者或至《礼》《传》，少者不失《诗》《论》。及至冠婚，体性稍定；因此天机，倍须训诱。有志尚者，遂能磨砺，以就素业；无履立者，自兹堕慢，便为

---

① 《颜氏家训集解》卷五《养生第十五》，第333页。
② 《南史》卷四二《齐高帝诸子上·豫章文献王嶷传》，第1065页。
③ 《魏书》卷四一《源贺传》，第922页。
④ 《魏书》卷五八《杨播传附弟椿传》，第1290-1291页。
⑤ 《先秦汉魏晋南北朝诗·晋诗》卷一七《陶渊明·责子诗》，第1002-1003页。
⑥ 《宋书》卷七《前废帝纪》，第147页。
⑦ 《南齐书》卷二二《豫章文献王嶷传》，第417页。
⑧ 《艺文类聚》卷二三《人部七·鉴诫》，第424页。

凡人。"①颜之推指出古之圣帝明王犹勤于治学，士庶凡人更应以此为鉴，勤勉于学，勤于磨砺，以成就一番事业。如懈怠堕慢，则将碌碌无为、一事无成。

反之，士族子弟如果不学无术，他们将难以立足于世。颜之推以萧梁门阀士族子弟为例，指出其不学无术、无视儒家经典的严重危害。《颜氏家训》载：

> 梁朝全盛之时，贵游子弟，多无学术，至于谚云："上车不落则著作，体中何如则秘书。"无不熏衣剃面，傅粉施朱，驾长檐车，跟高齿屐，坐棋子方褥，凭斑丝隐囊，列器玩于左右，从容出入，望若神仙。明经求第，则顾人答策；三九公燕，则假手赋诗。当尔之时，亦快士也。及离乱之后，朝市迁革，铨衡选举，非复曩者之亲；当路秉权，不见昔时之党。求诸身而无所得，施之世而无所用。被褐而丧珠，失皮而露质，兀若枯木，泊若穷流，鹿独戎马之间，转死沟壑之际。当尔之时，诚驽材也。有学艺者，触地而安。自荒乱已来，诸见俘虏。虽百世小人，知读《论语》、《孝经》者，尚为人师；虽千载冠冕，不晓书记者，莫不耕田养马。以此观之，安可不自勉耶？若能常保数百卷书，千载终不为小人也。②

颜之推亲自见证了萧梁全盛时期门阀士族子弟由盛转衰的全过程。他们不学无术、胸无点墨，却趾高气扬、颐指气使；出则乘车，入则高屐；熏衣剃面、傅粉施朱；过着从容不迫，宛若神仙的日子。而世事无常，待到世乱流离，则身无旁物，心中无学，其衰落颓败之状十分悲惨难堪。这种现象出现的原因甚多，除社会环境因素之外，士族子弟不学无术、不研习儒家经典是其衰败的内在原因。他们不学无术，终致腹内草莽、无才无德，面对世事迁革束手无策，毫无立锥之地，落得惨遭命运遗弃的下场。由此，证明了致力于儒学是士族阶层安身立命的根本所在。

家学是世家大族家门传承的重要法宝。从治学内容看，世家大族无不以《诗》《书》等儒家经典为教材，教育子孙勤苦研习，不断提升自身文化修养。晋朝华廙被免官归家，以"教诲子孙，讲诵经典"③为要事。萧梁徐勉为书诫子徐崧，强调经史书学之重要意义，曰："'遗子黄金满籯，不如一经。'详求此言，信非徒语。吾虽不敏，实有本质，庶得遵奉斯义，不敢坠失。"④颜之推教子，认为经学史书十分重要，可增益德行、敦厉风俗，曰："夫明《六经》之指，涉百家之书，纵不能增益德行，敦厉风俗，犹为一艺，得以自资。"⑤又强调儒学《诗》《书》教育在士族子弟成长中的重要意义，对士族子弟不肯专心儒学的行为进行了严厉批判，曰："学之兴废，随世轻重。汉时贤俊，皆以一经弘圣人之道，上明天时，下该人事，用此致卿相者多矣。末俗已来不复尔，空守章句，但诵师言，师之世务，殆无一可。

---

① 《颜氏家训集解》卷三《勉学第八》，第141页。
② 《颜氏家训集解》卷三《勉学第八》，第145页。
③ 《晋书》卷四四《华表传附子廙传》，第1261页。
④ 《梁书》卷二五《徐勉传》，第383—384页。
⑤ 《颜氏家训集解》卷三《勉学第八》，第153页。

故士大夫子弟,皆以博涉为贵,不肯专儒。"①

如果士族家教不以儒家经典为教义,而研习它学,则被视为旁门左道,贻笑大方。颜之推列举齐朝士大夫教子胡语与弹琵琶,虽以此得到权贵之青睐,并由此走入仕途,但颜之推对其教育内容仍不敢苟同,不愿颜氏子孙效仿。《颜氏家训》曰:

> 齐朝有一士大夫,尝谓吾曰:"我有一儿,年已十七,颇晓书疏,教其鲜卑语及弹琵琶,稍欲通解,以此伏事公卿,无不宠爱,亦要事也。"吾时俛而不答。异哉,此人之教子也!若由此业,自致卿相,亦不愿汝曹为之。②

可见,在世家大族心目中,儒学经典乃是其安身立命的根本所在,其他诸如琵琶、胡语等被列入末流,虽以此博得权贵一时之乐,但终非正统,难以受人尊重,故颜氏教子此非立身、立家之长久之计,应予以摒弃。

3. 谨慎

欲修其身,必谨言慎行,远离是非祸患,此是世家大族教子的又一主要内容。士族从"修身"角度出发,教育子孙自幼养成谨言慎行的优良美德,远离是非祸害。

曹魏时期司马懿勋德日盛,而谦恭愈甚,恒诫子弟谨言慎行,曰:"盛满者道家之所忌,四时犹有推移,吾何德以堪之。损之又损之,庶可以免乎!"③李秉教子为人处世须言行谨慎,家诫曰:"凡人行事,年少立身,不可不慎,勿轻论人,勿轻说事,如此则悔吝何由而生,患祸无从而至矣。"④晋朝殷裒教育子孙谦虚谨慎,先人后己,曰:"况尔析薪之智,欲弹射世俗,身为谤先,怨祸并集,使吾怀朝父之忧,为范武子所叹,亦非汝之美也。若朝益暮习,先人后己,恂恂如也,则吾闻音而识其曲,食旨而知其甘,永终吾余年矣,复何恨哉!古人有言:'思不出其位。'尔其念之,尔其念之!"⑤羊祜诫子谦恭谨慎,忠信仁义,其书曰:"恭为德首,慎为行基。愿汝等言则忠信,行则笃敬,无口许人以财,无传不经之谈,无听毁誉之语。闻人之过,耳可得受,口不得宣,思而后动,若言行无信,身受大谤,自人刑论,岂复惜汝。"⑥晋朝李充教育子弟谨言慎行、温良恭俭,严戒不逊、无礼等恶习,曰:"温良恭俭,仲尼所以为贵;小心翼翼,文王所以称美。圣德周达无名,斯亦圣中之目也。中人而有斯行,则亦圣人之一隅矣。而末俗谓守慎为拘娈,退慎为怯弱,不逊以为勇,无礼以为达,异乎吾所闻也。"⑦颜之推教子谦虚谨慎、慎言慎行,曰:"天地鬼神之道,皆恶满盈。

---

① 《颜氏家训集解》卷三《勉学第八》,第169—170页。
② 《颜氏家训集解》卷一《教子第二》,第36页。
③ 《晋书》卷一《宣帝纪》,第14页。
④ 《三国志》卷一八《魏书·李通传》注引王隐《晋书》,第536页。
⑤ 《艺文类聚》卷二三《人部七·鉴诫》,第424页。
⑥ 《艺文类聚》卷二三《人部七·鉴诫》,第423页。
⑦ 《艺文类聚》卷二三《人部七·鉴诫》,第421页。

谦虚冲损,可以免害。"①

综上,世家大族通过对子孙立德、治学、谨慎等教育,借以教诫子孙勤于"修身正己",不断提高自身的道德素养,为成为遵循儒家礼法的贤德之士做充分准备。"修身"之教是儒家思想的基础,是士家大族"齐家"(保持家门兴盛不衰)的重要前提。

(二)齐家之教

"身修而后家齐",世家大族教育子孙修身正己,在此基础上进一步深化,教育内容走出个人道德修养范畴,转而走向家庭与家族范围。为维护家族利益,世家大族以儒家思想为依据,训诫子孙重视家族利益,弘扬家族文化,以达到光耀门楣、家族蕃昌的目的。"齐家"之教在世家大族家庭教育中占有重要地位,这是世家大族子弟走出家门、光耀门庭的基础,是"治国"与"平天下"的前提。"齐家"之教内容广泛,究其本源,在于宣扬"孝悌友爱""敦睦宗族"的文化精神。

1. 孝悌友爱

欲齐家,须践行"孝悌"思想。孝悌是儒家伦理的基本要义,是仁、忠等思想的前提与基础,历来为世家大族所推崇。

曹魏中山王衮弥留之际,世子年幼,他临终教子遵循兄弟和睦友善的美德,长幼相恤相敬,曰:"汝幼少,未闻义方,早为人君,但知荣,不知苦;……事兄以敬,恤弟以慈;兄弟有不良之行,当造膝谏之。谏之不从,流涕喻之;喻之不改,乃白其母。若犹不改,当以奏闻,并辞国土。"②晋朝夏侯湛以古人为鉴,训诫子弟保持孝悌友爱的家风,故作《昆弟诰》,曰:"古人有言,'孝乎惟孝,友于兄弟。''死丧之戚,兄弟孔怀。'又曰,'周之至德也,莫如兄弟。'"③东晋陶潜与子书以言其志,诫子坚守孝悌友爱、和睦共处之美德,曰:"恨汝辈稚小,家贫无役,柴水之劳,何时可免,念之在心,若何可言。然虽不同生,当思四海皆弟兄之义。鲍叔、敬仲,分财无猜,归生、伍举,班荆道旧,遂能以败为成,因丧立功,他人尚尔,况共父之人哉。"④南齐武陵王萧晔母罗氏因罪被诛,萧晔年四岁,思母犹如成人,每痛哭吐血,高帝萧道成敕世子萧赜关爱、慰喻之,训诫其子兄弟之间建立敦睦、友悌之思想,曰:"三昧至性如此,恐不济,汝可与共住,每抑割之。"⑤南齐豫章王萧嶷临终诫子友爱和睦,曰:"无吾(后),当共相勉厉,笃睦为先。才有优劣,位有通塞,运有富贫,此自然理,无足以相陵侮。"⑥萧梁徐勉训诫子孙以孝悌友爱,曰:"《记》云:'夫孝者,善继人之志,善述人之事。'今且望汝全吾此志,则无所恨矣。"⑦

---

① 《颜氏家训集解》卷五《止足第十三》,第317页。
② 《三国志》卷二〇《魏书·中山恭王衮传》,第584页。
③ 《晋书》卷五五《夏侯湛传》,第1496页。
④ 《宋书》卷九三《隐逸·陶潜传》,第2289页。
⑤ 《南史》卷四三《齐高帝诸子下·武陵昭王晔传》,第1081页。
⑥ 《南齐书》卷二二《豫章文献王嶷传》,第417页。
⑦ 《梁书》卷二五《徐勉传》,第385—386页。

北魏崔休诫子坚守孝悌友善的品德,曰:"汝等宜皆一体,勿作同堂意。若不用吾言,鬼神不享汝祭祀。"①北齐魏收言之子孙,特别强调孝悌的作用,认为"笔有奇锋,谈有胜理。孝悌之至,神明通矣"②。颜之推亦剖析了兄弟之间自幼相亲相爱的重要意义,曰:"兄弟者,分形连气之人也,方其幼也,父母左提右挈,前襟后裾,食则同案,衣则传服,学则连业,游则共方,虽有悖乱之人,不能不相爱也。"③进而指出兄弟不睦的严重危害,曰:"兄弟不睦,则子侄不爱;子侄不爱,则群从疏薄;群从疏薄,则僮仆为仇敌矣。如此,则行路皆踏其面而蹈其心,谁救之哉? 人或交天下之士,皆有欢爱,而失敬于兄者,何其能多而不能少也! 人或将数万之师,得其死力,而失恩于弟者,何其能疏而不能亲也!"④

2. 敦睦宗族

欲齐家,必以宗族利益为重。世家大族不仅教育子孙在家庭小范围内遵循父敬子孝、兄友弟悌的伦理观念,而且主张在宗族大范围内和睦团结、友善相爱。士族以光耀门楣、家族昌盛为出发点,以孝、忠、仁、义等儒家伦理为教育内容,教育子孙孝悌友爱、宗族团结。

曹魏王昶家诫指出孝敬、仁义乃百行之首、立身之本。孝敬得以安宗族,仁义得以获尊重,此二者为安身立命、扬名内外的根本所在。曰:"夫人为子之道,莫大于宝身全行,以显父母。此三者人知其善,而或危身破家,陷于灭亡之祸者,何也? 由所祖习非其道也。夫孝敬仁义,百行之首,行之而立,身之本也。孝敬则宗族安之,仁义则乡党重之,此行成于内,名著于外者矣。"⑤为维持家族昌盛,世家大族尤其重视家族门风,训诫子孙和睦相处,保持家风不坠。西晋潘岳《家风诗》曰:"绾发绾发,发亦鬓止。日祗日祗,敬亦慎止。靡专靡有,受之父母。鸣鹤匪和,析薪弗荷。隐忧孔疚,我堂靡构。义方既训,家道颖颖。岂敢荒宁,一日三省。"⑥王祥临终,训诫子孙坚守孝道,兄弟友爱、家族和睦,终使王氏家族在晋代舞台上声名显赫、地位不凡,曰:"夫言行可覆,信之至也;推美引过,德之至也;扬名显亲,孝之至也;兄弟怡怡,宗族欣欣,悌之至也;临财莫过乎让:此五者,立身之本。"⑦

世家大族重视家族荣誉,常为此忧虑,恐子孙不及先祖,有辱祖宗遗训,从而门风殄灭,家道中衰。为避免这种现象发生,他们训诫子孙严守家诫、家训,敦睦宗族,光耀门楣。

西晋羊祜诫子曰:"吾不如先君远矣,汝等复不如吾。谘度弘伟,恐汝兄弟未之能也。

---

① 《北史》卷二四《崔逞传附玄孙休传》,第879页。
② 《北齐书》卷三七《魏收传》,第493页。
③ 《颜氏家训集解》卷一《兄弟第三》,第37—38页。
④ 《颜氏家训集解》卷一《兄弟第三》,第42页。
⑤ 《三国志》卷二七《魏书·王昶传》,第744页。
⑥ 《先秦汉魏晋南北朝诗·晋诗》卷四《潘岳·家风诗》,第631页。
⑦ 《晋书》卷三三《王祥传》,第989页。

奇异独达,察汝等将无分也。"①为此,羊祜训诱子孙为人谦恭、有信,为国忠贞不二。许多士族重视家族名誉,极力保持家族门风。晋朝任恺之子任罕"幼有门风,才望不及恺,以淑行致称,为清平佳士"②。晋朝王延重视宗族荣誉,于战乱中仍不忘训诱宗族。《晋书·孝友传》载:"属天下丧乱,随刘元海迁于平阳,农蚕之暇,训诱宗族,侃侃不倦。"③东晋陶潜写《命子诗》,追溯陶氏起源,家门之发展历程,教育子孙善保家风,敦睦宗族。其一曰:"悠悠我祖,爰自陶唐。邈为虞宾,历世重光。御龙勤夏,豕韦翼商。穆穆司徒,厥族以昌。"④北魏杨椿以身作则,他与兄弟之间亲密无间,同居共财,彰显孝悌之道,常恐子孙不及,诫子孙保持孝悌之家族门风,曰:"又吾兄弟,若在家,必同盘而食,若有近行,不至,必待其还,亦有过中不食,忍饥相待。吾兄弟八人,今存者有三,是故不忍别食也。又愿毕吾兄弟世,不异居、异财,汝等眼见,非为虚假。如闻汝等兄弟,时有别斋独食者,此又不如吾等一世也。吾今日不为贫贱,然居住宅舍不作壮丽华饰者,正虑汝等后世不贤,不能保守之,方为势家作夺。"⑤

魏晋南北朝时期,礼制规范下,父、子以儒家思想为根基,形成长幼有序、尊卑有节的伦理关系。父亲扮演着严厉家长的角色,并通过教育履行父亲的职责。父亲重视对幼子的教养,主要以"修身""齐家"为主要内容,教育幼子养成正己、立德、谦恭、谨慎、勤学、友爱、孝悌等优良品质,建立忠、孝、仁、义等道德观、价值观。士族家教为子孙成长奠定了良好的教育基础,使子孙自幼便以"修身""齐家"为己任,从而为成年"治国""平天下"之志向提供了可能。

世家大族教子、诫子等亲子关系渗透着父子之间礼制规范。"礼"似一根无形的主线,规范父子之间的人伦秩序,同时又拉开了父子之间的距离。费孝通先生在《乡土中国 生育制度》一书中指出:"一个父权发达的地方,父子间的隔离时常是很显著的。"⑥试想,父子相处动辄以礼,父亲威严正坐,对幼子严加督导教训,甚至体罚捶挞;幼子在父亲面前难免小心翼翼,不敢有丝毫违逆。父子之间并不平等,显得过于生疏、拘谨,父子均难以窥探对方的内心世界。他们之间少了许多亲昵,多了几分疏离,礼法之下父子亲情则渐行渐远。然则,父子本为血肉之亲,血浓于水,骨肉亲情根本无法割舍与回避。礼制规范无法诠释父子之间的浓厚亲情,而情感体系弥补了这一缺憾,父子之亲通过情感体系得以展现。

---

① 《艺文类聚》卷二三《人部七·鉴诫》,第423页。
② 《晋书》卷四五《任恺传》,第1287页。
③ 《晋书》卷八八《孝友·王延传》,第2290页。
④ 《先秦汉魏晋南北朝诗·晋书》卷一六《陶渊明·命子诗》,第970页。
⑤ 《魏书》卷五八《杨播传附弟椿传》,第1289—1290页。
⑥ 费孝通:《乡土中国 生育制度》,北京:北京大学出版社,1998年,第193页。

第二节　情感体系下的父子关系

一、父之视子：父爱如山

在核心家庭中，除母亲之外，与小儿关系最为密切之人便是父亲。父亲承担着幼子教育的重任，在子女心目中的形象是高大威严的。然则，父亲是血肉之躯，其角色又是多方面的，抛开命子、教育这些严肃的话题，在日常生活中，父亲则表现出和蔼可亲的一面。

（一）伴子成长，共情互动

汉代刘安《淮南子》有言："慈父之爱子，非为报也，不可内解于心。"①父亲并不像母亲那样善于表达感情，但父爱如山，父亲则以自己的方式深爱着孩子——嬉戏与陪伴。父亲通过亲子游戏、陪伴幼子等与幼子互动，关注幼子成长，增进父子之间的感情。

展现父子亲情的一个重要载体便是儿童喜闻乐见的活动——游戏。父子在游戏中增进感情，分享快乐。蜀汉卫继儿时与父兄于庭中嬉戏，父子之间气氛融洽、欢乐祥和，为我们展现了一幅充满爱意的亲子画卷。《益部耆旧杂记》载："继父为县功曹。继为儿时，与兄弟随父游戏庭寺中，县长蜀郡成都张君无子，数命功曹呼其子省弄，甚怜爱之。"②东晋王导爱长子王悦，父子共围棋，难解难分，父之爱子亲情流露。《世说新语》载："王长豫幼便和令，丞相爱恣甚笃。每共围棋，丞相欲举行，长豫按指不听。"③东晋陶潜热衷山水，尝携幼子弱侄纵情山林，嬉戏娱乐，以陶冶情操，有诗为证："久去山泽游，浪莽林野娱。试携子侄辈，披榛步荒墟。徘徊丘垅间，依依昔人居。"④刘宋鲍照《拟行路难》一诗，描绘了一位士大夫罢官归家、侍亲伴子的场景，曰："对案不能食，拔剑击柱长叹息。丈夫生世会几时，安能蹀躞垂羽翼。弃置罢官去，还家自休息。朝出与亲辞，暮还在亲侧。弄儿床前戏，看妇机中织。自古圣贤尽贫贱，何况我辈孤且直。"⑤诗中主人公因刚直不阿而得罪权贵，一气之下罢官回家，侍亲伴子，享受难得的天伦之乐。刘宋王昙首兄弟共集子孙嬉戏，父子、叔侄之间热闹非凡，其乐融融。《南史·王昙首传附子僧虔传》载："僧虔，金紫光禄大夫僧绰弟也。父昙首，与兄弟集会子孙，任其戏适。僧达跳下地作彪子。时

---

① 张双棣：《淮南子校释》卷十《缪称训》，北京：北京大学出版社，1997年，第1039页。
② 《三国志》卷四五《蜀书·杨戏传》注引《益部耆旧杂记》，第1091页。
③ 《世说新语笺疏·排调第二十五》，第878页。
④ 《先秦汉魏晋南北朝诗·晋诗》卷一七《陶渊明·归园田居》，第992页。
⑤ 《先秦汉魏晋南北朝诗·宋诗》卷七《鲍照·拟行路难》，第1275页。

僧虔累十二博棋,既不坠落,亦不重作。僧绰采蜡烛珠为凤皇,僧达夺取打坏,亦复不惜。"①北魏河南王曜与父共同射猎为戏,《魏书·道武七王·河间王曜传》曰:"(曜)五岁,尝射雀于太祖前,中之,太祖惊叹焉。"②北周宇文贵幼时与父共围猎戏乐,《北史·周室诸王·齐炀王宪传》载:"(贵)年十一,从宪猎于盐州,一围中,手射野马及鹿一十有五。"③

父亲的怀抱是儿童温暖的港湾,父亲的陪伴给幼儿带来无尽快乐。钟毓兄弟幼时偷服药酒,为其父所觉,父非但不责,反问偷之缘由,父子间一问一答,温馨自然。《世说新语》载:"钟毓兄弟小时,值父昼寝,因共偷服药酒。其父时觉,且讬寐以观之。毓拜而后饮,会饮而不拜。既而问毓何以拜,毓曰:'酒以成礼,不敢不拜。'又问会何以不拜,会曰:'偷本非礼,所以不拜。'"④西晋贾充有幼子黎民,充每自外归家,见黎民则喜,忍不住与之嬉闹玩笑一番,父子之亲溢于言表。《世说新语》载:"贾公闾后妻郭氏酷妒,有男儿名黎民,生载周,充自外还,乳母抱儿在中庭,儿见充喜踊,充就乳母手中呜之。"⑤这是一幅透着深情父爱的生动画面,小儿黎民见父回家,高兴得手舞足蹈,贾充亦兴高采烈地亲吻儿子,整个院子都笼罩着喜气洋洋的气氛。

东晋明帝幼时为元帝所钟爱,陪伴儿子成长的画面温馨自然。《晋书·明帝纪》载:

> 幼而聪哲,为元帝所宠异。年数岁,尝坐置膝前,属长安使来,因问帝曰:"汝谓日与长安孰远?"对曰:"长安近。不闻人从日边来,居然可知也。"元帝异之。明日,宴群僚,又问之。对曰:"日近。"元帝失色,曰:"何乃异间者之言乎?"对曰:"举目则见日,不见长安。"由是益奇之。⑥

晋明帝数岁于父亲膝上嬉戏,父子之间亲切对话,展现了中国传统家庭的天伦之乐。东晋王述爱子坦之,"虽长大,犹抱置膝上"⑦。试想,一个大男孩被父亲揽在怀里、抱在膝上是怎样的一种亲昵? 可想而知,王坦之儿时又是怎样在父亲怀抱嬉闹。

父亲与小儿之间的亲情互动存在于画家的笔下,东晋著名画家顾恺之《女史箴图》将父子之间的感情描绘得淋漓尽致。畏冬先生指出:"《女史箴图》第六图人物中三个妇女头戴凤饰,似为嫔妃;一个男子面带威容,似是帝王。他们对面而坐,中间夹着三个儿童。此刻男子正挥动手中的拂尘逗引着孩子们,两个女孩被他的动作吸引,急忙回头去看。母亲怀中的女孩笑着,顾不上吃手中的食物,极力挣脱母亲的束缚。最有趣的是那个年

---

① 《南史》卷二二《王昙首传附子僧虔传》,第600页。
② 《魏书》卷一六《道武七王·河间王曜传》,第395页。
③ 《北史》卷五八《周室诸王·齐炀王宪传》,第2092页。
④ 《世说新语笺疏·言语第二》,第78页。
⑤ 《世说新语笺疏·惑溺第三十五》,第1011页。
⑥ 《晋书》卷六《明帝纪》,第158页。
⑦ 《晋书》卷七五《王湛传附孙述传》,第1963页。

岁稍大的男孩,此时他正被一女子揪住梳头,没法看到身后的活动;他不耐烦地皱着眉,咧着嘴,吐着舌头,一手抓住妇女的手腕,恳求他别梳了,一手指着那男子,使劲儿把脸扭向后面,想看看到底是怎么回事儿。这个男孩儿的面部表情很丰富,再结合动作,作者把他在一瞬间的复杂感情,很有层次地、活生生地表现了出来。"①(图2-1)

图2-1　女史箴图(局部)

传世文献中亦可窥父亲伴子成长的温馨瞬间。齐高帝萧道成钟爱幼子萧铉,伴子成长。《南史·齐高帝诸子下·河东王铉传》曰:"初铉年三四岁,高帝尝昼卧缠发,铉上高帝腹上弄绳,高帝因以绳赐铉。"②在萧铉心目中,高帝不是威严的帝王,而是陪其戏耍的慈父。梁昭明太子萧统自幼聪敏,天性仁孝,六岁出居东宫,备感孤独,思父之情挥之不去,终日闷闷不乐。梁武帝得知后,特许他每五日进宫朝拜,以增进父子之间的感情。《梁书·昭明太子传》载:"自出宫,恒思恋不乐。高祖知之,每五日一朝,多便留永福省,或五日三日乃还宫。"③北魏任城康王拓跋云有爱女纯陀,视若掌上明珠,对其"遍加深爱,见异众女,长居怀抱之中,不离股掌之上"④。

相反,如果父亲去世,不能伴子生长,临终对子女最为不舍,忧子之心难以释怀。西晋石崇临终赋诗,表达对子女的牵挂,曰:"上负慈母恩,痛酷摧心肝。下顾所怜女,恻恻

---

① 畏冬:《中国古代儿童题材绘画》,北京:紫禁城出版社,1988年,第13—14页。
② 《南史》卷四三《齐高帝诸子下·河东王铉传》,第1092页。
③ 《梁书》卷八《昭明太子传》,第165页。
④ 《魏故车骑大将军平舒文定邢公继夫人墓志》,《汉魏南北朝墓志汇编》,第261页。

心中酸。二子弃若遗,念皆遭凶残。不惜一身死,惟此如循环。执纸五情塞,挥笔涕汍澜。"①北魏钜鹿魏溥遇疾,命在旦夕,他不畏死亡,唯以老母幼子为念,以此遗憾黄泉。谓妻房氏曰:"人生如白驹过隙,死不足恨,但夙心往志,不闻于没世矣。良痛母老家贫,供奉无寄;赤子矇眇,血祀孤危。所以抱怨于黄墟耳。"②

陪伴是最长情的告白。父亲通过陪伴、游戏等形式与幼子亲情互动,即使去世之前仍对幼子牵肠挂肚,父亲伴子的每一个画面均渗透着对幼儿的无限爱意。

(二)视子之疾,牵肠萦心

父爱体现在日常生活中的点滴,幼儿的一颦一笑都牵动着父亲的心。幼儿疾笃之际,父亲更是忧心忡忡,千方百计为儿寻医问药,祈祷小儿健康平安。

父亲视子之疾,牵肠萦心。曹魏武帝爱子仓舒疾病,武帝寝食不安,甚至为子请命,《三国志·魏书·邓哀王冲传》载:"(仓舒)年十三,建安十三年疾病,太祖亲为请命。及亡,哀甚。"③曹冲亡后,曹操悲痛万分,甚至悔杀华佗,《三国志·魏书·华佗传》载:"及后爱子仓舒病困,太祖叹曰:'吾悔杀华佗,令此儿强死也。'"④西晋嵇含晚年得子,其子于襁褓之中患疾,嵇含见爱子日渐消瘦,亲自研制寒食散为子疗疾,其子才得以痊愈。嵇含喜出望外,为之作赋以纪念,《寒食散赋》曰:"余晚有男儿,既生十朔,得吐下积,日羸困危殆,决意与寒食散,未至三旬,几于平复。何矜孺子之坎轲,在孩抱而婴疾,既正方之备陈,亦旁求于众术,穷万道以弗损,渐丁宁而积日,尔乃酌醴操散,商量部分,进不访旧,旁无顾问,伟斯药之入神,建殊功于今世,起孩孺于重困,还精爽于既继。"⑤东晋阮思旷因幼子生病而忧心忡忡,于佛前为儿请愿,昼夜不解。《世说新语》载:"阮思旷奉大法,敬信甚至。大儿年未弱冠,忽被笃疾。儿既是偏所爱重,为之祈请三宝,昼夜不懈。谓至诚有感者,必当蒙祐。而儿遂不济。于是结恨释氏,宿命都除。"⑥梁武帝爱子萧绎,萧绎生病,武帝甚为忧虑,亲自为其疗疾,《梁书·元帝纪》载:"(元帝)初生患眼,高祖自下意治之,遂盲一目,弥加慜爱。"⑦

(三)伤子之夭,哀思永继

如小儿不幸夭亡,父亲则悲痛不已,以各种方式悼念幼子,寄托哀思。西晋王衍尝丧幼子,山简吊之。衍悲不自胜,简曰:"孩抱中物,何至于此!"衍曰:"圣人忘情,最下不及

---

① 《先秦汉魏晋南北朝诗·晋诗》卷四《石崇·临终诗》,第647页。
② 《魏书》卷九二《列女·钜鹿魏溥妻房氏传》,第1979页。
③ 《三国志》卷二〇《魏书·邓哀王冲传》,第580页。
④ 《三国志》卷二九《魏书·方技·华佗传》,第803页。
⑤ 《艺文类聚》卷七五《方术部·医》,第1292页。
⑥ 《世说新语笺疏·尤悔第三十三》,第994页。
⑦ 《梁书》卷五《元帝纪》,第135页。

于情。然则情之所钟，正在我辈。"①世家大族纷纷以不同方式悼念早夭幼子，以寄托哀思。

父亲伤子早夭，为之作诔制文。三国曹植频丧幼子，悲痛万分，分别作《慰子赋》《金瓠哀辞》《行女哀辞》，字里行间展现了父亲对夭折幼子的深切缅怀。其《慰子赋》曰："彼凡人之相亲，小离别而怀恋。况中殇之爱子，乃千秋而不见。入空室而独倚，对床帏而切叹。痛人亡而物在，心何忍而复观。日晼晚而既没，月代照而舒光。仰列星以至晨，衣沾露而含霜。惟逝者之日远，怆伤心而绝肠。"②曹植长女金瓠，生十九旬而夭折，虽未能言，但已能察言观色，憨态可掬，曹植悲痛不已，作诔悼念亡女。《金瓠哀辞》曰："在襁褓而抚育，向孩笑而未言。不终年而夭绝，何见罚于皇天。信吾罪之所招，悲弱子之无辜。去父母之怀抱，灭微骸于粪土。天地长久，人生几时？先后无觉，从尔有期。"③曹植又有女生于季秋，而终于首夏，三年之中二子频丧，悲痛之情难以释怀，又为行女作《行女哀辞》寄托哀思。④西晋潘岳为夭亡幼子作诗以示悼念，《思子诗》曰："造化甄品物，天命代虚盈。奈何念稚子，怀奇陨幼龄。追想存仿佛，感道伤中情。一往何时还，千载不复生。"⑤潘岳频丧幼子，感嬴博之哀，又作《伤弱子辞》曰："奈何兮弱子，邈弃尔兮丘林。还眺兮坟壠，草莽莽兮木森森。伊遂古之遐胄，逮祖考之永延。咨吾家之不嗣，羌一适之未甄。仰崇堂之遗构，若无津而涉川。叶落永离，覆水不收。赤子何辜，罪我之由。"⑥

父亲为亡子安排后事，任情越礼。爱子永逝，父亲为其安排后事，送子女最后一程，通过丧葬寄托哀思，甚至不惜违背礼制，任情率意为之。有些父亲为子地下择偶，曹操爱子仓舒幼年早夭，悲不自胜，为聘士族亡女为地下伴侣，他先为爱子择邴原之女，《三国志·魏书·邴原传》载：

> 原女早亡，时太祖爱子仓舒亦没，太祖欲求合葬，原辞曰："合葬，非礼也。原之所以自容于明公，公之所以待原者，以能守训典而不易也。若听明公之命，则是凡庸也，明公焉以为哉？"太祖乃止，徙署丞相征事。⑦

邴原以冥婚合葬不合礼法，拒而不应，魏武帝只能作罢；但他并不甘心，一心想给仓舒择偶，为之聘甄氏之亡女。仓舒地下有知，应能体会其父的一片苦心。《三国志·魏书·邓哀王冲传》载："（武帝）言则流涕，为聘甄氏亡女与合葬，赠骑都尉印绶，命宛侯据

---

① 《晋书》卷四三《王戎传附从弟衍传》，第1236—1237页。
② 《艺文类聚》卷三四《人部十八·哀伤》，第600页。
③ （清）严可均辑，马志伟审定：《全三国文》卷一九《陈王植（七）》，北京：商务印书馆，1999年，第192页。
④ 《全三国文》卷一九《陈王植（七）》，第192页。
⑤ 《先秦汉魏晋南北朝诗·晋诗》卷四《潘岳·思子诗》，第637页。
⑥ 《艺文类聚》卷三四《人部十八·哀伤》，第608—609页。
⑦ 《三国志》卷一一《魏书·邴原传》，第351页。

第二章　情礼之间：魏晋南北朝时期的亲子关系

子琮奉冲后。"①

更为甚者，有些父亲违背礼法为子立庙、服丧。《仪礼·丧服》对未成年子女的丧服有严格规定，曰：

> 子、女子子之长殇、中殇。传曰：何以大功也？未成人也。何以无受也？丧成人者其文缛，丧未成人者其文不缛，故殇之绖不樛垂，盖未成人也。年十九至十六为长殇，十五至十二为中殇，十一至八岁为下殇，不满八岁以下皆为无服之殇。无服之殇以日易月，以日易月之殇，殇而无服。故子生三月则父名之，死则哭之，未名则不哭也。②

可见，丧礼规定：十六岁至十九岁去世者为长殇，十二至十五岁去世者为中殇，八岁至十一岁去世者为下殇，不满八岁去世者不为之服丧。然则，有些儿童尚在襁褓便已夭折，其父违背礼制为之服丧、立庙，魏明帝便是这样一位爱子心切的父亲。魏明帝生女名淑，视如掌上明珠，曹淑在襁褓而薨，明帝悲痛欲绝，大张旗鼓为爱女安排后事，丧礼煞费苦心，甚至不顾大臣反对，违背礼制为女主持冥婚、送葬、立庙。《三国志·魏书·文昭甄皇后传》载：

> 太和六年，明帝爱女淑薨，追封谥淑为平原懿公主，为之立庙。取后亡从孙黄合葬，追封黄列侯，以夫人郭氏从弟惪为之后，承甄氏姓，封惪为平原侯，袭公主爵。③

对此，大臣陈群上疏反对，曰："长短有命，存亡有分。故圣人制礼，或抑或致，以求厥中。防墓有不修之俭，嬴、博有不归之魂。夫大人动合天地，垂之无穷，又大德不踰闲，动为师表故也。八岁下殇，礼所不备，况未期月，而以成人礼送之，加为制服，举朝素衣，朝夕哭临，自古已来，未有此比。而乃复自往视陵，亲临祖载。愿陛下抑割无益有损之事，但悉听群臣送葬，乞车驾不行，此万国之至望也。闻车驾欲幸摩陂，实到许昌，二宫上下，皆悉俱东，举朝大小，莫不惊怪。或言欲以避衰，或言欲于便处移殿舍，或不知何故。臣以为吉凶有命，祸福由人，移徙求安，则亦无益。"④陈群一针见血地指出魏明帝为女送葬之行为前所未有，违背礼制，恐为天下笑，并劝谏魏明帝不能僭越礼法，然则，陈群之言并未得到魏明帝的认同。大臣杨阜亦上疏，曰："文皇帝、武宣皇后崩，陛下皆不送葬，所以重社稷、备不虞也。何至孩抱之赤子而可送葬也哉？"⑤杨阜劝阻魏明帝为国节哀，以社稷

---

① 《三国志》卷二〇《魏书·邓哀王冲传》，第580页。
② 《仪礼·丧服》，《仪礼注疏》，第598—599页。
③ 《三国志》卷五《魏书·后妃·文昭甄皇后传》，第163页。
④ 《三国志》卷二二《魏书·陈群传》，第636页。
⑤ 《三国志》卷二五《魏书·杨阜传》，第707页。

为重,他对比魏明帝对待其父、祖母丧礼态度,指出魏明帝为女送葬为礼法不容,但魏明帝仍然固执己见,违礼任情,一心为亡女着想,可见他对曹淑爱之深切。

魏明帝之行为遭到后世礼法之士的严厉批判,《宋书·礼志四》曰:"魏明帝有爱女曰淑涉,三月而夭,帝痛之甚,追封谥为平原懿公主,葬于南陵,立庙京师。无前典,非礼也。"①魏明帝之行为深为礼法所不容,但从情感角度而言,则展现了一位经历丧子之痛的父亲的真实感情。

东晋琅邪王司马焕,为其父元帝所钟爱,生病弥留之际,元帝十分悲痛,食不甘味,寝不安席。《晋书·元四王·琅邪悼王焕传》曰:"及焕疾笃,帝为之彻膳,乃下诏封为琅邪王,嗣恭王后。俄而薨,年二岁。"②元帝对其悼念无已,"将葬,以焕既封列国,加以成人之礼,诏立凶门柏历,备吉凶仪服,营起陵园,功役甚众"③。晋元帝违背礼制为子送葬,对此,琅邪国右常侍孙霄上疏,建议元帝遵从古典,葬不过礼,曰:"臣闻法度典制,先王所重,吉凶之礼,事贵不过。……陛下龙飞践阼,兴微济弊,圣怀劳谦,务从简俭,宪章旧制,犹欲节省,礼典所无,而反尚饰,此臣愚情窃所不安也。……今琅邪之于天下,国之最大,若割损非礼之事,务遵古典,上以彰圣朝简易之至化,下以表万世无穷之规则,此刍荛之言有补万一,尘露之微有增山海。"④

南齐东昏侯萧宝卷宠幸潘妃,对潘妃所生之女亦视若珍宝,此女百日而夭亡,东昏侯不惜违背礼制为其送葬。《南史·齐本纪下·东昏侯宝卷传》载:"明帝之崩,竟不一日疏食,居处衣服,无改平常。潘妃生女,百日而亡,制斩衰绖杖,衣悉粗布。群小来吊,盘旋地坐,举手受执疏膳,积旬不听音伎。"⑤当然,此文主要抨击东昏侯昏聩无德,但抛开礼制的规范,从感情角度出发,透出一位父亲对幼女夭亡的哀痛。

综上,父亲浩气凛然之下,有一颗慈祥爱子之心,父亲宽厚的胸膛成为幼儿温暖的港湾,幼儿于父前嬉戏,尽显童子的天真烂漫。父亲细心呵护幼子,遇子之疾,难以抑制内心的焦灼。悼子之夭,更是痛彻心扉,为其安排后事,不惜任情越礼,随从本心。

二、子之事父:反哺之恩

父子关系以父为尊、为长,强调父亲对幼子的权威及影响,父亲通过教育完成对幼子人格的塑造。儿童虽容易依赖父亲,但也有自己的思想。在父亲的引导下,儿童将所接受的教育内化,形成对事物的主观认知与独立思考,在为人处世中展现独立自主的性格特征;然则,这一特质却容易被为人父者所忽视。幼儿并非懵懂无知,他们在一定程度上

---

① 《宋书》卷一七《礼志四》,第475页。
② 《晋书》卷六四《元四王·琅邪悼王焕传》,第1729页。
③ 《晋书》卷六四《元四王·琅邪悼王焕传》,第1729页。
④ 《晋书》卷六四《元四王·琅邪悼王焕传》,第1729-1730页。
⑤ 《南史》卷五《齐本纪下·东昏侯宝卷传》,第155页。

影响着父亲,甚至会改变家庭的命运,形成由幼及长、自下而上的亲情互动,主要通过舍身救父、为父报仇、献言献策、护父权威等形式,自下而上地表现出来。

(一) 舍身救父,奋不顾身

有些儿童幼年骁勇,父亲危难时刻挺身而出,为救父命奋不顾身。

建安二十四年(219),曹魏征西将军夏侯渊镇守汉中,与刘备展开殊死决战,夏侯渊战败而亡,其子夏侯荣时年十三,尚在童幼,左右为保全其性命,欲携之而逃,夏侯荣坚决不肯,曰:"君亲在难,焉所逃死!"乃奋剑而战,遂没陈。① 虽然夏侯荣势单力孤,无法力挽狂澜,但危难之际不顾性命,以救父命为己任的做法值得称赞。晋朝襄城太守荀崧之女荀灌随父征战沙场,父亲被围,命在旦夕,荀灌自告奋勇,突破敌人重围搬来救兵,成为令人称道的传奇女子。《晋书·列女·荀崧小女灌传》载:"荀崧小女灌,幼有奇节。崧为襄城太守,为杜曾所围,力弱食尽,欲求救于故吏平南将军石览,计无从出。灌时年十三,乃率勇士数十人,逾城突围夜出。贼追甚急,灌督厉将士,且战且前,得入鲁阳山获免。自诣览乞师,又为崧书与南中郎将周访请援,仍结为兄弟,访即遣子抚率三千人会石览俱救崧。贼闻兵至,散走,灌之力也。"② 杜曾带兵攻打襄城,荀崧被困城中,寡不敌众又粮食殆尽,城池岌岌可危。在千钧一发时刻,一个年仅十三岁的小女孩挺身而出,仅带领数十勇士深夜突围,面对敌人千军万马沉着冷静,指挥将士杀出重围,求救于南中郎将周访,搬回救兵,使襄城之危化险为夷。很难想象,临危不惧、突破敌营封锁的竟然是一个尚未及笄的女童,这不仅给敌人带来了巨大的震撼,亦使其父大吃一惊,他对女儿又有全新的认识与理解。《异苑》载杨香舍身救父的故事,曰:"顺阳南乡杨丰与息名香于田获粟,因为虎所噬。香年十四,手无寸刃,直搤虎颈,丰遂得免。香以诚孝,至感猛兽为之逡巡。太守平昌孟肇之赐贷之谷,旌其门闾焉。"③ 杨香年在童幼,与父在田间劳作,遇猛虎攻击,手无寸铁却敢于与猛虎搏斗,置生死于度外,竭尽全力保护父亲安全,其勇敢与孝行可嘉可叹。

父亲犯罪,幼子挺身而出,乞代父受刑,以全父命。东晋殿中帐吏邵广犯罪,其二幼子便乞以性命相代,《晋书·范汪传附叔坚传》载:

> 时廷尉奏殿中帐吏邵广盗官幔三张,合布三十匹,有司正刑弃市。广二子,宗年十三,云年十一,黄幡挝登闻鼓乞恩,辞求自没为奚官奴,以赎父命。④

朝廷围绕邵广盗窃案展开了广泛的讨论,尚书郎朱暎议:"以为天下之人父,无子者

---

① 《三国志》卷九《魏书·夏侯渊传》注引《世语》,第273–274页。
② 《晋书》卷九六《列女·荀崧小女灌传》,第2515页。
③ 《异苑》卷一〇《杨香》,第97页。
④ 《晋书》卷七五《范汪传附叔坚传》,第1989–1990页。

少,一事遂行,便成永制,惧死罪之刑,于此而弛。"尚书右丞范坚同朱暎之议。时"议者以广为钳徒,二儿没入,既足以惩,又使百姓知父子之道,圣朝有垂恩之仁。可特听减广死罪为五岁刑,宗等付冀官为奴,而不为永制"。范坚驳之曰:

"自淳朴浇散,刑辟仍作,刑之所以止刑,杀之所以止杀。虽时有赦过宥罪,议狱缓死,未有行小不忍而轻易典刑者也。且既许宗等,宥广以死,若复有宗比而不求赎父者,岂得不摈绝人伦,同之禽兽邪!案主者今奏云,惟特听宗等而不为永制。臣以为王者之作,动关盛衰,嚬笑之间,尚慎所加,况于国典,可以徒亏!今之所以宥广,正以宗等耳。人之爱父,谁不如宗?今既居然许宗之请,将来诉者,何独匪民!特听之意,未见其益;不以为例,交兴怨讟。此为施一恩于今,而开万怨于后也。"成帝从之,正广死刑。①

对于邵广盗窃一案,朝中大臣意见不一,有人认为邵广二子幼弱,乞代父命,孝义可嘉,可特为之宽宥,以慰孝子之心,而不为永制。有人则主张应加以严惩,以诫后来。虽然最终成帝将邵广绳之以法,但邵广二子救父之勇气为世人慨叹,其赤子之情,自下而上对父亲的影响深远。

萧梁时期,儿童吉翂之父为人所诬,被判处死刑。吉翂乞赎父命一案则更为曲折生动,展现了一名少年儿童为救父命大义凛然的精神风貌。《梁书·孝行·吉翂传》载:

天监初,父为吴兴原乡令,为奸吏所诬,逮诣廷尉。翂年十五,号泣衢路,祈请公卿,行人见者,皆为陨涕。其父理虽清白,耻为吏讯,乃虚自引咎,罪当大辟。翂乃挝登闻鼓,乞代父命。高祖异之,敕廷尉卿蔡法度曰:"吉翂请死赎父,义诚可嘉;但其幼童,未必自能造意,卿可严加胁诱,取其款实。"法度受敕还寺,盛陈徽缠,备列官司,厉色问翂曰:"尔求代父死,敕已相许,便应伏法;然刀锯至剧,审能死不?且尔童孺,志不及此,必为人所教。姓名是谁,可具列答。若有悔异,亦相听许。"翂对曰:"囚虽蒙弱,岂不知死可畏惮;顾诸弟稚藐,唯囚为长,不忍见父极刑,自延视息,所以内断胸臆,上干万乘。今欲殉身不测,委骨泉壤,此非细故,奈何受人教邪!明诏听代,不异登仙,岂有回贰。"法度知翂至心有在,不可屈挠,乃更和颜诱语之曰:"主上知尊侯无罪,行当释亮。观君神仪明秀,足称佳童,今若转辞,幸父子同济,奚以此妙年,苦求汤镬?"翂对曰:"凡鲲鲕蝼蚁,尚惜其生,况在人斯,岂愿斋粉。但囚父挂深劾,必正刑书,故思殒仆,冀延父命。今瞑目引领,以听大戮,情殚意极,无言复对。"翂初见囚,狱掾依法备加桎梏,法度矜之,命脱其二械,更令著一小者。翂弗听,曰:"翂求代父死,死罪

---

① 《晋书》卷七五《范汪传附叔坚传》,第1989—1990页。

之囚,唯宜增益,岂可减乎?"竟不脱械。法度具以奏闻,高祖乃宥其父。①

吉翂之父为人诬陷,将就大辟。吉翂尚为童孺,于廷尉击鼓请求代父受刑。其大义凛然,临危不乱,他的行为让人钦佩,人们很难相信十五岁儿童如此沉着冷静、胆量惊人。此事惊动梁武帝,武帝怕因其年龄弱小而为人所使,欲揪出背后主谋,派廷尉卿蔡法度审理此案。蔡法度对吉翂威逼利诱,而吉翂视死如归、慷慨激昂,不为之所动,全意保全父亲性命。蔡法度被吉翂行为感动,心生怜悯之情,公堂之上欲为其换儿童刑具;吉翂则毫不领情,慷慨陈词,不欲脱械。吉翂勇敢之行、孝顺之意不仅令廷尉卿蔡法度钦佩,更为梁武帝所欣赏与感叹。梁武帝感念其孝心可嘉,勇敢堪为表率,遂下诏赦免其父。吉翂虽为儿童,但其舍身救父之行为,正说明他能够自下而上、由幼及长影响着父亲的人生,改变了父亲的命运。

北魏儿童长孙虑乞赎父命一案与吉翂案可谓异曲同工,《魏书·孝感·长孙虑传》载:

  长孙虑,代人也。母因饮酒,其父真呵叱之,误以杖击,便即致死。真为县囚执,处以重坐。虑列辞尚书云:"父母忿争,本无余恶。直以谬误,一朝横祸。今母丧未殡,父命旦夕。虑兄弟五人,并各幼稚。虑身居长,今年十五,有一女弟,始向四岁,更相鞠养,不能保全。父若就刑,交坠沟壑,乞以身代老父命,使婴弱众孤得蒙存立。"尚书奏云:"虑于父为孝子,于弟为仁兄。寻究情状,特可矜感。"高祖诏特恕其父死罪,以从远流。②

长孙真夫妻纷争,误杀妻子。北魏法律严明,杀人者偿命,案律长孙真应被处以死刑。其子长孙虑时年十五,悯父老母没,而弟幼妹弱,急需老父抚育。母亲已经不在人世,家中不能再没有父亲。长孙虑为门户之计奋不顾身,诣官陈请,乞代父受刑,以全父命。孝文帝一则叹其真挚孝顺,二则嘉其少年勇敢,特恕长孙真死罪。长孙真能得以免死,全赖其子长孙虑之智勇。长孙虑言行震撼朝廷,终使父亲免于一死。

北魏贾彝为儿童时,曾赴京为父申冤。贾彝之父因遭人毁谤而锒铛入狱,贾彝年仅十岁,不顾山高路远、豺狼虎豹,辗转从钜鹿到长安,长途跋涉代父申冤,堪称一代奇童。《魏书·贾彝传》载:"父为苻坚钜鹿太守,坐讪谤系狱。彝年十岁,诣长安讼父获申,远近叹之,金曰:'此子英俊,贾谊之后,莫之与京。'"③

父子之间亲情互动,人们更多关注父亲对幼子的教养,却往往忽视子女对父亲的影响。然则,儿童由幼及长、自下而上影响父亲的事例并不罕见,这不仅彰显了儿童对父亲

---

① 《梁书》卷四七《孝行·吉翂传》,第651–652页。
② 《魏书》卷八六《孝感·长孙虑传》,第1882页。
③ 《魏书》卷三三《贾彝传》,第792页。

的深厚感情,而且展现了儿童独立自主的性格特征。儿童坚忍不拔、勇敢坚强的品质给父亲、家庭及朝廷带来强烈的震撼。他们以实际行动打破了在父亲心中稚嫩的形象,让父亲重新审视父子之间的关系。父子之间形成互相关心、互相影响的双向关系。

(二) 为父报仇,不共戴天

魏晋南北朝明令禁止复仇,对此已有学者做出论断。① 魏晋南北朝复仇现象明显少于两汉,但法律并没有完全遏制复仇现象,仍有复仇事迹见诸史籍,梁满仓先生对此进行了统计,共32例复仇案件。② 笔者在此基础上再补充3例,晋李充"少孤,其父墓中柏树尝为盗贼所斫,充手刃之,由是知名"③。北魏元顺为陵户鲜于康奴所杀,其子元朗时年十七,立志为父报仇,《魏书·景穆十二王·任城王云传附顺传》曰:"长子朗,时年十七。枕戈潜伏积年,乃手刃康奴,以首祭于顺墓,然后诣阙请罪。朝廷嘉而不问。"④北魏李苗"出后叔父略。略为萧衍宁州刺史,大著威名。王足伐蜀也,衍命略拒足于涪,许其益州。及足还退,衍遂改授。略怒,将有异图,衍使人害之。苗年十五,有报雪之心,延昌中遂归阙"⑤。

纵观35例复仇事件,为父报仇者高达25例,为母报仇者2例,其中儿童为父报仇12例。由此可做如下结论:其一,虽然魏晋南北朝法律禁止复仇,致使复仇案例明显少于秦汉时期,但复仇现象仍然存在,且复仇者主要以为父报仇为主。其二,儿童为父报仇比例较高,占复仇总案例的50%。从儿童为父报仇案例来看,复仇虽为"法"所不容,但执行过程中却渗透着伦理人情,儿童非但未受到法律制裁,反而得到社会"礼"的赞誉,其为父报仇行为被当作"孝行""义行"大肆宣扬,出现"礼"赞"法"容的特殊局面。梁满仓先生指出:"法和礼具有不同的社会功能。一般来说,法用来惩治犯罪,礼用来提倡道德。然而,魏晋南北朝时期在处理复仇案件上,法表现得却十分宽容。……私自复仇违反法律,违法又不受法律惩处,与其说是放纵,毋宁说是一种道德提倡。"⑥如晋朝李充手刃仇敌,不仅未被处死,反而由是而闻名于世。东晋王谈为父报仇,非但未受其咎,反而得到嘉奖。《晋书·孝友·王谈传》载:"(谈)年十岁,父为邻人窦度所杀。谈阴有复仇志,而惧为度所疑,寸刃不畜,日夜伺度,未得。至年十八,乃密市利锸,阳若耕锄者。度常乘船出入,经一桥下,谈伺度行还,伏草中,度既过,谈于桥上以锸斩之,应手而死。既而归罪有司,

---

① 梁满仓:《从魏晋南北朝复仇现象看"礼"对"法"的影响》,《求是学刊》2013年第5期,第155–162页。
② 梁满仓:《从魏晋南北朝复仇现象看"礼"对"法"的影响》,《求是学刊》2013年第5期,第155–162页。
③ 《晋书》卷九二《文苑·李充传》,第2389页。
④ 《魏书》卷一九中《景穆十二王·任城王云传附顺传》,第485页。
⑤ 《魏书》卷七一《李苗传》,第1594页。
⑥ 梁满仓:《从魏晋南北朝复仇现象看"礼"对"法"的影响》,《求是学刊》2013年第5期,第155–162页。

太守孔岩义其孝勇,列上宥之。"①东晋桓温复仇之后"时人称焉"②。刘宋荀琼"年十五,复父仇于成都市,以孝闻"③。淳于诞"年十二,随父向扬州。父于路为群盗所害。诞虽童稚,而哀感奋发,倾资结客,旬朔之内,遂得复仇,由是州里叹异之"④。其三,儿童为父报仇,其动机在于儿童对儒家"孝义"的认知与实践,所谓"杀父之仇,不共戴天"。因此,骨肉之恩在报仇雪恨等极端事件中得以充分彰显,父子之情也由幼及长、自下而上体现出来。

(三)献言献策,为父分忧

有些儿童拥有雄才大略,在政治活动中献言献策,成为父亲的左膀右臂。曹冲少聪明歧疑,有成人之智,深为其父曹操喜爱。《三国志·魏书·邓哀王冲传》曰:

> 时军国多事,用刑严重。太祖马鞍在库,而为鼠所啮,库吏惧必死,议欲面缚首罪,犹惧不免。冲谓曰:"待三日中,然后自归。"冲于是以刀穿单衣,如鼠啮者,谬为失意,貌有愁色。太祖问之,冲对曰:"世俗以为鼠啮衣者,其主不吉。今单衣见啮,是以忧戚。"太祖曰:"此妄言耳,无所苦也。"俄而库吏以啮鞍闻,太祖笑曰:"儿衣在侧,尚啮,况鞍县柱乎?"⑤

曹冲用计救助库吏,表现出含仁怀义的优秀品质,实质上是帮助其父笼络人才,这对稳定曹魏的政治统治至关重要。又如南朝宋永初元年(420),宋武帝之子刘义隆出镇,年仅十四岁,是岁来朝,会武帝听讼,命子断狱,义隆表现出卓越的政治才能,大为武帝所赞赏。《南史·宋本纪中·太祖文皇帝纪》载:"会武帝当听讼,仍遣上讯建康狱囚,辩断称旨,武帝甚悦。"⑥敦煌李宝欲归降北魏,属下对此意见不一,李宝犹豫不决,其子李承时年十三,当机立断,他"劝宝速定大计,于是遂决"⑦。高澄生而歧嶷,幼年智慧,表现出非凡的政治才能,深为其父高欢所爱,成为其父政治上的得力助手。《北齐书·文襄帝纪》载:"魏中兴元年,立为渤海王世子。就杜询讲学,敏悟过人,询甚叹服。二年,加侍中、开府仪同三司,尚孝静帝妹冯翊长公主,时年十二,神情俊爽,便若成人。神武试问以时事得失,辨析无不中理,自是军国筹策皆预之。"⑧

有些儿童聪敏早慧,参与父亲组织的军事活动,为父出谋划策,分忧解难,表现出卓

---

① 《晋书》卷八八《孝友·王谈传》,第2291页。
② 《晋书》卷九八《桓温传》,第2568页。
③ 《梁书》卷四七《孝行·荀匠传》,第649页。
④ 《魏书》卷七一《淳于诞传》,第1592页。
⑤ 《三国志》卷二〇《魏书·邓哀王冲传》,第580页。
⑥ 《南史》卷二《宋本纪中·太祖文皇帝纪》,第37页。
⑦ 《魏书》卷三九《李宝传附子承传》,第886页。
⑧ 《北齐书》卷三《文襄帝纪》,第31页。

越的将帅才能。曹魏毌丘俭与文钦起兵叛乱,大将军司马景王统兵讨之,双方进行殊死之战,文钦之子文俶,小名鸯,年尚幼,勇力绝人,为其父出谋划策,曰:"及其未定,击之可破也。"①并亲自指挥将士分为二队,趁夜晚攻打司马师军队。文俶率壮士先至,大呼大将军,军中震扰。文鸯临危不乱、大智大勇宛若成人。有些儿童代父统军,北魏长孙嵩十四岁便代父从军,驰骋疆场。《魏书·长孙嵩传》载:"长孙嵩,代人也,太祖赐名焉。父仁,昭成时为南部大人。嵩宽雅有器度,年十四,代父统军。"②

有些儿童代父应对宾客,沉着冷静、对答如流。南齐刘绘幼年聪慧,父勔,宋末权贵,门多人客,使绘与之共语,应接流畅。勔喜曰:"汝后若束带立朝,可与宾客言矣。"③北周柳庆幼聪敏,为父作书代答权贵,《周书·柳庆传》载:

(庆)年十三,因曝书,僧习谓庆曰:"汝虽聪敏,吾未经特试。"乃令庆于杂赋集中取赋一篇,千有余言,庆立读三遍,便即诵之,无所遗漏。时僧习为颍川郡,地接都畿,民多豪右。将选乡官,皆依倚贵势,竞来请讬。选用未定。僧习谓诸子曰:"权贵请讬,吾并不用。其使欲还,皆须有答。汝等各以意为吾作书也。"庆乃具书草云:"下官受委大邦,选吏之日,有能者进,不肖者退。此乃朝廷恒典。"僧习读书,叹曰:"此儿有意气,丈夫理当如是。"④

柳庆年仅十三,尚在童幼便聪敏过人,不仅博览群书,过目成诵,而且表现出超人的政治才能,代父答权贵书信,有礼有节,既表明自己的立场,又不得罪权贵,深受其父柳僧习的赞叹。

有些儿童受父差遣,代父出门办事。萧梁曹景宗幼善骑射,好畋猎。年未弱冠,为其父曹欣之差使出外办事,路遇数百贼寇,景宗仅带领寥寥数人,寡不敌众,生死存亡的紧要关头,曹景宗骑马驰骋,弓箭百发百中,贼蛮望风而靡。《梁书·曹景宗传》载:"未弱冠,欣之于新野遣出州,以匹马将数人,于中路卒逢蛮贼数百围之。景宗带百余箭,乃驰骑四射,每箭杀一蛮,蛮遂散走,因是以胆勇知名。"⑤

(四)稚子妙言,护父之威

在儿童心目中,父亲的形象高大庄严,父亲的名誉神圣不可侵犯,如果遭人诋毁,哪怕是揶揄玩笑,儿童则当仁不让,据理力争,竭力护父之威。曹魏常林,年七岁,有父党造

---

① 《三国志》卷二八《毌丘俭传》注引《魏氏春秋》,第766页。
② 《魏书》卷二五《长孙嵩传》,第643页。
③ 《南齐书》卷四八《刘绘传》,第841页。
④ 《周书》卷二二《柳庆传》,第369页。
⑤ 《梁书》卷九《曹景宗传》,第178页。

门,问林:"伯先在否?汝何不拜!"林曰:"虽当下客,临子字父,何拜之有?"①古人多讳,以尊者、长者之名为敬,应予以避讳。常林父亲之友登门拜访,临子字父,常林以为不敬其父,他伶牙俐齿,反唇相讥,言出尽礼,让拜访者哑口无言。司马朗年九岁,人有道其父字者,朗曰:"慢人亲者,不敬其亲者也。"②晋朝张凭幼有智慧,其祖张苍梧尝语凭父曰:"我不如汝。"凭父未解所以。苍梧曰:"汝有佳儿。"凭时年数岁,敛手曰:"阿翁,讵宜以子戏父?"③张凭祖父与父之间的对话,本意是称赞张凭幼年机警,毫无恶意;但无意中贬低其父以抬高他的身价,张凭对祖父的赞美并不领情,正言指出祖父言行之失,借以维护父亲美好形象。西晋有小儿父病,行路乞药,为人所诘,讥讽其父,小儿稚子童言,维护父亲君子之形象。《世说新语》载:

> 中朝有小儿,父病,行乞药。主人问病,曰:"患疟也。"主人曰:"尊侯明德君子,何以病疟?"答曰:"来病君子,所以为疟耳。"④

北魏杨仲宣家门遭祸,被尔朱氏所杀,其子杨玄就时年九岁,谓曰:"欲害诸尊,乞先就死。"⑤杨玄就九岁遭家罹难,面对屠刀临危不惧,临死不忘以稚嫩的臂膀阻挡贼寇,维护父祖性命,虽其行为犹如以卵击石,但精神光芒闪烁。

(五)主持门户,光耀门楣

儿童是家庭的接班人,肩负着家族兴衰、门户荣辱的重任。有些儿童表现出超强的领导能力,自幼便已主持门户,以家庭兴旺发达为己任。西晋文明王皇后,九岁便当理门户,甚有条理,深为父母所称叹。《晋书·后妃上·文明王皇后传》载:"后年八岁,诵《诗》《论》,尤善丧服;苟有文义,目所一见,必贯于心。年九岁,遇母疾,扶侍不捨左右,衣不解带者久之。每先意候指,动中所适,由是父母令摄家事,每尽其理。"⑥周顗母李氏少年聪慧,不仅能代替父兄料理家务、招待客人,而且有远见卓识,为门户之计联姻大族,表现出少女精明强干的一面。《世说新语》曰:

> 周浚作安东时,行猎,值暴雨,过汝南李氏。李氏富足,而男子不在。有女名络秀,闻外有贵人,与一婢于内宰猪羊,作数十人饮食,事事精办,不闻有人声。密觇之,独见一女子,状貌非常,浚因求为妾。父兄不许。络秀曰:"门户殄

---

① 《三国志》卷二三《魏书·常林传》,第658页。
② 《三国志》卷一五《魏书·司马朗传》,第465页。
③ 《世说新语笺疏·排调第二十五》,第892页。
④ 《世说新语笺疏·言语第二》,第99页。
⑤ 《魏书》卷五八《杨播传附玄就传》,第1295页。
⑥ 《晋书》卷三一《后妃上·文明王皇后传》,第950页。

瘥,何惜一女？若连姻贵族,将来或大益。"父兄从之。遂生伯仁兄弟。①

周浚出猎遇雨,偶于汝南李氏之家歇息,逢家中男子外出,只有络秀一名女子出面招待客人。李氏没有惊慌失措,其沉着冷静、有条不紊,待客以礼,此非寻常少女所及；且为门户之计联姻高门望族,表现出顾全大局的远见卓识,后李氏果生周顗兄弟,皆显名于世。南朝陈宣帝皇后柳氏幼年聪慧,主持家政,条理清晰,不输成人。《陈书·高宗柳皇后传》曰:"后时年九岁,干理家事,有若成人。"②北魏陆俟有佐世之勋,子孙承袭爵位。陆俟薨后,子陆馛袭爵,陆馛在儿子中留意继承人,有以爵位传子琇之意,因陆琇年小,担心他能否堪当大任,而陆琇的优异表现让其父释然。《魏书·陆俟传附孙琇传》曰:

> 琇年九岁,馛谓之曰:"汝祖东平王有十二子,我为嫡长,承袭家业,今已年老,属汝幼冲,讵堪为陆氏宗首乎？"琇对曰:"苟非斗力,何患童稚。"馛奇之,遂立琇为世子。③

熊秉真先生指出:"在历史的空间中,儿童与成人显然一直存在着一种彼此互动且与外在环境互动的关系。"④魏晋南北朝时期,许多儿童智慧、勇敢、机警,他们以言行影响着父亲的生活,甚至改变着父亲的命运,儿童自下而上之力不可小觑。

第三节 父权与礼制双重作用下的母子关系

一、父权笼罩下的母子关系

士族家庭中,相对于父子关系,母子关系更为复杂,这主要源于父权制为主导的家庭关系。父权制笼罩下,母子之间无法绕开父亲的身影,不可避免地受到家庭核心人物——父亲的影响,母子关系不单纯是母亲与儿子之间的亲情与互动,而是要随着父亲的感情、父系社会的礼制而不断波动变化,出现母以子贵、子以母贵、子以母贱等多种情况,父亲在母子关系中起到决定性的作用。

(一)母以子贵

儒家伦理规范下,父母关系并不平等,父尊母卑是不争的事实。母亲笼罩于父权体

---

① 《世说新语笺疏·贤媛第十九》,第759页。
② 《陈书》卷七《高宗柳皇后传》,第129页。
③ 《魏书》卷四〇《陆俟传附孙琇传》,第905页。
④ 熊秉真:《童年忆往——中国孩子的历史》,台北:麦田出版股份有限公司,2000年,第298页。

制之下，无法走出父权的阴影；而"《春秋》之义，母以子贵"，儿子出生则为母亲增加了筹码，有助于母亲在家中地位的提升，特别是随着时间推移，幼子向冠，为母亲带来无限希望；如果他们渐入仕途，则为母亲带来闪耀的光环。母亲等待幼子成长的历程虽然漫长，但比起儿子将要带来的阳光雨露，漫长岁月似乎变得云淡风轻。曹魏大将张辽南征北战，立下汗马功劳，因而得到嘉奖，其母亦随之尊显，享有殊荣。曹丕称帝之前，便"给辽母舆车，及兵马送辽家诣屯，敕辽母至，导从出迎。所督诸军将吏皆罗拜道侧，观者荣之"。文帝践阼后，更是尊崇张辽之母，"为起第舍，又特为辽母作殿"。① 母以子贵，由子荣母，张辽之母受到前所未有的礼遇，令人叹为观止。刘宋谢瞻弟谢晦，母郭氏本为妾媵，地位卑下，而因谢晦之故受到家人尊敬。《宋书·谢瞻传》载："(晦)年数岁，所生母郭氏，久婴痼疾，晨昏温清，尝药捧膳，不阙一时，勤容戚颜，未尝暂改，恐仆役营疾懈倦，躬自执劳。母为病畏惊，微践过甚，一家尊卑，感晦至性，咸纳履而行，屏气而语，如此者十余年。"②

父权制家庭范围内，母之秩序随子沉浮，即使皇室亦不例外。宋明帝之妃陈氏，因其子被立为太子而受到礼遇。《宋书·礼志二》载：

> 宋明帝泰始二年九月，有司奏："皇太子所生陈贵妃礼秩既同储宫，未详宫臣及朝臣并有敬不？妃主在内相见，又应何仪？"博士王庆绪议："百僚内外礼敬贵妃，应与皇太子同。其东朝臣隶，理归臣节。"太常丞虞愿等同庆绪。尚书令建安王休仁议称："礼云，妾既不得体君，班秩视子为序。母以子贵，经著明文。内外致敬贵妃，诚如庆绪议。天子姬嫔，不容通音介于外，虽义可致虔，不应有笺表。"③

陈氏本为嫔妃，朝廷就参拜贵妃之礼展开博议，或以为"母以子贵"，参拜贵妃之礼应与皇太子等齐。建安王休仁并不完全苟同，他肯定了"母以子贵"的礼制规范，母之序应以子之位而定，陈氏因生太子而享受尊崇；但仍认为妇女不通外事，不能僭越礼法，他的建议得到认可。总体而言，在士族家庭中，母亲地位受父权制的影响，既不僭越礼法，又会因子而荣。

父权制下，母亲要在家庭中站稳脚跟，儿子是其最大的依凭。司马懿之嫡妻张氏，素为司马懿所敬重，但因年老色衰而遭到冷遇。司马懿尝卧疾，张氏前往省病。帝曰："老物可憎，何烦出也！"张氏惭恚，将绝食自杀，这在司马氏家庭引起轩然大波，张氏生子司马师、司马昭，皆大有作为，为一时俊杰，深为其父所喜爱；司马师兄弟与母同心，与母一

---

① 《三国志》卷一七《魏书·张辽传》，第520页。
② 《宋书》卷五六《谢瞻传》，第1558—1559页。
③ 《宋书》卷一五《礼志二》，第407—408页。

起绝食。司马懿惊而致谢,后乃止。退而谓人曰:"老物不足惜,虑困我好儿耳!"①司马懿抚慰张氏,本不是念及夫妻之情,心生悔意,而是考虑儿子的感受,其爱子甚于爱妻。可见,即使嫡妻,如无子可凭,一旦遭丈夫冷遇,其在家中地位仍然不容乐观。嫡妻尚且如此,妾媵更是如此。蜀汉先主甘皇后,本先主之妾,虽常主中馈,但没有名分,儿子刘禅即位,凭子之力死后才被追尊为皇后。丞相诸葛亮上疏,曰:"……《春秋》之义,母以子贵。昔高皇帝追尊太上昭灵夫人为昭灵皇后,孝和皇帝改葬其母梁贵人,尊号曰恭怀皇后,孝愍皇帝亦改葬其母王夫人,尊号曰灵怀皇后。今皇思夫人宜有尊号,以慰寒泉之思,辄与恭等案谥法,宜曰昭烈皇后。"②西晋裴秀幼有令名,然其母卑贱,不为嫡母宣氏所礼。尝家中有客,宣氏令秀母为客端酒布菜,十分卑微,宾客皆起而拜之。秀母曰:"微贱如此,当应为小儿故也。"③宣氏知之,后遂止。

父权笼罩之下,母子关系首先要遵循礼法;但是,人伦之外又有亲情可续,母以子贵,子尊在一定程度上可以挑战礼法,逾越常规,母亦由子获益,母子关系在情与礼的交融与碰撞中前行,这还可以通过子为母服丧、为母争取封爵等形式表现出来。宋文帝之子南平王刘铄为生母服丧便是一例:

> 元嘉二十九年,南平王铄所生母吴淑仪薨。依礼无服,麻衣练冠,既葬而除。有司奏:"古者与尊者为体,不得服其私亲。而比世诸侯咸用士礼,五服之内,悉皆成服,于其所生,反不得遂。"于是皇子皆申母服。④

吴淑仪为文帝之妃、南平王之母,薨后丧礼极为简单,其仪式仅为"无服,只麻衣练冠,葬毕而除"。对此,许多大臣提出异议,认为诸侯丧礼繁重,亲戚之间,五服之内皆有成服;然而皇妃虽尊,丧礼却极为简陋,皇子为母重服却不能如愿,这种做法不合情理。文帝听从大臣建议,由此修订礼制,使皇子皆能为母成服。吴淑仪丧礼亦由子之故得以改变。

子尊对礼法的挑战还表现在为母争取封号。刘宋时期,就开国子袁粲之母王氏上封号问题展开群臣博议,《宋书·礼志二》载:

> 大明十二年⑤十一月,有司奏:"兴平国解称国子袁愍孙母王氏,应除太夫人。检无国子除太夫人例。下礼官议正。"太学博士司马兴之议:"案礼,下国卿大夫之妻,皆命天子。以斯而推,则子男之母,不容独异。"博士程彦议以为:"五

---

① 《晋书》卷三一《后妃上·宣穆张皇后传》,第 949 页。
② 《三国志》卷三四《蜀书·甘皇后传》,第 905 页。
③ 《晋书》卷三五《裴秀传》,第 1037—1038 页。
④ 《宋书》卷一五《礼志二》,第 401 页。
⑤ 《宋书》卷一五《礼志二》,第 416 页。张森楷《校勘记》云:大明只八年,无十二年。据上条称大明二年,下条称大明四年,此十二年或是大明三年之误。

等虽差,而承家事等。公侯之母,崇号得从,子男于亲,尊秩宜显。故《春秋》之义,'母以子贵'。固知从子尊与国均也。彦参议,以兴之议为允。除王氏为兴平县开国子太夫人。"诏可。①

袁粲幼年而孤,与母相依,其母琅玡王氏,聪明妇人,教养幼子至其成人。母子之间感情甚笃,袁粲步入仕途并逐渐居于要职,希冀显身荣亲,欲为母求得封号,而礼无此典,无章可循。就此,朝廷礼官展开讨论:博士程彦议以为"母以子贵",是为《春秋》大义,袁粲之母应从封爵。他的建议得以认可,王氏也因儿子之故得以荣显。王氏为袁氏嫡母,袁家主妇,母以子贵,由此获封。然而,庶母则没有如此幸运,庶子为生母争取封爵,朝廷争议极大。《宋书·礼志二》又载:

> 宋孝武帝孝建三年八月戊子,有司奏:"云杜国解称国子檀和之所生亲王,求除太夫人。检无国子除太夫人先例,法又无科。下礼官议正。"太学博士孙豁之议:"《春秋》,'母以子贵'。王虽为妾,是和之所生。案五等之例,郑伯许男同号夫人,国子体例,王合如国所生。"太常丞庾蔚之议:"'母以子贵',虽《春秋》明义,古今异制,因革不同。自顷代以来,所生蒙荣,唯有诸王。既是王者之嫔御,故宜见尊于蕃国。若功高勋重,列为公侯,亦有拜太夫人之礼。凡此皆朝恩曲降,非国之所求。子男妾母,未有前比。"祠部郎中朱膺之议以为:"子不得爵父母,而《春秋》有'母以子贵'。当谓传国嗣君母,本先公嫔媵,所因藉有由故也。始封之身,所不得同。若殊绩重勋,恩所特锡,时或有之,不由司存。"所议参议,以蔚之为允。诏可。②

檀和之状况与袁粲相同,均是仕宦显身之后为母求封,但结果却大相径庭,其原因在于袁粲之母为嫡,檀和之母为妾,嫡庶之差相去千里。然则有一点无异,即"母以子贵",不管袁粲还是檀和之,荣贵之后首先想到母亲,以子之显求母之尊。怎奈嫡庶有别,结果各异。

(二)子以母贵

郑雅如先生指出:"狭义的'子以母贵'背后是'嫡庶之辨'的礼法原则。"③魏晋南北朝时期,士族基本上维系一夫一妻制的婚姻形式,但除明媒正娶的嫡妻之外,士族可以广蓄姬妾,出现了一夫一妻多妾的家庭结构。刘增贵先生指出:"严格地说,大多数的多妻

---

① 《宋书》卷一五《礼志二》,第410页。
② 《宋书》卷一五《礼志二》,第409页。
③ 郑雅如:《情感与制度:魏晋时代的母子关系》,台北:台湾大学出版社,2001年,第126页。

制仍以一夫一妻而辅以次妻及妾,妾的存在是这种制度的重要特征。"①这又是一个多妾的时代。多妾的直接结果是多子,妻、妾地位悬殊,导致嫡子、庶子地位的不同。郑雅如先生指出:"妻妾地位以嫡庶定尊卑,妻为嫡为贵、妾为庶为卑,视其与父亲的婚姻关系而定立名分,一家之兄弟虽同父所生,亦随母的身份而分嫡庶贵贱,因此以'嫡庶之辨'划定的身份地位应该是固定而不受个人主观左右。"②由此可见,礼制规范下妻妾地位不同,其所生嫡子、庶子地位亦有严格界限。嫡子为尊,庶子为卑,嫡、庶在继承、财产等方面大相径庭。然则,就情感角度而言,虽然妻妾嫡庶有别,但丈夫是家中权威,丈夫不能改变嫡妻与庶妾的法定地位,但可以左右妻妾在其心中的位置,丈夫的宠爱与否不仅影响夫妻关系,而且会延伸到父子、母子的关系。母亲受到父亲的宠幸,儿子亦随之受到青睐。曹魏赵王曹干之母陈,为曹操之妾,其"有宠于太祖"③,曹干亦因母之故为曹操钟爱,临终遗令太子特加关注。东晋元帝之子琅邪王焕,"母有宠,元帝特所钟爱"④。南齐武帝之子南海王萧子罕,"母乐容华有宠,故武帝留心"⑤。梁元帝之子萧方诸,"特为世祖所爱,母王氏又有宠"⑥。始安王萧方略,"母王氏,王琳之次姊,元帝即位,拜贵嫔,次妹又为良人,并蒙宠幸,方略益钟爱"⑦。陈后主之太子深,"以母张贵妃故,特为后主所爱"⑧。陈后主之子会稽王庄,"以母张贵妃有宠,后主甚爱之"⑨。

子以母贵,得宠之母多恃宠而骄,在家庭中为儿子争取地位,这不可避免带来兄弟之间的不谐与纷争。刘表对儿子不能一视同仁,厚此薄彼,原因在于刘表宠爱后妻蔡氏,爱屋及乌,他对蔡氏所生的刘琮另眼相待,对长子刘琦冷漠无比。《三国志·魏书·刘表传》载:"初,表及妻爱少子琮,欲以为后,而蔡瑁、张允为之支党,乃出长子琦为江夏太守,众遂奉琮为嗣。"蔡氏深得刘表宠幸,她恃宠而骄,结合娘家兄弟势力,共同排挤、陷害刘琦,劝说刘表立己子为嗣,蔡氏的计谋最终得逞。钟会之母张氏,与孙氏不谐,其父钟繇偏向张氏,导致家庭纷争,一时之间沸沸扬扬,甚至惊动了卞太后。《三国志·魏书·钟会传》曰:"会母见宠于繇,繇为之出其夫人。卞太后以为言,文帝诏繇复之。繇恚愤,将引鸩,弗获,餐椒致噤,帝乃止。"⑩卞太后与魏文帝均为孙氏求情,钟繇非但不从,反而以死相胁,可见张氏在钟繇心中的地位,钟会亦因母之故得到父宠。

---

① 刘增贵:《魏晋南北朝时代的妾》,《新史学》1991年第2卷第4期,第1–36页。
② 《情感与制度:魏晋时代的母子关系》,第126–127页。
③ 《三国志》卷二〇《魏书·赵王干传》,第585页。
④ 《晋书》卷六四《元四王·琅邪悼王焕传》,第1729页。
⑤ 《南史》卷四四《齐武帝诸子·南海王子罕传》,第1114页。
⑥ 《梁书》卷四四《世祖二子·贞惠世子方诸传》,第620页。
⑦ 《南史》卷五四《元帝诸子·始安王方略传》,第1347页。
⑧ 《陈书》卷二八《后主十一子·皇太子深传》,第376页。
⑨ 《陈书》卷二八《后主十一子·会稽王庄传》,第378页。
⑩ 《三国志》卷二八《魏书·钟会传》注引《魏氏春秋》,第784页。

(三)子以母贱

就情感角度而言,父亲不仅在父子关系上有绝对的发言权,而且在夫妻、夫妾关系上更是拥有绝对主动权,父亲对妻妾的态度会直接影响母子关系。无论嫡庶,妻妾得到丈夫宠幸可以恃宠而骄,母子共荣;反之,即使嫡妻,也可能面临惨遭丈夫冷遇的命运。曹魏明帝"以其母诛,故未建为嗣"①。魏明帝之母甄皇后失宠于文帝,被文帝含怒赐死,甄氏不仅付出了性命代价,而且殃及儿子,身为嫡子的曹睿迟迟未能为嗣。梁元帝世子方等,母徐妃因妒忌而失宠于元帝,恶及方等。《梁书·世祖二子·忠壮世子方等传》曰:"初,徐妃以嫉妒失宠,方等意不自安,世祖闻之,又恶方等,方等益惧,故述论以申其志焉。"②北齐薛琡闺门不整,纳东平王元匡妾张氏为妇,纳妾后便不认嫡妻,甚至连嫡妻所生之子也一并赶出家门。《北齐书·薛琡传》曰:"逐前妻ов氏,不认其子。"③

就礼制角度而言,妻妾之间界限分明,妻妾所生之子亦如是。庶子因母而卑贱,大多不为父亲所爱。吕思勉先生指出:"妾既多出贱族,庶生之子,自不易与适出者并,故贱视庶孽及遇庶兄弟无礼之事,史屡见之。"④西晋王浚因母地位卑下而为父所不礼,《晋书·王沈传附子浚传》载:"母赵氏妇,良家女也,贫贱,出入沈家,遂生浚,沈初不齿之。"⑤西晋王戎不礼遇庶子,《晋书·王戎传》载:"子万,有美名。少而大肥,戎令食糠而肥愈甚。年十九卒。有庶子兴,戎所不齿。以从弟阳平太守愔子为嗣。"⑥王戎嫡子王万少有令名,为其父钟爱,然而英年早逝;庶子王兴并未因此而得到父亲青睐,他虽为王戎亲生,但因庶出,为王戎所厌弃,即使王万去世也未能为嗣。十六国时期,前燕慕容恪因母无宠而不为其父所重视,《晋书·慕容恪载记》曰:"(恪)幼而谨厚,沈深有大度。母高氏无宠,皝未之奇也。"⑦北魏太武帝拓跋焘幼时亦因母贱而不为父所知,《宋书·索虏传》曰:"母杜氏,冀州人,入其宫内,生焘。焘年十五六,不为嗣所知,遇之如仆隶。嗣初立慕容氏女为后,又娶姚兴女,并无子,故焘得立。"⑧拓跋焘之母杜氏入宫原由不得而知,但可以想象其在后宫并不受宠,其子拓跋焘亦形同仆隶,母子状况十分凄惨。北魏崔廓亦因母贱而不为家族所礼遇,《北史·隐逸·崔廓传》曰:"廓少孤贫,母贱,由是不为邦族所齿。"⑨

有些庶子因母而贱,受到嫡子轻视,兄弟之间关系并不平等,甚至引起兄弟纷争。北魏崔道固便因母贱而被兄弟轻视、侮辱,《魏书·崔玄伯传附道固传》载:"道固贱出,嫡母

---

① 《三国志》卷三《魏书·明帝纪》,第91页。
② 《梁书》卷四四《世祖二子·忠壮世子方等传》,第619页。
③ 《北齐书》卷二六《薛琡传》,第371页。
④ 吕思勉:《两晋南北朝史》,上海:上海古籍出版社,1983年,第917页。
⑤ 《晋书》卷三九《王沈传附子浚传》,第1146页。
⑥ 《晋书》卷四三《王戎传》,第1235页。
⑦ 《晋书》卷一一一《慕容恪载记》,第2858页。
⑧ 《宋书》九五《索虏传》,第2330页。
⑨ 《北史》卷八八《隐逸·崔廓传》,第2911页。

兄攸之、目连等轻侮之。"①北魏李䜣亦因母贱而为诸兄轻视,《魏书·李䜣传》曰:"䜣母贱,为诸兄所轻。"②

有些庶子地位卑下,甚至惨遭"不举"的命运。刘宋文帝袁皇后"讳齐妫,陈郡阳夏人,左光禄大夫敬公湛之庶女也。母本卑贱,后年五六岁,方见举"③。东晋桓石虔为司空桓豁之庶长子,"小字镇恶。年十七八未被举,而童隶已呼为镇恶郎"④。从桓石虔名字与出身来看,应不为父亲桓豁喜爱。北齐高永乐之子高长命,因其贱出而不被其父所礼,直至长大成人才被家族承认。《北齐书·高乾传》曰:"(永乐)子长命,本自贱出,年二十余始被收举。"⑤庶子地位卑微,不被家族重视,甚至不被举养,志怪小说中亦有所体现,《幽明录》载:"武宣程羁,偏生,未被举。家常使种葱。"⑥世家大族家境殷实,不会受到贫困、赋役繁苛等困扰,但仍然不举庶子,其主要原因在于母亲地位卑下,孩子受到牵连。

更为甚者,为了避免家庭纷争,父亲主动放弃抚养庶子,北魏卢度世便是一例。《魏书·卢玄传附子度世传》载:"初,玄有五子,嫡唯度世,余皆别生。崔浩事难,其庶兄弟常欲危害之,度世常深忿恨。及度世有子,每诫约令绝妾孽,不得使长,以防后患。至渊兄弟,婢贱生子,虽形貌相类,皆不举接。为识者所非。"⑦卢度世深受庶出兄弟毒害,因怨生恨,自己成家立业后于诸子中唯保留嫡子,庶出皆弃之不举,以免兄弟之间的纷争。北魏高猛娶长乐公主,又在外私自生男,怕引起家庭矛盾而不举子,《魏书·外戚下·高肇传附侄猛传》曰:"猛先在外有男,不敢令主知,临终方言之,年几三十矣。"⑧

唐长孺先生在《读〈颜氏家训·后娶篇〉论南北嫡庶身份的差异》一文中指出:"永嘉乱后,兴起于河南的新风尚随着渡江名士传播到江南,'江左不讳庶孽'之风似亦因而兴起。当新思想、新风尚在河南盛行时,河北思想文化各方面大致仍守汉代遗风,轻视庶生子的风气大概也一如既往。永嘉乱后,至于北朝,轻视庶生子之风变本加厉,至于庶生子'不预人流'不录入家籍,甚至不被举养,超出了一般嫡庶贵贱之分的常规。"⑨南北朝时期,妾媵地位卑下,庶子遭到轻视,不以之入户籍,甚至被弃之不养。妾媵的地位无法改变,庶子的身份无从选择,感情与礼法双重作用均决定了"子以母贱"的现实。

二、礼制规范下的母子关系

一般而言,父亲主要承担教育幼子之大任,而母亲则主要承担幼子养育的任务。母

---

① 《魏书》卷二四《崔玄伯传附道固传》,第628页。
② 《魏书》卷四六《李䜣传》,第1039页。
③ 《宋书》卷四一《后妃·文帝袁皇后传》,第1283-1284页。
④ 《世说新语笺疏·豪爽第十三》,第665页。
⑤ 《北齐书》卷二一《高乾传》,第298页。
⑥ 《幽明录》卷六《程羁》,第195页。
⑦ 《魏书》卷四七《卢玄传附子度世传》,第1046页。
⑧ 《魏书》卷八三下《外戚下·高肇传附侄猛传》,第1832页。
⑨ 唐长孺:《读〈颜氏家训·后娶篇〉论南北嫡庶身份的差异》,《历史研究》1994年第1期,第65页。

亲在儿童衣食住行方面下功夫,扮演着"慈母"的角色,"夏怕儿热、冬怜儿寒",在生活细节上给幼子无微不至的关怀,这种母子之情是身为人父者所未能体会的。然而,母子之间的维系不仅是感情上的心灵相通、生活上的悉心照料,更有礼制上的规范,母子之间首先遵循儒家伦理关系;况且,礼制规范下,母亲并不总是那么和蔼可亲,在涉及幼子修身、立志、品行等成长、教育问题,母亲往往与父亲立场一致,"严母"的角色走向了家庭舞台。

(一) 母之视子:母权与母教

陈鹏先生在《中国婚姻史稿》一书论述了母子之间关系,指出:"妻对于子女及子妇之能力,乃以母之地位,有监护及惩戒之权。尤以夫死之后,其权尤重。自春秋以降,母训子斥子之例,史不绝书。"① 一般而言,父亲的职责在于教育,母亲的职责在于养育;然则,母亲参与、照顾幼儿的饮食起居,与幼儿接触最密,育儿过程中不可避免言传身教,影响幼子的成长。从这种意义来看,母亲更是幼儿成长的领路人。母亲与父亲一样,肩负着监护幼子之重任,如父亲不幸离世,寡母此任更重。廖宜方先生指出:"抚养是母职的基本工作,但训诫才是母职的重点。"② 母亲在涉及儿童修身、立志、教育等大事上与父亲立场一致,宛若严君。

1. 贤母之教

魏晋南北朝时期,许多妇女聪敏贤惠,自幼接受良好的儒学教育。及其嫁为人妇、为人母,她们主持中馈,教养幼子,表现出非凡的才能。母教内容十分广泛,涉及幼子行为规范、为人处世、书学启蒙等方方面面。

修身立志教育。南齐高帝之母陈氏为聪明妇人,高帝之父常年在外,教养幼子之重任落在陈氏一人身上。《南齐书·皇后·宣孝陈皇后传》曰:"宣帝从任在外,后常留家治事教子孙。"③ 北魏高谦之母中山张氏,聪慧明识,教育诸子勤勉修身,博学立志,曰:"自我为汝家妇,未见汝父一日不读书。汝等宜各修勤,勿替先业。"④

贤母教子修身立志,这在近年出土的墓志铭中多有表述。北魏扬州长史司马景和之妻孟氏深谙妇德,教育子女甚有章法,曰:"自笄发从人,捡无违度,四德孔修,妇宜纯备。……又夫人性寡妒忌,多于容纳,敦桃夭之宜上,笃小星之逮下。故能庆显螽斯,五男三女,出入闺闱。讽诵崇礼,义方之诲既形,幽闲之教亦著。"⑤ 北魏辅国将军冯邕之妻元氏,少好讽诵,颇说诗书,身为人妇后主持中馈,以"牝鸡司晨"自勉,不问外事,教导子女,训以义方,子女受母之教,皆为世之英才,堪称楷模,曰:"诗刺哲妇,书诫牝鸡,始知妇人之德,主于贞敏,不在多能。于是都捐庶业,专奉内事,酒醴自躬,组紃由己,饮膳之味,在调

---

① 陈鹏:《中国婚姻史稿》,北京:中华书局,1990年,第556页。
② 廖宜方:《唐代的母子关系》,台北:稻乡出版社,2009年,第338页。
③ 《南齐书》卷二〇《皇后·宣孝陈皇后传》,第390页。
④ 《魏书》卷七七《高崇传附子谦之传》,第1712页。
⑤ 《魏代扬州长史南梁郡太守宜阳子司马景和妻墓志》,《汉魏南北朝墓志汇编》第73页。

必珍,文绣裁缝,逐手则丽。三徙之流,莫不遵其风教;内外宗妇,于是访其容仪。是使长息向冠,台府垂笄。二女未笄,皇子双媵,虽复妫姜取贵,杞宋见珍,何以加也。"①北魏文定公邢峦继室元纯陀,教育幼子邢逊,有母仪之德,曰:"子散骑常侍逊,爰以咳褓圣善,遽捐恩鞠,备加慈训,兼厚大义,深仁隆于已出。故以教侔在织,言若断机,用令此子,成名克构。"②元氏本出自皇族,幼有孝性,长宣妇德,嫁入邢家后,对前妻之子恩慈并著,视若己出;但教育之任绝不姑息,"言若断机",深明大义;邢逊在母亲的教导之下,终能显扬家业。赵氏姜夫人抚养训诫幼子,教以德行,曰:"二女一男,并训义方。三徙崇德,罔或加也。"③北魏章武王元彬妃卢氏亦有母德之教,其墓志曰:"太妃承家之庆,自天生德,体韵闲和,心神明悟,言德兼修,工容备举。萋于幽谷,翘彼错薪,亦既言归,继之王室。奉上接下,曲尽妇仪,用之家人,克成内政,遵其法度,为世模楷。加以敦穆宗亲,贻训子侄,唯礼是蹈,非法不言,故能望楚宫而轶樊姬,瞻齐堂而超卫女。"④卢氏心明神悟,兼修妇德,上事舅姑,下训子侄,非礼不行,非法不言。北魏东安王元凝妃陆氏"训抚咳幼,克绍家业"⑤。安丰王妃冯氏"训诲诸子,雅有义方,恩切倚闾,俞均断织"⑥。北周始平文贞公妻卢氏"七德是备,足以事夫,三徙既成,尤能训子"⑦。北魏振军将军羊祉妻崔神妃主持中馈,教育幼子,其墓志曰:"复以男女众多,婴孙满堂,室负□携,劬劳莫甚,而怨语□□,护养无缺。允兄弟颇用成立,实仰禀训诱之恩。"⑧羊允等幼承母教,孜孜不倦,修身立德,志向仕宦,故能长成栋梁,才堪赴国。北齐宜阳国太妃傅华教子严厉,其墓志铭载:"太妃志厉严霜,操明曒日。类冯姬之育子,犹翟母之携童。醴酹有序,组织无倦,安兹俭薄,历季永久。加以教深徙里,训重辍飡,还鱼戒廉,断丝劝学,温床扇席,辩通得乎音旨;出告反面,仁智禀于仪形。"⑨北周大将军王士良妻董氏"加以鞠养诸子,咸加典训,俱得精称,并擅才名"⑩。范阳公崔仲方妻李氏"奉澧承姑,停机训子,图教聿宣,闺仪斯洽"⑪。杨素妻郑氏"允膺百福,载育七子。跗(萼)□复,训禀过庭,固亦教成断织"⑫。

书学启蒙教育。有些妇女自幼受到良好教育,文化底蕴深厚,及笄为妇,担当起幼子的启蒙老师之任。西晋夏侯湛幼承母教,其《昆弟诰》曰:"我母氏羊姬,宣慈恺悌,明粹笃

---

① 《魏直阁将军辅国将军长乐冯邕之妻元氏墓志》,《汉魏南北朝墓志汇编》第129页。
② 《魏故车骑大将军平舒文定邢公继夫人大觉寺比丘元尼墓志》,《汉魏南北朝墓志汇编》,第261页。
③ 《魏故赵氏姜夫人墓志》,《汉魏南北朝墓志汇编》,第317页。
④ 《魏章武王妃卢氏墓志》,《汉魏南北朝墓志汇编》,第371页。
⑤ 《魏东安王妃陆氏墓志》,《汉魏南北朝墓志汇编》,第376页。
⑥ 《魏安丰王妃冯氏墓志》,《汉魏南北朝墓志汇编》,第376-377页。
⑦ 《大周故卢太妃墓志》,《汉魏南北朝墓志汇编》,第492页。
⑧ 《羊祉妻崔神妃墓志》,《新出魏晋南北朝墓志疏证》,第110页。
⑨ 《北齐宜阳国大妃傅华墓志》,《汉魏南北朝墓志汇编》,第473页。
⑩ 《王士良妻董荣晖墓志》,《新出魏晋南北朝墓志疏证》,第255页。
⑪ 《崔仲方妻李丽仪墓志》,《新出魏晋南北朝墓志疏证》,第366页。
⑫ 《杨素妻郑祁耶墓志》,《新出魏晋南北朝墓志疏证》,第496页。

诚,以抚训群子。厥乃我龀齿,则受厥教于书学,不遑惟宁。敦《诗》《书》礼乐,孳孳弗倦。"①韦逞母宋氏家传儒学,深谙《周官》之礼,即使天下丧乱,宋氏仍讽诵不辍。后为石季龙徙之于山东,宋氏与夫在徙中,推鹿车,背负父所授书,到冀州,依胶东富人程安寿,寿养护之。逞时年小,宋氏"昼则樵采,夜则教逞,然纺绩无废"②。刘宋宗炳母师氏"聪辩有学义,教授诸子"③。南齐王融之母"临川太守谢惠宣女,惇敏妇人也。教融书学。融少而神明警惠,博涉有文才"④。王融之母聪敏多才,教子书学,在母亲的教育下,王融少年便卓尔不群,博学多才,有异常童。陈朝谢贞母王氏"授贞《论语》《孝经》,读讫便诵"⑤。谢贞幼感母教,八岁便能赋诗,十三略通《五经》。

2. 寡母之教

有些儿童幼年失怙,与母亲相依为命。寡母不仅要扮演慈母的角色,更要扮演严父的角色,教导子女成长、成才。

寡母教子遵循礼法,坚守节义。晋朝杜有道妻严氏年十八而寡,子植、女韡并孤藐,严氏誓不改节,"抚育二子,教以礼度,植遂显名于时,韡亦有淑德"⑥。虞潭之父虞忠去世,遗孤藐尔,母孙氏誓不改节,抚养幼子,劬劳艰辛。《晋书·列女·虞潭母孙氏传》曰:"孙氏虽少,誓不改节,躬自抚养,劬劳备至。性聪敏,识鉴过人。潭始自幼童,便训以忠义,故得声望允洽,为朝廷所称。"⑦虞潭之母教子忠孝节义之道,其子终成栋梁,为朝廷所器重。萧梁永阳王之母王氏"及星世釐居,遗孤载藐,提携抚育,逮乎成备。断织之训既明,闺门之礼斯舍。劬劳必尽,曾不移志"⑧。北魏钜鹿魏溥妻房氏,年十六而寡,子缉生未满十旬,劬劳抚育,勤加训导,有母仪法度。缉为儿童时,"所交游有名胜者,则身具酒饭;有不及己者,辄屏卧不餐,须其悔谢乃食。善诱严训,类皆如是"⑨。房氏教诲幼子交结胜己,不与纨绔为伍。北魏泾州三水令张府君妻殷氏,丈夫去世后,她抚养教育幼子,其墓志曰:"夫人哀养孤婴,劬劳理棘,然而终始一情,誓存弗许。遂乃奉柩还都,艰越千里,夙夜忧勤,唯念鞠视,内教母仪,外同严父。"⑩北魏彭城王元勰去世,妻李氏教养诸子,"藐尔诸孤,实凭训诱"⑪。北魏乐安王元绪去世,妻冯氏"治服过礼,训诲诸子,成兹问

---

① 《晋书》卷五五《夏侯湛传》,第1497页。
② 《晋书》卷九六《列女·韦逞母宋氏传》,第2521页。
③ 《宋书》卷九三《隐逸·宗炳传》,第2278页。
④ 《南齐书》卷四七《王融传》,第817页。
⑤ 《陈书》卷三二《孝行·谢贞传》,第426页。
⑥ 《晋书》卷九六《列女·杜有道妻严氏传》,第2509页。
⑦ 《晋书》卷九六《列女·虞潭母孙氏传》,第2513页。
⑧ 《梁故永阳敬太妃墓志》,《汉魏南北朝墓志汇编》,第30页。
⑨ 《魏书》卷九二《列女·钜鹿魏溥妻房氏传》,第1979页。
⑩ 《殷伯姜墓志》,《新出魏晋南北朝墓志疏证》,第108页。
⑪ 《魏彭城武宣王妃李氏墓志》,《汉魏南北朝墓志汇编》,第149页。

望"①。北魏元赞远五岁丧父,"唯兄及弟,亦并童幼,太妃鞠育劬劳,教以义方"②。北齐张宴之幼孤有至性,"为母郑氏教诲,动依礼典"③。北齐昭信皇后李氏之母崔幼妃有母教之德,其墓志曰:"训育诸孤,为仁淑之妻,成不疑之母。"④李椿夫人刘氏抚养诸孤,"遂断机贻训,徙宅从仁,藐是诸孤,义方圣善。昔文伯之母,谅可同尘,田稷之亲,曾河异轨"⑤。

寡母教授幼子诗书,担当幼子启蒙老师。曹魏钟会幼年丧父,母张氏对子要求甚严,钟会虽为儿童,丝毫不敢懈怠。钟氏亲自教其书学,钟会在十四岁之前便饱读诗书,学有小成。《三国志·魏书·钟会传》曰:"夫人性矜严,明于教训,会虽童稚,勤见规诲。年四岁授《孝经》,七岁诵《论语》,八岁诵《诗》,十岁诵《尚书》,十一诵《易》,十二诵《春秋左氏传》、《国语》,十三诵《周礼》、《礼记》,十四诵成侯《易记》,十五使入太学问四方奇文异训。"⑥刘宋何承天五岁失父,母亲含辛茹苦抚养他成长,亲自教授书学,使何承天能够博览群书,为世人所称述。《宋书·何承天传》曰:"母徐氏,广之姊也,聪明博学,故承天幼渐训义,儒史百家,莫不该览。"⑦北魏房景先幼孤贫,其母教子书学,"自授《毛诗》、《曲礼》"⑧。后成为当世名士。北齐皇甫和十一而孤,母夏侯氏"才明有礼则,亲授以经书"⑨。皇甫和深沉雅量,皆归功于寡母之严教。

3. 严母之教

为了幼子成才,母亲往往直言正色,甚至不惜体罚训诫。《颜氏家训》载:"王大司马母魏夫人,性甚严正;王在湓城时,为三千人将,年逾四十,少不如意,犹捶挞之,故能成其勋业。"⑩魏夫人对儿子严加训诫,虽年越不惑仍鞭杖相加,可想而知,王为儿童时应没少受母亲体罚。北魏裴植母夏侯氏性甚严厉,教子不惜体罚。《魏书·裴叔业传附侄植传》曰:"植母,夏侯道迁之姊也,性甚刚峻,于诸子皆如严君。长成之后,非衣帧不见,小有罪过,必束带伏阁,经五三日乃引见之,督以严训。"⑪北周宇文护于战乱流离中与母阎氏辗转亡命,母子相依,其情可见。即便如此,阎氏在幼子学业上绝不姑息,对幼子严加管教,甚至鞭打捶挞,母亲为子之心可见一斑。《周书·晋荡公护传》载:"汝时年十二,共吾并乘马随军,可不记此事缘由也?于后,吾共汝在受阳住。时元宝、菩提及汝姑儿贺兰盛洛,并汝身四人同学。博士姓成,为人严恶,(汝)等四人谋欲加害。吾共汝叔母等闻之,

---

① 《魏故乐安王妃冯氏墓志铭》,《汉魏南北朝墓志汇编》,第156页。
② 《魏故使持节都督齐州诸军事平南将军齐州刺史广川县开国侯元使君墓志》,《汉魏南北朝墓志汇编》,第309页。
③ 《北齐书》卷三五《张宴之传》,第468页。
④ 《齐故太姬崔夫人墓志》,《汉魏南北朝墓志汇编》,第476页。
⑤ 《李椿妻刘琬华墓志》,《新出魏晋南北朝墓志疏证》,第558页。
⑥ 《三国志》卷二八《魏书·钟会传》注引其母《传》,第785页。
⑦ 《宋书》卷六四《何承天传》,第1701页。
⑧ 《魏书》卷四三《房法寿传附族子景先传》,第978页。
⑨ 《北齐书》卷三五《皇甫和传》,第468页。
⑩ 《颜氏家训》卷一《教子第二》,第29页。
⑪ 《魏书》卷七一《裴叔业传附侄植传》,第1571页。

各捉其儿打之。唯盛洛无母,独不被打。"①

父亲是家庭的权威,担当教子之大任,但母亲主持中馈,与儿童朝夕相处,潜移默化训导幼子,教授子女书学启蒙,教子修身立志。如果儿童幼年丧父,孤儿寡母相依为命,寡母则完全担当起幼子教育之重任,寡母不仅扮演慈母角色,更要扮演着严君的角色。许多妇女为子成长、成才,不惜对其严加训诫,甚至捶挞体罚。不管是贤母之教,还是寡母之教,母亲对子十分严厉,其目的都是培养符合礼制规范的人才。母亲希冀幼子长大步入仕途,从而光耀门庭,母亲的荣耀在于将来儿童的功成名就。

(二)子之事母:子孝与子养

"母职子孝"是礼制规范下母子关系的主旨所在。儿童色养侍亲的孝感故事层出不穷、感人肺腑。

1. 色养

许多儿童幼有孝性,事母有礼,朝夕色养,并因"孝"这一美德受到社会的赞誉,甚至以此知名天下。曹魏何夔"幼丧父,与母兄居,以孝友称"②。东吴陆绩为儿童时,尝于九江见袁术,其怀橘致母的故事传为佳话,陆绩也由此受到世家大族的青睐。《三国志·吴书·陆绩传》曰:

绩年六岁,于九江见袁术。术出橘,绩怀三枚,去,拜辞堕地,术谓曰:"陆郎作宾客而怀橘乎?"绩跪答曰:"欲归遗母。"术大奇之。③

西晋嵇绍"十岁而孤,事母孝谨"④。刘宋刘瑜"七岁丧父,事母至孝"⑤。赵伦之"幼孤贫,事母以孝称"⑥。萧梁任孝恭"幼孤,事母以孝闻"⑦。北魏李璨之孙李秀之、子岳等早孤,"事母孝谨"⑧。北齐赵彦深"幼孤贫,事母甚孝"⑨。北周宇文什肥幼有孝性,其父早亡,什肥侍母至孝,《周书·邵惠公颢传附子什肥传》载:"什肥年十五而惠公殁,自伤早孤,事母以孝闻"⑩。北周侯莫陈崇弟琼幼年以孝称,《周书·侯莫陈崇传附弟琼传》曰:

---

① 《周书》卷一一《晋荡公护传》,第170页。
② 《三国志》卷一二《魏书·何夔传》,第378页。
③ 《三国志》卷五七《吴书·陆绩传》,第1328页。
④ 《晋书》卷八九《忠义·嵇绍传》,第2298页。
⑤ 《宋书》卷九一《孝义·刘瑜传》,第2243页。
⑥ 《宋书》卷四六《赵伦之传》,第1389页。
⑦ 《梁书》卷五〇《文学下·任孝恭传》,第726页。
⑧ 《魏书》卷四九《李灵传》,第1102页。
⑨ 《北齐书》卷三八《赵彦深传》,第505页。
⑩ 《周书》卷一〇《邵惠公颢传附子什肥传》,第153页。

"年八岁丧父,养母至孝,善事诸兄,内外莫不敬之。"①柳敏"九岁而孤,事母以孝闻"②。北周杜叔毗"早岁而孤,事母以孝闻"③。

有些儿童幼年丧父,与母相依为命,更加珍惜与母之情,衣食供养惟母是先,其孝行可敬可叹。东晋高崧之父高悝少孤,事母以孝闻,"年十三,值岁饥,悝菜蔬不餍,每致甘肥于母"④。许多儿童早年丧父,生活困窘,幼年承担起生活之重担,辛苦劳动以养母,萧梁冯道根"少失父,家贫,佣赁以养母。行得甘肥,不敢先食,必邅还以进母。年十三,以孝闻于乡里"⑤。萧梁王僧孺家道衰落,父亲早逝,与母相依为命,事母孝谨。《南史·王僧孺传》曰:"父延年,员外常侍,未拜卒。……家贫,常佣书以养母,写毕讽诵亦了。"⑥北朝华秋幼年丧父,事母以孝闻。"家贫,佣赁为养。其母患疾,秋容貌毁悴,鬓鬓须尽改。"⑦

2. 侍疾

母亲患疾,病在母身,痛在儿心。儿童朝夕侍奉,衣不解带,汤药亲尝,西晋文明王皇后"年九岁,遇母疾,扶侍不舍左右,衣不解带者久之"⑧。齐高帝之子萧钧幼有孝行,年五岁,所生区贵人病,便加惨悴,左右依常以五色饴之,不肯食,曰:"须侍姨差。"⑨萧梁张稷"所生母遘疾历时,稷始年十一,夜不解衣而养,永异之"⑩。萧梁滕昙恭为儿童时,母病奢瓜,昙恭四处求之不得,为此哀凄,以孝感动高僧,遗之以瓜。《梁书·孝行·滕昙恭传》载:"年五岁,母杨氏患热,思食寒瓜,土俗所不产,昙恭历访不能得,衔悲哀切。"一名五岁的黄发小儿便有如此孝行,感人至深。俄值一桑门问其故,昙恭具以告。桑门曰:"我有两瓜,分一相遗。"昙恭拜谢,因捧瓜还,以荐其母。举室惊异。寻访桑门,莫知所在。⑪北朝名士李士谦髫龀丧父,虽在童幼,事母以孝闻。《北史·李孝伯传附士谦传》曰:"(士谦)母曾欧吐,疑中毒,因跪尝之。"⑫大为家族长辈所赞赏。

有些儿童为疗母疾,朝夕祈祷,甚至请代母病,出现许多孝感故事。赵昱奉母至孝,《三国志·魏书·陶谦传》曰:"昱年十三,母尝病,经涉三月。昱惨戚消瘠,至目不交睫,握粟出卜,祈祷泣血,乡党称其孝。"⑬齐武帝之子晋安王子懋幼年孝谨,《南史·齐武帝诸

---

① 《周书》卷一六《侯莫陈崇传附弟琼传》,第270页。
② 《周书》卷三二《柳敏传》,第560页。
③ 《周书》卷四六《杜叔毗传》,第829页。
④ 《晋书》卷七一《高崧传》,第1894–1895页。
⑤ 《梁书》卷一八《冯道根传》,第286–287页。
⑥ 《南史》卷五九《王僧孺传》,第1459页。
⑦ 《北史》卷八四《孝行·华秋传》,第2838页。
⑧ 《晋书》卷三一《后妃上·文明王皇后传》,第950页。
⑨ 《南史》卷四一《齐宗室·衡阳元王道度传附钧传》,第1037–1038页。
⑩ 《梁书》卷一六《张稷传》,第270页。
⑪ 《梁书》卷四七《孝行·滕昙恭传》,第648页。
⑫ 《北史》卷三三《李孝伯传附士谦传》,第1232页。
⑬ 《三国志》卷八《魏书·陶谦传》注引谢承《后汉书》,第249页。

子·晋安王子懋传》载其孝感故事,曰:

> (子懋)年七岁时,母阮淑媛尝病危笃,请僧行道。有献莲华供佛者,众僧以铜罂盛水渍其茎,欲华不萎。子懋流涕礼佛曰:"若使阿姨因此和胜,愿诸佛令华竟斋不萎。"七日斋毕,华更鲜红,视罂中稍有根须,当世称其孝感。①

齐武帝子南海王子罕,身在童幼便孝义有称。《南史·齐武帝诸子·南海王子罕传》曰:

> 母尝寝疾,子罕昼夜祈祷。于时以竹为灯缵照夜,此缵宿昔枝叶大茂,母病亦愈,咸以为孝感所致。②

萧梁韩怀明为母祈祷,《梁书·孝行·韩怀明传》载其孝感故事,曰:

> (怀明)年十岁,母患尸疰,每发辄危殆。怀明夜于星下稽颡祈祷,时寒甚切,忽闻香气,空中有人语曰:"童子母须臾永差,无劳自苦。"未晓,而母豁然平复。乡里异之。③

韩怀明虽为儿童,但有成人之感,侍母至孝,母患疾病,怀明日夜为母祈祷,得以感动上苍,遂得神人相助,母病即愈。

3. 死哀

不幸幼年丧母,这对儿童是沉痛的打击;但儿童与母之情并未因母亡而止,相反,儿童与母之情可以更为深厚,通过为母服丧来寄托对亡母的哀思。儿童居丧如礼,甚至哀毁过礼,行动举止宛若成人,哀母之亡,思母之深,真挚之情展现得淋漓尽致。

曹魏任嘏"八岁丧母,号泣不绝声,自然之哀,同于成人,故幼以至性见称"④。晋简文帝所生郑夫人薨,帝"时年七岁,号慕泣血,固请服重"⑤。东晋范汪"年十三,丧母,居丧尽礼,亲邻哀之"⑥。王延"九岁丧母,泣血三年,几至灭性。每至忌日,则悲啼至旬"⑦。

---

① 《南史》卷四四《齐武帝诸子·晋安王子懋传》,第1110页。
② 《南史》卷四四《齐武帝诸子·南海王子罕传》,第1114页。
③ 《梁书》卷四七《孝行·韩怀明传》,第653页。
④ 《三国志》卷二七《魏书·王昶传》注引《别传》,第748页。
⑤ 《晋书》卷九《简文帝纪》,第219页。
⑥ 《晋书》卷七五《范汪传》,第1982页。
⑦ 《晋书》卷八八《孝友·王延传》,第2290页。

范隆"年四岁,又丧母,哀号之声,感恸行路"①。刘宋刘敬宣"八岁丧母,昼夜号泣,中表异之"②。刘宋周续之"年八岁丧母,哀戚过于成人,奉兄如事父"③。梁武帝生而淳孝,"年六岁,献皇太后崩,水浆不入口三日,哭泣哀苦,有过成人,内外亲党,咸加敬异"④。萧梁王志"年九岁,居所生母忧,哀容毁瘁,为中表所异"⑤。梁武帝两位异母弟——安成康王萧秀与萧憺幼有孝性,侍母以孝闻,母亲去世,虽在童幼,哀痛有若成人。《梁书·太祖五王·安成康王秀传》曰:"(秀)年十二,所生母吴太妃亡,秀母弟始兴王憺时年九岁,并以孝闻,居丧,累日不进浆饮,太祖亲取粥授之。"⑥萧梁王规以孝而为人所知,被称为当世"孝童"。《梁书·王规传》曰:"规八岁,以丁所生母忧,居丧有至性,太尉徐孝嗣每见必为之流涕,称曰孝童。"⑦萧梁褚翔之父褚向"年数岁,父母相继亡没,向哀毁若成人者,亲表咸异之"⑧。梁简文帝之子萧大临奉母孝谨,《梁书·太宗十一王·南海王大临传》载:"(大临)少而敏慧。年十一,遭左夫人忧,哭泣毁瘠,以孝闻。"⑨大昕亦以孝称,"年四岁,母陈夫人卒,便哀慕毁顿,有若成人"⑩。陈朝蔡征"七岁,丁母忧,居丧如成人礼"⑪。北魏太保张衮孙张白泽幼有孝性,其"年十一,遭母忧,居丧以孝闻"⑫。北魏河东姚氏女,少丧父,又无兄弟,母怜而守养。母正光中去世,姚氏女哀伤致死。《魏书·列女·河东姚氏女传》载:"女胜年十五,哭泣不绝声,水浆不入口者数日,不胜哀,遂死。"⑬北齐高叡"十岁丧母,高祖亲送叡至领军府,为叡发丧,举声殒绝,哀感左右,三日水浆不入口。高祖与武明娄皇后殷勤敦譬,方渐顺旨。居丧尽礼,持佛像长斋,至于骨立,杖而后起。高祖令常山王共卧起,日夜说喻之"⑭。

儿童与母之情发自天性,母之遗物、遗迹均能勾起儿童对母亲的怀念。爱屋及乌,睹物思人,儿童往往情不自禁,悲感行路。曹魏王修时年七岁,母以社日而亡,王修将母亲祭日铭刻于心,来年社日,思念亡母,哀感不已。《三国志·魏书·王修传》曰:"(修)年七岁丧母。母以社日亡,来岁邻里社,修感念母,哀甚。邻里闻之,为之罢社。"⑮刘宋张敷

---

① 《晋书》卷九一《儒林·范隆传》,第2352页。
② 《宋书》卷四七《刘敬宣传》,第1409页。
③ 《宋书》卷九三《隐逸·周续之传》,第2280页。
④ 《梁书》卷三《武帝纪下》,第95页。
⑤ 《梁书》卷二一《王志传》,第318页。
⑥ 《梁书》卷二二《太祖五王·安成康王秀传》,第342页。
⑦ 《梁书》卷四一《王规传》,第581页。
⑧ 《梁书》卷四一《褚翔传》,第585页。
⑨ 《梁书》卷四四《太宗十一王·南海王大临传》,第615页。
⑩ 《梁书》卷四四《太宗十一王·义安王大昕传》,第618页。
⑪ 《陈书》卷二九《蔡征》,第391页。
⑫ 《魏书》卷二四《张衮传》,第615页。
⑬ 《魏书》卷九二《列女·河东姚氏女传》,第1985页。
⑭ 《北齐书》卷一三《赵郡王琛传附子叡传》,第170页。
⑮ 《三国志》卷一一《魏书·王修传》,第345页。

"生而母亡,年数岁,问知之,虽童蒙,便有感慕之色。至十岁许,求母遗物,而散施已尽,唯得一扇,乃缄录之。每至感思,辄开笥流涕。见从母,悲感呜咽"①。母亡之时,张敷尚在襁褓,未识母之形象,但感"哀哀父母,生我劬劳",见母之遗扇,思母之心悲不自胜。萧梁陶季直幼有孝性,童年失母,哀痛感人。《梁书·止足·陶季直传》载:"(季直)五岁丧母,哀若成人。初,母未病,令于外染衣,卒后,家人始赎,季直抱之号恸,闻者莫不酸感。"②陶季直五岁丧母,见母遗物,不觉痛哭流涕。陈朝张讥"幼丧母,有错彩经帕,即母之遗制,及有所识,家人具以告之,每岁时辄对帕哽噎,不能自胜"③。

北朝颜之推载其亲属仁孝,思母肝肠寸断之故事,曰:

> 思鲁等第四舅母,亲吴郡张建女也,有第五妹,三岁丧母。灵床上屏风,平生旧物,屋漏沾湿,出曝晒之,女子一见,伏床流涕。家人怪其不起,乃往抱持;荐席淹渍,精神伤怛,不能饮食。将以问医,医诊脉云:"肠断矣!"因尔便吐血,数日而亡。中外怜之,莫不悲叹。④

礼制规范下,抚养是母亲基本职责,教育才是母职的重点。在教育问题上,母亲与父亲立场一致,往往恩慈与威严并著,甚至扮演"严君"的角色。母亲教授子女识字启蒙,引导幼子修身立志,忠孝仁义,培养礼制规范的贤德之士。幼子对母之责在于孝养,孝是父子、母子关系的共同点。相比父子关系,幼子与母亲之间有大量感人肺腑的孝感故事。

第四节 情感体系下的母子关系:母⑤慈与子亲

母子一体,为血肉之亲,幼子孕育、生长的每一个环节均离不开母亲的身影,母亲从胎养、胎教到一朝分娩,与幼子之间早已亲情互动,建立了母子连心之情。相比于父亲,母亲将对幼子产生更加深远的影响。美国著名社会学家威廉·古德曾指出:"由于儿童会从母亲那儿学更多的角色行为,因此,一个冷酷无情的母亲对儿童所产生的压力,会比一个具有同样个性的父亲对儿童所产生的压力要大一些。"⑥《南齐书》载剡县小儿与母俱病,母死即死的故事,充分说明母子一体,在童幼时期,小儿离开母亲的怀抱甚至难以生存。《南齐书·孝义·剡县小儿传》曰:

---

① 《宋书》卷四六《张邵传附子敷传》,第1395页。
② 《梁书》卷五二《止足·陶季直传》,第761页。
③ 《陈书》卷三三《张讥传》,第443页。
④ 《颜氏家训》卷二《风操第六》,第112页。
⑤ 笔者在此不欲讨论母亲的名分,如亲生、继母、嫡母、庶母等,名分不同与幼子之间关系存在一定的差异,但本书以亲生母子之间的感情与互动作为探讨的基础。
⑥ (美)威廉·古德著,魏章玲译:《家庭社会学》,台北:桂冠图书股份有限公司,1988年,第110页。

建武二年，剡县有小儿，年八岁，与母俱得赤班病。母死，家人以小儿犹恶，不令其知。小儿疑之，问云："母尝数问我病，昨来觉声羸，今不复闻，何谓也？"因自投下床，匍匐至母尸侧，顿绝而死。①

母子连心，情感体系下母之爱子如何表达？子之念母又如何体现？笔者以上述问题为主线，于下试揭开母子之间的情感世界。

一、母之于子：母爱如海

(一) 饮食起居，无微不至

母子之间感情建立很早，妇女妊娠期间母子便已关联与互动；然而，真正意义的抚养则始于婴儿出生。婴儿呱呱坠地为家庭增添了莫大喜气，初为人母者更是欣喜非常。高兴之余，一个全新的问题摆在母亲面前——新生儿的养育。婴儿没有自我生存能力，离开父母照料无法生存，而基于男主外、女主内的社会现实，新生儿照顾的责任主要落在母亲的肩上。母亲呕心沥血，照料婴儿饮食起居，任何一个环节无不渗透着深切的关爱。

1. 衣

中国古代贵族儿童衣食住行须符合礼制规范。《礼记》曰："童子不衣裘裳。"②究其原因，大体缘于裘衣太温，童子体热，不堪温热之苦；裳太过繁琐，不便于童子活动。巢元方也从婴儿健康的角度考虑了婴儿衣着，《诸病源候论》载："小儿始生，肌肤未成，不可暖衣，暖衣则令筋骨缓弱。……皆当以故絮著衣，莫用新绵也。……又当薄衣，薄衣之法，当从秋习之，不可以春夏卒减其衣，则令中风寒。从秋习之，以渐稍寒，如此则必耐寒。冬月但当著两薄襦，一复裳耳，非不忍见其寒，适当佳耳。爱而暖之，适所以害之也。又当消息，无令汗出，汗出则致虚损，便受风寒。昼夜寤寐，皆当慎之。"③"儿皆须著帽、项衣，取燥，菊花为枕枕之。"④新生婴儿肌肤娇嫩，穿衣极其讲究，巢氏对婴儿衣服、帽子、枕头等衣饰细节做了详细的论述，以保证新生儿的健康发育。指出婴儿有穿旧衣之俗，儿童衣服不宜过厚，又有不可暖衣等风俗。至今，许多地区新生儿仍有穿旧衣服的习俗，盖是保存古代遗风。

《产经》则将儿童衣服颜色与吉凶之间相互联系，云："甲乙日生子，衣以黑衣。丙丁日生子，衣以青衣。戊己日生子，衣以绛衣。庚辛日生子，衣以黄衣。壬癸日生子，衣以

---

① 《南齐书》卷五五《孝义·剡县小儿传》，第966页。
② 《礼记·曲礼上》，《礼记正义》，第32页。
③ 《诸病源候论》卷四五《小儿杂病一》，第249页。
④ 《诸病源候论》卷四五《小儿杂病一》，第249页。

白衣。小儿初著衣,良日辰巳。男以甲,女以乙,吉。"①古人多信禁忌,母亲为婴儿准备衣服极其讲究,根据出生时辰选择不同颜色的衣服,以求小儿健康长寿、平安富贵。从儿童出生择衣,亦可窥此时的生产与育儿习俗。

婴儿稍有长成,母亲更是为儿童精心准备衣着服饰,为此煞费苦心。东吴司空孟仁少从南阳李肃学,其母为师缝被,《三国志·吴书·孙皓传》曰:

> (孟仁)少从南阳李肃学。其母为作厚褥大被,或问其故,母曰:"小儿无德致客,学者多贫,故为广被,庶可得与气类接也。"②

孟仁之母重视幼子学业,家贫无以为资,为作厚褥大被,用以致师,可见孟仁之母对其子不仅生活上考虑备至,而且重视幼子学业成长,体现了慈母爱子、盼子成才之心。慈母为子作衣,裁剪的是衣服,缝制的是母爱。"大床广被、傍及诸生"的慈母之情在墓志中亦有体现,《隋故贵乡夫人张氏墓志》曰:"(夫人)年十五,聘梁始兴王,辅佐琴□,颂谐内□,鸡鸣咸盟,晨昏□衣。然王早逐阆川,墓木已拱。夫人孀居守志,□宫亟移,抚养孤□,慈训无怠,大床阔被,傍及诸生。"③

晋朝韩康伯之母冬月为儿作衣,慈母爱子之情,皆随母针线缝在衣服里。《世说新语》载:

> 韩康伯数岁,家酷贫,至大寒,止得襦。母殷夫人自成之,令康伯捉熨斗,谓康伯曰:"且著襦,寻作复裈。"儿云:"已足,不须复裈也。"母问其故,答曰:"火在熨斗中而柄热,今既著襦,下亦当暖,故不须耳。"母甚异之,知为国器。④

韩康伯幼年家贫,常乏衣食,大寒时节,其母为儿缝制新衣御寒,虽然困窘之中不能衣物丰足,但母亲爱子之情溢于言表。

2. 食

就平民家庭而言,婴儿初生以母乳为食,母亲便是婴儿的粮仓。母亲在喂养过程中仔细关注婴儿进食情况,根据婴儿的实际需要哺乳。《诸病源候论》曰:"其饮乳食哺,不能无痰癖,常当节适乳哺。若微不进乳,仍当将护之。凡不能进乳哺,则宜下之,如此则终不致寒热也。"⑤"儿母乳儿,三时摸儿项风池,若壮热者,即须熨,使出汗。微汗不瘥,便灸两风池及背第三椎、第五椎、第七椎、第九椎两边各二壮,与风池凡为十壮。一岁儿七壮,儿大者,以意节度,增数壮数可至三十壮,惟风池特令多,七岁以上可百壮。小儿常须

---

① 《医心方》卷廿五《小儿初著衣方》,第505—506页。
② 《三国志》卷四八《吴书·孙皓传》注引《吴录》,第1169页。
③ 《张妙芬墓志》,《新出魏晋南北朝墓志疏证》,第593页。
④ 《世说新语笺疏·夙惠第十二》,第653页。
⑤ 《诸病源候论》卷四五《小儿杂病一》,第249页。

慎护风池,谚云:戒养小儿,慎护风池。"①母亲承担着乳养婴儿的任务,在哺乳过程中,时刻观察婴儿进食多少,疾病与否。试想母亲慈祥地注视着怀抱中的婴儿,婴儿在母亲怀中手舞足蹈,粉雕玉琢的小脸轻轻地蹭着母亲的肌肤,这是多么温馨的亲子画面!这种感觉是父亲鲜少体会的。

就古代贵族家庭而言,母亲一般并不直接乳养婴儿,而是在婴儿出生之前便为其选择乳母。乳母依靠乳汁与婴儿及其家庭产生联系,李贞德先生在《汉魏六朝的乳母》一文详细论述了乳母的选择与规范,认为《小品方》所论择乳母方不无道理,曰:"乳母者,其血为气乳汁也,五情善恶,血气所生也。乳儿者,皆宜慎喜怒。夫乳母形色所宜,其候甚多,不可悉得,今但令不狐臭、瘿瘤、氲㿇、气味、瘑疥、癣瘙、白秃、疬疡、瘠唇、耳聋、齆鼻、癫眩,无此病者,便可饮儿也。"②新生儿家庭选择身体健康,气血充足,心态平和,无不良嗜好及疾病的妇女作为乳母。乳母与乳子之间建立了深厚的感情,李贞德先生论述了乳母的地位与乳子的关系,笔者深表赞同。总体而言,虽然乳母与乳子情谊深厚,有时甚至过分依赖,如贾充之子黎民乳母被杀,黎民因思念过甚而夭折。然而,从乳母的地位来看,仍然相对低下,属于家庭边缘人物,仍然不可替代亲生母亲。

3. 行

母亲不仅将婴儿带到缤纷多彩的世界,而且通过游戏等各种活动引导婴儿观察世界、触摸世界。《诸病源候论》曰:"天和暖无风之时,令母将抱日中嬉戏,数见风日,则血凝气刚,肌肉硬密,堪耐风寒,不致疾病。若常藏在帷帐之内,重衣温暖,譬如阴地之草木,不见风日,软脆不任风寒。"③

(二)为子健康,千方百计

母亲照顾儿童衣食住行、饮食起居,同时更关注幼子健康。萧梁王锡幼而警悟,好学不倦,致损右目。其母担心幼子身体,"每节其业,为饰居宇。虽童稚之中,一无所好"④。王锡之母担心幼子终日读书而损害眼睛,竟然不惜为之装饰居宇而废其志,转移他的注意力,可见在母亲心目中,儿童健康才是第一位。南齐崔慰祖至孝,父丧不食盐,母担心慰祖身体,曰:"汝既无兄弟,又未有子胤。毁不灭性,政当不进看羞耳,如何绝盐!吾今亦不食矣。"⑤崔慰祖感母之言,不得已而从之。为保儿童健康平安成长,母亲为子祈祷祝愿,北齐卢士深妻春日以桃花靧儿面,呪曰:"取红花,取白雪,与儿洗面作光悦;取白雪,取红花,与儿洗面作光泽;取雪白,取花红,与儿洗面作华容。"⑥春天桃花盛开,灼灼其华,

---

① 《诸病源候论》卷四五《小儿杂病一》,第249—250页。
② 李贞德:《汉魏六朝的乳母》,《"中央研究院"历史语言研究所集刊》1999年第70本第2分,第439—481页。
③ 《诸病源候论》卷四五《小儿杂病一》,第249页。
④ 《梁书》卷二一《王份传附孙锡传》,第326页。
⑤ 《南齐书》卷五二《文学·崔慰祖传》,第901页。
⑥ 《太平御览》卷二〇《时序部五·春下》引唐虞世南《史略》,第97页。

母亲摘下花瓣给儿洗面,盼望着小儿粉面含春,光彩照人。

(三)慈母救子,奋不顾身

母亲爱子全心全意,为子性命甚至奋不顾身。东汉末年,赵昂之妻王氏遭战乱流离,二子为贼所害,伤心欲绝,又恐为贼所侵,欲自杀。王氏有女名英,年六岁,独与其在城中。王氏顾视幼女,叹曰:"身死尔弃,当谁恃哉!"①王氏遭世之乱,与夫分离,二子被害,本万念俱灰,欲引颈自刎,但回顾女儿年幼,于心不忍,遂隐忍养女,直至找到失散丈夫,夫迎其母女团聚,王氏遂有不苟活之愿,引药自杀,幸被救起。南齐广陵徐灵礼家中遭遇火灾,其妻奋不顾身,救儿于危难。《南齐书·孝义·徐灵礼妻传》曰:"又广陵徐灵礼妻遭火救儿,与儿俱焚死。太守刘悛以闻。"②但凡做过母亲之人,皆能理解母亲为子不惜牺牲自我的精神。北朝平文皇帝崩,国有内难,将害诸皇子。昭成在襁褓,其母平文皇后王氏为救子想尽办法,不顾个人性命安危,冒险"匿帝于袴中",惧人知,呪曰:"若天祚未终者,汝便无声。"遂良久不啼,得免于难。③ 王氏的做法展现了一位母亲临危不乱,沉着冷静救子的惊险场面。

(四)母子相依,情深义重

如儿童幼年失父,母子相依为命,感情更为深厚。先主刘备少孤,"与母贩履织席为业"④。母子织席贩履,靠微薄的利润维持生计,共同面对生活之艰辛。萧梁王僧孺,幼孤贫,"其母鬻纱布以自业,尝携僧孺至市,道遇中丞卤簿,驱迫沟中"⑤。王僧孺之母卖纱为业,曾于市中鬻纱,遇官员开道,仓促之中坠入深沟,其状狼狈之至,孤儿寡母相依为名,生活甚是艰辛。以致僧孺成年,受任御史中丞,卤簿引道,忆往与母市中寒酸,唏嘘不已。晋朝高僧昙无谶六岁遭父丧,与母为人佣织维持生计,《高僧传》曰:"(无谶)六岁遭父丧,随母佣织毾𣰆为业。见沙门达摩耶舍,此云法明,道俗所崇,丰于利养,其母美之,故以谶为其弟子。"⑥刘宋袁粲早年失父,袁粲与母相依,其母"躬事绩纺,以供朝夕"⑦。

寡母早年釐居,一生所寄,唯在幼子,母子之间感情甚笃。东晋谢朗总角时大病初愈,与道人谈论玄理,其母恐其体力不堪,不顾众人非议引子而还,展现出慈母对幼子的挚爱与忧虑。《世说新语》载:"林道人诣谢公,东阳时始总角,新病起,体未堪劳。与林公讲论,遂至相苦。"谢朗大病初愈,逢林道人至家,遂与林公争辩激烈,各不相让,"母王夫人在壁后听之,再遣信令还,而太傅留之"。王夫人因自出云:"新妇少遭家难,一生所寄,

---

① 《三国志》卷二五《魏书·杨阜传》注引皇甫谧《列女传》,第703页。
② 《南齐书》卷五五《孝义·徐灵礼妻传》,第959页。
③ 《魏书》卷一三《皇后列传·平文皇后王氏传》,第323页。
④ 《三国志》卷三二《蜀书·先主传》,第871页。
⑤ 《梁书》卷三三《王僧孺传》,第470页。
⑥ 《高僧传》卷二《译经中·晋河西昙无谶传》,第76页。
⑦ 《宋书》卷八九《袁粲传》,第2229页。

惟在此儿。"因流涕抱儿以归。① "一生所寄,惟在此儿",是多少寡母对幼子的挚爱与期盼,希冀幼子长大成人,将来显身养亲。萧梁沈约自幼孤贫好学,昼夜不倦,其母深爱幼子,恐其因勤苦而致病,常对其加以限制。《梁书·沈约传》载:"璞元嘉末被诛,约幼潜窜,会赦免。既而流寓孤贫,笃志好学,昼夜不倦。母恐其以劳生疾,常遣减油灭火。"②

母亲呕心沥血,不辞辛劳抚养幼子,如幼子不幸夭折,最为伤痛的是母亲。曹魏文帝之族弟文仲亡,时年十一,"母氏伤其夭逝,追悼无已"③。为此,文帝亲自为之作赋,以慰文仲母失子之心。东晋琅玡王凝之夫人陈郡谢氏,尝失爱子,《世说新语》曰:

> 丧二男,痛甚,六年不开帷幕。忽见二儿还,钳锁大械,劝母自宽,云:"罪无得脱,惟福德可免耳。"具叙诸苦,母为祈福,冀获福祐也。④

谢氏夭折幼子,悲痛万分,至于六年足不出户。后得儿托梦,得知儿子在地下受苦,又为子祈福,保佑幼子于地下去罪获福,足见母亲思子、爱子之心。

(五)母身离世,母爱永恒

母爱如海,即使母亲去世,母爱却永恒不灭。有些儿童夭折后与母合葬,祈求母子地下团聚,共续母子之情。晋尚书郎北地傅宣夫人去世,前产儿子早夭,按葬礼不宜与母合葬,但为叙母子之情,不惜违背礼制与子合葬。其墓志曰:"长名婴齐,次名黄元,皆年二岁不育。缘存时之情,用违在园之义。遂以袝于其母焉。"⑤

有些儿童幼年丧母,思母之情难解,其母更是对幼子放心不下,托梦以慰子意。刘宋丘杰性至孝,十四遭母丧,居丧尽礼,不食熟食,因生食不洁而致病。其母亡魂有知,托梦遗药救子。《南史·孝义上·丘杰传》曰:

> 十四遭母丧,以熟菜有味,不尝于口。岁余忽梦见母曰:"死止是分别耳,何事乃尔荼苦。汝啖生菜,遇虾蟇毒,灵床前有三丸药可取服之。"杰惊起,果得瓯,瓯中有药,服之下科斗子数升。丘氏世保此瓯。⑥

南齐宜都王萧铿三岁丧母,思念不已,恨不识母之形象,悲痛万分,常祈请魂灵相见。其母感子爱母之心,夜托梦以安抚之,曰:

---

① 《世说新语笺疏·文学第四》,第249-250页。
② 《梁书》卷一三《沈约传》,第233页。
③ 《艺文类聚》卷三四《人部十八·哀伤》,第599页。
④ 《世说新语笺疏·言语第二》注引《晋录》,第144页。
⑤ 《晋前尚书郎北地傅宣故命妇墓志》,《汉魏南北朝墓志汇编》,第12页。
⑥ 《南史》卷七三《孝义上·丘杰传》,第1806页。

齐宜都王铿,三岁丧母,及有识,问母所在,左右告以早亡,便思慕蔬食。自悲不识母,常祈请幽冥,求一梦见。至六岁梦见一妇人,谓之曰:"我是汝之母。"铿悲泣。旦说之,容貌衣服,事事如平生也。闻者莫不歔欷。①

母子一体,即使母亲离世,魂而有知,通过感梦等形式关注幼子一举一动,爱子之情永恒不灭,所谓"凯风自南,吹彼棘心。棘心夭夭,母氏劬劳!"②。当然,丘杰、萧铿等"感梦"以见亡母的事迹只是后人所述孝感故事,欲以突出孝的作用与力量,未必真实可信,但这些孝感故事反映母子之间的深厚感情却毋庸置疑。

二、子之于母:情深意长

儿童与母亲朝夕相处,母亲一言一行、一颦一笑均对儿童有亲切的感染力,儿童会潜移默化受到母亲影响。因此,儿童更容易理解母亲的情感,易于对母亲兴趣、志向产生共鸣;同时,儿童虽幼,但绝非受母任意指使的木偶,他们又独立自主、自下至上地影响着母亲,母子之间非单向驱使,而是相互影响的共情与互动关系。

(一)儿童对母亲的理解与认同

志向认同。母亲鞠养幼子,一言一行在幼子心中留下痕迹,幼子对母亲的志向、兴趣、爱好了如指掌,在与母相处中产生思想认同与情感共鸣。曹魏刘晔之母临终嘱托幼子以家事,《三国志·魏书·刘晔传》载:

> 刘晔……父普,母修,产涣及晔。涣九岁,晔七岁,而母病困。临终,戒涣、晔以"普之侍人,有谮害之性。身死之后,惧必乱家。汝长大能除之,则吾无恨矣。"晔年十三,谓兄涣曰:"亡母之言,可以行矣。"涣曰:"那可尔!"晔即入室杀侍者,径出拜墓。舍内大惊,白普。普怒,遣人追晔。晔还拜谢曰:"亡母顾命之言,敢受不请擅行之罚。"普心异之,遂不责也。③

刘晔之母主持中馈,断定刘晔父之侍妾心怀不轨,将为家难,诫子为家除患,以全家业。刘晔兄弟尚在童幼,认同母亲判断,时刻牢记亡母之言;至稍自成长便遵母命,杀父妾以为家除害。

晋朝赵至为士家,其母希望子女仕宦,以改变家族命运与地位。赵至感母之意,致力

---

① (南朝梁)殷芸撰,周楞伽辑注:《殷芸小说》卷一〇《宋齐人》,上海:上海古籍出版社,1984年,第161-162页。
② 《诗经注析·邶风·凯风》,第82页。
③ 《三国志》卷一四《魏书·刘晔传》,第442-443页。

于读书,立志仕宦以改变家世命运,完成母子心愿。《晋书·文苑·赵至传》载:

> 缑氏令初到官,至年十三,与母同观。母曰:"汝先世本非微贱,世乱流离,遂为士伍耳。尔后能如此不?"至感母言,诣师受业。①

赵至一家本非贫贱,魏晋之际遭世乱流离,沦为士家,世代为兵,地位低下,赵至母与子共观新官上任,有感而发,引导其子立志仕宦,以期改变命运。赵至深以母言为意,勤奋刻苦攻读诗书,后又逃亡,隐姓埋名,外出求学,历尽艰辛终于摆脱士家身份,完成母亲心愿。南朝江淹幼年孤贫,与母相依。其母虽为妇人,但聪慧贤达,志向深远,不让须眉,教导幼子立志济世,江淹深以母志为然,后果不负母望。《南史·江淹传》载:"初,淹年十三时,孤贫,常采薪以养母,曾于樵所得貂蝉一具,将鬻以供养。其母曰:'此故汝之休征也,汝才行若此,岂长贫贱也,可留待得侍中著之。'至是果如母言。"②北齐赵彦深在母亲影响下,幼有志操,立身、立志。《北齐书·赵彦深传》载:

> 母傅氏,雅有操识。彦深三岁,傅便孀居,家人欲以改适,自誓以死。彦深五岁,傅谓之曰:"家贫儿小,何以能济?"彦深泣而言曰:"若天哀矜,儿大当仰报。"傅感其意,对之流涕。及彦深拜太常卿,还,不脱朝服,先入见母,跪陈幼小孤露,蒙训得至于此。母子相泣久之,然后改服。③

赵彦深三岁丧父,与母相互依存,孤儿寡母困窘之状可想而知。寡母一生所寄,唯在幼子,希冀幼子长成显身荣亲。赵彦深以母志为是,立志书学,将来飞黄腾达以报母恩。后其成长,果然身居显位,回忆幼年往事,不免嘘唏流涕。北齐樊逊幼年孤贫,常受其兄接济才得以生存,欲弃学操持家计;其母不许,勉励逊立志仕宦,樊逊感母之言,深以母命为志。《北齐书·樊逊传》载:

> 逊少学,常为兄仲优饶。既而自责曰:"名为人弟,独受安逸,可不愧于心乎?"欲同勤事业。母冯氏谓之曰:"汝欲谨小行耶?"逊感母言,遂专心典籍,恒书壁作"见贤思齐"四字,以自劝勉。④

北魏崔浩自幼见其母、姑温习酒食,以为朝夕供养、四时祭祀之用,这一场景对崔浩影响极大,其著《食经叙》,曰:"余自少及长,耳目闻见,诸母诸姑所修妇功,无不蕴习酒

---

① 《晋书》卷九二《文苑·赵至传》,第2377页。
② 《南史》卷五九《江淹传》,第1450—1451页。
③ 《北齐书》卷三八《赵彦深传》,第507页。
④ 《北齐书》卷四五《文苑·樊逊传》,第607—608页。

食。朝夕养舅姑,四时祭祀,虽有功力,不任僮使,常手自亲焉。昔遭丧乱,饥馑仍臻,馈蔬糊口,不能具其物用,十余年间不复备设。先姚虑久废忘,后生无知见,而少不习业书,乃口授为九篇,文辞约举,婉而成章,聪辩强记,皆此类也。"①魏晋南北朝时期,祭祀为礼制之重点,崔浩母主持中馈,率领诸姑亲修妇功,温习酒食,不任童仆,以祭祀先祖,崔浩自幼对此印象深刻,并以此为文,为家族之戒备。

信仰认同。魏晋南北朝时期,许多妇女虔诚信佛。为人母后,通过言传身教将其信仰传递给幼子,母亲的信仰对儿童有较强的感染力。儿童深受母亲影响自幼笃信释教,甚至皈依佛门。高僧释真玉受母影响而幼年向佛,《续高僧传》曰:"生而无目,其母哀其不及,年至七岁,教弹琵琶,以为穷乏之计。而天情俊悟,聆察若经,不盈旬日,便洞音曲。后乡邑大集,盛兴斋讲,母携玉赴会,一闻欣领,曰:'若恒预听,终作法师,不忧匮馁矣。'母闻之,欲成斯大业也,乃弃其家务,专将赴讲,无问风雨艰关,必期相续。"②释真玉幼与母居,母喜听斋讲,心向释教,尝携真玉赴会听讲,真玉受之影响,欲以向佛,在母亲的支持下完成心愿。

北魏崔鸿之妻张玉怜心善佛教,不可避免对子女产生影响,子女认同母亲释氏信仰。其墓志载:"子女茕稚。夫人慈抚训导,咸得成立。居家理治,严明著称。推尚佛法,深解空相,大悲动心,惟慕慈善,闻声见形,不食其肉,三长六短,斋诚不爽。"③张氏笃信佛教,深谙佛教大义,时时斋戒礼佛。墓志虽只言张氏教养幼子,未言其教子向佛,但从清河崔氏家族信仰来看,崔氏举家向佛,崔鸿伯父崔光信佛达到忘我地步,《魏书·崔光传》载:"崇信佛法,礼拜读诵,老而逾甚,终日怡怡,未曾恚忿。"④崔鸿之父崔敬友亦是虔诚佛教教徒,"敬友精心佛道,昼夜诵经"⑤。崔光从祖弟长文"还家专读佛经,不关世事"⑥。张氏为崔鸿之嫡妻,主持中馈、教养幼子,可想而知,在家庭与母亲影响下,其子会对佛教有浓厚兴趣与深刻认知。

隋故开府仪同三司李敬族之妻赵兰姿崇信佛法,其墓志载:"夫人是内德之师。崇信佛法,戒行精苦,疏食洁斋卅余载,行坐读讼,晨昏顶礼,家业廉俭,财货无余。凡见贫穷,常必施赠,垂恩贱隶,每觌非违,唯加训诱,未尝捶挞。深仁至德,旷古未闻。"⑦此墓志铭为赵兰姿之子李德林委托新平古道子为母撰写,墓志回顾了赵兰姿的一生,十五及笄嫁入李家,三十八岁生子德林,七十七岁寿终正寝。赵兰姿三十余岁皈依佛门,正在生子李德林前后。⑧李德林自幼便目睹母亲晨昏礼拜、疏食洁斋的过程,其自幼及长,耳濡目染,

---

① 《魏书》卷三五《崔浩传》,第827页。
② 《续高僧传》卷六《义解篇二·齐邺中天平寺释真玉传》,第212页。
③ 《崔鸿妻张夫人墓志》,《汉魏南北朝墓志汇编》,第319页。
④ 《魏书》卷六七《崔光传》,第1499页。
⑤ 《魏书》卷六七《崔光传》,第1501页。
⑥ 《魏书》卷六七《崔光传》,第1506页。
⑦ 《李敬族妻赵兰姿墓志》,《新出魏晋南北朝墓志疏证》,第379页。
⑧ 《李敬族妻赵兰姿墓志》,《新出魏晋南北朝墓志疏证》,第380页。

对母亲信仰认识十分深刻。因此,他委托新平古道子为母撰写墓志,刻意浓墨重彩呈现其母崇信佛教之形象,记录母亲四十余载斋戒的虔诚与勤苦,可见李德林对母亲信佛认识的深刻。

(二)儿童对母亲的影响

就情感角度而言,儿童虽幼,并不代表毫无思想,不是单向受母亲颐使,也能自下而上、由幼及长影响着母亲。

有些儿童早孤,与母同居,当理门户。曹魏文昭甄皇后,幼而聪慧,三岁丧父,十余岁便深思熟虑,主持门户大计。《三国志·魏书·文昭甄皇后传》曰:"后天下兵乱,加以饥馑,百姓皆卖金银珠玉宝物,时后家大有储谷,颇以买之。"后年十余岁,白母曰:"今世乱而多买宝物,匹夫无罪,怀璧为罪。又左右皆饥乏,不如以谷振给亲族邻里,广为恩惠也。"①东汉末年兵荒马乱,百姓朝夕不保,甄氏为门户之计,舍弃珠宝等无用之物,以谷赈济邻里穷乏,在灾难时期以求自保,并非每个幼童均有此远见卓识。刘宋蔡兴宗十岁失父,与母共居,他当理门户,成为母亲的主心骨。初,兴宗之父蔡廓恭敬兄长蔡轨,蔡廓尝起二宅,先成东宅,与其兄蔡轨;廓亡而馆宇未立,轨罢长沙郡还,送钱五十万以补宅直。兴宗年十岁,白母曰:"一家由来丰俭必共,今日宅价不宜受也。"母悦而从焉。蔡兴宗虽为儿童,但有成人之量,秉承父亲遗志,尊敬伯父,同财共居、和睦家族,其母亦甘愿听从兴宗安排。蔡轨深以为愧,谓其子淡曰:"我年六十,行事不及十岁小儿。"②南齐吴康之妻赵氏,父亡弟幼,母又病笃,赵氏主动挑起家中生活重担,主持家中大局。《南齐书·孝义·吴康之妻赵氏传》载:"父亡弟幼,值岁饥,母老病笃,赵诣乡里自卖,言辞哀苦,乡里怜之,人人分升米相救,遂得免。"③陈朝王元规八岁而孤,十二岁时,兄弟三人随母往临海郡依靠舅氏。郡土豪有刘瑱者,资财巨万,以女妻之。元规母以其兄弟幼弱,欲结强援,元规泣请曰:"姻不失亲,古人所重。岂得苟安异壤,辄婚非类!"④王元规幼年丧父,孤儿寡母,家中甚贫,其母为维持生计,欲许婚土豪,元规不同母意,他主持门户,不婚非类,其母感其言而止。北魏房景先幼年孤贫,身为儿童便操持生计,为母分忧。《魏书·房法寿传附族子景先传》载:

> 年十二,请其母曰:"岂可使兄佣赁以供景先也?请自求衣,然后就学。"母哀其小,不许。苦请,从之,遂得一羊裘,忻然自足。昼则樵苏,夜诵经史,自是精勤,遂大通赡。⑤

---

① 《三国志》卷五《魏书·后妃·文昭甄皇后传》,第159页。
② 《宋书》卷五七《蔡廓传附子兴宗传》,第1573页。
③ 《南齐书》卷五五《孝义·吴康之妻赵氏传》,第959页。
④ 《陈书》卷三三《儒林·王元规传》,第448页。
⑤ 《魏书》卷四三《房法寿传附族子景先传》,第978页。

房景先虽幼,为门户大计考虑,不忍为兄所养,增加家庭负担,请求自食其力,昼则樵采,夜则读书,边工边读,分母之忧。

有些儿童担当敦睦家庭、和睦宗族的任务。曹魏文昭甄皇后自幼丧父,后又失兄,家中只有孤儿寡母,她上孝顺老母,中顾及寡嫂,下抚训幼侄,劝母亲善待寡嫂,对敦睦家庭起到重要作用。《三国志·魏书·文昭甄皇后传》载:"后母性严,待诸妇有常,后数谏母:'兄不幸早终,嫂年少守节,顾留一子,以大义言之,待之当如妇,爱之宜如女。'"①有些儿童谏母善待同父异母兄弟,魏晋之际王览与王祥同父异母。王祥后母朱遇祥无道,王览常谏亲母善待兄长。《晋书·王祥传》载:"览年数岁,见祥被楚挞,辄涕泣抱持。至于成童,每谏其母,其母少止凶虐。"②

有些儿童劝母向善,切勿杀生。刘宋高僧求那跋摩便是一例,《高僧传》载:

> 跋摩年十四,便机见俊达,深有远度,仁爱泛博,崇德务善。其母尝须野肉,令跋摩办之,跋摩启曰:"有命之类,莫不贪生,天彼之命,非仁人矣。"母怒曰:"设令得罪,吾当代汝。"跋摩他日煮油,误浇其指,因谓母曰:"代儿忍痛。"母曰:"痛在汝身,吾何能代。"跋摩曰:"眼前之苦,尚不能代,况三途耶。"母乃悔悟,终身断杀。③

跋摩自幼仁爱崇善,断杀生之念,并规劝母亲向善勿杀,其母不听,跋摩毫不气馁,以机智巧妙的言行感化母亲,使母开悟,终生不杀。

萧梁范元琰一心向善,仗义疏财,其母受其影响,亦多行善举。《梁书·处士·范元琰传》载:

> 家贫,唯以园蔬为业。尝出行,见人盗其菜,元琰遽退走,母问其故,具以实答。母问盗者为谁,答曰:"向所以退,畏其愧耻,今启其名,愿不泄也。"于是母子秘之。④

有些儿童少年早熟,为母分忧解难。萧梁刘苞四岁而父终,及年六七岁,见诸父常泣。时伯、叔父悛、绘等并显贵,苞母谓其畏悼,怒之。苞对曰:"早孤不及有识,闻诸父多相似,故心中欲悲,无有佗意。"因而歔欷,母亦恸甚。⑤ 萧梁庾沙弥,父佩玉受沈攸之事牵连而被诛,而沙弥始生。年至五岁,有成人之性,父坐事被诛,感家门之祸,遂布衣蔬食,

---

① 《三国志》卷五《魏书·后妃·文昭甄皇后传》注引《魏略》,第159页。
② 《晋书》卷三三《王祥传》,第990页。
③ 《高僧传》卷三《译经下·宋京师祇洹寺求那跋摩传》,第105页。
④ 《梁书》卷五一《处士·范元琰传》,第746页。
⑤ 《梁书》卷四九《文学上·刘苞传》,第687—688页。

如居丧焉。所生母为制采衣,辄不肯服,母问其故,流涕对曰:"家门祸酷,用是何为!"①

有些儿童为母报仇,孝义可嘉。北魏孙益德为母复仇是为佐证,《魏书·孝感·孙益德传》载:"其母为人所害,益德童幼为母复仇。还家,哭于殡以待县官。高祖、文明太后以其幼而孝决,又不逃罪,特免之。"②

综上,情感体系下,母子情深似海,母子之亲天性使然。母亲为照顾幼子不惜一切代价;而幼子在母亲潜移默化的影响下,易于理解母亲情感,认同母亲的理念;同时,又以弱小身躯保护着母亲、影响着母亲。母子之间形成连心一体的亲情互动关系。

第五节 父母角色定位与亲子互动

美国著名社会学家威廉·古德比在《家庭社会学》一书中对父母角色进行了定位,认为:"性别分工的一般规则却是非常明显的。在所有社会中,有一系列任务是分配给妇女的。而另有一系列任务则是分配给男子的,此外,还有一些任务是两性都有份的。……在两类不同的性别行为中,男性或女性都更强调其中的一类行为。人们期望男子将更多的注意力放在工作上,放在家庭以外的事情上,如政治、战争、与邦建国、积累财富等;人们期望妇女将更多的注意力放在生儿育女和家务劳动方面。"③这一论点也基本符合中国古代家庭的分工与角色定位。魏晋南北朝时期,各阶层仍基本遵循"男主外、女主内"的家庭分工,父母分工不同,角色定位亦不相同。"严父""慈母"角色广为大众接受。其实,父母角色并非一成不变,在不同框架、不同体系下,严与慈有不同定位。

一、父亲角色的定位

礼法制度下,父亲是家庭的核心。父子之间是以父为中心建立的伦理秩序,强调父亲的绝对权威与幼子的绝对服从。父亲的意志通过教子得以贯彻执行,父命难违,父尊地位得以凸显。家庭人伦次序不可逾越,父子之间的等级秩序不可遗忘,父子之间长尊幼敬,尊卑有序,形成以父亲为中心的一元家庭模式。

礼法制度终归是想构建一种理想家庭模式,然而家庭又是以血缘关系为纽带而建立的社会组织,父子之间不仅仅简单约束于礼法框架之下。除此之外,还有血浓于水的亲情维系,父子不可避免地产生感情上的相互关联。情感体系之下,父亲虽如高山仰止,但不完全是一副冷若冰霜的面孔。父亲爱子,天性使然,父爱如流水,以不可挡之势汇入亲

---

① 《梁书》卷四七《孝行·庾沙弥传》,第655页。
② 《魏书》卷八六《孝感·孙益德传》,第1883页。
③ (美)威廉·古德著,魏章玲译:《家庭社会学》,台北:桂冠图书股份有限公司,1988年,第105-113页。

情之河。父亲用爱诠释了其慈祥、可亲的一面。对儿童而言,孝道伦理固然不可弃,但在父亲面前并非终日诚惶诚恐、战战兢兢,而是与父亲亲情互动,展现充满童趣、天真烂漫的美好画卷。儿童并非乳臭未干,总是在父亲荫护之下;相反,他们也能机智勇敢、夙惠早成,以幼小之躯为父分忧解难,通过舍身救父、为父报仇、护父之威、献言献策、主持门户等事件,展现幼子对父之亲、之爱。儿童不再是被动接受父亲教育与呵护的客体,而是拥有独立自主意识,勇于挑战自我、侠肝义胆的主体。儿童以实际行动自下而上、由幼及长与父亲亲情互动,对父亲产生深刻的影响,这种影响身为父亲者甚至会始料未及。

要之,父权家长体系之下,父子亲亲,父尊子孝是其相处的基本原则;但礼法体系无法涵盖父子之亲,父爱子亲则通过情感体系得以彰显,父子之间亲情互动,从不同角度勾勒出一幅幅亲子画面。情感体系下,血浓于水的亲情是父子相处的根本,父子之间没有不可逾越的鸿沟,这又是对礼法人伦次序的挑战。礼法规范无法规避,情感体系不能排除,父子关系最终在情与礼的冲突与碰撞中不断向前发展。

二、母亲角色的定位

母子关系并不像父子关系那么单纯与直接,母子之间不是简单的母亲与幼子之间的关系,而要受到家庭核心人物——父亲的影响。母子双方均处于父权笼罩之下,形成以"父——母——子"为次序的三元关系。父亲对母亲身份认同与情感倾向决定着母亲的尊卑次序,幼子的地位又不可避免受到母亲地位与身份的影响,形成子以母贵、子以母贱两种情况;同时,幼子的出生与成长,与父亲的亲密程度,以及将来是否功成名就,又影响着母亲在父系家庭中的地位,母亲可恃子为凭,母以子贵,幼子的成长是母亲安身立命、富贵荣华的希望所在。

关于母亲,首先浮现在人们脑海的是目如阳春、和颜悦色的慈母形象。母亲无微不至地照顾幼子衣食住行,母爱渗透于抚养幼子的每一个细节。母亲照顾儿童的点点滴滴,母爱汇成波澜壮阔的大海。即使母亲离世,母爱仍然不灭,母亲怜惜幼子思母之情,时而托梦安慰幼子。

然而,母亲形象并非一成不变,"慈母"之外,还可能扮演着"严母"角色。关于母严,原因有二:一是父亲虽然承担了教子的大任,但幼子与母亲朝夕相处,不可避免受母之教、受母潜移默化的影响。况且,抚养幼子是母亲的基本职责,而教育更是母职的重点。母亲对幼子兴趣志向、识字启蒙、家国观念的形成、人格塑造以及前途导向起着不可估量的作用。在教育问题上,母亲往往与父亲立场一致,方法相似,严格程度不逊于父亲,甚至严格过于乃父。二是父权制家庭范围内,父母关系并不平等,父亲至尊地位无法动摇,父命不仅可以诫子,还可以出妻弃妾。母亲为了巩固在家中地位,急需寻找支援,而幼子是扩大母亲势力的不二人选。儿子将来成才、立身仕宦才是母亲安身立命的根本,母亲的安全感很大程度上在于幼子成年后之功成名就。为了儿童将来大有作为,母亲不惜对幼子严加管教。为此,母亲隐藏慈祥之意,彰显严厉之教,严母教子甚于严父。

母子一体，幼子与母亲之间的情感难以割舍。儿童与母朝夕相对，接触最密，母亲的臂膀是儿童温馨的港湾，子之于母，情义最笃，幼子更容易窥探母亲的内心世界，理解母亲情绪的变化。母亲的兴趣志向、宗教信仰在日常生活中展现流露，潜移默化对幼子心灵塑造产生重大影响。儿童虽幼，智慧不小，儿童在敦睦家庭、主持门户、为母报仇等方面表现出超乎寻常的智慧与勇气。儿童以稚嫩的肩膀为母分忧，影响着母亲的生活。

综上所述，父母的角色深受礼制约束，同时又靠情感维系，在礼制与情感双重作用下，父母与儿童的关系并非墨守成规、一成不变。礼制规范之下，家庭内部不仅有严父，还有严母，母亲虽然从内心深爱幼子，但为了幼子的将来，不惜隐藏慈母面孔，以幼子成才为目的，对其严加管教。在情感体系之下，父母角色又有新的定位，在日常生活中，父、母摘下威严的帽子，与子亲情互动，勾勒出父慈、母爱、子亲的画面。由此可见，父母角色是多方面的，父母都有严、慈的一面，在涉及亲情互动等方面，父母均和蔼可亲；在涉及儿童教育等重大问题，父母则立场一致，严厉无比。如北魏范绍受父命外出求学，因父丧而废，其母严令范绍遵从父命，以学业为是，范绍在父令母命双重教育下重返学堂。《魏书·范绍传》载："（绍）年十二，父命就学，师事崔光。以父忧废业，母又诫之曰：'汝父卒日，令汝远就崔生，希有成立。今已过期，宜遵成命。'"①

因此，父母角色复杂多变，很难简单用"父严""母慈"一言以蔽之。

三、儿童角色的定位

礼制规范下，无论于父、于母，儿童的角色是统一的，即对父、母的孝养。儒家思想下，统治阶级宣扬以"孝"为美德，儿童演绎了许多感人至深的孝感故事，这些孝感故事又为统治阶级所宣扬与旌表，起到教化社会的重要作用。

在亲子关系中，父母虽对儿童谨慎呵护，却容易忽视儿童的力量。因子幼小，父母往往以成人眼光俯视儿童，掌握主导权的父母扮演了施教者角色，并下意识认为幼子应扮演被教者角色，儿童只需被动接受父母的教养。而事实并非如此，儿童虽小，在成长中形成了较强的自主意识，对人与事形成自己的价值判断。儿童反过来对父母产生深刻影响，令父母重新审视亲子关系，刷新对幼子的认识。笔者在父子关系、母子关系两节，分别就儿童对父、对母影响已详加论述，在此仅进行总结以作为补充。如晋朝荀羡年仅七岁，遇苏峻之难，随父在石头，峻甚爱之，恒置膝上。荀羡有成人之志，见与苏峻如此之近，胆量过人，羡阴白其母，曰："得一利刀子，足以杀贼。"母掩其口，曰："无妄言！"②荀羡幼年聪慧，勇敢有志，身为儿童便慷慨激昂，有杀贼之心，为朝廷贡献之意，为父母分忧之情。从他身上，可以透视此时儿童独立的人格精神，透视其自下而上影响父母、朝廷的胆略。

---

① 《魏书》卷七九《范绍传》，第1755页。
② 《晋书》卷七五《荀崧传附子羡传》，第1980页。

有些儿童幼年向学,为求学不惜违背母命。魏收族子魏质便是一例,《北史·魏收传》载:"(质)幼有立志,年十四,启母求就徐遵明受业,母以其年幼不许。质遂密将一奴,远赴徐学,留书一纸,置所卧床。内外见之,相视悲叹。"魏质幼年好学,启母就师而学,其母怜其童幼而不许;然魏质新意已定,不惜违背母命,逃亡就学。北魏祖莹幼年勤奋好学,《魏书·祖莹传》曰:"莹年八岁,能诵《诗》《书》,十二,为中书学生。好学耽书,以昼继夜,父母恐其成疾,禁之不能止,常密于灰中藏火,驱逐僮仆,父母寝睡之后,燃火读书,以衣被蔽塞窗户,恐漏光明,为家人所觉。由是声誉甚盛,内外亲属呼为'圣小儿'。"①祖莹一心向学,在学业上不惜与父母发生冲突,这表明儿童并非被动木偶,而是有强烈自主意识,敢于坚持己见,儿童独立精神自下而上影响父母,终令父母刮目相看。

要之,父、母、儿童三者均有自身的角色定位,而角色理论是从互动理论中发展出来的。② 儿童与父、母之间又形成亲情互动的双向关系,儿童不仅受命父母、孝养父母,而且自下而上、由幼及长地影响着父母,改变着父母,父母与幼子之间共情互动,形成相互影响、相互依存的双行线。

---

① 《魏书》卷八二《祖莹传》,第1798页。
② 奚从清:《角色论——个人与社会的互动》,杭州:浙江大学出版社,2010年,第40页。

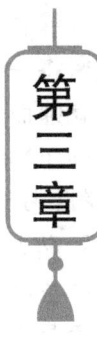

第三章 求学之路：官学与私学中的童蒙教育

教育是儿童汲取知识、修养品德的主要方式，是其成长过程中必不可少的加油站。儿童通过接受教育，得以获取知识、提高道德品行、谙熟为人处世之道，为将来仕宦为官、光宗耀祖奠定基础。魏晋南北朝时期，童蒙教育形式多端，除家庭教育之外，有以小学启蒙为主的官学教育，更有形式多样的私学教育。无论是官学教育还是私学教育，均为儿童成长奠定了良好的基础。

第一节 魏晋南北朝小学教育再探

关于魏晋南北朝小学教育已有学者进行了论述，吴洪成、王金霞《魏晋南北朝时期的小学教育探析》一文论述了魏晋南北朝官立小学、私立小学的设立情况，小学教材以及清谈对小学教育的影响。① 胡金平《魏晋六朝官学行政体制与师生管理制度考辨》一文论述了官学行政体制与师生管理制度，认为在承袭汉代的基础上，官学行政体制与师生管理制度均有所创新；同时，由于官学流于一种政治合法性的符号，制度的规定与实际的情形存在较大差距，导致学官成为一种没有实质工作的虚衔。然而不可否认，这依然体现出了教育的隐性政治功能。② 上述研究具有较强的学术价值，尤其吴洪成文所述题材与笔者题目相似，为笔者撰写此书提供灵感；然则诸如小学的内涵、性质、设立状况、儿童入学年龄、教育内容等问题，仍有深入耕植的空间，且吴文几处结论亦可商榷。

一、小学的含义及设立

王子今先生在《两汉童蒙教育》一文论述了"小学"的含义，认为小学含义有二：一是"小学"与"大学"相对应，指初级教育，可以和近代教育之"小学"相类比。二是大致在西

---

① 吴洪成、王金霞：《魏晋南北朝时期的小学教育探析》，《南京社会科学》2007年第10期，第128-133页。
② 胡金平：《魏晋六朝官学行政体制与师生管理制度考辨》，《南京师大学报（社会科学版）》2013年第2期，第81-89页。

汉时期,"小学"又专门指称文字学。① 王先生阐述"小学"之含义精准深刻,笔者深表赞同。魏晋南北朝"小学"沿袭汉制,在多数情况下指与大学相对应的初级教育,在有些情况下亦指文字学。

"小学"有时专指文字学。颜之推在《颜氏家训》中有论述,曰:"夫文字者,坟籍根本。世之学徒,多不晓字:读《五经》者,是徐邈而非许慎;习赋诵者,信褚诠而忽吕忱;明《史记》者,专徐、邹而废篆籀;学《汉书》者,悦应、苏而略《苍》、《雅》。不知书音是其枝叶,小学乃其宗系。至见服虔、张揖音义则贵之,得《通俗》、《广雅》而不屑。一手之中,向背如此,况异代各人乎?"②清朝学者黄叔琳对"小学"有所解释,曰:"韩云:'士大夫宜略识字。'苏东坡闲时,恒看字书。"③由此可见,此"小学"专指字书,苏东坡闲时亦以字书自娱。又曰:"晋、宋以来,多能书者。故其时俗,递相染尚,所有部帙,楷正可观,不无俗字,非为大损。至梁天监之间,斯风未变;大同之末,讹替滋生。萧子云改易字体,邵陵王颇行伪字;朝野翕然,以为楷式,画虎不成,多所伤败。至为一字,唯见数点,或妄斟酌,逐便转移。尔后坟籍,略不可看。北朝丧乱之余,书迹鄙陋,加以专辄造字,猥拙甚于江南。乃以百念为忧,言反为变,不用为罢,追来为归,更生为苏,先人为老,如此非一,遍满经传。唯有姚元标工于楷隶,留心小学,后生师之者众。"④颜之推评论两晋及南北朝书写字体,认为晋、宋字体为工,至梁以降字体多所陋谬,唯姚元标工于楷隶,留心文字。据上下文,此"小学"之义应为文字学。《隋书·经籍志》载:"魏氏代汉,采掇遗亡,藏在秘书中、外三阁。魏秘书郎郑默,始制《中经》,秘书监荀勖,又因《中经》,更著《新簿》,分为四部,总括群书。一曰甲部,纪六艺及小学等书;……元徽元年,秘书丞王俭又造《目录》,大凡一万五千七百四卷。俭又别撰《七志》:一曰《经典志》,纪六艺、小学、史记、杂传。"⑤这里"小学"指与六艺等类相齐的文字书。

"小学"又是与"大学"相对应之初级教育。从小学性质而言,小学为官府所创建,性质上属于官办学校。为明"小学"之义,先从其设立始末着手进行分析。

魏晋南北朝官学时兴时废,作为官办学校的"小学"更是时断时续,然而"小学"之制未废,仍在战乱中艰难生存,发挥着教授童蒙的重要作用。三国时期,东吴有小学之制,殷礼"幼而乡里异之,七岁就官学书。在师未尝戏弄,讽诵恒不为声,潜识而已"⑥。殷礼幼有异才,为乡里所异,七岁入官学从师学书,勤奋可嘉,东吴官办小学可见一斑。两晋时期,小学设立亦见诸史籍,晋令规定:"诸县率千余户置一小学,不满千户亦立。"⑦此令传递信息如下:一是小学之性质,为官府牵头所创办。二是设置地点在县级层面,属于地

---

① 王子今:《两汉童蒙教育》,《史学集刊》2007年第3期,第15-25页。
② 《颜氏家训》卷三《勉学第八》,第207页。
③ 《颜氏家训》卷三《勉学第八》,第208页。
④ 《颜氏家训》卷七《杂艺第十九》,第514页。
⑤ 《隋书》卷三二《经籍志一》,第906页。
⑥ 《太平预览》卷六一四《学部八·幼学》,第2760页。
⑦ 《太平预览》卷五三四《礼仪部一三·学校》,第2424页。

方基层小学。三是设置规模,满千户之县设立一所小学,不满千户按千户标准设立,小学普及广泛,规模相对较大。四是从小学设立地域与规模均可看出,官府重视小学教育,重视基层教育。

基层教育体系得以建立,这对郡县基层的儿童有至关重要的意义。官办小学招收生员不分阶层,为寻常百姓家的儿童提供了宝贵的求学机会。西晋王育"少孤贫,为人佣牧羊,每过小学,必歔欷流涕"[1]。可见,西晋在县乡等基层设立官办小学,王育因孤贫而无法入学,然其向学之心迫切,偶遇恩人相助,得以入学完成学业,其"时有暇,即折蒲学书,忘而失羊,为羊主所责,育将鬻己以偿之。同郡许子章,敏达之士也,闻而嘉之,代育偿羊,给其衣食,使与子同学,遂博通经史"[2]。东晋时期也有官办地方小学。范宁任豫章太守,重视地方官学教育,《晋书·范汪传附子宁传》曰:"宁在郡又大设庠序,遣人往交州采磬石,以供学用,改革旧制,不拘常宪。远近至者千余人,资给众费,一出私禄。并取郡四姓子弟,皆充学生,课读《五经》。又起学台,功用弥广。"[3]范宁重视地方教育,在郡大兴学校,广收众徒,声势浩大。其教育包括儿童在内,刘宋周续之为儿童时,正值范宁在郡立学,招集生徒。周续之即因之入学,研习《五经》等儒家经典,学有大成。《宋书·隐逸·周续之传》载:"续之年十二,诣宁受业。居学数年,通《五经》并《纬候》,名冠同门,号曰'颜子'。"[4]

南朝官府创办乡村小学。南齐顾欢幼而好学,为儿童时,家贫无以入学,常常于小学旁听。《南齐书·高逸·顾欢传》载:"乡中有学舍,欢贫无以受业,于舍壁后倚听,无遗忘者。八岁,诵《孝经》、《诗》、《论》。"[5]这里学舍即为学校之称,古时有以学校称为学舍之先例,《后汉书·儒林传序》曰:"学舍颓敝,鞠为园蔬,牧儿荛竖,至于薪刈其下。"[6]这里学舍即为学校,顾欢所在乡之学舍与此含义相同。陈朝顾越"所居新坡黄冈,世有乡校,由是顾氏多儒学焉"[7]。顾越与南齐顾欢为同乡,均为吴郡盐官人,可见吴郡乡村小学之普。萧梁官府亦设小学,官方为儿童就学提供场所。萧梁钟嵘"裁能胜衣,甫就小学,必甘心而驰骛焉"[8]。萧梁时期重视小学教育,规定贵族子弟长至总角皆须入官办小学学习,《颜氏家训》载:"梁朝皇孙以下,总丱之年,必先入学,观其志尚,出身已后,便从文史,略无卒业者。"[9]对此,清朝乾嘉学派钱大昕予以解释,曰:

---

[1]《晋书》卷八九《忠义·王育传》,第2309页。
[2]《晋书》卷八九《忠义·王育传》,第2309页。
[3]《晋书》卷七五《范汪传附子宁传》,第1988页。
[4]《宋书》卷九三《隐逸·周续之传》,第2280页。
[5]《南齐书》卷五四《高逸·顾欢传》,第928页。
[6]《后汉书》七九上《儒林传序》,北京:中华书局,1965年,第2547页。
[7]《陈书》卷三三《儒林·顾越传》,第445页。
[8]《梁书》卷四九《文学上·钟嵘传》,第696页。
[9]《颜氏家训集解》卷三《勉学第八》,第170页。

《梁书·武帝纪》:"天监九年三月乙未诏曰:王子从学,著自《礼经》,贵游咸在,实惟前语,所以式广义方,克隆教道。今成均大启,元良齿让,自兹以降,并宜肄业。自皇太子及王侯之子,年在从师者,可令入学。"①

可见,萧梁时期官方创立小学,重视小学教育,招收贵族子弟入学启蒙,以为定制。

魏晋南北朝时期,少数民族逐渐受汉族文化影响,各统治阶级重视童蒙教育,许多少数民族领袖曾颁布诏令设立小学。前赵刘曜重视教育,《晋书·刘曜载记》曰:"曜立太学于长乐宫东,小学于未央宫西,简百姓年二十五已下十三已上,神志可教者千五百人,选朝贤宿儒明经笃学以教之。"②由此,可知信息有三:一是刘曜重视教育,不仅创立太学,而且兴办小学,使之与太学并立,教授童蒙,启迪儿童。二是从生员信息看,不进贵族子弟有机会接受教育,百姓子弟亦享有受教育的权力。三是刘曜办学规模宏大,生员众多,影响深远。后赵石勒兴学崇儒,重视童蒙教育,亦曾设立小学,并且亲临策试学员。《晋书·石勒载记下》曰:"勒亲临大小学,考诸学生经义,尤高者赏帛有差。"③后赵不仅创办小学,且置小学博士以为教员。《晋书·石季龙载记上》曰:"初,勒置大小学博士,至是复置国子博士、助教。"④可见,后赵统治时期小学教育制度完备,官府不仅创办小学,为儿童提供就学机会,而且重视教育质量,设立专职小学博士以为教员。前燕慕容氏父子亦十分重视教育,慕容皝即位,设立庠序以教授贵族子弟。《晋书·慕容皝载记》载:"赐其大臣子弟为官学生者号高门生,立东庠于旧宫,以行乡射之礼,每月临观,考试优劣。皝雅好文籍,勤于讲授,学徒甚盛,至千余人。亲造《太上章》以代《急就》,又著《典诫》十五篇,以教胄子。"⑤可见,慕容皝在位时期,十分重视学校教育,于学校推行乡射之礼。他不仅亲临学校,考试学生,视察指挥,而且重视教育内容,亲自撰写教科书。其所创办学校,教育内容有所改观,教学规模较为庞大,教育质量有所提高。慕容皝之子慕容俊即位,亦十分重视贵族子弟教育,尤其重视贵族之启蒙教育。《晋书·慕容俊载记》曰:"俊立小学于显贤里以教胄子。"⑥慕容俊在其父重视教育的基础上又有一定进步,前燕创立小学之制,以教授贵族儿童,启迪童幼,这对贵族儿童成长具有重要意义。

北魏小学建立始于孝文帝。众所周知,孝文帝崇慕汉学,实行一系列汉化政策,迁都洛阳后,汉化教育更是从儿童开始抓起。太和二十年(496),孝文帝"发敕立四门博士,并于四门置学"⑦。《魏书·儒林传序》对此令进行了详细的解释,曰:"及迁都洛邑,诏立国

---

① 《颜氏家训集解》卷三《勉学第八》,第172页。
② 《晋书》卷一〇三《刘曜载记》,第2688页。
③ 《晋书》卷一〇五《石勒载记下》,第2741页。
④ 《晋书》卷一〇六《石季龙载记上》,第2769页。
⑤ 《晋书》卷一〇九《慕容皝载记》,第2826页。
⑥ 《晋书》卷一一〇《慕容俊载记》,第2840页。
⑦ 《魏书》卷五五《刘芳传》,第1222页。

子太学、四门小学。高祖钦明稽古,笃好坟典,坐舆据鞍,不忘讲道。"①由此可知:一是北魏设立太学、四门小学的时间应在孝文帝迁都洛阳之后;二是小学制度完备,不仅设立学校,而且置四门博士,以教授生员,此为北魏中央创建小学之始。

世宗宣武帝亦重视小学教育,其统治时期,就太学、四门小学校址选择问题展开讨论。大臣刘芳上疏,曰:

> 自周已上,学惟以二,或尚西,或尚东,或贵在国,或贵在郊。爰暨周室,学盖有六。师氏居内,太学在国,四小在郊。《礼记》云周人"养庶老于虞庠,虞庠在国之西郊",《礼》又云:"天子设四学,当入学而太子齿。"注云:"四学,周四郊之虞庠也。"案《大戴·保傅篇》云:"帝入东学,尚亲而贵仁;帝入南学,尚齿而贵信;帝入西学,尚贤而贵德;帝入北学,尚贵而尊爵;帝入太学,承师而问道。"周之五学,于此弥彰。……今太学故坊,基趾宽旷,四郊别置,相去辽阔,检督难周。计太学坊并作四门,犹为太广。以臣愚量,同处无嫌。且今时制置,多循中代,未审四学应从古不?求集名儒礼官,议其定所。②

众所周知,太学以教授儒家经典为要务,世宗宣武帝秉承先王遗训,不断推行汉化政策,为达此目的,在大臣刘芳建议下,将小学与太学教育基地合一,这对加强鲜卑贵族中儿童汉化教育大有裨益。宣武帝时期小学教育继续向前发展,正始四年(507)世宗诏曰:"今天平地宁,方隅无事,可敕有司准访前式,置国子,立太学,树小学于四门。"③并"大选儒生,以为小学博士,员四十人"④。永平元年(508),尚书令高肇,尚书仆射、清河王怿等"奏置小学博士员三千人"⑤。小学博士人员众多,最多之时可达三千人。按照教师与学生人员的配比,一般情况下,生员人数远远多于教师人数。由此可推知,小学生员应远大于教员人数,可见小学之规模之宏大,应达到北魏之高峰。儒学大师孔璠、董征、王僧奇等均曾担任小学博士,成为北魏儿童的启蒙老师。由此可知,吴文认为北魏宣武帝时期小学"规模较小"的结论可待商榷,他指出"国子学只有生员三十六人"⑥,是将小学与国子学混为一谈,得出小学生员不多的结论。笔者以为国子学与小学截然不同,不可相互混淆。

北魏小学博士品秩亦有明确规定,《魏书·官氏志》载:"(太和)二十三年,高祖复次职令,及帝崩,世宗初班行之,以为永制。……四门小学博士,第九品上阶。"⑦

---

① 《魏书》卷八四《儒林传序》,第1842页。
② 《魏书》卷五五《刘芳传》,第1222页。
③ 《魏书》卷八《世宗纪》,第204页。
④ 《魏书》卷八四《儒林传序》,第1842页。
⑤ 《魏书》卷一一三《官氏志》,第3003页。
⑥ 吴洪成、王金霞:《魏晋南北朝时期的小学教育探析》,《南京社会科学》2007年第10期,第130页。
⑦ 《魏书》卷一一三《官氏志》,第2993-3002页。

第三章 求学之路：官学与私学中的童蒙教育

北魏小学教育在孝文帝、宣武帝时期达到鼎盛；及孝明帝统治时期，北魏政局动荡，国力衰微，国子学、小学教育均受到较大影响，渐趋衰败。

> 正光二年，乃释奠于国学，命祭酒崔光讲《孝经》，始置国子生三十六人。暨孝昌之后，海内淆乱，四方校学所存无几。永熙中，复释奠于国学；又于显阳殿诏祭酒刘廞讲《孝经》，黄门李郁说《礼记》，中书舍人卢景宣讲《大戴礼·夏小正篇》；复置生七十二人。及迁都于邺，国子置生三十六人。至于兴和、武定之世，寇难既平，儒业复光矣。①

由此可见，孝明帝正光年间国子学生员锐减，仅有三十六人；至于孝昌之后，烽火迭起，四方学校皆因乱而废，所剩无几，作为初级教育的小学亦随着战火而化为乌有。北魏永熙年间复置国学，虽北魏统治阶级重视教育，强调官办学校的重要作用，无奈魏祚不倡，寇乱难平，学业逐渐荒废，儒学不显。

北魏官府不仅创立中央小学，而且于地方州郡置立小学。

> 显祖天安初，诏立乡学，郡置博士二人，助教二人，学生六十人。后诏：大郡立博士二人，助教四人，学生一百人；次郡立博士二人，助教二人，学生八十人；中郡立博士一人，助教二人，学生六十人；下郡立博士一人，助教一人，学生四十人。②

由此可见，北魏显祖献文帝时期便建立地方乡村学校，根据州郡规模大小建立学校规模，派遣博士、助教人员，规定生员人数，其地方教育开展相对较早。如果从上文不能看出北魏郡立乡学是成人教育还是小学教育，那么下面这条史料则清晰可见州郡小学之端倪。《魏书·高祐传》载："祐以郡国虽有太学，县党宜有黉序，乃县立讲学，党立小学。"③可见，高祐为西兖州刺史期间，在郡设立学校，他重视小学教育，地方小学教育制度相对完善。北魏刘兰"年三十余，始入小学，书《急就篇》"④。可见，北魏时期州郡地方存在小学学校，一般招收儿童作为生员，刘兰大龄始入小学，作为小学生员之特例。

北齐不重儒教，其官学教育规模有限。《北齐书·儒林传序》载："而齐氏司存，或失其守，师、保、疑、丞，皆赏勋旧，国学博士徒有虚名，唯国子一学，生徒数十人耳。欲求官正国治，其可得乎？胄子以通经仕者唯博陵崔子发、广平宋游卿而已，自外莫见其人。

---

① 《魏书》卷八四《儒林传序》，第1842—1843页。
② 《魏书》卷八四《儒林传序》，第1842页。
③ 《魏书》卷五七《高祐传》，第1261页。
④ 《魏书》卷八四《儒林·刘兰传》，第1851页。

……齐制:诸郡并立学,置博士助教授经,学生俱差逼充员,士流及豪富之家皆不从调。备员既非所好,坟籍固不关怀,又多被州郡官人驱使。纵有游惰,亦不检治,皆由上非所好之所致也。"①北齐官方学校教育状况由此可见一斑。

然齐世小学之制未废,儿童仍可入小学接受启蒙教育。杜弼幼聪敏,其"家贫无书,年十二,寄郡学受业,讲授之祭,师每奇之"②。《北齐书·李浑传附弟绘传》曰:"(绘)年六岁,便自愿入学,家人偶以年俗忌,约而弗许。"③李铉"九岁入学,书《急就篇》,月余便通。家素贫苦,常春夏务农,冬乃入学"④。北周亦有小学之教,念贤幼年入小学,与诸生共读书。《周书·念贤传》曰:"为儿童时,在学中读书,有善相者过学,诸生竞诣之,贤独不往。笑谓诸生曰:'男儿死生富贵在天也,何遽相乎。'"⑤

综上所述,魏晋南北朝时期,小学教育得到各朝统治阶级的大力支持,官府在推动小学教育的发展上功不可没。"小学"性质上属于官办学校,有中央创办与地方创办之区分。"小学"与"书馆"是截然不同的两个教育体系,有学者将私学中的书馆教育纳入"小学"教育体系⑥,这与小学含义与性质相违背,笔者以为有不妥。从"小学"招收生员看,入学学习儿童不分阶级,普通民众家庭的儿童有机会求学,是官府普及初级教育的主要手段与方式,这一举措有利于基层童蒙教育的推进、有利于儿童的成长成才、有利于国家文化素养的提升。

二、小学入学年龄

关于儿童入学年龄,《汉书·食货志》曰:"八岁入小学,学六甲五方书计之事,始知室家长幼之节。十五入大学,学先圣礼乐,而知朝廷君臣之礼。"⑦东汉许慎《说文解字》引《周礼》之言,曰:"八岁入小学,保氏教国子,先目六书。"⑧从中可知,汉代儿童一般以八岁入小学。对此,现代学者也有论述。彭卫、杨振红先生认为"汉代儿童入学年龄在八九岁左右"⑨。王子今先生认为"汉代儿童入学年龄应早于八岁"⑩。这些研究成果对笔者分析魏晋南北朝儿童入学年龄极有指导意义。

---

① 《北齐书》卷四四《儒林传序》,第582-583页。
② 《北齐书》卷二四《杜弼传》,第346页。
③ 《北齐书》卷二九《李浑传附弟绘传》,第394页。
④ 《北齐书》卷四四《儒林·李铉传》,地584页。
⑤ 《周书》卷一四《念贤传》,第226页。
⑥ 吴洪成、王金霞:《魏晋南北朝时期的小学教育探析》,《南京社会科学》2007年第10期,第130-131页。
⑦ 《汉书》卷二四上《食货志》,第1122页。
⑧ (汉)许慎撰,(清)段玉裁注:《说文解字注·叙》,上海:上海古籍出版社,1981年,第1318页。
⑨ 彭卫、杨振红:《中国风俗通史·秦汉卷》,上海:上海文艺出版社,2002年,第361页。
⑩ 王子今:《两汉童蒙教育》,《史学集刊》2007年第3期,第15-25页。

《梁书·钟嵘传》载:"(嵘)裁能胜衣,甫就小学,必甘心而驰骛焉。"①萧梁高僧释僧副"弱而不弄,鉴彻绝群,年过小学,识成大量,乡党称奇,不仁者远矣"。陈朝名将欧阳頠幼年时期,其"年当小学,志冠成童。因孝为心,欲仁成体"②。北周庾信"虽复年犹小学,已为儒者所称"③。隋朝高僧释净业"年登小学,即霑缁服,闾里嘉之,号称贤者"④。这些记载均与儿童入学年龄有关,但并未明确儿童入学的实际年龄。

然则,儿童究竟于何年龄而入小学?名士刘廙从学,其"年十岁,戏于讲堂上",颍川司马德操抚其头曰:"孺子,孺子,'黄中通理',宁自知不?"⑤对此,王子今先生考证,引《太平预览》条,认为:"十岁应为七岁之误,刘廙涉学应在七岁。"⑥笔者认同此说,认为汉末至三国时期有的儿童以七岁入学。东吴殷礼"七岁就官学书"⑦。晋朝范乔"九岁请学,在同辈之中,言无媟辞。弱冠,受业于乐安蒋国明"⑧。

十六国时期,前赵刘曜建立太学与小学,教授童蒙,不问等级出身,儿童入学年龄在十三岁左右。《晋书·刘曜载记》曰:"曜立太学于长乐宫东,小学于未央宫西,简百姓年二十五已下十三已上,神志可教者千五百人,选朝贤宿儒明经笃学以教之。"⑨刘宋周续之十二入豫章太守范宁所创办郡学,《宋书·隐逸·周续之传》曰:"续之年十二,诣宁受业。居学数年,通《五经》并《纬候》,名冠同门,号曰'颜子'。"⑩

北魏元举"龀而小学,师心功倍,冥讯迅捷,卓尔殊佚,坟经于是乎宝轴,百家由此兮金箱"⑪。龀,谓毁齿也。《说文解字》曰:"男八月生齿,八岁而龀。女七月生齿,七岁而龀。"⑫元举始龀入小学,其学龄应在七八岁。北齐徐之才"五岁诵孝经,八年通论语。方数小学,经耳得心;琴书众艺,过目成手。十三召为太学生"⑬。徐之才幼有异才,五岁读《孝经》,八岁通《论语》,正值入小学之年,因有基础而得心应手,那么其入学应在八岁左右。北齐高僧释法上"五岁入学,七日通章"⑭。北齐李绘"年六岁,便自愿入学,家人偶以年俗忌,约而弗许。伺其伯姊笔牍之间,而辄窃用,未几遂通《急就章》"⑮。李绘六岁

---

① 《梁书》卷四九《文学上·钟嵘传》,第696页。
② 《艺文类聚》卷五二《治政部上·善政》,第946页。
③ 《全后周文》卷一七《庾信(十)》,第260页。
④ 《续高僧传》卷一二《义解篇八·隋终南山悟真寺释净业传》,第409页。
⑤ 《三国志》卷二一《魏书·刘廙传》,第613页。
⑥ 王子今:《两汉童蒙教育》,《史学集刊》2007年第3期,第19-20页。
⑦ 《太平预览》卷六一四《学部八·幼学》,第2760页。
⑧ 《晋书》卷九四《隐逸·范粲传附子乔传》,第2432页。
⑨ 《晋书》卷一〇三《刘曜载记》,第2688页。
⑩ 《宋书》卷九三《隐逸·周续之传》,第2280页。
⑪ 《魏故员外散骑侍郎元君墓志》,《汉魏南北朝墓志汇编》,第215页。
⑫ 《说文解字》卷二下《齿部》,第160页。
⑬ 《齐故司徒公西阳王徐君墓志》,《汉魏南北朝墓志汇编》,第456页。
⑭ 《续高僧传》卷八《义解篇四·齐大统合水寺释法上传》,第260页。
⑮ 《北齐书》卷二九《李浑传附弟绘传》,第394页。

自愿入学,虽为家人因年俗禁忌所止,但可推知他可在六岁入学。北齐李铉"九岁入学"[①]。杜弼"年十二,寄郡学受业,讲授之祭,师每奇之"[②]。隋朝卢太翼"七岁诣学,日诵数千言,州里号曰神童"[③]。陆爽"少聪敏,年九岁就学,日诵二千余言"[④]。高僧释慧远"七岁在学,功逾常百,神志峻爽,见称明智"[⑤]。

综上所述,魏晋南北朝儿童入小学年龄不一,早者五六岁,晚者十二三岁,平均年龄在七八岁。汉许慎"八岁入小学"之说有一定道理,但应视不同儿童的具体情况而定。魏晋南北朝时期,许多儿童接受教育极早,有些儿童甚至三四岁便学书诵经,然而其受教途径却不尽相同,儿童可因小学、家庭、书馆、私家教师而学。如萧梁昭明太子萧统"生而聪叡,三岁受《孝经》、《论语》,五岁遍读《五经》,悉能讽诵"[⑥]。其受教年龄最早,但并不一定是小学教育。因此,关于儿童入学年龄,不能一概而论之,亦不能一味强调入学之早。

三、小学教育内容

(一) 小学启蒙书体

魏晋以降,小学书体大多承袭汉制,但在此基础上亦有所变化。关于魏晋南北朝儿童所学书体及其变化过程,《隋书·经籍志》有详细记载,曰:

> 孔子曰:"必也正名乎?"名谓书字。"名不正则言不顺,言不顺则事不成。"说者以为书之所起,起自黄帝苍颉。比类象形谓之文,形声相益谓之字,著于竹帛谓之书。故有象形、谐声、会意、转注、假借、处事六义之别。古者童子示而不诳,六年教之数与方名。十岁入小学,学书计。二十而冠,始习先王之道,故能成其德而任事。然自苍颉讫于汉初,书经五变:一曰古文,即苍颉所作。二曰大篆,周宣王时史籀所作。三曰小篆,秦时李斯所作。四曰隶书,程邈所作。五曰草书,汉初作。秦世既废古文,始用八体,有大篆、小篆、刻符、摹印、虫书、署书、殳书、隶书。汉时以六体教学童,有古文、奇字、篆书、隶书、缪篆、虫鸟,并菓书、楷书、悬针、垂露、飞白等二十余种之势,皆出于上六书,因事生变也。魏世又有八分书,其字义训读,有《史籀篇》、《苍颉篇》、《三苍》、《埤苍》、《广苍》等诸篇章,训诂,《说文》、《字林》、音义、声韵、体势等诸书。自后汉佛法行于中国,又得西域胡书,能以十四字贯一切音,文省而义广,谓之婆罗门书。与八体六文之

---

① 《北齐书》卷四四《儒林·李铉传》,第584页。
② 《北齐书》卷二四《杜弼传》,第346页。
③ 《北史》卷八九《艺术上·卢太翼传》,第2950页。
④ 《北史》卷二八《陆俟传》,第1022页。
⑤ 《续高僧传》卷八《义解篇四·隋京师净影寺释慧远传》,第281页。
⑥ 《梁书》卷八《昭明太子传》,第165页。

义殊别。今取以附体势之下。又后魏初定中原,军容号令,皆经夷语。后染华俗,多不能通,故录其本言,相传教习,谓之"国语",今取以附音韵之末。又后汉镌刻七经,著于石碑,皆蔡邕所书。魏正始中,又立三字石经,相承以为七经正字。后魏之末,齐神武执政,自洛阳徙于邺都,行至河阳,值岸崩,遂没于水。其得至邺者,不盈太半。①

由上文可知,汉代以六体教学童,谓之"六书",在此基础上衍生出古文、奇字等二十余种势体,张政烺先生《六书古义》一文对"六书"之内涵、渊源、特点等内容予以详细论述。② 较之汉代,魏晋南北朝蒙学书体有所变化,主要体现在以下四个方面:一是"六书之体"变为"八分之书"。二是东汉末年以来,佛学东渐,西域之俗渐染中原,受佛教影响,童蒙书体中出现"婆罗门书",与中原文化差异较大,这对童蒙教育内容有一定的影响。三是北魏鲜卑建政,其书体、音韵与汉族文化别自天渊,鲜卑族虽然与汉族不断融合,接受汉族文化,但接受汉族文化有一个变化发展过程,鲜卑文字在其民族中仍有一席之地,称之"国语"。四是曹魏伊始,受蔡邕七经影响,刊立三字石经,以教授童蒙。这一书体贯穿于魏晋南北朝,直至北魏末年才逐渐凋零。

(二)小学启蒙教材

徐梓先生在《蒙学读物的历史透视》一书论述了蒙学读物的重要意义,指出:"蒙学和作为其主体内容的蒙学读物,是传统文化的重要组成部分。为什么而教学、教或学些什么以及怎样教学,往往是对这一时代性格和气质的典型体现。通过蒙学这扇窗口,我们就能了解这个时代的精神风貌,了解这一时代的文化特征。"③然则,魏晋南北朝时期,小学以何书启蒙幼学?

一是汉代以来启蒙识字读本,并在此基础上有所发展。《隋书·经籍志》记载此时童蒙所习之书,曰:

> 魏世又有八分书,其字义训读,有《史籀篇》、《苍颉篇》、《三苍》、《埤苍》、《广苍》等诸篇章,训诂、《说文》、《字林》、音义、声韵、体势等诸书。④

由此可见,儿童启蒙字书有《史籀篇》《苍颉篇》《三苍》《埤苍》《广苍》等诸篇章。在汉代的基础上,魏晋南北朝时期的启蒙读本又有所发展。儿童启蒙有汉史游撰《急就

---

① 《隋书》卷三二《经籍志一》,第946—947页。
② 张政烺:《六书古义》,《历史语言研究所辑刊》第10册,上海:商务印书馆,1948年,第1—22页。
③ 徐梓:《蒙学读物的历史透视》,武汉:湖北教育出版社,1996年,第2页。
④ 《隋书》卷三二《经籍志一》,第946—947页。

章》,顾炎武在《日知录》中就说:"汉魏以后,童子皆读史游《急就篇》。"①《急就篇》成为"汉魏以后最重要的启蒙读本"②。晋夏侯湛曰:"乡曲之徒,一介之士,曾讽《急就》、习甲子者,皆奋笔扬文,议制论道。"③除此之外,魏晋南北朝时期,童蒙启蒙之书在汉代《急就篇》的基础上又有所创新,北魏刘芳、崔浩、豆卢氏均在此方面有很深造诣,纷纷撰写教材以启发童蒙。刘芳撰《急就篇续注音义证》④三卷,对史游所撰《急就篇》进行校注,推动了童蒙书学的进步与发展。崔浩撰《急就章》⑤二卷,豆卢氏撰《急就章》⑥三卷。其中以崔浩撰《急就章》最为可取,《魏书》载:"浩既工书,人多讬写《急就章》。从少至老,初不惮劳,所书盖以百数,必称'冯代强',以示不敢犯国,其谨也如此。浩书体势及其先人,而妙巧不如也。世宝其迹,多裁割缀连以为模楷。"⑦《急就章》影响很大,成为北朝儿童学习启蒙的版本。北魏刘兰始入小学,其"书《急就篇》。家人觉其聪敏,遂令从师,受《春秋》、《诗》、《礼》于中山王保安"⑧。北齐李绘六岁,其"伺其伯姊笔牍之间,而辄窃用,未几遂通《急就章》"⑨。李铉"九岁入学,书《急就篇》,月余便通"⑩。

二是魏晋南北朝名士所撰儿童启蒙读物。蔡邕、王义、杨方、束晳、顾恺之、周兴嗣等纷纷撰写蒙书,为丰富儿童启蒙教材做出了贡献。蔡邕所撰《劝学》⑪一卷,影响极大,陈朝周荟养子文育,命兄之子周弘让教之书计。弘让"善隶书,写蔡邕《劝学》及古诗以遗文育"⑫。可见,《劝学篇》已成为儿童启蒙之篇。蔡邕在童蒙教育方面做出较大贡献,后世将其书刊著石碑,为后世小学研习。《隋书·经籍志》载:

> 又后汉镌刻七经,著于石碑,皆蔡邕所书。魏正始中,又立三字石经,相承以为七经正字。……其相承传拓之本,犹在秘府,并秦帝刻石,附于此篇,以备小学。⑬

晋朝名士纷纷著书,丰富了童蒙教育之教材。下邳内史王义撰《小学篇》一卷,杨方

---

① (清)顾炎武著,黄汝成集释,栾保群、吕宗力校点:《日知录集释》卷二一《急就篇》,上海:上海古籍出版社,2006年,第1217页。
② 徐梓:《蒙学读物的历史透视》,武汉:湖北教育出版社,1996年,第26–27页。
③ 《晋书》卷五五《夏侯湛传》,第1493页。
④ 《魏书》卷五五《刘芳传》,第1227页。
⑤ 《隋书》卷三二《经籍志一》,第942页。
⑥ 《隋书》卷三二《经籍志一》,第942页。
⑦ 《魏书》卷三五《崔浩传》,第826–827页。
⑧ 《魏书》卷八四《儒林·刘兰传》,第1851页。
⑨ 《北齐书》卷二九《李浑传附弟绘传》,第394页。
⑩ 《北齐书》卷四四《儒林·李铉传》,第584页。
⑪ 《隋书》卷三二《经籍志一》,第942页。
⑫ 《陈书》卷八《周文育传》,第137页。
⑬ 《隋书》卷三二《经籍志一》,第947页。

撰《少学》九卷,晋著作郎束皙撰《发蒙记》一卷,晋散骑常侍顾恺之撰《启蒙记》三卷、《启疑记》三卷。南朝亦有童蒙教材问世,萧梁周兴嗣所撰《千字文》一卷影响甚大。关于《千字文》撰写原因,徐梓先生有详细考证,认为梁武帝为教诸子读书,令兴嗣为之。①《千字文》内容广泛,涉及天问岁时、历史、道德等多个方面,为启发童蒙不可多得的教材。

(三)初读儒经

小学之教,首先要对儿童进行必要的识字启蒙教育。随着儿童不断积累知识,他们已不能满足简单的读书识字,开始逐渐接触儒家经典,以通晓经典为要务。东晋范宁所办郡学,要求学生"课读《五经》"②,周续之即在范宁指导下"通《五经》并《纬候》,名冠同门,号曰'颜子'"③。南齐顾欢在乡村小学旁听,八岁便"诵《孝经》、《诗》、《论》"④。顾越"所居新坡黄冈,世有乡校,由是顾氏多儒学焉"⑤。

北朝小学亦以儒经教育儿童。北魏孝文帝改革后,崇尚汉化,小学教育内容更是以儒家经典为主。宣武帝所建四门小学亦是以儒经教授儿童。周隋之际,韦师初就小学,始读《孝经》,舍书而叹曰:"名教之极,其在兹乎!"⑥可见儒经在童蒙教育中的普及程度。

小学以儒经教授儿童,原因有二:一是汉代以来,儒家思想成为社会的正统思想,大为统治阶级所推崇与提倡,汉代童蒙教育以儒学教育为主。⑦魏晋南北朝童蒙教育承袭汉代遗风,儒家经典仍是童蒙教育的主要内容。二是就小学性质而言,小学为官府所建。魏晋以降,儒家思想虽然受到严重冲击,但其仍然是社会主流思潮,仍为官府所推崇。官办学校带有明显的道德教化性质,必然以儒家经典为纲要,培养符合统治阶级需要的人才,这与私学教育中百花齐放的局面形成鲜明对比。相比而言,私学、家庭等教育方式灵活多变,内容丰富多彩,涉及儒、玄、释、道等各种思潮,儒家经典为主的小学教育则显得十分严肃与庄重。

四、小学教育的特点及影响

就儿童教育体系而言,童蒙教育形式多样,性质各异。除小学教育外,又有以家庭教育、私人讲学为主的私学教育等方式,官学、私学、家庭教育共同构成儿童教育之格局。小学教育贯穿于整个魏晋南北朝时期,为各朝统治阶级所重视,小学教育不失为官学体

---

① 徐梓:《蒙学读物的历史透视》,武汉:湖北教育出版社,1996年,第40页。
② 《晋书》卷七五《范汪传附子宁传》,第1988页。
③ 《宋书》卷九三《隐逸·周续之传》,第2280页。
④ 《南齐书》卷五四《高逸·顾欢传》,第928页。
⑤ 《陈书》卷三三《儒林·顾越传》,第445页。
⑥ 《北史》卷六四《韦瑱传附子师传》,第2276页。
⑦ 黄智允:《汉代童蒙教育中的儒家因素:以天才儿童形象的探讨为中心》,《兰州学刊》2012年第5期,第58—62页。

系中一朵美丽的浪花。然而,由于战乱相仍,动荡的社会环境对教育产生极大负面影响,官学时兴时废,小学教育更是朝不保夕、时断时续,官学教育虽在儿童启蒙中承担了不小比重,但不能过分夸大小学教育的作用。

就教育内容而言,魏晋南北朝沿袭两汉,儿童启蒙以《小学篇》《急就章》《仓颉篇》等教材为基础;儿童稍有基础之后,官办小学更注重儿童诵读儒家经典。小学教育成为官府培养儒家名士的前沿阵地,体现了小学教育为统治阶级服务的特质。魏晋南北朝小学教育在汉代基础上又不断发展,出现适合这一时代的风格特征。一是佛教传入为小学教育内容注入了新的血液,出现"婆罗门书"等异域书体。二是北魏鲜卑族建立政权的影响。虽然孝文帝实行汉化政策,但原有鲜卑文化并未骤然消失,仍然被一些鲜卑贵族沿袭教授,称之为"国语"。三是教材多样化,明贤时彦以汉代蒙书为基础对其进行校注与增删,有些名家甚至亲自撰写蒙学教材,极大地丰富了蒙学读物的种类,增加了蒙学教育的内容。

就生员主体而言,虽然有些统治阶级规定小学仅教授贵族子弟,童蒙教育仍然是贵族阶层所享有的特权;但是,不少统治阶级打破了贵族阶层垄断小学教育的局面,他们创办小学,不仅招收士族子弟,而且不排斥庶族儿童,甚至平民家庭之儿童亦可获得入学学习的宝贵机会;尤其在州郡乡村等基层建立的小学,更是为普通百姓之家的儿童入学打开了一扇大门,这在中国古代教育史上显得十分难能可贵,对提高百姓整体教育水平有一定的作用。

第二节　魏晋南北朝私学中的童蒙教育

魏晋南北朝官学教育时兴时废,与之相比,私学则表现出生机勃勃、花团锦簇的景象。从教授对象、教育内容、教学方法等各方面看,私学教育均呈现出多元化发展趋势。就其教授对象而言,私学教育不限长幼,儿童教育更是其中重要一环,这对拓宽儿童求学路径、弥补官办小学教育之不足起到至关重要的作用。私学中的童蒙教育,从儿童求学方式、教育内容、师生关系、教育影响等方面均表现出强烈的时代特征,与两汉以来儿童教育不尽相同。

一、求学方式的多元格局

(一)世家大族的特权:请师教学

士族家庭十分重视儿童的成长与教育,相比之普通百姓,其家境殷实,财富优渥,更有条件为子弟提供良好的教育资源与环境。士族请当世名士教授童蒙,雕琢璞玉。东吴大将吕蒙与成当、宋定、徐顾共为大将,屯次相比邻,成当等三将去世,子弟幼弱,孙权欲以吕蒙统其兵力,吕蒙固辞,上陈三将勤劳之勋,并照顾成当等幼子,助其向学,"又为择师,使辅导之,其操心率如此"①。东吴大将凌统去世,孙权悼念不已,哀其二子早孤,养于宫内,视如己出,请葛光为师,《三国志·吴书·凌统传》载:

　　二子烈、封,年各数岁,权内养于宫,爱待与诸子同,宾客进见,呼示之曰:"此吾虎子也。"及八九岁,令葛光教之读书,十日一令乘马,追录统功,封烈亭侯,还其故兵。②

孙权不仅为爱将之子请师教学,而且重视幼子教育,为子选择良师,授之书学。孙和年仅十四,权"为置宫卫,使中书令阚泽教以书艺"③。是仪学问渊博,深受孙权赏识,受命教授诸子书学。《三国志·吴书·是仪传》载:"入阙省尚书事,外总平诸官,兼领辞讼,又令教诸公子书学。"④西晋愍怀太子司马遹幼时聪慧,惠帝为其盛选德高望重之臣以为师傅,以"何劭为太师,王戎为太傅,杨济为太保,裴楷为少师,张华为少傅,和峤为少保"⑤。十六国时期,前秦苻坚幼年聪慧好学,为其祖父苻洪所异,《晋书·苻坚载记上》曰:"八岁,请师就家学。洪曰:'汝戎狄异类,世知饮酒,今乃求学邪!'欣而许之。"⑥刘宋谢惠连幼有才悟,父方明"为择师东海何长瑜"⑦。南齐高帝萧道成重视幼子教育,其子武陵昭王萧晔幼有才学,建元三年(481),年十五,出为持节、都督会稽东阳新安永嘉临海五郡军事、会稽太守,将军如故。萧晔虽出镇,高帝为其择师教授儒学,时"上遣儒士刘瓛往郡,为晔讲《五经》"⑧。陈朝周文育为周荟所养,周荟重视文育教育,其"命兄子弘让教之书计"⑨。

北朝时期,高欢、宇文泰虽为鲜卑贵族,但推崇汉族儒学经典,尤其重视子孙儒学启蒙教育,特为子聘请师傅,教授书计。北魏末年,卢景裕虽参与元宝炬之乱,但因精通儒经、学识渊博,齐献武王高欢爱其才学,为子请为师傅。《魏书·儒林·卢景裕传》载:"(高欢)闻景裕经明行著,驿马特征,既而舍之,使教诸子。在馆十日一归家,随以鼎食。"⑩文宣帝高洋从卢景裕学书,见于《北齐书·文宣纪》,曰:"幼时师事范阳卢景裕,默

---

① 《三国志》卷五四《吴书·吕蒙传》,第1275页。
② 《三国志》卷五五《吴书·凌统传》,第1297页。
③ 《三国志》卷五九《吴书·孙和传》,第1367—1368页。
④ 《三国志》卷六二《吴书·是仪传》,第1411—1412页。
⑤ 《晋书》卷五三《愍怀太子传》,第1457—1458页。
⑥ 《晋书》卷一一三《苻坚载记上》,第2884页。
⑦ 《宋书》卷六七《谢灵运传》,第1775页。
⑧ 《南齐书》卷三五《高帝十二王·武陵昭王晔传》,第625页。
⑨ 《陈书》卷八《周文育传》,第137页。
⑩ 《魏书》卷八四《儒林·卢景裕传》,第1859页。

识过人,景裕不能测也。"①北齐元文遥之子元行恭少年骄恣,文遥为其择良师益友,令与范阳卢思道交游。文遥尝谓思道云:"小儿比日微有所知,是大弟之力,然白掷剧饮,甚得师风。"②西魏乐逊精通儒学,为世人所推崇,许多士族请其为师,教授童蒙。大统九年(543),太尉李弼"请逊教授诸子"③。有些士族开设书馆,请当代名儒为师教授儿童,以增进贵族子弟的知识水平。北周太祖宇文泰设立东馆,教授诸将子弟,请乐逊、樊深等名儒均为师傅,在馆教授。《周书·儒林·樊深传》载:"太祖置学东馆,教诸将子弟,以深为博士。"④又载:"魏废帝二年,太祖召逊教授诸子。在馆六年,与诸儒分授经业。"⑤

魏晋南北朝时期,士族凭借政治、经济优势,为贵族儿童提供了良好的教育环境与优秀师资。贵族子弟在儒学大师的引领下,自幼受到儒家思想的渲染与教育,为其长成之后步入仕途、治理国政奠定了良好的基础。

(二)就师求学

魏晋南北朝私人办学之风甚盛,许多名人志士隐居乡里,专以教授为务。蜀汉向朗"开门接宾,诱纳后进"⑥。孙吴虞翻亦以教授为务,其"讲学不倦,门徒常数百人"⑦。此类例甚多,《中国教育通史·魏晋南北朝卷》详细论述了私人讲学之盛。⑧ 私学为儿童就师求学开辟了又一途径,许多儿童走出家门拜师学艺,他们或仰慕乡里名士,往而依之;或恋慕声名远著之士,不畏险阻,千里负笈,从师而学。

1. 就学乡里

许多儿童就学乡里,依乡里名士研习学业。曹魏牵招"年十余岁,诣同县乐隐受学"⑨。东吴张昭幼年从师受业,博览群书,弱冠便有令名。《三国志·吴书·张昭传》载:"少好学,善隶书,从白侯子安受《左氏春秋》,博览众书,与琅邪赵昱、东海王朗俱发名友善。弱冠察孝廉,不就,与朗共论旧君讳事,州里才士陈琳等皆称善之。"⑩东吴潘濬"弱冠从宋仲子受学"⑪。西晋侯史光"幼有才悟,受学于同县刘夏"⑫。罗宪"年十三,能属

---

① 《北齐书》卷四《文宣纪》,第44页。
② 《北齐书》卷三八《元文遥传》,第505页。
③ 《周书》卷四五《儒林·乐逊传》,第814页。
④ 《周书》卷四五《儒林·樊深传》,第811页。
⑤ 《周书》卷四五《儒林·乐逊传》,第814页。
⑥ 《三国志》卷四一《蜀书·向朗传》,第1010页。
⑦ 《三国志》卷五七《吴书·虞翻传》,第1321页。
⑧ 王炳照、李国钧、阎国华总主编,王建军主编:《中国教育通史·魏晋南北朝卷》,北京:北京师范大学出版社,2013年,第94—98页。
⑨ 《三国志》卷二六《魏书·牵招传》,第730页。
⑩ 《三国志》卷五二《吴书·张昭传》,第1219页。
⑪ 《三国志》卷六一《吴书·潘濬传》,第1397页。
⑫ 《晋书》卷四五《侯史光传》,第1289页。

文,早知名。师事谯周,周门人称为子贡"①。徐苗"少家贫,昼执锄耒,夜则吟诵。弱冠,与弟贾就博士济南宋钧受业,遂为儒宗"②。范乔"弱冠,受业于乐安蒋国明"③。南齐儒士雷次宗立学于鸡笼山,齐太祖萧道成兄弟往而受业。《南齐书·高帝纪上》载:"太祖年十三,受业,治《礼》及《左氏春秋》。"④又:"衡阳元王道度,太祖长兄也。与太祖俱受学雷次宗。"⑤萧梁吕僧珍,始为儿童时,从师学,有相工历观诸生,指僧珍谓博士曰:"此有奇声,封侯相也。"⑥萧梁王瞻"年数岁,尝从师受业,时有伎经其门,同学皆出观,瞻独不视,习诵如初"⑦。萧梁庾承先"弱岁受学于南阳刘虬,强记敏识,出于群辈"⑧。萧梁王锡"幼而警悟,与兄弟受业,至应休散,辄独留不起,精力不倦,致损右目"⑨。

北魏段承根之父段晖,幼年"师事欧阳汤,汤甚器爱之"⑩。北魏高谦之妻张氏,聪明妇人,常教劝诸子,从师受业,常诫之曰:"自我为汝家妇,未见汝父一日不读书。汝等宜各修勤,勿替先业。"⑪北周宇文护之母回忆,护等四儿童幼从师学,时"元宝、菩提及汝姑儿贺兰盛洛,并汝身四人同学。博士姓成,为人严恶,(汝)等四人谋欲加害。吾共汝叔母等闻之,各捉其儿打之。唯盛洛无母,独不被打"⑫。李贤"九岁,从师受业,略观大旨而已,不寻章句"⑬。

2. 负笈游学

魏晋南北朝游学风靡不已,向学之士求知若渴,不仅就近乡里寻求名师,而且不畏险阻,拜访名流之士,以求学有所成。许多儿童亦加入游学大军,他们负笈而行、千里游学,以求取知识为目标。

晋郭舒"幼请其母从师,岁余便归,粗识大义"⑭。晋高僧释惠远"本姓贾氏,世为冠族。年十二,随舅令狐氏游学许、洛"⑮。南齐高僧释智林"幼而崇理好学,负袠长安。振锡江豫,博采群典,特善《杂心》"⑯。南齐高僧释僧柔"年九岁,随叔游学。家世贫迫,藜

---

① 《晋书》卷五七《罗宪传》,第1551页。
② 《晋书》卷九一《儒林·徐苗传》,第2351页。
③ 《晋书》卷九四《隐逸·范粲传附子乔传》,第2432页。
④ 《南齐书》卷一《高帝纪上》,第3页。
⑤ 《南齐书》卷四五《宗室·衡阳元王道度传》,第787页。
⑥ 《梁书》卷一一《吕僧珍传》,第211页。
⑦ 《梁书》卷二一《王瞻传》,第317页。
⑧ 《梁书》卷五一《处士·庾承先传》,第753页。
⑨ 《南史》卷二三《王彧传附族孙锡传》,第640页。
⑩ 《魏书》卷五二《段承根传》,第1158页。
⑪ 《魏书》卷七七《高崇传附子谦之传》,第1712页。
⑫ 《周书》卷一一《晋荡公护传》,第170页。
⑬ 《周书》卷二五《李贤传》,第413页。
⑭ 《晋书》卷四三《王戎传附郭舒传》,第1241页。
⑮ 《世说新语笺疏·文学第四》注引张野《远法师铭》,第265页。
⑯ 《高僧传》卷八《义解五·齐高昌郡释智林传》,第309-310页。

蕴不充,而笃志弥坚,履穷无改"①。萧梁高僧释法通"年十一出家,游学三藏,专精方等,《大品》、《法华》尤所研审。年未登立,便为讲匠,学徒云聚,千里必萃"②。萧梁高僧释慧韶"十二厌世出家,具戒便游京扬,听庄严旻公讲释《成论》,才得两遍,记注略尽"③。萧梁范缜"年未弱冠,闻沛国刘瓛聚众讲说,始往从之,卓越不群而勤学,瓛甚奇之,亲为之冠。在瓛门下积年,去来归家,恒芒屩布衣,徒行于路"④。萧梁周兴嗣"年十三,游学京师,积十余载,遂博通记传,善属文"⑤。顾越"弱冠游学都下,通儒硕学,必造门质疑,讨论无倦"⑥。陈朝姚察之父姚僧(垣)知名梁代,"二宫礼遇优厚,每得供赐,皆回给察兄弟,为游学之资,察并用聚蓄图书,由是闻见日博。年十三,梁简文帝时在东宫,盛修文义,即引于宣猷堂听讲论难,为儒者所称"⑦。戚衮"少聪慧,游学京都,受《三礼》于国子助教刘文绍,一二年中,大义略备"⑧。

北魏高允幼年聪慧,"年十余,奉祖父丧还本郡,推财与二弟而为沙门,名法净。未久而罢。性好文学,担笈负书,千里就业"⑨。北周樊深"弱冠好学,负书从师于三河,讲习《五经》,昼夜不倦"⑩。卢思道幼年志学,游学京师,其《孤鸿赋》曰:"余志学之岁,自乡里游京师,便见识知音,历受群公之眷。"⑪杨尚希"龆齓而孤,年十一,辞母请受业长安。范阳卢辩见而异之,令入太学,专精不倦,同辈皆共推服"⑫。魏质"幼有立志,年十四,启母求就徐遵明受业,母以其年幼不许。质遂密将一奴,远赴徐学,留书一纸,置所卧床。内外见之,相视悲叹"⑬。

(三)刻苦自学

许多儿童学不师受,刻苦自学,由此而名扬乡里。蜀汉郤正"少以父死母嫁,单茕只立,而安贫好学,博览坟籍。弱冠能属文,入为秘书吏,转为令史,迁郎,至令"⑭。郤正幼年丧父,母又改嫁,虽无依托,孤单孑立,而安贫乐学,孜孜不倦。西晋嵇康"学不师受,博

---

① 《高僧传》卷八《义解五·齐上定林寺释僧柔传》,第322页。
② 《高僧传》卷八《义解五·梁上定林寺释法通传》,第339页。
③ 《续高僧传》卷六《义解篇二·梁蜀郡龙渊寺释慧韶传》,第190页。
④ 《梁书》卷四八《儒林·范缜传》,第664页。
⑤ 《梁书》卷四九《文学上·周兴嗣传》,第697页。
⑥ 《南史》卷七一《儒林·顾越传》,第1752页。
⑦ 《陈书》卷二七《姚察传》,第348页。
⑧ 《陈书》卷三三《儒林·戚衮传》,第440页。
⑨ 《魏书》卷四八《高允传》,第1067页。
⑩ 《周书》卷四五《儒林·樊深传》,811页。
⑪ 《北史》卷三〇《卢玄传附玄孙思道传》,第1076页。
⑫ 《北史》卷七五《杨尚希传》,第2579页。
⑬ 《北史》卷五六《魏收传附魏质传》,第2039页。
⑭ 《三国志》卷四二《蜀书·郤正传》,第1034页。

览无不该通,长好《老》《庄》"①。东晋葛洪幼年孤苦,勤勉自学,其《自叙》曰:"年十有三,而慈父见背,夙失庭训。饥寒困瘁,躬执耕穑。……常乏纸,每所写(皆)反覆有字,人鲜能读也。年十六,始读《孝经》、《论语》、《诗》、《易》。贫乏无以远寻师友,孤陋寡闻,明浅思短,大义多所不通。"②刘宋高僧释昙谛十岁出家,幼年自学佛法,学不师受。《高僧传》曰:"至年十岁出家,学不从师,悟自天发。"③南齐顾欢幼年好学,但家贫无以受业,常常于学舍旁听自学。《南齐书》载:"家贫,父使驱田中雀,欢作《黄雀赋》而归,雀食过半,父怒,欲挞之,见赋乃止。乡中有学舍,欢贫无以受业,于舍壁后倚听,无遗忘者。八岁,诵《孝经》、《诗》、《论》。"④萧梁孔子祛"少孤贫好学,耕耘樵采,常怀书自随,投闲则诵读。勤苦自励,遂通经术,尤明《古文尚书》"⑤。萧梁高僧释明彻幼年出家,学不师受。《续高僧传》载:"六岁丧父,仍愿出家,住上虞王园寺。学无师友,从心自断,每见胜事,未曾不留心谛视。"⑥北魏高祖孝文帝幼年聪敏好学,无师自通。《魏书》曰:"雅好读书,手不释卷。《五经》之义,览之便讲,学不师受,探其精奥。史传百家,无不该涉。善谈《庄》《老》,尤精释义。才藻富赡,好为文章,诗赋铭颂,任兴而作。"⑦北魏胡叟少聪敏,年十三,辨疑释理,知名乡国,其意之所悟,与成人交论,鲜有屈焉。学不师受,友人劝之,叟曰:"先圣之言,精义入神者,其唯《易》乎?犹谓可思而过半。末世腐儒,粗别刚柔之位,宁有探赜未兆者哉。就道之义,非在今矣。"⑧北齐孙灵晖亦自学成才,《北齐书·儒林·孙灵晖传》载:"灵晖年七岁,便好学,日诵数千言,唯寻讨惠蔚手录章疏,不求师友。"⑨北齐羊烈"少通敏,自修立,有成人之风。好读书,能言名理,以玄学知名"⑩。

二、教育内容的多元化

关于教育内容多元化,陈英在《魏晋南北朝私学教育内容多元化格局述论》⑪一文有所论述,但该文所论主要侧重家学,且并未专门提及儿童私学教育。私学中童蒙教育内容亦丰富多彩,出现多元化趋势。总体而言,虽然私学中儒学独尊地位被打破,但童蒙教育仍然以儒学为主;此外,玄、释、道等教育内容百花齐放,共同构成童蒙教育苑囿亮丽的风景。

---

① 《晋书》卷四九《嵇康传》,第1369页。
② 《抱朴子外篇校笺》上前言,第2—3页。
③ 《高僧传》卷七《义解四·宋吴虎丘山释昙谛传》,第279页。
④ 《南齐书》卷五四《高逸·顾欢传》,第928页。
⑤ 《梁书》卷四八《儒林·孔子祛传》,第680页。
⑥ 《续高僧传》卷六《义解篇二·梁扬都建初寺释明彻传》,第201页。
⑦ 《魏书》卷七下《高祖纪下》,第187页。
⑧ 《魏书》卷五二《胡叟传》,第1149页。
⑨ 《北齐书》卷四四《儒林·孙灵晖传》,第596页。
⑩ 《北齐书》卷四三《羊烈传》,第575页。
⑪ 陈英:《魏晋南北朝私学教育内容多元化格局述论》,《甘肃教育学院学报(社会科学版)》2000年第2期,第64—67页。

(一) 儒学之花不凋

从儿童受教育内容看,仍是以儒学为主。此时,官学不守,许多儿童入私学受业,遂通儒经。邴原就师而学,一冬之间,"诵《孝经》、《论语》"①。可见,邴原所学仍然是以儒家经典为内容。孙吴张昭亦从师研习儒经,其"少好学,善隶书,从白侯子安受《左氏春秋》,博览众书,与琅邪赵昱、东海王朗俱发名友善。弱冠察孝廉,不就,与朗共论旧君讳事,州里才士陈琳等皆称善之"②。西晋罗宪、徐苗幼时均受儒学之教,学有所成,遂为儒宗。十六国前赵开国皇帝刘渊,幼时聪敏好学,"师事上党崔游,习《毛诗》、《京氏易》、《马氏尚书》,尤好《春秋左氏传》、《孙吴兵法》,略皆诵之,《史》、《汉》、诸子,无不综览"③。南齐太祖萧道成年十三,就儒士雷次宗于鸡笼山受业,《南齐书·高帝纪》载:"儒士雷次宗立学于鸡笼山,太祖年十三,受业,治《礼》及《左氏春秋》。"④萧梁臧盾"幼从征士琅邪诸葛璩受《五经》,通章句"⑤。萧梁范述曾"幼好学,从余杭吕道惠受《五经》,略通章句"。道惠学徒常有百数,独称述曾曰:"此子必为王者师。"⑥梁陈之际,全缓幼年习儒,《陈书》载:"幼受《易》于博士褚仲都,笃志研玩,得其精微。"⑦

北魏孝文帝推崇儒学,许多儿童亦以儒学为业,学以致用。裴安祖幼年习儒,深谙儒家忠孝仁义之道,弘扬孝悌友爱精神,尊敬诸兄,兄弟共食。《魏书·裴骏传附从弟安祖传》载:

> 年八九岁,就师讲《诗》,至《鹿鸣篇》,语诸兄云:"鹿虽禽兽,得食相呼,而况人也?"自此之后,未曾独食。⑧

儒家倡导父慈子孝、兄友弟恭的家庭观,可见儒学教育对儿童生活的影响。冯熙幼年为姚氏魏母所养,魏母希望冯熙幼从儒学之教,效仿孟母三迁,为其创造良好的学习环境。《魏书·外戚上·冯熙传》载:"年十二,好弓马,有勇干,氐羌皆归附之。魏母见其如此,将还长安。始就博士学问,从师受《孝经》、《论语》,好阴阳兵法。"⑨北周宇文震幼年聪敏,受儒学之教,甚有条理。《周书·文帝诸子·宋献公震传》曰:"幼而敏达,年十岁,

---

① 《三国志》卷一一《魏书·邴原传》注引《原别传》,第 351 页。
② 《三国志》卷五二《吴书·张昭传》,第 1219 页。
③ 《晋书》卷一○《刘元海载记》,第 2645 页。
④ 《南齐书》卷一《高帝纪上》,第 3 页。
⑤ 《梁书》卷四二《臧盾传》,第 599 页。
⑥ 《梁书》卷五三《良吏·范述曾传》,第 769 页。
⑦ 《陈书》卷三三《儒林·全缓传》,第 443 页。
⑧ 《魏书》卷四五《裴骏传附从弟安祖传》,第 1024 页。
⑨ 《魏书》卷八三上《外戚上·冯熙传》,第 1818 页。

诵《孝经》、《论语》、《毛诗》。后与世宗俱受《礼记》、《尚书》于卢诞。"①北周吕思礼为儿童时不杂交游,专心学问。《周书·吕思礼传》曰:"年十四,受学于徐遵明。长于论难。诸生为之语曰:'讲《书》论《易》,其锋难敌。'"②北周于仲文髫龀就学,耽习不倦。深为周文帝赏识,"就博士李详受《周易》、《三礼》,略通大义。及长,倜傥有大志,气调英拔"③。至于北周樊深、乐逊等儒学大师,幼年向学,负书从师,研习儒学经典,遂成大业,显名当世。

(二)玄、释、道、艺术等百花齐放

魏晋南北朝时期,思想园囿百花齐放、百家争鸣,玄、释、道、艺术等各家学说并存,大大丰富了童蒙教育的内容。私学打破了两汉以来以儒经为务的教育传统,玄学、佛学、道教等对童蒙的教育与影响比重不断加重,形成蒙学教育多元化的新格局。

有些儿童幼年喜爱艺术,深受琴书等文艺渲染熏陶。孙吴"蔡伯喈从朔方还,尝避怨于吴,雍从学琴书。州郡表荐,弱冠为合肥长,后转在娄、曲阿、上虞,皆有治迹"④。南朝柳恽幼年学琴,得其妙法。《梁书·柳恽传》曰:"宋世有嵇元荣、羊盖,并善弹琴,云传戴安道之法,恽幼从之学,特穷其妙。"⑤

有些儿童幼年习武。魏文帝曹丕幼年遭世乱流离,为在战乱中求生存,习武以自保。文帝自述曰:"余时年五岁,上以世方扰乱,教余学射,六岁而知射,又教余骑马,八岁而能骑射矣。以时之多故,每征,余常从。"⑥十六国时期,后赵石弘幼年聪敏,大为其父石勒所爱,石勒不仅请人教之书学,且派人授之击剑、兵书。《晋书·石勒载记下》曰:"幼有孝行,以恭谦自守,受经于杜嘏,诵律于续咸。勒曰:'今世非承平,不可专以文业教也。'于是使刘征、任播授以兵书,王阳教之击刺。"⑦陈朝周文育为周荟所收养,文育幼年喜爱武艺,不喜书计。《陈书·周文育传》载:

> (荟)命兄子弘让教之书计。弘让善隶书,写蔡邕《劝学》及古诗以遗文育,文育不之省也,谓弘让曰:"谁能学此,取富贵但有大槊耳。"弘让壮之,教之骑射,文育大悦。⑧

周文育幼年习武,以勇猛闻名于世。虎父无犬子,其子宝安幼年研习骑射,功夫不亚

---

① 《周书》卷一三《文帝诸子·宋献公震传》,第201页。
② 《周书》卷三八《吕思礼传》,第682页。
③ 《北史》卷二三《于栗䃅传》,第851页。
④ 《三国志》卷五二《吴书·顾雍传》,第1225页。
⑤ 《梁书》卷二一《柳恽传》,第331页。
⑥ 《三国志》卷二《文帝纪》注引《典论》帝《自叙》,第89页。
⑦ 《晋书》卷一〇五《石勒载记下》,第2752页。
⑧ 《陈书》卷八《周文育传》,第137页。

乃父。《陈书·周文育传附子宝安传》曰："年十余岁，便习骑射。"①北朝长孙晟武艺超强，尝护送北周公主入突厥境内，与其首领摄图完婚。北士骁勇，初不以礼待之，独因晟之勇猛而敬之。长孙晟一展武艺，为摄图所喜，摄图"命诸子弟贵人皆相亲友，冀昵近之，以学弹射"②。北朝边疆多战事，许多儿童欲以武艺自达。北齐魏收幼年曾有因武立功之志，《北齐书·魏收传》曰："收年十五，颇已属文。及随父赴边，好习骑射，欲以武艺自达。"③

有些儿童自幼受玄学之教，深谙清谈之道。晋朝郭象"少有才理，好《老》《庄》，能清言"④。嵇康"恬静寡欲，含垢匿瑕，宽简有大量。学不师受，博览无不该通，长好《老》《庄》"⑤。陈朝张讥幼年聪俊，尤好清谈玄学，受学于儒、玄并通之大师汝南周弘正，在清谈玄学方面颇有造诣。《陈书·儒林·张讥传》载："讥幼聪俊，有思理，年十四，通《孝经》、《论语》。笃好玄言，受学于汝南周弘正，每有新意，为先辈推伏。"⑥晋朝桓石秀幼年亦因玄学而知名。《晋书》载："石秀，幼有令名，风韵秀彻，博涉群书，尤善《老》《庄》。"⑦陈朝陆瑜深受玄学大师周弘正指点，在清谈、玄学方面造诣颇深。《陈书·文学·陆琰传附弟瑜传》曰："瑜幼长读书，昼夜不废，聪敏强记，一览无复遗失。尝受《庄》、《老》于汝南周弘正，学《成实论》于僧滔法师，并通大旨。"⑧颜之推年十二，值梁湘东王萧绎自讲《庄》《老》，深受庄、老思想吸引，不由自主前往听讲，"便预门徒"⑨。北齐徐之才幼年歧疑，博览群书，兼通儒、道。《北齐书·徐之才传》曰："之才幼而俊发，五岁诵《孝经》，八岁略通义旨。曾与从兄康造梁太子詹事汝南周捨宅听《老子》。"⑩更为甚者，儿童幼年为官，推崇道教，县内百姓均沿袭事道，童蒙之力不可忽略。北朝泉企十二为宜阳县令，时"巴俗事道，尤重老子之术。企虽童幼，而好学恬静，百姓安之"⑪。北朝郎茂幼年敏慧，儒、玄、道无不研习，甚有成绩。《北史·郎基传附子茂传》曰："少敏慧，七岁诵《骚》、《雅》，日千余言。十五，师事国子博士河间权会，受《诗》、《易》、《三礼》及玄象刑名之学。"⑫北朝羊烈幼习宣泄，以此知名。《北齐书·羊烈传》载："烈少通敏，自修立，有成人之风。好读书，能言名理，以玄学知名。"⑬

---

① 《南史》卷六六《周文育传附子宝安传》，第1605页。
② 《北史》卷二二《长孙道生传附长孙晟传》，第817页。
③ 《北齐书》卷三七《魏收传》，第483页。
④ 《晋书》卷五〇《郭象传》，第1396页。
⑤ 《晋书》卷四九《嵇康传》，第1369页。
⑥ 《陈书》卷三三《儒林·张讥传》，第443页。
⑦ 《晋书》卷七四《桓彝传附孙石秀传》，第1945页。
⑧ 《陈书》卷三四《文学·陆琰传附弟瑜传》，第463页。
⑨ 《北齐书》卷四五《文苑·颜之推传》，第617页。
⑩ 《北齐书》卷三三《徐之才传》，第444页。
⑪ 《北史》卷六六《泉企传》，第2331页。
⑫ 《北史》卷五五《郎基传附子茂传》，第2014页。
⑬ 《北齐书》卷四三《羊烈传》，第575页。

有些儿童心向佛法,幼年便有皈依佛门之志,为此寻访高僧,从其研习佛经,学习禅宗。晋比丘尼妙音幼年心向佛教,《比丘尼传》曰:"幼而志道,居处京华,博学内外,善为文章。"①晋高僧竺法护幼年出家,皈依佛门,拜师学艺。《高僧传》曰:"年八岁出家,事外国沙门竺高座为师,诵经日万言,过目则能。"②高僧竺佛念"弱年出家,志业清坚,外和内朗,有通敏之鉴。讽习众经,粗涉外典,其《苍》《雅》诂训,尤所明达"③。刘宋比丘尼慧木"十一出家,师事慧超,受持小戒。居梁郡筑弋村寺,始读《大品》,日诵两卷,兼通杂经"④。刘宋比丘尼释光静幼年出家,研习佛法。《比丘尼传》载:"幼出家,随师住广陵中寺。静少而励行,长而习禅思,不食甘肥,将受大戒,绝谷饵松。"⑤刘宋高僧浮陀跋摩"幼而履操明直,聪悟出群,习学三藏,偏善《毘婆沙论》,常诵持此部以为心要"⑥。南齐比丘尼净圭幼从师学佛法,颇有造诣。《比丘尼传》曰:"珪幼而聪颖,一闻多悟,性不狎俗,早愿出家。父母怜之,不违其志,为法净尼弟子,住法音寺。德行纯邃,经律博通,三业禅秘,无不善达。"⑦南齐高僧释道慧"十一出家,为僧远弟子。止灵曜寺。至年十四,读庐山《慧远集》,乃慨然叹息,恨有生之晚,遂与友人智顺沂流千里,观远遗迹,于是憩庐山西寺"⑧。萧梁比丘尼僧念"圭璋早秀,才监明达,立德幼年,十岁出家,为法护尼弟子,从师住太后寺。贞节苦心,禅思精密,博涉多通,文义兼美"⑨。萧梁比丘尼昙晖幼年乐道,心愿出家,愿学佛法。《比丘尼传》曰:"晖年十一,启母求请禅师,欲咨禅法,母从之。"⑩萧梁高僧释宝亮幼年出家,从师学释氏之教,深得其师真传,幼便有令名。《高僧传》载:"亮年十二出家,师青州道明法师。明亦义学之僧,名高当世。亮就业专精,一闻无失。"⑪陈朝高僧释警韶"学年入道,事叔僧广,以为师范。广律行贞严,当时领袖。初,韶游都听讲,便能清论。年登冠肇,还乡受戒,护持奉信,如擎油钵"⑫。北齐高僧释道慎"十四出家,诵听依业。受具已后,入洛从光师学于《地论》,后禀上统而志《涅槃》"⑬。隋朝高僧释智脱幼年出家,从师而学,得佛家之真传。《续高僧传》曰:"七岁出家,为邺下颖法师帝子。"⑭

---

① 《比丘尼传校注》卷一《晋·简静寺支妙音尼传》,第35页。
② 《高僧传》卷一《译经上·晋长安竺昙摩罗刹(竺法护)传》,第23页。
③ 《高僧传》卷一《译经上·晋长安竺佛念传》,第40页。
④ 《比丘尼传校注》卷二《宋·梁郡筑弋村寺释慧木尼传》,第72页。
⑤ 《比丘尼传校注》卷二《宋·广陵中寺光静尼传》,第81页。
⑥ 《高僧传》卷三《译经下·宋河西浮陀跋摩传》,第97页。
⑦ 《比丘尼传校注》卷三《齐·法音寺净圭尼传》,第147页。
⑧ 《高僧传》卷八《义解五·齐京师庄严寺释道慧传》,第305页。
⑨ 《比丘尼传校注》卷四《梁·禅林寺僧念尼传》,第179–180页。
⑩ 《比丘尼传校注》卷四《梁·成都长乐寺昙晖尼传》,第182页。
⑪ 《高僧传》卷八《义解五·梁京师灵味寺释宝亮传》,第337页。
⑫ 《续高僧传》卷七《义解篇三·陈扬都白马寺释警韶传》,第234页。
⑬ 《续高僧传》卷八《义解篇四·齐邺下定国寺释道慎传》,第264页。
⑭ 《续高僧传》卷九《义解篇五·隋东都内慧日道场释智脱传》,第322页。

三、师生关系的多样化

师生关系是多方面的,师生在情感、制度等方面均会发生千丝万缕的联系,师生之间会受到道义、功利等道德品质的衡量,又会受到约定俗成的礼制的约束。孔子曰"学而不厌,诲人不倦"①,奠定了师生关系的良好基础。魏晋南北朝时期,师生之间在情感、制度等方面相互关联、相互影响,形成别具特色、多元化的师生关系。

(一)感情维系

《国语》曰:"'民生于三,事之如一。'父生之,师教之,君食之。非父不生,非食不长,非教不知。生之族也,故一事之。唯其所在,则致死焉。报生以死,报赐以力,人之道也。"②《国语》将师生之情列入民生大事,与君臣、父子关系等量齐观,可见师生关系在人们心目中之重要位置。师生之间由教与学产生联系,建立感情,这种感情不仅存在于讲堂上传道、授业,而且表现在日常生活中师生间的互动。

1. 儿童尊师重教

所谓"一日为师,终身为父"。有些儿童从各方面维护恩师尊严,甚至不惜性命而为师报仇。曹魏夏侯惇与其师感情深厚,人有侮辱其师者,夏侯惇维护其师尊严,甚至不惜杀人为报。《三国志·魏书·夏侯惇传》载:"年十四,就师学,人有辱其师者,惇杀之,由是以烈气闻。"③有些儿童知书达理,尊师敬长。东吴孙和"好文学,善骑射,承师涉学,精识聪敏,尊敬师傅,爱好人物"④。有些儿童视师如父,恩师不幸去世,主动为其料理后事。曹魏牵招,年十余岁,诣同县乐隐受学。后隐为车骑将军何苗长史,招随卒业。时"值京都乱,苗、隐见害,招俱与隐门生史路等触蹈锋刃,共殡敛隐尸,送丧还归。道遇寇钞,路等皆悉散走。贼欲斫棺取钉,招垂泪请赦。贼义之,乃释而去"⑤。牵招为儿童时,曾拜乐隐为师。乐隐遇难,牵招与门生冒死临之,寻其尸为之殡殓,载丧而归,虽路遇乱贼,临危不惧,誓死陈请,终于感动贼寇。牵招对师之尊、之敬表现得淋漓尽致,同时展现了牵招坚守道义的丈夫品质。东晋郭瑀少游张掖,从师郭荷,尽传其业,郭荷去世,郭瑀坚持为之斩衰,服丧三年,虽古无此礼,但以此表达对恩师思念与恭敬之情。《晋书·隐逸·郭瑀传》载:"少有超俗之操,东游张掖,师事郭荷,尽传其业。精通经义,雅辩谈论,多才艺,善属文。荷卒,瑀以为父生之,师成之,君爵之,而五服之制,师不服重,盖圣人谦也,遂服

---

① 《论语·述而》,《论语注疏》,第84页。
② 徐元诰撰,王树民、沈长云点校:《国语集解·晋语一第七》,北京:中华书局,2002年,第248页。
③ 《三国志》卷九《魏书·夏侯惇传》,第267页。
④ 《三国志》卷五九《吴书·孙和传》注引《吴书》,第1368页。
⑤ 《三国志》卷二六《魏书·牵招传》,第730页。

斩衰,庐墓三年。"①南齐孔稚珪,师从褚伯玉学习道法,待师去世,尽学生之礼,"为于馆侧立碑"②。

2.师长爱惜童幼

儿童因学而敬师,师长则因教而爱弟子,师长在教授弟子的过程中,善于发现儿童优点,对其鼓励与赞赏,期望儿童早成大器,这成为儿童向学的精神动力。西晋赵至少为士家,身世卑贱,从师而学,大为其师傅所喜爱与叹异。《晋书·文苑·赵至传》载:

> 缑氏令初到官,至年十三,与母同观。母曰:"汝先世本非微贱,世乱流离,遂为士伍耳。尔后能如此不?"至感母言,诣师受业。闻父耕叱牛声,投书而泣。师怪问之,至曰:"我小未能荣养,使老父不免勤苦。"师甚异之。③

赵至幼有志向,感叹世乱流离、家世多难,仕宦之志、荣养父母之心溢于言表,为其师所叹异,其师慧眼识英,精心教授,后赵至果学有成就,进入仕途,这与其幼年之师的赞赏与鼓励密不可分。晋朝高僧释道融十二出家,聪明伶俐,幼有异彩,大为其师所爱。其师特加赏识,精心培养,终成就一代大师。《高僧传》曰:"释道融,汲郡林虑人。十二出家,厥师爱其神彩,先令外学,往村借《论语》,竟不赍归,于彼已诵。师更借本覆之,不遗一字,既嗟而异之,于是恣其游学。"④刘宋高僧释昙无竭与其师傅关系融洽,得其师傅爱护与真传。《高僧传》载:"幼为沙弥,便修苦行,持戒诵经,为师僧所重。"⑤刘宋高僧释僧导,十岁出家,从师受业,天赋甚高,亦为其师所惊叹,受到师傅的称赞与精心培养,尽得师传。《高僧传》曰:"释僧导,京兆人。十岁出家,从师受业,师以《观世音经》授之。读竟咨师,此经有几卷。师欲试之,乃言止有此耳,导曰:'初云尔时无尽意,故知尔前已应有事。'师大悦之,授以《法华》一部。"⑥萧梁司马筠"孤贫好学,师事沛国刘瓛,强力专精,深为瓛所器异。既长,博通经术,尤明《三礼》"⑦。萧梁高僧释法护,幼年学书,师从高僧道邕。其师爱法护之才艺,对其大加赏识,师生关系甚笃。《续高僧传》曰:"年始十三,而善于草隶。其师道邕,亦有清风,抚其首曰:'观汝意气,必能振发遗法。'"⑧萧梁臧盾,幼从征士琅邪诸葛璩受《五经》,通章句。璩学徒常有数十百人,盾处其间,无所狎比。璩异之,叹曰:"此生重器,王佐才也。"⑨可知臧盾从诸葛璩的众多弟子之中脱颖而出,受到诸

---

① 《晋书》卷九四《隐逸·郭瑀传》,第 2454 页。
② 《南齐书》卷五四《高逸·褚伯玉传》,第 927 页。
③ 《晋书》卷九二《文苑·赵至传》,第 2377 页。
④ 《高僧传》卷六《义解三·晋彭城郡释道融传》,第 241 页。
⑤ 《高僧传》卷三《译经下·宋黄龙释昙无竭传》,第 93 页。
⑥ 《高僧传》卷七《义解四·宋寿春石磵寺释僧导传》,第 280 页。
⑦ 《梁书》卷四八《儒林·司马筠传》,第 674 页。
⑧ 《续高僧传》卷五《义解篇初·梁扬都建元寺沙门释法护传》,第 147 页。
⑨ 《梁书》卷四二《臧盾传》,第 599–600 页。

葛璩的重视与培养,师生之间亦由此建立感情。北魏元澄之子元顺,九岁师事乐安陈丰,初书王羲之《小学篇》数千言,昼夜诵之,旬有五日,一皆通彻。元顺幼而聪慧,其师陈丰奇之,对其大加赞赏,白澄曰:"丰十五从师,迄于白首,耳目所经,未见此比,江夏黄童,不得无双也。"①北魏刘昞幼年从师郭瑀,师生因教学关系而建立了深厚的感情,郭瑀在众多弟子之中脱颖而出,深为郭瑀所器重,郭瑀爱惜刘昞才华,遂以女妻之。《魏书·刘昞传》曰:

> 昞年十四,就博士郭瑀学。时瑀弟子五百余人,通经业者八十余人。瑀有女始笄,妙选良偶,有心于昞。遂别设一席于坐前,谓诸弟子曰:"吾有一女,年向成长,欲觅一快女婿,谁坐此席者,吾当婚焉。"昞遂奋衣来坐,神志肃然,曰:"向闻先生欲求快女婿,昞其人也。"瑀遂以女妻之。②

刘昞弟子程骏幼有异才,能举一反三,深为刘昞所爱,师生关系深厚、和谐。《魏书·程骏传》载:"骏少孤贫,师事刘昞,性机敏好学,昼夜无倦。昞谓门人曰:'举一隅而以三隅反者,此子亚之也。'"③

3. 师生关系恶化

然则,并非所有师生都关系融洽,有些师生关系恶化。并非所有师长爱惜童幼,叹赏其才智,有些师长轻慢童蒙,甚至任意驱使之。晋朝高僧释道安与师之间关系并不融洽,他虽聪敏好学,但因相貌丑陋而遭师厌弃,常被驱使劳作。《高僧传》载:"(道安)年七岁读书,再览能诵,乡邻嗟异。至年十二出家。神智聪敏,而形貌甚陋,不为师之所重。驱役田舍,至于三年,执勤就劳,曾无怨色,笃性精进,斋戒无阙。"④

儿童轻慢师长,不尊师命者时而有之。刘宋后废帝刘昱幼年顽劣,喜怒无常,行动失节,其师不能禁。《宋书·后废帝纪》载:"初昱在东宫,年五六岁时,始就书学,而惰业好嬉戏,主帅不能禁。好缘漆账竿,去地丈余,如此者半食久,乃下。年渐长,喜怒乖节,左右有失旨者,辄手加扑打。徒跣蹲踞,以此为常。主帅以白太宗,上辄敕昱所生,严加捶训。"⑤北魏拓跋钦重视幼子教育,曾托青州人高僧寿为子求师;但其吝啬刻薄,不敬师长,遇之甚薄,师傅不堪其苦,未几而逃。《魏书·景穆十二王·阳平王新成传附子钦传》载:

> 钦曾托青州人高僧寿为子求师,师至,未几逃去。钦以让僧寿。僧寿性滑稽,反谓钦曰:"凡人绝粒,七日乃死,始经五朝,便尔逃遁,去食就信,实有所

---

① 《魏书》卷一九中《景穆十二王·任城王云传》,第481页。
② 《魏书》卷五二《刘昞传》,第1160页。
③ 《魏书》卷六〇《程骏传》,第1345页。
④ 《高僧传》卷五《义解二·晋长安五级寺释道安传》,第177页。
⑤ 《宋书》卷九《后废帝纪》,第188页。

阙。"钦乃大惭,于是待客稍厚。①

北齐高昂,其父为求严师,令师对其严加管教。昂并不以师言为是。《北齐书·高乾传附弟昂传》曰:"昂不遵师训,专事驰骋,每言男儿当横行天下,自取富贵,谁能端坐读书,作老博士也。"②北周宇文护幼时就师学,师甚为严厉,宇文护等欲加害之。《周书·晋荡公护传》载:"时元宝、菩提及汝姑儿贺兰盛洛,并汝身四人同学。博士姓成,为人严恶,(汝)等四人谋欲加害。"③

(二)经济联系

儿童与师长之间不仅靠感情维系,而且有经济上的相互关联。一是从礼制角度而言,受学儿童见师,应行"束脩"之礼。此礼源古,孔子之时便有。《论语·述而》曰:"自行束脩以上,吾未尝无诲焉。"④疏曰:"束脩,礼之薄者。"⑤即儿童从师而学,需要为师长准备见面礼物。高慧斌先生在《南朝私学师生关系管窥》一文论述了束脩之意,其义甚详,认为:"束脩为学生贽见师长所带肉饮食或脡脯;束脩之意在于学生致其敬,而师长非利其物。"⑥魏晋南北朝沿袭古制,儿童从师亦行束脩之礼,师生之间有财利关联。有些师长十分看重"束脩"礼节,如儿童不行"束脩"之礼,则不予教授。北朝刘焯优游乡里,专以教授著述为务,孜孜不倦。学生"不行束脩者,未尝有所教诲,时人以此少之"⑦。刘焯虽因"束脩"礼仪受人非议,但仍可见世人对"束脩"礼节的重视。然而,就多数师长而言,束脩之意并非完全以获财利而论之,其意义主要在于儿童入学敬师之心意。十六国时期,鲜卑慕容廆重视幼子教育,平原刘赞儒学该通,廆"引为东庠祭酒,其世子皝率国胄束脩受业焉"⑧。北周束脩之礼甚盛,学者就师须行此礼。卢辩有儒术,甚为周文帝所礼敬,时"魏太子及诸王等,皆行束脩之礼,受业于辩"⑨。斛斯征为儒学大师,治经有法,周武帝诏令教授诸皇子,"宣帝时为鲁公,与诸皇子等咸服青衿,行束脩之礼,受业于征,仍并呼征为夫子"⑩。乐逊为当世名儒,时"自谯王俭以下,并束脩行弟子之礼"⑪。朝廷以

---

① 《魏书》卷一九上《景穆十二王·阳平王新成传附子钦传》,第443页。
② 《北齐书》卷二一《高乾传附弟昂传》,第293页。
③ 《周书》卷一一《晋荡公护传》,第170页。
④ 《论语·述而》,《论语注疏》,第86页。
⑤ 《论语·述而》,《论语注疏》,第86页。
⑥ 高慧斌:《南朝私学师生关系管窥》,《河北师范大学学报(教育科学版)》2006年第3期,第34—36页。
⑦ 《北史》卷八二《儒林下·刘焯传》,第2763页。
⑧ 《晋书》卷一○八《慕容廆载记》,第2806页。
⑨ 《周书》卷二四《卢辩传》,第403页。
⑩ 《周书》卷二六《斛斯征传》,第432页。
⑪ 《周书》卷四五《儒林·乐逊传》,第814页。

其训导有方,频加赏赐,北朝周保定五年(565),诏"鲁公赟、毕公贤等,俱以束脩之礼,同受业焉"①。冀俊擅长隶书,以其才学,被征诏教世宗及宋献公等隶书。时"俗入书学者,亦行束脩之之礼,谓之谢章"。冀俊以书字所兴,起自苍颉,若同常俗,未为合礼。"遂启太祖,释奠苍颉及先圣、先师。"②

二是儿童入私学需交纳学费。曹魏邴原幼时求学便是例证,《三国志·魏书·邴原传》载:

> 原十一而丧父,家贫,早孤。邻有书舍,原过其旁而泣。师问曰:"童子何悲?"原曰:"孤者易伤,贫者易感。夫书者,必皆具有父兄者,一则羡其不孤,二则羡其得学,心中恻然而为涕零也。"师亦哀原之言而为之泣曰:"欲书可耳!"答曰:"无钱资。"师曰:"童子苟有志,我徒相教,不求资也。"于是遂就书。一冬之间,诵《孝经》、《论语》。自在童龀之中,巍然有异。③

邴原幼年丧父,不免孤贫饥寒,心中向学,苦于无资,过书舍而悲泣,幸为师长怜悯,不需出资,徒相教授,遂就书舍学书,学有所成。自在童龀,便卓然不群。由此可知,儿童从师就学须交纳学费。邴原师傅哀叹其幼年早孤,又一心向学,感其歧嶷之姿,特免除其学费,邴原无资而入学是为特例。曹魏钟繇为儿童时,受族父资助学费,从师而学。《三国志·魏书·钟繇传》载:"尝与族父瑜俱至洛阳,道遇相者,曰:'此童有贵相,然当厄于水,努力慎之!'行未十里,度桥,马惊,堕水几死。瑜以相者言中,益贵繇,而供给资费,使得专学。"④孙吴司空孟仁少从南阳李肃学,家贫无以为资,其母做厚褥大被,用以致师。《三国志·吴书·孙皓传》曰:

> 少从南阳李肃学。其母为作厚褥大被,或问其故,母曰:"小儿无德致客,学者多贫,故为广被,庶可得与气类接也。"⑤

南朝姚僧(垣)知名梁武代,他十分重视幼子姚察兄弟教育,时二宫礼遇优厚,僧(垣)每得供赐,皆"回给察兄弟,为游学之资,察并用聚蓄图书,由是闻见日博"。姚察得父之资,专心治学,十三岁便有令名,"年十三,梁简文帝时在东宫,盛修文义,即引于宣猷堂听讲论难,为儒者所称"⑥。北魏贾思伯兄弟幼年家贫,师事北海阴凤授业,无资以致师,大为其师所轻慢。《魏书·贾思伯传》曰:"初,思伯与弟思同师事北海阴凤授业,无资

---

① 《周书》卷四五《儒林·乐逊传》,第817页。
② 《周书》卷四七《艺术·冀俊传》,第838页。
③ 《三国志》卷一一《魏书·邴原传》注引《原别传》,第351页。
④ 《三国志》卷一三《魏书·钟繇传》,第391页。
⑤ 《三国志》卷四八《吴书·孙皓传》注引《吴录》,第1169页。
⑥ 《陈书》卷二七《姚察传》,第348页。

酬之,凤遂质其衣物。"及思伯迁征虏将军、南青州刺史,上任之部,其"送缣百匹遗凤,因具车马迎之,凤惭不往。时人称叹焉"①。贾思伯不计前嫌,感念师恩,表现出宽宏大量的高尚品格。北魏房景先"幼孤贫,无资从师,其母自授《毛诗》、《曲礼》"②。北魏儿童从师而学,须交纳学费之情形明矣。

关于师生之间政治上的渊源与联系,高慧斌先生在《南朝私学师生关系管窥》一文论述了师生之间政治上互为依托。③ 此文着重论述成年学生与师长之间的政治联系,儿童尚处幼年,大多尚未步入仕途,因此难以从政治上考察师生之间的因果关系。因此,儿童与师长之间政治上的依托表现并不明显。

四、私学中童蒙教育的特点

魏晋南北朝时期,私学中童蒙教育有其鲜明的特点。

第一,私学中的儿童教育不受年龄、地域、身份之限制。有些儿童启蒙较早,五六岁便依师而受业,有些儿童则较迟,弱冠才立志向学。儿童求学可远可近,求学方式多种多样:贵族子弟生活优越,聘请师长专门教授,学有所长。有些儿童不远千里,负笈求学,遂有大成。有些儿童就学乡里,从师教授。私学中的童蒙教育,儿童不分士庶,不论出身,这为庶族子弟、百姓之子求学打开了宝贵的大门。

第二,官学式微,私学兴盛,童蒙教育更是私学教育中的重要环节。官方小学虽存,但受战争影响时兴时废,私学中的童蒙教育弥补了官办小学教育之不足。私学成为儿童接受教育的又一股重要力量。从童蒙教育内容来看,官学中的童蒙教育,仍以汉代以来的儒家思想为主,而私学教育内容则丰富多彩,也由两汉以来儒家独尊转向多样化,儿童涉猎儒、玄、释、道等各个领域,形成以儒学教育为主,其他各种思想教育共存的繁荣景象。

第三,童蒙教育中的师生关系千差万别,有些儿童感念师恩,尊师敬长;有些儿童则飞扬跋扈,不尊师命。师长对儿童亦有亲有疏,恩有厚薄。

一言以蔽之,魏晋南北朝时期的私学教育,表现出这个时代特有的多样性、多元化的特征。

---

① 《魏书》卷七二《贾思伯传》,第1613页。
② 《魏书》卷四三《房法寿传附族子景先传》,第978页。
③ 高慧斌:《南朝私学师生关系管窥》,《河北师范大学学报(教育科学版)》2006年第3期,第34-36页。

慈幼之政:孤儿救助

相对于成人,儿童未经风雨,没有独自生存的能力,孤儿更是命运坎坷,若想平安长大甚至有所作为需要家庭的抚育和社会的关爱。中国古代社会,优恤儿童、关爱幼小是一项重要社会保障制度,关系到生命的繁衍与社会的发展,历来受到社会各阶层的重视。孔子曾提出构建一种"老者安之,朋友信之,少者怀之"①的大同社会。周代下达治国安邦的六条诏书,将"慈幼"列居首位,即:"一曰慈幼,二曰养老,三曰振穷,四曰恤贫,五曰宽疾,六曰安富。"②两汉时期,官府亦重视"慈幼"工作,对孕妇、婴幼家庭进行抚恤。③ 魏晋南北朝秉承前代救助思想,无论官府、社会还是个人,对未成年人社会保障问题,均十分关注,三者在"慈幼"问题上做出了相应贡献。

第一节 引 言

一、"孤儿"释义

孤儿是儿童中的特殊群体,历来为各朝统治阶级所重视。中国历代文献中多次提到"鳏寡孤独"的概念,《孟子·梁惠王下》曰:"老而无妻曰鳏,老而无夫曰寡,老而无子曰独,幼而无父曰孤。"④王子今先生对"孤"做了详细解释,认为:"'孤'大多数情况下指'幼而无父'。"⑤笔者赞同此说,当然,父母双亡的儿童更是典型的孤儿。幼儿失父而称"孤"频见魏晋南北朝史籍,东汉末年刘备幼而失父,与母相依。《三国志·蜀书·先主传》载:

---

① 《论语·公冶长》,《论语注疏》,第68页。
② 《周礼·大司徒》,李学勤主编:《周礼注疏》,北京:北京大学出版社,1999年,第261页。
③ 《汉书》卷一《高帝纪》曰:"民产子、复勿事二岁",第63页;《后汉书》卷三《孝章帝纪》曰:"今诸怀孕者,赐胎养谷人三斛,复其夫,勿算一岁,着以为令",第148页。
④ 李学勤主编:《十三经注疏 标点本 孟子注疏》,北京:北京大学出版社,1999年,第45页。
⑤ 王子今:《汉代儿童生活》,西安:三秦出版社,2012年,第128页。

"先主少孤,与母贩履织席为业。"①晋祖纳"性至孝,少孤贫,常自炊爨以养母"②。刘宋袁粲"父濯,扬州秀才,蚤卒。祖母哀其幼孤,名之曰愍孙。伯叔并当世荣显,而愍孙饥寒不足。母琅邪王氏,太尉长史诞之女也,躬事绩纺,以供朝夕"③。南齐臧荣绪"幼孤,躬自灌园,以供祭祀"④。萧梁许懋"少孤,性至孝,居父忧,执丧过礼"⑤。陈朝顾越"少孤,以勤苦自立"⑥。北魏房景先"幼孤贫,无资从师,其母自授《毛诗》、《曲礼》"⑦。北齐独孤永业幼孤,随母改嫁独孤氏,因以为姓,《北齐书·独孤永业传》曰:"永业幼孤,随母为独孤家所育养,遂从其姓焉。"⑧

毫无疑问,家庭是儿童生存的主要空间,父母是儿童主要抚养人,父母承担儿童抚养、教育之大任。然则,孤儿因幼年失父,或父母双亡,命运多舛,生存受到严重威胁,需要受到广泛关注,亟待支援与救济,官府与民间在孤儿救助问题上均负有义不容辞的责任。

二、孤儿救助的历史背景

孤儿救助有其产生的深刻根源。众所周知,魏晋南北朝是大分裂、大动荡的历史时代,除西晋实现短期统一之外,其他几个朝代处于战乱之中。动乱的历史环境为百姓生活带来了无尽灾难,百姓流离失所、饥寒交迫。曹操《蒿里行》"千里无鸡鸣,白骨露于野"的诗句描绘了东汉末年社会的凋敝与百姓的困顿,儿童在乱世的夹缝中生长更是举步维艰。儿童自身无生存能力,面对兵荒马乱的生存现状,生活常常陷入窘迫之中,需要社会或亲人的关爱。卢毓"十岁而孤,遇本州乱,二兄死难。当袁绍、公孙瓒交兵,幽冀饥荒,养寡嫂兄子,以学行见称"⑨。晋郗鉴逢值永嘉之乱,其侄与外甥年幼,穷馁无以自存,赖乡人救助而得以存活。《晋书·郗鉴传》载:

> 初,鉴值永嘉丧乱,在乡里甚穷馁,乡人以鉴名德,传共饴之。时兄子迈、外甥周翼并小,常携之就食。乡人曰:"各自饥困,以君贤,欲共相济耳,恐不能兼有所存。"鉴于是独往,食讫,以饭著两颊边,还吐与二儿,后并得存,同过江。⑩

---

① 《三国志》卷三二《蜀书·先主传》,第871页。
② 《晋书》卷六二《祖逖传附兄纳传》,第1698页。
③ 《宋书》卷八九《袁粲传》,第2229页。
④ 《南齐书》卷五四《高逸·臧荣绪传》,第936页。
⑤ 《梁书》卷四〇《许懋传》,第575页。
⑥ 《陈书》卷三三《儒林·顾越传》,第445页。
⑦ 《魏书》卷四三《房法寿传附族子景先传》,第978页。
⑧ 《北齐书》卷四一《独孤永业传》,第544页。
⑨ 《三国志》卷二二《魏书·卢毓传》,第650页。
⑩ 《晋书》卷六七《郗鉴传》,第1801页。

可见,战争不仅影响平民百姓,世家大族亦在所难免,儿童更是饱受战争之苦。

以战争为代表的人祸使百姓苦不堪言,而天灾更是肆无忌惮地侵袭着百姓生活。此时,自然灾害频繁发生,邓拓先生《中国救荒史》一书对魏晋南北朝时期灾荒的现象、成因、影响进行了论述。认为魏晋南北朝四百年间凶灾不断,三国两晋时期长江、黄河流域灾害连年,共计304次;十六国至南北朝灾害高达315次。灾荒给整个社会带来许多负面影响,引起人口流移与死亡、社会混乱与战争、农民起义等一系列问题。① 孟昭华先生在《中国灾荒史记》一书对魏晋南北朝时期的水、旱、风、雪、疾病等各种自然灾害亦进行了详细统计。指出此时自然灾害频繁发生,后果相当严重,导致人口大量死亡,战争更加旷日持久。② 由此,孤儿本就势单力薄,遇到灾荒无疑是雪上加霜,生活更加困窘。如晋高崧之父高悝少孤,事母以孝闻。遇到饥荒之年,缺衣乏食,时常忍饥挨饿。《晋书·高崧传》载:"(悝)年十三,值岁饥,悝菜蔬不餍,每致甘肥于母。"③ 由此,孤儿救助问题亟待提上日程。

第二节 官府救孤制度

一、孤儿救助政令

为了保证孤儿生存,魏晋南北朝官府对孤儿救助问题给予足够重视,中央官府、地方官府都曾采取措施矜恤童幼。

(一)帝王诏书矜恤孤儿

建安二十三年(218),曹操下达王令,曰:"去冬天降疫疠,民有凋伤,军兴于外,垦田损少,吾甚忧之。其令吏民男女,女年七十已上无夫子,若年十二已下无父母兄弟,及目无所见,手不能作,足不能行,而无妻子父兄产业者,廪食终身。幼者至十二止,贫穷不能自赡者,随口给贷。老耄须待养者,年九十已上,复不事,家一人。"④ 建安时期战争迭起,疾疫蔓延,百姓被迫久离农桑,民不聊生,鳏寡孤独等弱势群体生活更是困苦。曹操下达政令对老、幼、病、残等社会弱势群体进行救助,规定十二岁以下的孤儿由官府供给粮食,以保证孤儿最基本的生存条件。西晋建国之初,泰始四年(268)十二月,班五条诏书于郡国,将矜恤孤幼作为国家的一项基本政策,曰:"一曰正身,二曰勤百姓,三曰抚孤寡,四曰

---

① 邓拓:《中国救荒史》,北京:北京出版社,1998年,第17-179页。
② 孟昭华:《中国灾荒史记》,北京:中国社会出版社,1999年,第186-210页。
③ 《晋书》卷七一《高崧传》,第1894页。
④ 《三国志》卷一《魏书·武帝纪》注引《魏书》,第51页。

敦本息末,五曰去人事。"①

除此之外,各朝帝王均意识到孤儿生存之艰辛,下达诏令进行救助,以保障未成年人的社会权益。为直观起见,兹列表如下(表4-1):

表4-1 帝王恤孤诏令

皇帝	年代	救助对象	救助方式	资料出处	救助起因
魏明帝	太和元年(227)十一月	鳏寡孤独不能自存者	赐谷	《三国志》卷三《魏书·明帝纪》,第92页	立皇后毛氏
魏明帝	景初二年(238)十二月	鳏寡孤独	赐谷	《三国志》卷三《魏书·明帝纪》,第113页	立皇后
晋武帝	泰始元年(265)十二月	鳏寡孤独不能自存者	赐谷,人五斛	《晋书》卷三《武帝纪》,第51页	改元
晋武帝	泰始四年(268)十二月	孤寡	赈恤	《晋书》卷三《武帝纪》,第58页	
晋武帝	太康元年(280)三月	大酺五日,恤孤老困穷	赈恤	《晋书》卷三《武帝纪》,第71页	改元
晋惠帝	永宁元年(301)夏四月	孤寡	赐谷五斛	《晋书》卷四《惠帝纪》,第98页	改元
晋惠帝	太安元年(302)五月	孤寡	赐帛	《晋书》卷四《惠帝纪》,第99页	立太子
晋元帝	太兴元年(318)秋七月	孤独	赈恤	《晋书》卷六《元帝纪》,第150页	即位
晋明帝	太宁三年(325)三月	鳏寡孤独	赐帛,人二匹	《晋书》卷六《明帝纪》,第163页	立太子
晋成帝	太宁三年(325)三月	鳏寡孤老	赐帛,人二匹	《晋书》卷七《成帝纪》,第169页	即位
晋成帝	咸和元年春(326)二月	鳏寡孤老	赐米,人二斛	《晋书》卷七《成帝纪》,第169页	改元
晋成帝	咸和九年(334)六月	省刑,恤孤寡,贬费节用	赈恤	《晋书》卷七《成帝纪》,第178页	大旱
晋成帝	咸康元年(335)春正月	鳏寡孤独不能自存者	赐米,人五斛	《晋书》卷七《成帝纪》,第179页	加元服,改元

---

① 《晋书》卷三《武帝纪》,第58页。

续表 4-1

皇帝	年代	救助对象	救助方式	资料出处	救助起因
晋康帝	建元元年（343）春正月	鳏寡孤独	赈恤	《晋书》卷七《康帝纪》，第185页	即位改元
晋穆帝	升平五年（361）春正月	鳏寡孤独不能自存者	赐米，人五斛	《晋书》卷八《穆帝纪》，第204页	大赦
晋简文帝	咸安元年（371）冬十一月	孝顺忠贞鳏寡孤独	赐米，人五斛	《晋书》卷九《简文帝纪》，第221页	即位
晋孝武帝	太元五年（380）六月	鳏寡穷独孤老不能自存者	赐米，人五斛	《晋书》卷九《孝武帝纪》，第230页	比岁荒俭，大赦
晋安帝	义熙元年春正月（405）	鳏寡孤独	赐谷，人五斛	《晋书》卷一〇《安帝纪》，第258页	改元
前赵昭文帝		孤老贫病不能自存者	赐帛	《晋书》卷一〇三《刘曜载记》，第2693页	葬父、妻
后赵明帝	太兴二年（319）	赐孝悌力田死义之孤帛各有差，孤老鳏寡谷人三石	赐帛、谷	《晋书》卷一〇五《石勒载记下》，第2735页	即位
前燕景昭帝		高年疾苦、孤寡不能自存者	赐谷、帛	《晋书》卷一一〇《慕容儁载记》，第2841页	
前秦宣昭帝	升平元年（357）	鳏寡孤独高年不自存者	赐谷、帛	《晋书》卷一一三《苻坚载记上》，第2885页	即位
前秦宣昭帝		孤老	存恤	《晋书》卷一一四《苻坚载记下》，第2919页	
后秦武昭帝		将吏遗孤	赈恤	《晋书》卷一一六《姚苌载记》，第2970页	阵亡遗孤
后秦文桓帝		孤独鳏寡	赐粟、帛	《晋书》卷一一七《姚兴载记上》，第2980页	即位
宋武帝	义熙十四年六月（418）	鳏寡孤独不能自存者	赐粟，人五斛	《宋书》卷二《武帝纪中》，第44页	加九锡
宋武帝	永初元年（420）夏六月	鳏寡孤独不能自存者	赐谷，人五斛	《宋书》卷三《武帝纪下》，第52页	即位
宋少帝		阳瓒遗孤	存恤	《宋书》卷九五《索虏传》，第2329页	战亡遗孤
宋文帝	元嘉十年（433）春正月	孤老、六疾不能自存者	赐谷，人五斛	《宋书》卷五《文帝纪》，第82页	大赦

续表 4-1

皇帝	年代	救助对象	救助方式	资料出处	救助起因
宋文帝	元嘉十四年(437)春正月	孤老、六疾不能自存者	赐谷,人五斛	《宋书》卷五《文帝纪》,第84页	郊祀
宋文帝	元嘉二十四年(447)春正月	孤老、六疾不能自存者	赐谷,人五斛	《宋书》卷五《文帝纪》,第94页	大赦
宋孝武帝	元嘉三十年(453)正月	高年、鳏寡、孤幼、六疾不能自存者	赐谷,人五斛	《宋书》卷六《孝武帝纪》,第110页	即位
宋孝武帝	大明元年(457)春正月	高年、孤疾	赐粟、帛	《宋书》卷六《孝武帝纪》,第119页	改元
宋孝武帝	大明四年(460)春正月	孤老贫疾	赐谷,人十斛	《宋书》卷六《孝武帝纪》,第125页	郊祀
宋孝武帝	大明六年春正月(462)	慈姑、节妇、孤老、六疾	赐帛五匹、谷十斛	《宋书》卷六《孝武帝纪》,第129页	郊祀
宋明帝	泰始元年(465)冬十二月	鳏寡孤独不能自存者	赐谷,人五斛	《宋书》卷八《明帝纪》,第154页	即位,改元
宋明帝	泰豫元年(472)春正月	孤老贫疾	赐粟、帛	《宋书》卷八《明帝纪》,第169页	改元
宋后废帝	元徽二年(474)十一月	鳏寡孤独笃癃不能自存者	赐谷,人五斛	《宋书》卷九《后废帝纪》,第183页	加元服
齐高帝	昇明三年(479)三月	鳏寡孤独不能自存者	赐谷,人五斛	《南齐书》卷一《高帝纪上》,第19页	加相国
齐高帝	建元元年(479)夏四月	鳏寡孤独不能自存者	赐谷,人五斛	《南齐书》卷二《齐高帝下》,第32页	即位
齐武帝	永明三年(485)五月	单丁之身及茕独而秩养养孤者	蠲今年田租	《南齐书》卷三《武帝纪》,第50页	饥荒
齐武帝	永明四年(486)春正月	孤老贫穷	赐谷十石	《南齐书》卷三《武帝纪》,第52页	祥瑞
齐武帝	永明六年(488)八月	小口	谷五斗	《南齐书》卷三《武帝纪》,第55页	水灾
齐武帝	永明十年(492)春正月	孤老六疾	赐谷,人五斛	《南齐书》卷三《武帝纪》,第59页	
齐和帝	中兴元年(501)春三月	鳏寡孤独不能自存者	赐谷,人五斛	《南齐书》卷八《齐和帝纪》,第112页	即位

续表 4-1

皇帝	年代	救助对象	救助方式	资料出处	救助起因
梁武帝	中兴元年（501）十二月	遗孤	收恤	《梁书》卷一《武帝纪》，第14页	加黄钺
梁武帝	中兴二年（502）三月	鳏寡孤独不能自存者	赐谷，人五斛	《梁书》卷一《武帝纪上》，第25页	受梁王之命
梁武帝	天监元年（502）夏四月	鳏寡孤独不能自存者	赐谷，人五斛	《梁书》卷二《武帝纪中》，第34页	即位
梁武帝	天监十六年（517）春正月	孤老鳏寡不能自存者 若民有产子者	赈恤 优蠲	《梁书》卷二《武帝纪中》，第56页	郊祀
梁武帝	普通元年春正月（520）	鳏寡孤独	赡恤	《梁书》卷三《武帝纪下》，第63页	改元
梁武帝	普通二年（521）春正月	单老孤稚不能自存	赡给衣食	《梁书》卷三《武帝纪下》，第64页	郊祀
梁武帝	普通二年（521）春正月	孤幼有归，华发不匮	孤独园	《梁书》卷三《武帝纪下》，第64页	郊祀
陈武帝	永定元年（557）冬十月	鳏寡孤独不能自存者	赐谷，人五斛	《陈书》卷二《高祖纪下》，第32页	即位
陈文帝	天嘉元年（560）春正月	鳏寡孤独不能自存立者	赐谷，人五斛	《陈书》卷三《世祖纪》，第48页	即位
陈文帝	天嘉六年（565）春正月	鳏寡孤独不能自存者	赐谷，人五斛	《陈书》卷三《世祖纪》，第58页	皇太子加元服
陈宣帝	太建元年（569）春正月	鳏寡孤独不能自存者	赐谷，人五斛	《陈书》卷五《宣帝纪》，第76页	即位
陈后主	太建十四年（582）正月	孤老鳏寡不能自存者	赐谷五斛，帛二匹	《陈书》卷六《后主纪》，第105页	即位
北魏太武帝	太延元年（435）春正月	孤老不能自存者	听还乡里	《魏书》卷四《世祖纪上》，第84页	改年
北魏文成帝	和平四年（463）秋七月	有卖鬻男女者	尽仰还其家	《魏书》卷五《高宗纪》，第121页	
北魏孝文帝	太和六年（482）夏四月	畿内鳏寡孤独不能自存者	赐粟、帛	《魏书》卷七《高祖纪上》，第151页	
北魏孝文帝	太和十七年（493）秋七月	鳏寡孤独不能自存者	赐谷，人五斛	《魏书》卷七《高祖纪下》，第172页	立太子

续表 4-1

皇帝	年代	救助对象	救助方式	资料出处	救助起因
北魏孝文帝	太和十八年(494)十一月	鳏寡孤独不能自存者	赐谷、帛	《魏书》卷七《高祖纪下》,第175页	冀、定州民
北魏孝文帝	太和十八年(494)十二月	鳏寡孤独不能自存者	赐谷、帛	《魏书》卷七《高祖纪下》,第176页	车驾南伐,郢、豫州民
北魏孝文帝	太和十九年(495)冬十月	孤老癃疾不能自存者	赐谷、帛	《魏书》卷七《高祖纪下》,第178页	相州民
北魏宣武帝	正始三年(506)五月	孤老馁疾无人赡救致死者	赐棺	《魏书》卷八《世宗纪》,第202页	灾荒
北魏宣武帝	延昌二年(513)冬十二月	课丁没尽、老幼单辛、家无受复者	廪食	《魏书》卷八《世宗纪》,第214页	恒、肆地震
北魏孝明帝	延昌四年(515)九月	高年孤独不能自存者	赐粟、帛	《魏书》卷九《肃宗纪》,第222页	即位
北魏孝明帝	神龟元年(518)春正月	鳏寡孤独不能自存者	赐粟五斛,帛二匹	《魏书》卷九《肃宗纪》,第227页	改元
北魏孝武帝	太昌元年(532)五月	孤老、疾病、无所依归者	敕有司赈赡	《魏书》卷一一《出帝纪》,第283页	即位
东魏孝静帝	天平三年(536)五月	鳏寡孤独贫穷者	赐衣物	《魏书》卷一二《孝静帝纪》,第300页	
北周明帝	明帝二年(558)六月	鳏寡孤独	赈恤	《周书》卷四《明帝纪》,第55页	
北周武帝	建德四年(575)春正月	鳏寡孤独不能自存者	赈恤	《周书》卷六《武帝纪下》第91页	

统观这些诏令,可以得出结论:魏晋南北朝时期,各朝统治阶级对"鳏寡孤独"等弱势群体十分关注,优恤政令相对频繁。各个朝代均下达诏令矜恤鳏寡孤独等弱势群体,可见救助制度成为封建统治阶级治国的一项要务。

恤孤反映出一个朝代中央政权生命力的强弱,政治清明的帝王、相对稳定的社会环境下优恤孤寡的诏令相对频繁;末代帝王往往处于战火纷飞的历史环境,家国难保,致使帝王无暇顾及优恤孤寡。原因如下:开国之君或有作为的君主为了更好地维护其统治,注重宽徭薄赋、育民省刑,他们采取了一系列劝课农桑、矜恤百姓、选贤任能等措施,这种优抚措施又反作用于社会,致使社会相对稳定,经济、人口均会有一定的恢复与发展。相反,每个政权统治末年,皇朝已经接近尾声,各种矛盾激化,社会问题暴露无遗,皇帝为代表的统治阶级自身又往往昏聩无比,无暇顾及百姓,更谈不上矜老恤幼。

从下达救助"鳏寡孤独"等弱势群体诏令的时机看,大体分为如下三种情况:一是皇帝即位、立皇后、立太子、太子元服、改元、赦免、郊祀等特殊时期。在国家重大活动或政治改革的关键时刻,朝廷下达矜恤孤寡等诏令,通常作为普天同庆、与民更始的一项赏赐措施,带有较强的主观性,而不是基于考察百姓生活所需而得出的客观结论。二是出现祥瑞的历史时期。祥瑞作为一种政治文化,为统治阶级所利用,成为统治阶级政治运作的重要手段。祥瑞出现,统治阶级借以宣扬"天道所归""圣德所致"等思想,以安抚百姓、巩固统治;客观上起到稳定人心,维护社会稳定的目的。祥瑞的出现,常被统治阶级视为国家蕃昌,社会繁荣的征兆。为庆贺嘉祥,同时联络人心,统治阶级往往采取一定的措施与民生息,矜恤"鳏寡孤独"便是其中重要一项。三是出现社会灾荒的历史时期。饥荒、疾疫、地震、水旱等灾难给百姓带来沉重打击,致使百姓生活更加贫苦。为救民于水火,各朝官府往往采取恤民举措,其中"鳏寡孤独"等弱势群体更是重点抚恤对象。灾异时期的恤民措施是基于百姓生存需要而制定的救助制度,具有一定的客观性。

从救助方式来看,朝廷大多对孤儿等弱势群体赏赐谷物、米、粟、帛等。赐谷现象最为常见,几乎存在表中所述所有皇帝的诏令中。赐谷数额一般为五斛。赐帛不如赐谷那么频繁,且往往伴随赐谷而行,单独赏赐帛的情况较少,数额一般以二匹为限。当然,少数情况下谷、帛赏赐也会少于或超过这个限量。在特别灾难时期,孤儿有廪食的特殊待遇,即官府对无依无靠的孤儿供给口粮。

这里主要讨论多数情况下的赏赐。第一,赏赐谷物限额为五斛。五斛谷相当于孤儿多久的口粮呢?为厘清这一问题,首先看谷与米的比例,周一良先生在《南北朝时口粮数》一文中指出:"谷与米的比例,大致皆为二比一,即一石稻谷舂出米五斗。赐谷五斛与赐米二斛,相去不远。"① 由此可知,五斛谷可以舂米二斛半。其次是成年人口粮,周先生认为:"除食量特大特小之人外,当时一般口粮为一月大米二斛。"② 即成年人一月的口粮约为米二斛,即谷四斛。那么"五斛谷"是一个成年人一个月左右的口粮。这为我们分析儿童口粮提供了参考,一般而言,儿童因生理原因应比成年人食量少,若按成年人含量的一半来算,四至五斛谷大约相当于两个多儿童左右的口粮。

第二,赏赐帛限额为二匹。赐帛并非经常施行,从表4-1中可知,两晋赐帛仅出现在晋惠帝立太子、晋明帝立太子、成帝即位时期,南朝只存在于刘宋孝武帝时期、陈后主即位之初,北朝则只存在于孝文帝与孝明帝时期,十六国时期个别开明君主也有赐帛措施。帛的地位较为特殊,在魏晋南北朝历史上曾充当实物货币,已有学者对此进行论述。③ 由此可知,赐帛相当于赐钱。就帛的购买力而言,因资料所限,较难界定,这里只根据零星史料加以推算。魏晋南北朝各个时段帛的购买力不尽相同。孙吴李衡种柑橘千株,"岁

---

① 周一良:《魏晋南北朝史札记》,北京:中华书局,1985年,第124页。
② 周一良:《魏晋南北朝史札记》,北京:中华书局,1985年,第125页。
③ 李剑农:《中国古代经济史稿·魏晋南北朝隋唐卷》,武汉:武汉大学出版社,2005年,第73—78页。

上一匹绢,亦可足用耳"①。曹魏胡质之子胡威从荆州返回京都洛阳,所需路费为"绢一疋"②。一匹绢能够支撑家庭一年日常开支,或充当较远路程的路费,由此推算作为货币,绢帛购买力较强,一匹绢帛应不是小额。数匹绢是千株柑橘的收入,数额更应较大,这个数额应该可以支撑家庭一些时日的开支。可见,三国时期二匹帛的赏赐应能支付孤儿一段时间的生活费用。东晋南朝时期帛的购买力则大为下降,刘宋永初年间,"官布一匹,直钱一千,而民间所输,听为九百"③。以此为参照,"昔晋氏初迁,江左草创,绢布所直,十倍于今,赋调多少,因时增减"④。东晋过江后绢布值钱大约一万,刘宋降为一千钱,一千钱估计也买不到贵重物品了。由此可知,东晋、南朝皇帝赏赐孤儿的二匹帛相当于二千钱,估计这个数额已经寥寥,难以维系孤儿的生活了。北朝以布帛为货币的情况也十分常见,实物货币经济色彩更为浓厚,有学者认为:"布帛有质轻而值大的特点,适用于大额的商品交易。"⑤如北魏石祖兴曾出绢二百匹,营护太守田文彪、县令和真二人丧事,《魏书·节义·石祖兴传》曰:"太守田文彪、县令和真等丧亡,祖兴自出家绢二百余匹,营护丧事。"⑥古人重丧葬,丧礼在北魏应是重大事件,花费应该不小,而二百匹绢可以为两个人办理丧事,可见这个数额应该巨大。那除粮食赏赐外,北魏赐帛在救助孤儿方面应是锦上添花。

通过上述分析可以看出:魏晋南北朝时期,朝廷赏赐主要以粮食为主,布帛有时赏赐,但并非定制。赏赐粮食的数量大约相当于孤儿两个月左右的口粮,我们知道,孤儿在成年之前可能都需要特别照顾,需要长期有效的救助体系,而两三个月的救济粮只能缓解一时之需,而不能解决根本问题。布帛赏赐则应根据不同朝代而具体分析,曹魏、北魏时期赏赐的帛可以暂时缓解孤儿生活压力,而东晋南朝赏赐的帛则是象征意义。总之,我们应客观看待朝廷下达救助孤儿的诏令,这种措施可以缓解孤儿暂时的燃眉之急,而不能完全满足孤儿生长的需要。孤儿要想更好地生活下去,单靠官府救助的力量并不够,还需要其他途径的关爱。

王子今先生指出:"汉代对鳏寡孤独这些社会上特殊的困难人群提供物质帮助,只是根据帝王诏令,似乎当时政府施行有关福利政策尚未形成定制。"⑦总体而言,魏晋南北朝官府对"鳏寡孤独"这些弱势群体进行救助,亦是以帝王诏令或地方官府的措施为主,具有临时性、不定期性的特征,似乎也没有出现完善的福利救助制度。然而,魏晋南北朝在"救孤"制度方面取得了较大的突破,出现了中国历史上最早的孤儿院——"孤独园"。梁武帝普通二年(521)春正月诏曰:"凡民有单老孤稚不能自存,主者郡县咸加收养,赡给

---

① 《三国志》卷《吴书·孙休传》注引《襄阳记》,第1156页。
② 《三国志》卷《魏书·胡质传》注引《晋阳秋》,第743页。
③ 《南齐书》卷二六《王敬则传》,第483页。
④ 《南齐书》卷二六《王敬则传》,第483页。
⑤ 张友直:《中国实物货币通论》,北京:中国财政经济出版社,2009年,第268页。
⑥ 《魏书》卷八七《节义·石祖兴传》,第1894页。
⑦ 王子今:《汉代儿童生活》,西安:三秦出版社,2012年,第135页。

衣食，每令周足，以终其身。又于京师置孤独园，孤幼有归，华发不匮。若终年命，厚加料理。尤穷之家，勿收租赋。"①"孤独园"是中国历史上最早的官方孤儿救助机构，它的成立在中国儿童救助史上具有开创性与示范性的重大意义。

（二）地方官府政令抚恤孤儿

魏晋南北朝时期，以郡守、县令（长）为代表的地方官府励精图治、政治清廉，心系百姓、矜老恤幼，采取一系列措施对"鳏寡孤独"等弱势群体进行抚恤。汉末陈登为东阳长，即"养耆育孤，视民如伤"②。曹魏河南尹刘靖励精图治，一心为民，深受百姓爱戴。散骑常侍应璩评价刘靖："入作纳言，出临京任。富民之术，日引月长。……鳏寡孤独，蒙廪振之实。"③京兆尹郑浑治理百姓甚有令名，矜恤孤老之群体。《三国志·魏书·郑浑传》载："浑以百姓新集，为制移居之法，使兼复者与单轻者相伍，温信者与孤老相比，勤稼穑，明禁令，以发奸者。由是民安于农，而盗贼止息。"④郑浑治下，颁布法令，贫富互相帮助，孤老与青壮相互搀扶，收到了良好的效果。西晋淮南相刘颂"在官严整，甚有政绩。旧修苟陂，年用数万人，豪强兼并，孤贫失业，颂使大小戮力，计功受分，百姓歌其平惠"⑤。刘颂为官清廉公平，不避豪强，扭转孤贫不能自存局面，受到百姓的交口称赞。梁武帝即位之初，南兖州郡灾荒，刺史萧景为代表的官府赈恤百姓，采取计口赈恤、施馈粥等措施，男女老幼均受其惠。《梁书·萧景传》曰："景居州，清恪有威裁，明解吏职，文案无壅，下不敢欺，吏人畏敬如神。会年荒，计口赈恤，为馈粥于路以赋之，死者给棺具，人甚赖焉。"⑥萧梁张缵拜湘州刺史，"于是下车入部，班条理务，砥课庸薄，夕惕兢惧。存问长老，隐恤氓庶，奉宣皇恩，宽徭省赋"⑦。萧梁豫州刺史夏侯夔治郡，"乃帅军人于苍陵立堰，溉田千余顷，岁收谷百余万石，以充储备，兼赡贫人，境内赖之"⑧。夏侯夔率领军人、百姓修理堰塘，勤于耕植，抚恤孤寡贫困，将豫州郡治理的井井有条。陈武帝永定二年（558），孔奂为晋陵太守，他为官清廉自守，执政为民，矜恤孤寡，"所得秩俸，随即分赡孤寡，郡中大悦，号曰'神君'"⑨。

北魏敦煌镇都大将穆亮"政尚宽简，赈恤穷乏。被征还朝，百姓追思之"⑩。北魏孝文帝时期，郢州刺史韦珍治理州郡甚有政绩，得到朝廷的赏赐，韦珍将赏赐全部分发给鳏寡

---

① 《梁书》卷三《武帝纪下》，第64页。
② 《三国志》卷七《魏书·吕布传》注引《先贤行状》，第230页。
③ 《三国志》卷一五《魏书·刘馥传附子靖传》，第464页。
④ 《三国志》卷一六《魏书·郑浑传》，第511页。
⑤ 《晋书》卷四六《刘颂传》，北京：第1294页。
⑥ 《梁书》卷二四《萧景传》，第368页。
⑦ 《梁书》卷三四《张缅传附弟缵传》，第500页。
⑧ 《梁书》卷二八《夏侯亶传附弟夔传》，第421–422页。
⑨ 《陈书》卷二一《孔奂传》，第284–285页。
⑩ 《魏书》卷二七《穆崇传附亮传》，第667页。

孤贫需要帮助的人。《魏书·韦阆传附族弟珍传》曰:"在州有声绩,朝庭嘉之。迁龙骧将军,赐骅骝二匹、帛五十匹、谷三百斛。珍乃召集州内孤贫者,谓曰:'天子以我能绥抚卿等,故赐以谷帛,吾何敢独当。'遂以所赐悉分与之。"①北魏杨逸为光州刺史,时"灾俭连岁,人多饿死,逸欲以仓粟赈给,而所司惧罪不敢"。杨逸先斩后奏,开仓赈恤百姓,不惧获罪,曰:"国以人为本,人以食为命,百姓不足,君孰与足?假令以此获戾,吾所甘心。"②遂出粟,然后申表。又针对老、小等弱势群体专门救助,曰:"逸既出粟之后,其老小残疾不能自存活者,又于州门煮粥饭之,将死而得济者以万数。帝闻而善之。"③光州地区遭受灾荒,饿殍遍野,刺史杨逸代表官府开仓赈济百姓,同时于州门施州以慰老小残疾不能自存的弱势群体,使数万人免于饿死,他的做法受到了孝庄帝的旌表。北魏永安初年,岐州刺史张熠"矜恤贫弱,为民所爱"④。北魏庄帝时期,东濮阳太守崔巨伦逢值河北纷梗,人士避贼,多住郡界,岁俭饥乏,巨伦"倾资赡恤,务相全济,时类高之"⑤。北魏辛雄将任关西慰劳大使,将发上书孝庄帝,强调存恤孤寡、育民如子的重要性,曰:"臣闻王者爱民之道有六,一曰利之,二曰成之,三曰生之,四曰与之,五曰乐之,六曰喜之。使民不失其时,则成之也;省刑罚,则生之也;薄赋敛,则与之也;无多徭役,则乐之也;吏静不苛,则喜之也。伏惟陛下道迈前王,功超往代,敷春风而鼓俗,旌至德以调民。生之养之,正当兹日;悦近来远,亦是今时。臣既忝将命,宣扬圣泽,前件六事,谓所宜行。若不除烦收疾,惠孤恤寡,便是徒乘官驿,虚号王人,往还有费于邮亭,皇恩无逮于民俗。谨率愚管,敢以陈闻,乞垂览许。"⑥他的上书得到了孝庄帝的肯定。北齐天统年间,信州刺史袁聿修"为政清靖,不言而治,长吏以下,爱逮鳏寡孤幼,皆得其欢心"⑦。袁聿修抚恤鳏寡孤幼,为政清廉自守,深为百姓爱戴。北周新平郡守韩盛"居官清净,严而不残,矜恤孤贫,抑挫豪右,贼盗止息,郡治肃然"⑧。

总之,魏晋南北朝时期,以太守、县令(长)为代表的地方官府坚持以民为本,救助鳏寡孤独,在一定程度上解决了孤儿等弱势群体的生活困难,缓解了他们生存的压力。

二、巡行与救孤制度

巡行可有不同的分类标准:就巡行的主体而言,可分为皇帝巡行、遣使巡行和地方州郡巡行;就巡行的目的而言,可分为以监察考课为目的的政治巡行,以观采风谣为目的的

---

① 《魏书》卷四五《韦阆传附族弟珍传》,第1013–1014页。
② 《魏书》卷五八《杨播传》,第1300–1301页。
③ 《魏书》卷五八《杨播传》,第1300–1301页。
④ 《魏书》卷七九《张熠传》,第1766页。
⑤ 《魏书》卷五六《崔辩传附孙巨伦传》,第1252页。
⑥ 《魏书》卷七七《辛雄传》,第1697页。
⑦ 《北齐书》卷四二《袁聿修传》,第565页。
⑧ 《周书》卷三四《杨檦传附韩盛传》,第594页。

风俗巡行,以监军为目的的军事巡行,以赈灾恤民为目的的救助巡行等。魏晋南北朝时期巡行活动继往开来,对此前辈学者已有相关论述。① 然而纵观学界已有的学术成果,对巡行的救助职责研究尚有余地,笔者不揣疏漏,就巡行与救助关系略陈管见。

(一) 皇帝巡行与救助孤幼制度

《晋书·礼志下》曰:"古者帝王莫不巡狩。"②有学者认为:"中国古代帝王巡狩制度源远流长,发轫于上古部落联盟和早期邦国首领巡狩,秦汉以降,巡狩作为封建皇朝的一种承载文化思想传统的重要礼仪制度,贯穿于历朝历代。"③魏晋南北朝时期,帝王巡狩行而不辍,皇帝巡狩目的多种多样,而体察民情、问民疾苦、赈恤孤寡则是贯穿始终的一项主要内容。

1. 皇帝巡行与救助制度

魏明帝首开曹魏天子巡行制度之先河。《宋书·礼志二》载:"魏文帝值参分初创,方隅事多,皇舆驱动,略无宁岁。盖应时之务,又非旧章也。明帝凡三东巡,所过存问高年,恤人疾苦,或赐谷帛,有古巡幸之风焉。齐王正始元年,巡洛阳,赐高年、力田各有差。"④从这条史料可知,魏文帝时期正值三国鼎立、天下参分,当以军国防务与统一大业为先,所以即使他有巡行活动,亦是应时之举。明帝时期巡狩则遵循古礼,所过"存问高年,恤人疾苦"。《三国志·魏书·明帝纪》载之甚详,曰:

> (太和六年)三月癸酉,行东巡,所过存问高年鳏寡孤独,赐谷帛。
> (青龙元年)二月丁酉,幸摩陂观龙,于是改年;改摩陂为龙陂,赐男子爵人二级,鳏寡孤独无出今年租赋。⑤

可见,魏明帝巡行目的之一在于体察民情,矜恤"鳏寡孤独",存问高年。齐王曹芳巡行也主要体现了矜恤百姓的思想,《三国志·魏书·齐王曹芳纪》曰:"(正始元年)八月,

---

① 刘太祥:《北朝大使巡行制度初探》,《许昌师专学报》1995年第1期,第25—30页,分析了北朝大使巡行的类型、特点及作用。杨钰侠:《北魏大使出巡评议》,《安徽史学》1999年第4期,第19—22页,论述了北朝大使的职责、出巡的特点与作用。秦冬梅:《略论北朝遣使制度》,《青海民族研究》2003年第2期,第70—73页,阐述了北朝遣使制度的四方面的变化。李传军:《魏晋南北朝时期风俗巡使制度初探》,《晋阳学刊》2004年第2期,第72—75页,认为风俗巡视制度是魏晋南北朝时期一项重要政治制度,分析了风俗巡使设立、巡行时间、人员构成与品秩、任务与职责。武剑青:《南朝遣使巡行初探》,《西南交通大学学报(社会科学版)》2007年第6期,第125—131页,认为从出巡使臣的职责范围看,南朝较之汉晋有不断扩大的趋向,其职权范围逐步扩大到诸如考课、监察、赈恤、举贤、教化等重要领域。
② 《晋书》卷二一《礼志下》,第652页。
③ 何平立:《巡狩与封禅——封建政治的文化轨迹》,济南:齐鲁书社,2003年,第2—3页。
④ 《宋书》卷一五《礼志二》,第379页。
⑤ 《三国志》卷三《魏书·明帝纪》,第99页。

车驾巡省洛阳界秋稼,赐高年力田各有差。"①曹芳此行秉承矜老恤幼的原则,对洛阳百姓进行抚恤。

曹魏巡狩初见端倪,两晋皇帝却鲜于巡狩,史载"然终晋世,巡狩废矣"②。南朝皇帝巡行制度又得以恢复,《宋书·礼志二》载宋文帝巡行救助孤老,曰:

> 元嘉四年二月乙卯,太祖东巡。丁卯,至丹徒。己巳,告觐园陵。三月甲戌,幸丹徒离宫,升京城北顾。乙亥,飨父老旧勋于丹徒行宫,加赐衣裳各有差。蠲丹徒县其年租布之半。系囚见徒五岁刑以下,悉皆原遣。登城三战及先大将家并青泥头败没余口,老疾单孤,又诸战亡家不能自存者,并随宜隐恤。③

> (元嘉)二十六年二月己亥,上东巡。辛丑,幸京城。辛亥,谒二陵。丁巳,会旧京故老万余人,往还飨劳,孤疾勤劳之家,咸蒙恤赉,发赦令,蠲徭役。④

宋孝武帝大明七年(463)秋冬之际出巡,至南豫州、历阳等地,连续下诏救助孤寡,存问高年孤疾、女子百户,减免所过郡县租赋。《宋书·孝武帝纪》载:

> (冬十月)戊申,车驾巡南豫州。诏曰:朕巡幸所经,先见百年者,及孤寡老疾,并赐粟帛。……若忠信孝义,力田殖谷,一介之能,一艺之美,悉加旌赏。虽秋泽频降,而夏旱婴弊。可即开行仓,并加赈赐。⑤
> 十二月丙午,行幸历阳。甲寅,大赦天下。南豫州别署勒系长徒,一切原散。其兵期考袭谪戍,悉停。历阳郡女子百户牛酒;高年孤疾,赐帛十匹,蠲郡租十年。⑥

南朝时期,帝王以救助为目的的巡行活动屈指可数,仅宋文帝、孝武帝各两次出巡,颁布诏令减轻赋税,救助贫疾老弱,抚恤孤单幼小等,此一系列休养生息措施,使百姓在战乱纷争的历史环境中能有喘息的机会,这对社会稳定、经济恢复、人民安居具有重要意义。刘宋亦由此出现短暂的繁荣景象,出现"民有所系,吏无苟得。家给人足,即事虽难,转死沟渠,于时可免"⑦的局面。

南朝齐永明二年(484),齐武帝幸玄武湖讲武。诏曰:"窀枯掩骼,义重前诰,恤老哀

---

① 《三国志》卷四《魏书·齐王曹芳纪》,第119页。
② 《宋书》卷一五《礼志二》,第380页。
③ 《宋书》卷一五《礼志二》,第380-381页。
④ 《宋书》卷一五《礼志二》,第381页。
⑤ 《宋书》卷六《孝武帝纪》,第133页。
⑥ 《宋书》卷六《孝武帝纪》,第134页。
⑦ 《宋书》卷九二《良吏传序》,第2261页。

癃,实惟令典。朕永思民瘼,弗忘鉴寐。声憓未敷,物多乖所。京师二县,或有久坟毁发,可随宜掩埋。遗骸未槥,并加敛瘗。疾病穷困不能自存者,详为条格,并加沾赉。"①萧梁大同十年(544)梁武帝巡行,诏令矜恤孤寡等弱势群体。《梁书·武帝纪下》载:"三月甲午,舆驾幸兰陵,谒建陵。……夏四月乙卯,舆驾至自兰陵。诏鳏寡孤独尤贫者赡恤各有差。"②

相比南朝,北魏天子巡行救孤较为频繁,兹列表如下(表4-2):

表4-2 北魏皇帝巡行与救助表

帝王年号	出巡事例	资料出处
太武帝 太延三年(437)	二月乙卯,行幸幽州,存恤孤老,问民疾苦;还幸上谷,遂至代。所过复田租之半	《魏书》卷四上《世祖纪》,第87页
太武帝 太平真君十一年(450)	春正月乙酉,行幸洛阳,所过郡国,皆亲对高年,存恤孤寡	《魏书》卷四下《世祖纪》,第103页
孝文帝 太和五年(481)	春正月己卯,车驾南巡。丁亥,至中山。亲见高年,问民疾苦。二月辛朔,大赦天下。赐孝悌力田、孤贫不能自存者谷帛有差;免宫人年老者还其所亲	《魏书》卷七上《高祖纪上》,第150页
孝文帝 太和十七年(493)	(八月)戊申,幸并州。亲见高年,问所疾苦。……丁巳,诏以车驾所经,伤民秋稼者,亩给谷五斛。戊辰,济河。诏洛、怀、并、肆所过四州之民:百年以上假县令,九十以上赐爵三级,八十以上赐爵二级,七十以上赐爵一级;鳏寡孤独不能自存者粟人五斛,帛二匹;孝悌廉义、文武应求者,皆以名闻	《魏书》卷七下《高祖纪下》,第172-173页
孝文帝 太和十八年(494)	(春正月)癸亥,车驾南巡。诏相、兖、豫三州:百年以上假县令,九十以上赐爵二级,七十以上赐爵一级;孤老鳏寡不能自存者,赐粟五石、帛二匹;孝悌廉义、文武应求者,皆以名闻	《魏书》卷七下《高祖纪下》,第173-174页
孝文帝 太和十八年(494)	(秋七月)癸丑,幸怀朔镇。己未,幸武川镇。辛酉,幸抚冥镇。甲子,幸柔玄镇。乙丑,南还。所过皆亲见高年,问民疾苦,贫窭孤老赐以粟帛	《魏书》卷七下《高祖纪》,第174页

---

① 《南齐书》卷三《武帝纪》,第49页。
② 《梁书》卷三《武帝纪下》,第88页。

续表 4-2

帝王年号	出巡事例	资料出处
孝文帝 太和十九年(495)	夏四月庚子,车驾幸彭城。……丁未,曲赦徐豫二州,其运漕之士,复租赋三年。辛亥,诏赐百岁以上假县令,九十以上赐爵三级,八十以上赐爵二级,七十以上赐爵一级;孤寡老疾不能自存者,赐以谷帛;德著丘园者具以名闻;萧鸾民降者,给复十五年	《魏书》卷七下《高祖纪下》,第177页
孝文帝 太和十九年(495)	(六月)壬子,诏济州、东郡、荥阳及河南诸县车驾所经者,百年以上赐假县令,九十以上赐爵三级,八十以上赐爵二级,七十以上赐爵一级;孤老鳏寡不能自存,赐以谷帛;孝悌廉义、文武应求者具以名闻	《魏书》卷七下《高祖纪下》,第177页
孝文帝 太和二十一年(497)	孤寡鳏贫、穷痾废疾,各赐帛二匹,谷五斛	《魏书》卷七下《高祖纪下》,第181页

北周皇帝巡行仅有一例,《周书·武帝纪上》载:"(保定三年)秋七月戊辰,行幸原州。……丁丑,幸津门,问百年,赐以钱帛,又赐高年板职各有差,降死罪一等。"①

2. 皇帝巡行救助特点

皇帝巡行是慕古遵章的重要制度,救助孤幼是重要职责之一。中国历来有尊古崇古的传统,皇帝追慕上古巡狩之遗风,发出"古者帝王莫不巡狩"的感慨,而尚齿贤劳、赈恤孤寡是皇帝巡狩的一项重要内容,《礼记·祭义》曰:"天子巡守,诸侯待于竟。天子先见百年者。"②魏晋南北朝皇帝巡行救助幼孤、存问高年、问民疾苦等活动体现了帝王尊老慈幼的优良传统。

帝王巡行救助活动大多发生在社会稳定、政治清明之际。三国时期各国重点在于御敌与统一,虽各君主也有劝课农桑、休养生息的政策,但仅是备战的权宜之计,无暇顾及巡行救助百姓,以至于曹魏文帝、蜀汉及东吴帝王巡行救助百姓的事迹罕见史籍。晋世以来,帝王巡狩之礼不行。究其原因,有学者认为:"虽实现全国短暂的统一,但司马氏玩弄阴谋于天下,积怨甚多,未必有外出巡视的胆量与气魄。"③这一说法在一定程度上不无道理。南朝皇帝的巡行集中在宋文帝、宋孝武帝、齐武帝、梁武帝这几位君主,这几位皇帝均是治世之明君,他们统治时期有所作为,通过巡行垂意黎庶、政在安民,矜恤"鳏寡孤

---

① 《周书》卷五《武帝纪上》,第68-69页。
② 《礼记·祭义》,《礼记正义》,第1341页。
③ 陈戍国:《魏晋南北朝礼志研究》,长沙:湖南教育出版社,1995年,第195页。

独",为形成"凡百户之乡,有市之邑,歌谣舞蹈,触处成群"①的繁荣局面奠定了一定基础。北朝的巡行相对频繁,而主要集中在孝文帝以及之前的帝王。此后几十年内,北魏统治每况愈下,各族人民频繁起义,北魏处于内忧外患之下。皇帝自顾不暇,根本没有心思与条件巡狩天下、矜恤老幼。北齐与北周二国犹如昙花一现,且二国时而兵戎相见,战争消耗了大量的时间与精力。北齐君主大多荒淫无度,宠信奸佞,诛剪良宗,其统治逐渐走下坡路,这是北齐帝王鲜于巡狩的主观原因。北周政权旁落,最终为隋朝所代。在这种历史背景下,北齐、北周帝王无法出巡抚恤百姓。

皇帝巡行大多是为宣扬皇恩浩荡、邦安国定。自古得民心者得天下,孟子曰:"君行仁政,斯民亲其上,死其长矣。"②故刘邦取得政权后,陆贾劝高祖学习《诗》《书》等儒家经典,并陈马上得天下、不得马上治之的道理,认为"鄉使秦以并天下,行仁义,法先圣,陛下安得而有之?"③仁政思想历来是贤明君主治国安邦的主要指导思想。视民如子、与民生息的措施多种多样,或劝课农桑,或宽刑减赋,或勤政躬俭,其共同特点是"以德化民",而其中最顺应民意的做法即皇帝巡行,原因有二:一是客观上讲,皇帝贵为天子,作为封建主义政权的最高统治者,是上天意志的集中体现,具有皇权不可侵犯的权威,带有浓厚的神秘主义色彩。皇帝巡行天下,体察民间疾苦、亲问百年孤幼、旌表贞节孝义具有强大的威力和良好的示范效应。试想皇帝与高年、幼弱坐在一起,亲自询问他们的饮食起居、生活所需,赏赐其衣食布帛,解决其生活中的实际困难;甚至问良策、求贤方,这对百姓而言将是何等荣耀,必能使百姓感激涕零。这种直接的亲民举措是宣扬皇恩、稳定民心的最佳措施,往往为百姓所津津乐道,皇帝亦由此达到"得民心者得天下"的目的。二是主观上讲,皇帝通过巡行深入第一线,了解百姓生存状态,问民疾苦、体察民情,掌握民众生活的第一手资料,从而避免闭目塞听,避免颁布政令犯不切实际、妄自菲薄的错误。而根据民众需要采取轻徭薄赋、矜恤孤寡的措施,有利于解决"孤儿"等弱势群体的燃眉之急,有利于社会的发展,经济的繁荣,国家的长治久安。

相对于南朝而言,北魏皇帝巡行频繁。因为南朝政权更迭频繁,王朝存在短暂,各朝统治阶级忙于战争与维护皇权,无暇顾及巡狩与救助百姓,只在刘宋、萧梁政治相对稳定的短暂时期,宋文帝、孝武帝、梁武帝几位君主巡狩天下,问民疾苦。相对而言,北魏存在时间较长,除统治后期国运渐衰之外,前期政治稳定,国内未发生重大政治变革,这为北魏帝王的巡狩提供了良好的政治条件。

北魏皇帝巡狩是"礼化天下"的治国方略,是北魏民族文化认同强有力的折射。有学者认为:"中国古代礼俗社会可归结为礼治主义,这不仅是以礼治来维护宗法等级秩序的规则体系,而且以礼治来调整社会生活关系、规范社会行为。"④巡狩作为礼制的重要内

---

① 《宋书》卷九二《良吏传序》,第2261页。
② 《孟子·梁惠王章句下》,《孟子注疏》,第60页。
③ 《汉书》卷四三《陆贾传》,第2113页。
④ 何平立:《巡狩与封禅——封建政治的文化轨迹》,济南:齐鲁书社,2002年,第273页。

容,带有神秘主义色彩。北魏少数民族政权入主中原,有着强烈的华夏情怀,不断汲取汉族以儒家为中心的文化精华,在与汉文化的融合与碰撞中完成了汉化进程,并努力实现北魏民族的文化认同。在此过程中,帝王的巡狩礼制起了十分重要的作用,梳理史料,我们不难发现,"存恤高年、赏赐鳏寡孤独"等一系列宽政为民、休养生息的具体措施,集中反映了少数民族政权文化认同的强烈要求,这是对华夏传统文化的认可与继承,是"以德治国、礼化天下"方针的具体实施。

(二)遣使巡行与救助制度

除皇帝巡狩之外,皇帝遣使出巡现象十分普遍,其目的多种多样,涉及黜陟监察、赈灾济贫、抚恤百姓、观采风俗等各个方面,其中救助、赈济是遣使出巡的一个重要内容。

1. 巡行使臣的救助职能

魏晋南北朝时期,出巡使臣代表中央官府问民疾苦、赈济贫乏,拥有一定的权力,担负重大责任。细究其救助职责,又可细分为慰问与救济两个方面。

(1)慰问职能。关于这一职能已有学者发表高见,认为主要以风俗使、抚恤使为代表,他们代表皇帝出巡,慰问孤寡、存问高年。① 有学者认为风俗使兼有纠察地方官吏与了解民众疾苦的双重使命。② 抚恤使直接了解百姓生活状况,对鳏寡孤独、六疾、百年等给予安抚。魏晋南北朝遣使巡行"问民疾苦"的事例颇多,兹不赘述。

(2)巡行使臣对孤幼贫疾等弱势群体救济与抚恤,此是巡行使臣的主要职能。魏文帝黄初六年(225)春二月遣使出巡,《三国志·魏书·文帝纪》载:"遣使者循行许昌以东尽沛郡,问民所疾苦,贫者振贷之。"③西晋泰始四年(268)六月丙申朔,诏曰:"郡国守相,三载一巡行属县,必以春,此古者所以述职宣风展义也。见长吏,观风俗,协礼律,考度量,存问耆老,亲见百年。录囚徒,理冤枉,详察政刑得失,知百姓所患苦。无有远近,便若朕亲临之。"④可见,西晋时期遣使巡行成为定制,三年一行,以春季出巡。使臣出巡责任重大,肩负观风俗、问高年、恤民苦、录囚徒等各项任务。使臣权力较大,甚至堪比皇帝亲临。南朝刘宋皇帝宽政爱民,曾下诏遣使巡行以抚恤幼孤。元嘉三年(426)诏遣大使巡行四方,规定"其宰守称职之良,闾阎一介之善,详悉列奏,勿或有遗。……其高年、鳏寡、幼孤、六疾不能自存者,可与郡县优量赈给。博采舆诵,广纳嘉谋,务尽衔命之旨,俾若朕亲览焉"⑤。巡行使臣代表皇帝履行职责,皇帝敕其"务尽衔命之旨,俾若朕亲览焉"。出巡使臣拥有一定的权力,肩负重要的使命,可责令郡县履行职责,以矜恤孤幼、恤鳏寡六疾等弱势群体为要务。元嘉二十六年(449),宋文帝"遣使巡行百姓,问所疾苦。

---

① 刘太祥:《北朝大使巡行制度初探》,《许昌师专学报》1995 年第 1 期,第 25-30 页。
② 李传军:《魏晋南北朝时期风俗巡视制度初探》,《晋阳学刊》2004 年第 2 期,第 72-75 页。
③ 《三国志》卷二《魏书·文帝纪》,第 84 页。
④ 《晋书》卷三《武帝纪》,第 57 页。
⑤ 《宋书》卷五《文帝纪》,第 75 页。

孤老、鳏寡、六疾不能自存者,人赐谷五斛"①。宋孝武帝大明七年(463),"遣使巡慰,问民疾苦,鳏寡、孤老、六疾不能自存者,厚赐粟帛。高年加以羊酒"②。泰始元年(465)诏曰:"朕戡乱宁民,属膺景祚。鸿制初造,革道惟新。而国故频罹,仁泽偏壅。每鉴寐疚心,罔识攸济。巡方问俗,弘政所先,可分遣大使,广求民瘼,考守宰之良,采衡闾之善。若狱犴淹枉,伤民害教者,具以事闻。鳏寡孤独,癃残六疾,不能自存者,郡县优量赈给。贞妇孝子,高行力田,许悉条奏。务询舆诵,广纳嘉谋,每尽皇华之旨,俾若朕亲览焉。"③南齐时期亦遣使巡行,赈恤孤幼,建元二年(480)二月癸巳,"遣大使巡慰淮、肥、徐、豫边民尤贫遭难者,刺史二千石量加赈恤。甲午,诏'江西北民避难流徙者,制遣还本,蠲今年租税。单贫及孤老不能自存者,即听番籍,郡县押领'"④。永明五年(487)诏曰:"诸孤老贫病,并赐粮饩,遣使亲赋,每存均普。"⑤永明十一年(493)诏曰:"顷风水为灾,二岸居民,多离其患。加以贫病六疾,孤老稚弱,弥足矜念。遣中书舍人履行沾恤。"⑥陈武帝永定元年(557),分遣大使宣劳四方,并敕州郡曰:"王历惟新,念有欣庆,想深求民瘼,务在廉平,爱惠以抚孤贫,威刑以御强猾。……今遣使人具宣往旨,念思善政,副此虚怀。"⑦

北魏亦遣大使巡行抚恤孤幼。北魏孝文帝延兴三年(473)十一月,诏曰:"以河南七州牧守多不奉法,致新邦之民莫能上达,遣使者观风察狱,黜陟幽明。其有鳏寡孤独贫不自存者,复其杂徭,年八十已上,一子不从役;力田孝悌,才器有益于时,信义著于乡闾者,具以名闻。"⑧孝明帝熙平二年(517),"诏遣大使巡行四方,问疾苦,恤孤寡,黜陟幽明"⑨。神龟二年(519),冀州等地历经战乱,死者相陈,孝明帝矜恤孤寡,诏曰:"冀瀛之境,往经寇暴,死者既多,白骨横道,可遣专令收葬。赈穷恤寡,救疾存老,准访前式,务令周备。"⑩北周孝闵帝元年(557),"诏有司分命使者,巡察风俗,求人得失,礼饩高年,恤于鳏寡"⑪。北周武帝建德五年(576),诏曰:"朕克己思治,而风化未弘。永言前古,载怀夕惕。可分遣大使,周省四方,察讼听谣,问民恤隐。……其鳏寡孤独,寔可哀矜,亦宜赈给,务使周赡。"⑫北周武帝宣政元年(578),遣大使巡察诸州。《周书·宣帝纪》曰:"诏制九条,宣下州郡:一曰,决狱科罪,皆准律文;……九曰,年七十以上,依式授官,鳏寡困乏不能自存

---

① 《宋书》卷五《文帝纪》,第97页。
② 《宋书》卷六《孝武帝纪》,第131页。
③ 《宋书》卷八《明帝纪》,第154页。
④ 《南齐书》卷二《高帝纪下》,第36页。
⑤ 《南齐书》卷三《武帝纪》,第53页。
⑥ 《南齐书》卷三《武帝纪》,第61页。
⑦ 《陈书》卷二《高祖纪下》,第33页。
⑧ 《魏书》卷七上《高祖纪上》,第139页。
⑨ 《魏书》卷九《肃宗纪》,第225页。
⑩ 《魏书》卷九《肃宗纪》,第229页。
⑪ 《北史》卷九《周本纪上·孝闵帝纪》,第332页。
⑫ 《周书》卷六《武帝纪下》,第94页。

者,并加廩恤。"①

2. 遣使巡行救助的特点与影响

出巡使者分为定期出巡的风俗使与不定期出巡的抚恤使。风俗使具有定期出巡的特征,晋世对风俗使出巡时间、出巡次数有明确的规定。后世受战争的影响,未必执行如此严格,但风俗使出巡制度未被废除。风俗使以观采风谣、问民疾苦为首任,客观上起到了解地方吏治,抚恤鳏寡孤独的作用。抚恤使则是在国家受到灾害之时,由朝廷派出直接救灾的巡行使臣,代表朝廷抚恤灾民,对鳏寡孤独等弱势群体更是特别留意。其出巡多是根据灾害的实际情况而定,抚恤使出巡具有临时性的特征。

遣使巡行是救助制度的重要组成部分,是皇帝仁政思想的集中体现。鳏寡孤独、疾老幼弱是社会上最为弱势的群体,出巡使臣对其给予特别关注,咸加优恤,解决他们的生活困难,彰显了统治阶级以民为本、仁者爱民的思想,客观上起到稳定民心、维护统治的目的。

遣使巡行是帝王巡行救助制度的有力补充。皇帝巡行固然是最为直接有效的救助方式,但皇帝一人精力有限,无法遍足整个国家,遣使巡行弥补了皇帝巡行制度的不足,皇帝可派多人共同出巡,辐射面积更为广泛,了解民间疾苦更为深刻。巡行使者作为皇帝的得力助手,代表皇帝体察民情,这对救助鳏寡孤独等弱势群体具有重要意义。

巡行使臣权力相对较大。他们代表皇帝出巡,皇帝敕令"若朕亲览",犹如皇帝亲临,得到地方官吏的尊重与重视。所到之处,既可纠察不法,可观采风谣,问民疾苦,澄清吏治,又随时赈济。一般而言,皇帝通过巡行使了解民间实情、体恤百姓疾苦、救助鳏寡孤独,主观上对稳定政治格局、促进社会发展起到重要作用,客观上达到救济贫乏、与民休息的效果,给百姓带来一定的实惠。

第三节　民间救孤措施

魏晋南北朝时期,虽然官府从法律、政令与制度等方面对孤儿加以矜恤,但仍然不足以满足救孤之需,不足以解决孤儿的全部问题。为此,孤儿亟待社会的广泛关注与帮扶,民间救助弥补了这一缺憾,宗族、乡里、朋友、佛教教徒等均参与其中,为孤儿伸出了温暖的援助之手。

关于平民阶层遗孤的救助,竹简等出土文献有所论及,王子今先生《三国孙吴乡村家族中的"寡嫂"和"孤兄子"——以走马楼竹简为中心考察》一文阐释了孙吴乡村中的孤儿救助,平民恤孤现象可见一斑。② 笔者在前辈学者研究成果之基石上,于下就民间恤孤问题展开论述。

---

① 《周书》卷七《宣帝纪》,第 116 页。
② 王子今:《三国孙吴乡村家族中的"寡嫂"和"孤兄子"——以走马楼竹简为中心考察》,引自《简牍学研究　第 4 辑》,甘肃人民出版社,2004 年,第 107—118 页。

一、宗族恤孤

宗族的概念学界已有定论。① 笔者沿用前辈学者的研究成果,以父之党、九族为限,《尔雅·释亲》所言:"父之党为宗族。"②班固《白虎通·宗族篇》言:"上凑高祖,下至玄孙。"③宗族救助是以血缘关系为纽带,对本宗族内部孤幼进行的抚恤,这对于宗族内孤儿成长意义重大,对维护本宗族的发展与繁盛有重要作用。

宗族救助是由宗族自身功能与宗族思想所决定。关于宗族的功能,冯尔康先生指出:"宗族的功能主要有政治功能和社会功能两个方面。在政治功能方面,它是历史上宗族政治的一种工具,起着维护君主专制制度和王朝政权的作用。在社会功能方面,它是民众经济上互相帮助,社交上发展人际关系,精神上寻找寄托的多功能社会组织。"④可见,救助遗孤、保证孤儿生存与成长是宗族的一项重要任务,是其社会功能的主要体现。

宗族思想是宗族救助得以贯彻实施的另一个主要原因。魏晋南北朝时期,儒家孝、悌、仁、义等伦理观念行而不辍⑤,父慈子孝、兄友弟恭的儒家家庭观是维系宗族活力的思想基础。本着敦睦宗族的原则,宗族内部对孤幼等特殊群体关爱有加。同时,孝悌友爱的宗族思想为统治阶级所宣扬与旌表,成为统治阶级治国的基础。

在宗族功能与宗族思想的双重作用下,宗族作为强有力的社会组织,不断履行救助孤幼的社会职能,为维系本宗族的兴旺、繁盛做出了贡献。

(一) 抚养遗孤

儿童幼年丧父,甚至父母双亡,身心受到沉重打击,这时宗族的长辈雪中送炭,担任起抚养遗孤的重要任务。抚养责任由血缘亲疏而定,先是兄弟挺身而出,如无兄弟,其责任则落到叔伯身上;其他诸如伯母、族人等皆是抚恤孤幼的中坚力量。宗族成员不仅从生活上对孤儿进行帮助,而且从精神上给予他们特别的关爱。

1. 长兄如父

如父亲不幸去世,兄长则承担起抚育幼弟弱妹的责任。蜀汉向朗"早丧所天,为二兄

---

① 田昌五:《古代社会断代新论》,北京:人民出版社,1982年,第88页。刘柱彬:《中国古代宗法制度的形成及其精神实质》,《法学评论》1997年第1期,第73-78页。马新:《论两汉乡村社会中的宗族》,《文史哲》2000年第4期,第100-107页。李卿:《秦汉魏晋南北朝时期的家族、宗族关系研究》,上海:上海人民出版社,2005年,第21页。
② 李学勤:《十三经注疏 尔雅注疏》,北京:北京大学出版社,1999年,第122页。
③ (清)陈立撰,吴则虞点校:《白虎通疏证》卷八《宗族》,北京:中华书局,1994年,第398页。
④ 冯尔康:《中国宗族史》,上海:上海人民出版社,2009年,第25页。
⑤ 李卿在《秦汉魏晋南北朝时期的家族、宗族关系研究》中指出:《仪礼》《周礼》《礼记》都成书于战国至汉初的儒家学者;秦汉以后,儒家学说占据社会思想的统治地位,历代王朝对礼制的修订都是遵循着周礼的典范。两汉魏晋南北朝时期基本上依古礼而行。(上海:上海人民出版社,2005年,第114页。)

所诱养,使其性行不随禄利以堕"①。孙吴孙贲父母早亡,幼弟尚处襁褓,孙贲抚育之,情义甚笃。《三国志·吴书·孙贲传》载:"贲早失二亲,弟辅婴孩,贲自赡育,友爱甚笃。"②南齐刘怀慰"养孤弟妹,事寡叔母,皆有恩义。"③南齐张融家贫,与吏部尚书王僧虔书曰:"实以家贫累积,孤寡伤心,八侄俱孤,二弟颇弱,抚之而感,古人以悲。"④张融抚育孤侄,关爱幼弟,遂毛遂自荐,愿得俸禄以养家糊口。萧梁李庆绪"父为人所害,庆绪九岁而孤,为兄所养,日夜号泣,志在复仇"⑤。萧梁孙谦遭父丧,弟妹幼弱,他抚养弟妹,毫无怨言。《梁书·良吏·孙谦传》载:"父忧去职,客居历阳,躬耕以养弟妹,乡里称其敦睦。"⑥萧梁高僧释慧韶"童幼早孤,依兄而长,悌友之至,闻于闾阎"⑦。梁陈之际殷不害"性至孝,居父忧过礼,由是少知名。家世俭约,居甚贫窭,有弟五人,皆幼弱,不害事老母,养小弟,勤剧无所不至,士大夫以笃行称之"⑧。北齐杨愔"家门遇祸,唯有二弟一妹及兄孙女数人,抚养孤幼,慈旨温颜,咸出人表"⑨。杨氏家世显赫,在北魏宗族被灭,仅存杨愔及孤幼数人,杨愔全力抚养幼孤,为世人所称赞。北周李贤"年十四,遭父丧,抚训诸弟,友爱甚笃"⑩。北朝裴宽"亲殁,抚弟以笃友闻"⑪。北周宇文深"性仁爱,从弟神举、神庆幼孤,深抚训之,义均同气,世亦以此称焉"⑫。

2. 叔伯抚孤

儿童如无兄长,又遭失父之祸,孤苦伶仃,甚是凄凉。伯父或叔父挺身而出,承担起抚养幼孤的重任,这在家族内部十分常见。曹魏毛玠"抚育孤兄子甚笃,赏赐以振施贫族,家无所余"⑬。曹魏孙资早年父母双亡,兄嫂抚养才得以成长。《三国志·魏书·刘放传》曰:"幼而岐嶷,三岁丧二亲,长于兄嫂。"⑭王基"少孤,与叔父翁居。翁抚养甚笃,基亦以孝称"⑮。诸葛亮早年失父,为其叔父抚养成人。《三国志·蜀书·诸葛亮传》载:

---

① 《三国志》卷四一《蜀书·向朗传》注引《襄阳记》,第1010页。
② 《三国志》卷五一《吴书·孙贲传》,第1209页。
③ 《南齐书》卷五三《良政·刘怀慰传》,第917页。
④ 《南齐书》卷四一《张融传》,第727页。
⑤ 《南史》卷七四《孝义下·李庆绪传》,第1845页。
⑥ 《梁书》卷五三《良吏·孙谦传》,第772页。
⑦ 《续高僧传》卷六《义解篇二·梁蜀郡龙渊寺释慧韶传》,第190页。
⑧ 《陈书》卷三二《孝行·殷不害传》,第424页。
⑨ 《北齐书》卷三四《杨愔传》,第456页。
⑩ 《周书》卷二五《李贤传》,第413页。
⑪ 《周书》卷三四《裴宽传》,第594页。
⑫ 《北史》卷五七《周宗室·广川公测传附弟深传》,第2072页。
⑬ 《三国志》卷一二《魏书·毛玠传》,第375页。
⑭ 《三国志》卷一四《魏书·刘放传》注引《资别传》,第457页。
⑮ 《三国志》卷二七《魏书·王基传》,第750页。

"亮早孤,从父玄为袁术所署豫章太守,玄将亮及亮弟均之官。"①郑袤少孤,"随叔父浑避难江东"②。晋时罗尚"少孤,依叔父宪"③。东晋桓冲临终书于谢安云:"妙灵、灵宝尚小,亡兄寄托不终,以此为恨!"④可见桓冲对亡兄之子抚养关怀备至,临终仍放心不下。刘宋蔡兴宗"幼立风概,家行尤谨,奉宗姑,事寡嫂,养孤兄子,有闻于世"⑤。刘宋何承天五岁丧父,随叔父而居。《宋书·何承天传》曰:"承天五岁失父,……叔父肸为益阳令,随肸之官。"⑥江智渊抚养兄长之子,甚尽心力,视如己出。《宋书·江智渊传》载:"智渊兄子概早孤,养之如子。"⑦宋齐之际王俭生而失父,为叔父所养。《南齐书·王俭传》曰:"俭生而僧绰遇害,为叔父僧虔所养。"⑧南齐沈驎士"养孤兄子,义著乡曲"⑨。齐明帝萧鸾幼孤,为伯父萧道成所养育,恩遇甚隆。《南齐书·明帝纪》载:"少孤,太祖抚育,恩过诸子。"⑩萧梁刘訏数岁而父母双亡,"后为伯父所养,事伯母纪昆姊,孝友笃至,为宗族所称"⑪。萧梁韦叡抚育兄子,慈爱过于己子。《梁书·韦叡传》载:"性慈爱,抚孤兄子过于己子,历官所得禄赐,皆散之亲故,家无余财。"⑫萧眎素"早孤贫,为叔父惠休所收恤"⑬。陈朝韦翙"弱冠丧父,哀毁甚至,养母、抚孤兄弟子,以仁孝著称"⑭。孔奂"数岁而孤,为叔父虔孙所养"⑮。顾野王弟早卒,野王抚养幼侄,甚是精心。《陈书·顾野王传》曰:"第三弟充国早卒,野王抚养孤幼,恩义甚厚。"⑯褚玠早年丧父,叔父将其抚养成人。《陈书·文学·褚玠传》载:"玠九岁而孤,为叔父骠骑从事中郎随所养。"⑰北魏房景远兄长去世,承担起抚养孤幼的重任,抚养幼侄,恩过己子。《魏书·房法寿传附族子景远传》载:"(景远)事二兄至谨,抚养兄孤恩训甚笃。"⑱北魏李郁"以兄瑒卒,遂抚育孤侄,归于乡里"⑲。崔亮父为沈文秀所害,亮依叔父而居。《魏书》曰:"(亮)时年十岁,常依季父幼

---

① 《三国志》卷三五《蜀书·诸葛亮传》,第 911 页。
② 《晋书》卷四四《郑袤传》,第 1249 页。
③ 《晋书》卷五七《罗宪传附兄子尚传》,第 1552 页。
④ 《晋书》卷七四《桓彝传附子冲传》,第 1953 页。
⑤ 《宋书》卷五七《蔡廓传附子兴宗传》,第 1584 页。
⑥ 《宋书》卷六四《何承天传》,第 1701 页。
⑦ 《宋书》卷五九《江智渊传》,第 1610 页。
⑧ 《南齐书》卷二三《王俭传》,第 433 页。
⑨ 《南齐书》卷五四《高逸·沈驎士传》,第 943 页。
⑩ 《南齐书》卷六《明帝纪》,第 83 页。
⑪ 《梁书》卷五一《处士·刘訏传》,第 747 页。
⑫ 《梁书》卷一二《韦叡传》,第 225 页。
⑬ 《梁书》卷五二《止足·萧眎素传》,第 762 页。
⑭ 《陈书》卷一八《韦载传附族弟翙传》,第 250 页。
⑮ 《陈书》卷二一《孔奂传》,第 283 页。
⑯ 《陈书》卷三〇《顾野王传》,第 400 页。
⑰ 《陈书》卷三四《文学·褚玠传》,第 460 页。
⑱ 《魏书》卷四三《房法寿传附族子景远传》,第 983 页。
⑲ 《魏书》卷五三《李孝伯传附郁传》,第 1179 页。

孙,居家贫,佣书自业。"①北朝王宪幼年丧父,为其伯父抚养。《魏书·王宪传》载:"宪幼孤,随伯父永在邺。"②杨引"三岁丧父,为叔所养"③。王椿兄之兄去世,其对待子侄情同己出,"抚兄子收情同己子,存拯亲类,所在周洽"④。北齐司马子如于家庭内部孝悌友爱,奉姊以礼,抚侄以慈。《北齐书·司马子如传》曰:"而事姊有礼,抚诸兄子慈笃,当时名士并加钦爱,世以此称之。"⑤邢邵"事寡嫂甚谨,养孤子恕,慈爱特深"⑥。元坦之父元禧举兵谋反未遂而被杀,元坦兄弟孤苦无依,为其叔父彭城王所抚养。《北齐书·元坦传》载:"初禧死后,诸子贫乏,坦兄弟为彭城王勰所收养。"⑦北齐娄叡"幼孤,被叔父昭所养"⑧。北齐高叡出生不久父亲便离开人世,伯父高欢对其十分喜爱,接到宫中抚养,恩若亲生。《北齐书·赵郡王琛传附子叡传》曰:"生三旬而孤,聪慧夙成,特为高祖所爱,养于宫中,令游娘母之,恩同诸子。"⑨北朝裴汉兄弟亡后,裴宽"抚养兄弟子,情甚笃至"⑩。其弟裴文举"少丧父,其兄又在山东,唯与弟玑幼相训养,友爱甚笃。玑又早亡,文举抚视遗孤,逾于己子"⑪。北朝柳庆之兄柳桧为魏兴郡守,为贼所害,桧子幼弱,为叔父抚养成人,《周书·柳庆传》载:"先是,庆兄桧为魏兴郡守,为贼黄宝所害。桧子三人,皆幼弱,庆抚养甚笃。"⑫北周鲍宏"七岁而孤,为兄泉之所爱育"⑬。

3. 叔、伯母抚孤

叔、伯母亦是抚养幼孤的另一支力量。通过抚养关系,孤儿与叔、伯母之间建立了深厚的感情。晋罗含"幼孤,为叔母朱氏所养"⑭。刘宋谢瞻"幼孤,叔母刘抚养有恩纪,兄弟事之,同于至亲"⑮。南齐袁彖幼而母卒,为伯母抚养,与伯母情义甚笃。《南齐书·袁彖传》曰:"(彖)幼而母卒,养于伯母王氏,事之如亲。"⑯北魏宋繇生而父亲被杀,又五岁丧母,"事伯母张氏以孝闻"⑰。宋繇父母去世后,由伯母张氏抚养,侍奉伯母以孝闻名。

---

① 《魏书》卷六六《崔亮传》,第1476页。
② 《魏书》卷三三《王宪传》,第775页。
③ 《魏书》卷八六《孝感·杨引传》,第1883页。
④ 《魏书》卷九三《恩倖·王叡传附子椿传》,第1993页。
⑤ 《北齐书》卷一八《司马子如传》,第240页。
⑥ 《北齐书》卷三六《邢邵传》第479页。
⑦ 《北齐书》卷二八《元坦传》第383页。
⑧ 《北齐书》卷一五《娄昭传附兄子叡传》,第197页。
⑨ 《北齐书》卷一三《赵郡王琛传附子叡传》,第170页。
⑩ 《周书》卷三四《裴宽传附弟汉传》,第598页。
⑪ 《周书》卷三七《裴文举传》,第669页。
⑫ 《周书》卷二二《柳庆传》,第372页。
⑬ 《北史》卷七七《鲍宏传》,第2616页。
⑭ 《晋书》卷九二《文苑·罗含传》,第2403页。
⑮ 《宋书》卷五六《谢瞻传》,第1557页。
⑯ 《南齐书》卷四八《袁彖传》,第834页。
⑰ 《魏书》卷五二《宋繇传》,第1152页。

北周卢柔幼孤,为叔父抚养成人。《周书·卢柔传》载:"(柔)少孤,为叔母所养,抚视甚于其子。"①

4. 从叔伯抚孤

孤儿如无叔伯亲属,从叔伯作为宗族长辈,则担当起抚养孤幼的任务。孙吴陆瑁"从父绩早亡,二男一女,皆数岁以还,瑁迎摄养,至长乃别"②。西晋王沈"少孤,养于从叔司空昶,事昶如父,奉继母寡嫂以孝义称"③。檀凭之"从兄子韶兄弟五人,皆稚弱而孤,凭之抚养若己所生"④。晋时嵇绍"与从子含等五人共居,抚恤如所同生"⑤。

5. 族人抚孤

宗族亲人亦在抚养幼孤方面发挥了重要作用。曹操族子曹真之父死于战乱,曹操对其视如己出,主动承担起抚养任务。太祖"哀真少孤,收养与诸子同,使与文帝共止"⑥。蜀汉费祎"少孤,依族父伯仁"⑦。刘宋严世期宗亲死于灾荒,其稚子孤弱,受到世期资助才得以生存。《宋书·孝义·严世期传》曰:"宗亲严弘、乡人潘伯等十五人,荒年并饿死,露骸不收,世期买棺器殡埋,存育孩幼。"⑧宋齐之际崔怀慎少时孤贫,靠宗族与乡党救助才生存下来。《南齐书·孝义·崔怀慎传》曰:"怀慎孤贫独立,宗党哀之,日敛给其升米。"⑨北魏薛野䐗"少失父母,养于宗人利家"⑩。

总之,儿童失父,抚养孤幼的任务落在宗族成员肩上,抚养的责任视宗族与儿童之亲疏关系而定。一般而言,抚养任务由近及远,儿童幼孤,兄长则首先承担起抚养的任务。有些儿童并无兄长,此时叔伯在育孤中起到至关重要的作用。其次叔伯母、从叔伯,宗族长辈对本宗儿童加以抚恤,使其得以生存,健康成长。抚养遗孤、敦睦九族是宗族的一项重要的社会职责,同时也是官府大力提倡的社会价值体系。这种慈笃义行受到世人的赞赏,社会的褒奖,在九品中正选官体系下,有些士族甚至由此得以仕途升迁。

(二)教育资助

儿童的成长离不开教育,即使战乱时代,教育作为指引儿童成长的引路灯,亦行而不辍,并未荒废,这是宗族赖以生存以及繁荣昌盛的根本所在。无论士庶,宗族对遗孤的教育均十分重视。兄长、叔伯为代表的宗族长辈不仅承担遗孤抚养的责任,而且重视孤儿

---

① 《周书》卷三二《卢柔传》,第562页。
② 《三国志》卷五七《吴书·陆瑁传》,第1337页。
③ 《晋书》卷三九《王沈传》,第1143页。
④ 《晋书》卷八五《檀凭之传》,第2217页。
⑤ 《晋书》卷八九《忠义·嵇绍传》,第2301页。
⑥ 《三国志》卷九《魏书·曹真传》,第280页。
⑦ 《三国志》卷四四《蜀书·费祎传》,第1060页。
⑧ 《宋书》卷九一《孝义·严世期传》,第2247页。
⑨ 《南齐书》卷五五《孝义·崔怀慎传》,第956页。
⑩ 《魏书》卷四四《薛野䐗传》,第995页。

的教育,他们或亲自教授孤儿,或为请师傅,或资助其外出就学。不管何种方式,宗族长辈关注孤儿精神成长,重视塑造孤儿的灵魂,为其长大成才奠定了坚实基础。三国时期,时岁大饥,人相食,而司马朗"收恤宗族,教训诸弟,不为衰世解业"①。刘备幼时孤贫,与母靠织席贩履维持生计。到入学年龄,与同宗共同求学,同宗长辈刘元起慧眼识珠,时常资助先主,帮助其完成学业。《三国志·蜀书·先主传》载:"先主少孤,与母贩履织席为业。……年十五,母使行学,与同宗刘德然、辽西公孙瓒俱事故九江太守同郡卢植。德然父元起常资给先主,与德然等。元起妻曰:'各自一家,何能常尔邪!'起曰:'吾宗中有此儿,非常人也。'"②

西晋范隆幼孤,不仅为宗族范广所养育,而且教之书计,使之学有所成。《晋书·儒林·范隆传》曰:"生而父亡。年四岁,又丧母,哀号之声,感恸行路。单孤无缌功之亲,疏族范广愍而养之,迎归教书,为立祠堂。"③萧梁谢藻幼年丧父,由叔父谢几卿所抚养,在叔父的影响、资助下得以求学受教。《梁书·文学下·谢几卿传》曰:"几卿虽不持检操,然于家门笃睦。兄才卿早卒,其子藻幼孤,几卿抚养甚至。及藻成立,历清官公府祭酒、主簿,皆几卿奖训之力也。世以此称之。"④谢藻长大成才,大展宏图,与其叔父精心抚养与严厉教育密不可分。周弘正幼年丧父,为伯父周捨抚养长大,受其教育,终为人杰。《陈书·周弘正传》曰:"弘正幼孤,及弟弘让、弘直,俱为(伯)父侍中护军捨所养。年十岁,通《老子》《周易》,捨每与谈论,辄异之,曰:'观汝神情颖晤,清理警发,后世知名,当出吾右。'"⑤周弘正受伯父之教,深得伯父真传,年仅十岁便精通《老子》《周易》等经典。周捨每与之谈论,都会发出青出于蓝而胜于蓝的感慨。

北魏李冲幼孤,兄长李承担当起抚养与教育之重任。《魏书·李冲传》曰:"少孤,为长兄荥阳太守承所携训。"⑥李产之"抚训诸弟,爱友笃志"⑦。裴敬宪"少有志行,学博才清,抚训诸弟,专以读诵为业"⑧。房彦谦早孤,其兄亲教之读书。《北史·房法寿传附玄孙彦谦传》曰:"彦谦早孤,不识父,为母兄鞠养。长兄彦询,雅有清鉴,以彦谦天性颖悟,每奇之,亲教读书。年七岁,诵数万言,为宗党所异。"⑨北周郑孝穆父叔早卒,孝穆作为长兄,抚育、教育诸弟,至其成人。《周书·郑孝穆传》载:"父叔四人并早殁,昆季之中,孝穆居长。抚训诸弟,有如同生,闺庭之中,怡怡如也。"⑩

---

① 《三国志》卷一五《魏书·司马朗传》,第467页。
② 《三国志》卷三二《蜀书·先主传》,第871页。
③ 《晋书》卷九一《儒林·范隆传》,第2352页。
④ 《梁书》卷五〇《文学下·谢几卿传》,第710页。
⑤ 《陈书》卷二四《周弘正传》,第305页。
⑥ 《魏书》卷五三《李冲传》,第1179页。
⑦ 《魏书》卷三九《李宝传附产之传》,第888页。
⑧ 《魏书》卷八五《文苑·裴敬宪传》,第1870页。
⑨ 《北史》卷三九《房法寿传附玄孙彦谦传》,第1417页。
⑩ 《周书》卷三五《郑孝穆传》,第609页。

(三)为之嫁娶

随时间的推移,孤儿到谈婚论嫁的年龄,宗族长辈又主动为之操持婚事、置办婚资,为之嫁娶。西晋庾衮闺门和睦,抚恤幼孤以慈,侍奉诸寡以仁。其兄早亡,女儿庾芳孤苦,庾衮对庾芳关怀备至,不仅将其抚养成人,且为之择偶,准备嫁妆,出阁之前又教育庾芳孝顺翁姑、遵循妇礼。《晋书·孝友·庾衮传》载:

> 孤兄女曰芳,将嫁,美服既具,衮乃刈荆苕为箕帚,召诸子集之于堂,男女以班,命芳曰:"芳乎!汝少孤,汝逸汝豫,不汝疵瑕。今汝适人,将事舅姑,洒扫庭内,妇之道也,故赐汝此。匪器之为美,欲温恭朝夕,虽休勿休也。"①

刘宋江秉之早年丧父,弟妹幼弱,秉之抚养弟妹,为之嫁娶,尽心尽力。《宋书·良吏·江秉之传》曰:"秉之少孤,弟妹七人,并皆幼稚,抚育姻娶,罄其心力。"②刘宋沈道虔"与诸孤兄子共釜庾之资,困不改节。……太祖闻之,遣使存问,赐钱三万,米二百斛,悉以嫁娶孤兄子"③。南齐公孙僧远父亲去世后,主动承担养家之重任,料理弟弟丧事,为兄姊举办婚礼。侍奉伯父与母以孝,抚养弟妹以慈,对待兄姊以恭。《南齐书·孝义·公孙僧远传》载:"治父丧至孝,事母及伯父(甚)谨,年饥(谷)贵,僧远省餐减食,以供母、伯。弟亡,无以葬,身贩贴与邻里,供敛送之费。躬负土,手种松柏。兄姊未婚嫁,乃自卖为之成礼。"④南齐吴兴乘公济兄弟早卒,留下孤儿寡母艰难度日,生活重担落在乘公济妻姚氏身上,姚氏抚养侄子,恩情过于己子,家贫无以为资,鬻卖田宅为之娶妇。《南齐书·孝义·乘公济妻姚氏传》曰:"吴兴乘公济妻姚氏生二男,而公济及兄公愿、乾伯并卒,各有一子欣之、天保,姚养育之,卖田宅为娶妇,自与二男寄止邻家。"⑤北齐宋游道为官清正廉洁,见宗族孤贫必伸援助之手,抚育遗孤,为之嫁娶。《北齐书·酷吏·宋游道传》载:"历官严整,而时大纳贿,分及亲故之艰匮者,其男女孤弱为嫁娶之,临丧必哀,躬亲襄事。"⑥

(四)财产资助

世家大族宗门之内孝悌友爱,儿童失父,不仅得叔、伯长辈抚恤,而且推财与孤、财产共居现象时有发生。西晋徐苗不仅对兄弟遗孤抚养备至,而且推财与之,受到世人的称叹。《晋书·儒林·徐苗传》曰:"其兄弟皆早亡,抚养孤遗,慈爱闻于州里,田宅奴婢尽推

---

① 《晋书》卷八八《孝友·庾衮传》,第 2281 页。
② 《宋书》卷九二《良吏·江秉之传》,第 2269 页。
③ 《宋书》卷九三《隐逸·沈道虔传》,第 2291–2292 页。
④ 《南齐书》卷五五《孝义·公孙僧远传》,第 956–957 页。
⑤ 《南齐书》卷五五《孝义·乘公济妻姚氏传》,第 960 页。
⑥ 《北齐书》卷四七《酷吏·宋游道传》,第 656 页。

与之。"①南齐何伯璵"养孤兄子,及长为婚,推家业尽与之"②。萧梁杨公则家门敦睦,推家财与兄子。《梁书·杨公则传》载:"公则为人敦厚慈爱,居家笃睦,视兄子过于其子,家财悉委焉。"③袁昂幼孤,为从兄所养,"从兄提养训教,示以义方,每假其谈价,虚其声誉,得及人次,实亦有由。兼开拓房宇,处以华旷,同财共有,恣其取足,尔来三十余年,怜爱之至,无异于己"④。袁昂从兄对其抚养教育,同财共居,兄弟二人感情深厚。至其从兄去世之时,他悲痛欲绝,为其衰服。徐勉散家财赡养、抚恤宗族亲故,不以遗留与子孙。《梁书·徐勉传》曰:"勉虽居显位,不营产业,家无蓄积,奉禄分赡亲族之贫乏者。"⑤北魏裴修早孤,弟妹幼弱,裴修抚育弟妹,养育孤侄,尽其心力,推财与之,甚有令名。《魏书·裴骏传附子修传》载:"修早孤,居丧以孝闻。二弟三妹并在幼弱,抚养训悔,甚有义方。次弟务早丧,修哀伤之,感于行路。爱育孤侄,同于己子。及将异居,奴婢田宅悉推与之,时人以此称焉。"⑥北魏韩子熙由叔父抚养成人,恩义甚笃;其叔父去世后,韩子熙主动承担起抚养幼弟的任务,二人情同手足,同居共财。《魏书·韩麒麟传附孙子熙传》曰:"又少孤,为叔显宗所抚养,及显宗卒,显宗子伯华又幼,子熙友爱,等于同生,长犹共居,车马资财,随其费用,未尝见于言色。"⑦北魏山伟对孤侄寡嫂情义甚厚,同居共财。《魏书·山伟传》曰:"伟弟少亡,伟抚寡训孤,同居二十余载,恩义甚笃。"⑧高聪生而丧母,战乱中徙入平城,与蒋少游为云中兵户,窘困无所不至,为族祖抚养资助,得以长成。《魏书·高聪传》曰:"族祖允视之若孙,大加赒给。"⑨北周元裦"年十岁而孤,为诸兄所爱养。善事诸兄。诸兄议欲别居,裦泣谏,不从。家素富,多金宝,裦一无所受,脱身而出"⑩。北周韦孝宽抚恤亲族遗孤,对其财产资助。《周书·韦孝宽传》曰:"亲族有孤遗者,必加振赡。朝野以此称焉。"⑪北周寇俊甚有善行,资助宗族遗孤,为世人所称。《周书》曰:"俊笃于仁义,期功之有孤者,衣食丰约,俱与之同。"⑫

(五)授爵与孤

魏晋南北朝门阀制度盛行,士族在接班人选择上高风亮节,往往倾向于遗孤,充分体现出了儒家谦恭友爱的宗族观。东晋荀崧之弟早亡,留有遗孤,荀崧待之甚厚,让爵于弟

---

① 《晋书》卷九一《儒林·徐苗传》,第2351页。
② 《南齐书》卷五五《孝义·何伯璵传》,第962页。
③ 《梁书》卷一〇《杨公则传》,第197页。
④ 《梁书》卷三一《袁昂传》,第452页。
⑤ 《梁书》卷二五《徐勉传》,第383页。
⑥ 《魏书》卷四五《裴骏传附子修传》,第1021页。
⑦ 《魏书》卷六〇《韩麒麟传附孙子熙传》,第1336页。
⑧ 《魏书》卷八一《山伟传》,第1794页。
⑨ 《魏书》卷六八《高聪传》,第1520页。
⑩ 《北史》卷一七《景穆十二王上·汝阴王天赐传附裦传》,第642页。
⑪ 《周书》卷三一《韦孝宽传》,第544页。
⑫ 《周书》卷三七《寇俊传》,第659页。

之子,为人称道。《晋书·荀崧传》曰:"从弟馗早亡,二息序、廞,年各数岁,崧迎共同居,恩同其子。太尉、临淮公荀顗国胤废绝,朝庭以崧属近,欲以崧子袭封。崧哀序孤微,乃让封与序,论者称焉。"① 萧梁庾仲容幼年丧父,为其叔庾泳所养,关怀备至,后泳子晏婴被委以重任,泳命子让职位于仲容,表现出孝悌友爱之泳高风亮节。《梁书·文学下·庾仲容传》曰:"仲容幼孤,为叔父泳所养。……泳时已贵显,吏部尚书徐勉拟泳子晏婴为宫僚,泳垂泣曰:'兄子幼孤,人才粗可,愿以晏婴所忝回用之。'勉许焉,因转仲容为太子舍人。"② 北齐封孝琬为伯父封隆之所抚养,隆之遇之甚厚。封氏有封爵传袭,隆之启以孝琬袭之。《北齐书·封隆之传附从子孝琬传》曰:"孝琬七岁而孤,独为隆之所鞠养,慈爱甚笃。……隆之启以父爵富城子授焉。"③

王子今先生指出:"'养寡嫂孤儿'事迹,在儒学道德宣传中,曾是'礼'与'义'的样板。然而,如果进行社会关系史的考察,应当分析其复杂的因素。从宗族关系的视角分析,首先应注意到'孤儿'在本宗族中的正式身份能够因此得以维护。其次,'养寡嫂孤儿'行为,在一定意义上可能也有保存家族财产的原因。"④

笔者认为,与平民的恤孤有所异同,门阀士族阶层恤孤有几个显著特点。

第一,门阀士族阶层救助孤儿,使孤儿得以生存,有保持"孤儿"在本宗族中正式身份的作用,这是宗族本身社会职能的集中体现。

第二,在士、庶宗族范围内,恤孤体现的"礼"与"义"的价值观念更为明显,这是门阀制度下维持宗族活力的思想源泉,同时也是士、庶升迁的道德依据。究其原因,一是统治阶级儒家孝义观念的宣扬,以孝治天下思想覆盖到家庭、宗族层面,所谓"修身、齐家、治国、平天下",家庭和睦、宗族亲善是治国的思想基础。况且,晋代以降,统治阶级已无法用"忠君"思想统治天下,继而将家庭伦理的"孝悌"大肆宣扬,作为粉饰太平的遮羞布。唐长孺先生在《魏晋南朝的君父先后论》一文中就曾指出:"自晋以后,门阀制度的确立,促使孝道的实践在社会上具有更大的经济上与政治上的作用……建立晋室的司马氏是河内的儒学大族,其夺取政权却与儒家的传统道德不符,在'忠'的方面已无从谈起,只能提倡孝道以掩饰己身的行为,而孝道的提倡也正是所有的大族为了维护本身利益所必需的,因此从晋以后王朝更迭,门阀不衰的状态,后人每加讥议,然而在当时,这一些统治者却另有理论根据作为他们安身立命的指导。"⑤ 司马氏从曹魏手中夺取政权,这种背信弃义的做法本不光彩,受到社会的非议,司马氏破坏了"忠君"思想基础,只能强化孝悌等家庭伦理的作用,以作为维护统治的思想手段。因此,魏晋南北朝时期以家庭、宗族为代表

---

① 《晋书》卷七五《荀崧传》,第1976页。
② 《梁书》卷五〇《文学下·庾仲容传》,第723页。
③ 《北齐书》卷二一《封隆之传附从子孝琬传》,第307页。
④ 王子今:《三国孙吴乡村家族中的"寡嫂"和"孤兄子"——以走马楼竹简为中心考察》,引自《简牍学研究 第4辑》,兰州:甘肃人民出版社,2004年,第107–118页。
⑤ 唐长孺:《魏晋南北朝史论拾遗》,北京:中华书局,1983年,第238–239页。

的孝悌友爱观念深入人心,宗族恤孤则正是这种思想的彰显与强化。二是在统治阶级的思想指引下,士族、庶族所接受的儒家"慈孝友悌"的传统教育,使抚养遗孤成为其不可推卸的重要责任。三是从社会价值体系评判看,门阀士族更注重宗族及个人的社会声誉,"抚养幼孤、亲善宗族"成为品评人物的一项重要参考标准,许多士、庶因此得以仕途晋升。虽然魏晋南北朝选官以门第为主要依据,但乡里评议在士、庶的入仕过程中仍然占有一席之地。

第三,门阀士族阶层抚养幼孤,其基本出发点是维护宗族的生息繁衍,宗族的作用更多是给予孤儿精神上的慰藉及教育上的支持,而保护家族财产的原因并不明显。相对平民而言,门阀士族拥有更多财富,衣食丰厚,儿童即使幼年丧父,家庭内的财产并不会因此而消失,孤儿继承财产的权利亦没有被剥夺,孤儿在经济上一般会有保证,士族内推财与孤,或者同产共居的现象十分常见。

第四,平民恤孤可能只停留在抚养、教育、共财、为之嫁娶等层面,而门阀士族恤孤表现出另一个重要特征——授爵。在门阀制度下,宗族打上了等级烙印,宗族孤儿亦有继承爵位的权利,"授爵与孤"的现象是平民阶层不曾出现的现象。宗族在爵位继承人的选择上向孤儿倾斜,一方面体现了对孤儿的笃爱,另一方面也是"礼"与"义"价值观念的彰显。

总之,士族、庶族范围内宗族救助孤儿方式多种多样,分为抚养幼孤、教育资助、为之嫁娶、财产救助、授爵与孤五个方面。宗族作为一个庞大的家族体系,首先给予孤儿物质上的资助,其次是精神上的支撑。宗族救助孤儿多是宗族成员自发的行为,带有自发性质;同时,宗族本身的职责又使恤孤带有强制的特性。在自发与强制的双重作用下,宗族成为民间恤孤的中流砥柱。关于宗族恤孤的意义,王子今先生指出:"宗族恤孤保持了孤儿在本宗族中的正式身份,体现出中国传统宗法关系维护社会稳定的有益的功能,彰显了'礼'与'义'儒家伦理道德思想。"[①]

二、乡里救孤

以血缘关系为纽带的宗族成为救助幼孤的中坚力量,而以地缘关系为桥梁的乡里则是孤儿救助的又一重要力量。中国基层社会中,乡里集聚而居,邻里之家近在咫尺、比屋相连,乡里关系的好坏对稳定地方治安、维护国家大局有重要意义。倡导互相帮助、和睦相处是中国自古以来处理乡邻关系的基本原则,所谓"远亲不如近邻"即这个道理。乡里在救助孤儿等弱势群体方面发挥了不可忽视的作用。

---

① 王子今:《三国孙吴乡村家族中的"寡嫂"和"孤兄子"——以走马楼竹简为中心考察》,《简牍学研究 第4辑》,兰州:甘肃人民出版社,2004年,第107-118页。

(一)魏晋南北朝基层社会组织救助制度

1. 魏晋南朝基层社会组织与孤儿救助

魏晋南北朝社会动荡,特殊的历史环境使汉代以来的乡里制度发生了很大的变化,有学者指出:"许多地方的乡里组织废置,保留下来的则多因袭汉制,实行乡官制,三国、晋及南朝刘宋时期的乡里制度均属此例。"①曹魏、东吴、晋、南朝乡官设有三老、秩、啬夫,三老履行了乡里基层组织中救助孤幼、淳化风俗的职责。《后汉书·百官志五》载:"三老掌教化。凡有孝子顺孙,贞女义妇,让财救患,及学士为民法式者,皆扁表其门,以兴善行。"②三老肩负着乡里社会淳化风俗、旌表孝义、救助孤疾、帮扶贫患的任务。三老是魏晋南朝乡里社会最基本的社会组织形式,在救助孤幼方面发挥着重要作用。

2. 北朝基层社会组织与孤儿救助

北朝基层社会组织则是三长制。关于三长制的设立时间、名称、地位、设立的成效,学界先贤已有详细论述。③此非本书讨论的重点,因此略而不论;而"三长制"的职责却与本书相关,其重要职能之一则是对孤独贫疾等弱势群体的救助。北魏太和十年(486),给事中李冲上言:"宜准古,五家立一邻长,五邻立一里长,五里立一党长,长取乡人强谨者。……孤独癃老笃疾贫穷不能自存者,三长内迭养食之。"④李冲的建议得到批准,三长制在北魏得以实行。三长的职责是检查户口,监督耕作,征收租调,征发徭役、兵役,救助孤独贫疾等。李冲特别强调三长救助贫疾、抚养孤幼职责,要求三长对孤独、癃老、贫穷、疾病等弱势群体不仅要特别关注,而且要轮流供养,给其衣食,以保证他们最基本的生活条件。三长制是北魏基层社会组织救助孤幼的具体制度,既是代表北魏地方官府对孤幼的社会救助,又是民间救孤措施的具体落实,兼有官方与民间双重意义。

(二)魏晋南北朝乡里救助措施

1. 乡里恤孤

魏晋南北朝时期,乡里间互相帮助、共渡难关的事例屡见不鲜,矜恤孤儿的事更是层出不穷。东汉末年,河东人焦先与同郡侯武阳一同躲避战乱,途中相互扶持。时"武阳年小,有母,先与相扶接,避白波,东客扬州取妇"⑤。东汉末年天下大乱,河东人焦先与乡党一同避难,不忘资助年龄尚小的乡里侯武阳。曹魏张范救人于穷乏之中,宗亲乡里孤幼

---

① 赵秀玲:《中国乡里制度》,北京:社会科学文献出版社,1998年,第15页。
② 《后汉书》卷二八《百官志五》,第3624页。
③ 侯旭东:《北朝村民的生活世界——朝廷、州县与村里》,北京:商务印书馆,2005年,第108-133页。
④ 《魏书》卷一一〇《食货志》,第2855页。
⑤ 《三国志》卷一一《魏书·管宁传》注引《魏略》,第363页。

归之如流。《三国志·魏书·张范传》曰:"救恤穷乏,家无所余,中外孤寡皆归焉。"①曹魏护军营士窦礼近出不还,疑似逃亡,按法律没其妻盈及子女为官奴婢。其妻盈自讼称冤,为夫辩解。廷尉高柔质问盈:"汝何以知夫不亡?"盈垂泣对曰:"夫少单特,养一老姬为母,事甚恭谨,又哀儿女,抚视不离,非是轻狡不顾室家者也。"②窦礼赡养老姬,抚养其儿女,文中虽未明确老姬子女年龄,但因其没有经营或独自生存能力,估计仍在幼童,窦礼救助老姬,抚育幼弱,堪称乡里人表。东吴陆瑁乐善好施,助人为乐,闻名乡里。同郡徐原久闻其名,"临死遗书,托以孤弱,瑁为起立坟墓,收导其子"③。陆瑁虽与徐原素不相识,但作为乡党,不仅帮助徐原遗孤料理丧事,而且不负徐原重托,抚养其遗孤。晋朝郗鉴处流离之中,得乡人资助乃存活,鉴所得资助并不独享,又赡恤乡里父老孤幼,乡里之间互相帮助,得以存活者甚多。《晋书·郗鉴传》曰:"于时所在饥荒,州中之士素有感其恩义者,相与资赡。鉴复分所得,以恤宗族及乡曲孤老,赖而全济者甚多"。④

　　刘宋刘钟少孤,赖乡人刘固资助才得以生存。《宋书·刘钟传》曰:"少孤,依乡人中山太守刘固共居。幼有志力,常慷慨于贫贱。"⑤刘宋宗少文二兄早卒,孤累甚多,常受乡亲接济乃得以生存。《南史·隐逸上·宗少文传》曰:"二兄早卒,孤累甚多,家贫无以相赡,颇营稼穑。人有饷遗,并受之。"⑥南齐会稽永兴倪翼之母丁氏仁爱善良,经常救乡里之急,"同里陈穰父母死,孤单无亲戚,丁氏收养之,及长,为营婚娶"⑦。南齐时期,晋陵吴康之妻赵氏出嫁之前,其家贫苦,赵氏得乡里救助才得以生存。《南齐书·孝义·吴康之妻赵氏传》曰:"父亡弟幼,值岁饥,母老病笃,赵诣乡里自卖,言辞哀苦,乡里怜之,人人分升米相救,遂得免。"⑧赵氏父亡,弟幼母病,走投无路情况下卖身养家,乡里邻居虽然并不富裕,但纷纷慷慨解囊,助其渡过难关。萧梁韩怀明"十五丧父,几至灭性,负土成坟,赠助无所受"⑨。虽然韩怀明没有接受乡里馈赠,但仍然反映了乡里之间互助友爱、矜恤孤幼的精神。北魏外戚冯熙"生于长安,为姚氏魏母所养"⑩。北魏吴悉达亦乐善好施,资助乡里,其"邻人孤贫窘困者,莫不解衣辍粮以相赈恤"⑪。在战火相连、饥馑困窘的年代,孤儿生活朝不保夕。对孤儿而言,乡里救助犹如黑暗中的一缕曙光,为其带来无限温暖与希望。

---

① 《三国志》卷一一《魏书·张范传》,第338页。
② 《三国志》卷二四《魏书·高柔传》,第689页。
③ 《三国志》卷五七《吴书·陆瑁传》,第1337页。
④ 《晋书》卷六七《郗鉴传》,第1797页。
⑤ 《宋书》卷四九《刘钟传》,第1438页。
⑥ 《南史》卷七五《隐逸上·宗少文传》,第1860页。
⑦ 《南齐书》卷五五《孝义·倪翼之母丁氏传》,第959页。
⑧ 《南齐书》卷五五《孝义·吴康之妻赵氏传》,第959页。
⑨ 《梁书》卷四七《孝行·韩怀明传》,第653页。
⑩ 《魏书》卷八三上《外戚上·冯熙传》,第1818页。
⑪ 《魏书》卷八六《孝感·吴悉达传》,第1885页。

2. 资助孤儿就学

三国曹魏邴原幼孤,乐学而无以为资,得书舍先生慷慨资助而完成学业。《三国志·魏书·邴原传》载:

> 原十一而丧父,家贫,早孤。邻有书舍,原过其旁而泣。师问曰:"童子何悲?"原曰:"孤者易伤,贫者易感。夫书者,必皆具有父兄者,一则羡其不孤,二则羡其得学,心中恻然而为涕零也。"师亦哀原之言而为之泣曰:"欲书可耳!"答曰:"无钱资。"师曰:"童子苟有志,我徒相教,不求资也。"于是遂就书。一冬之间,诵《孝经》、《论语》。自在童龀之中,巍然有异。①

邴原童龀之年父亲去世,又无兄弟,孤苦伶仃,茕然孑立,家庭贫困无以求学,见邻家书舍既向往又伤感,不免潸然泪下。书舍先生哀其孤苦,又见其求知若渴,主动邀请其入学,免除其学费,教授其知识,邴原才有机会巍然不群,出类拔萃,邻居书舍先生成为邴原生命中的贵人。

西晋王育"少孤贫,为人佣牧羊,每过小学,必歔欷流涕。时有暇,即折蒲学书,忘而失羊,为羊主所责,育将鬻己以偿之。同郡许子章,敏达之士也,闻而嘉之,代育偿羊,给其衣食,使与子同学,遂博通经史"②。王育幼年孤贫,为人牧羊为生,他求知心切,因聚精会神读书而丢失羊群,为羊主所责备。王育欲以赔偿,怎奈一无所有,只能卖己以偿还损失。乡里许子章得知此事,同情王育遭遇,又赞赏他勤奋好学,代其偿还损失,并资助其入学,王育才得以博览群书,成为博学多才之士。

综上,魏晋南北朝时期,乡里对孤儿伸出援助之手,使其免于流离失所,得以在艰难中生存并发展;乡里资助孤儿学业,使其幼年向学,有机会脱颖而出。乡里救助不仅解幼孤生存之危机,而且慰藉了孤儿弱小的心灵,乡里救助犹如冬日暖阳,为儿童带来生活与精神上双重温暖。

三、其个人救孤

(一)朋友救助

司马迁曰:"一死一生,乃知交情。"③朋友之间患难见真情。魏晋南北朝时期,士族阶层中,有些人不幸去世时遗孤幼小,朋友会挺身而出、慷慨仗义,担当起抚孤之重任。

---

① 《三国志》卷一一《魏书·邴原传》注引《原别传》,第351页。
② 《晋书》卷八九《忠义·王育传》,第2309页。
③ 《史记》卷一二〇《汲郑列传》,北京:中华书局,1959年,第3114页。

有莫逆之交的朋友,会在危难之时托孤于友,对友人倍加信赖。三国张邈振穷救急,甚有义名,与曹操友善,互相信赖依靠。曹操出征陶谦,敕家曰:"我若不还,往依孟卓。"①曹操征战沙场,刀光剑影中难免出现不测,临行嘱托家眷老小如有万一,便投奔好友张邈,深知张邈不会辜负朋友重托,将善待寡弱,抚育孤幼。嵇康与山涛等人为竹林之友,情同莫逆。后坐事被诛,托孤于友。临刑谓子绍曰:"巨源在,汝不孤矣。"②可见嵇康对山涛的信任与依赖。萧梁宗室萧乂理逢侯景之乱,家国阽危,命在旦夕,托孤于友。《梁书·高祖三王·南康简王绩传附子乂理传》载:"以魏降人元贞立节忠正,可以讬孤,乃以玉炳扇赠之。"③陈招远将军谢贞病笃,幼子孤弱,放心不下。幸与吏部尚书姚察友善,临终嘱后事于姚察,拜托其照顾孤子。《陈书·孝行·谢贞传》曰:"孤子衅祸所集,将随灰壤。族子凯等粗自成立,已有疏付之,此固不足仰尘厚德。即日迷喘,时不可移,便为永诀。弱儿年甫六岁,名靖,字依仁,情累所不能忘,敢以为托耳。"④

　　士族朋友之间患难之交,友人有难,有些不忘朋友之义,挺身而出,主动担当矜恤遗孤之任。曹魏崔琰与公孙方、宋阶友爱亲善,及二人早卒,稚子幼弱,琰"抚其遗孤,恩若己子"⑤。任峻宽厚仁义,他"于饥荒之际,收恤朋友孤遗,中外贫宗,周急继乏,信义见称"⑥。荀攸与钟繇相亲善,荀攸先亡,子幼。繇"经纪其门户,欲嫁其妾"⑦。荀攸去世后,儿子孤幼,好友钟繇代其经理门户,抚养幼子、遣嫁其妾。蜀汉穆皇后吴氏之兄吴壹少孤,往依其父生前好友刘焉。《三国志·蜀书·穆皇后传》载:"壹父素与刘焉有旧,是以举家随焉入蜀。"⑧蜀汉张裔与犍为杨恭友善,杨恭早卒,其子幼弱,张裔慷慨救助,为其经纪门户,娶妇买田。《三国志·蜀书·张裔传》载:"少与犍为杨恭友善,恭早死,遗孤未数岁,裔迎留,与分屋而居,事恭母如母。恭之子息长大,为之娶妇,买田宅产业,使立门户。"⑨魏晋之际,郑袤之父郑泰去世,他跟随叔父郑浑避难江东,投奔其父生前好友华歆,华歆对其抚养,恩同己生。《晋书·郑袤传》载:"时华歆为豫章太守,浑往依之,歆素与泰善,抚养袤如己子。"⑩晋朝纪瞻少与陆机兄弟亲善,及机被诛,瞻"赡恤其家周至,及嫁机女,资送同于所生"⑪。

　　南朝刘宋蔡兴宗与丘珍孙之子景先亲善,及景先被杀,蔡兴宗周赡景先家眷。《宋

---

① 《三国志》卷七《魏书·吕布传附张邈传》,第221页。
② 《晋书》卷四三《山涛传》,第1223页。
③ 《梁书》卷二九《高祖三王·南康简王绩传附子乂理传》,第430页。
④ 《陈书》卷三二《孝行·谢贞传》,第428页。
⑤ 《三国志》卷一二《魏书·崔琰传》,第370页。
⑥ 《三国志》卷一六《魏书·任峻传》,第490页。
⑦ 《三国志》卷二九《魏书·方技·朱建平传》,第809页。
⑧ 《三国志》卷三四《蜀书·穆皇后传》,第906页。
⑨ 《三国志》卷四一《蜀书·张裔传》,第1012页。
⑩ 《晋书》卷四四《郑袤传》,第1249页。
⑪ 《晋书》卷六八《纪瞻传》,第1824页。

书·蔡廓转附子兴宗传》曰:"珍孙子景先,人才甚美,兴宗与之周旋。及景先为鄱阳郡,值晋安王子勋为逆,转在竟陵,为吴喜所杀。母老女稚,流离夏口。兴宗至郢州,亲自临哭,致其丧柩家累,令得东还。"①南齐王思远与顾昌之友善。昌之卒后家贫,思远"迎其儿子,经恤甚至"②。萧梁韦放轻财好施,与吴郡张率亲相友爱;张率卒后,韦放赡恤其家,抚养孤幼。《梁书·韦放传》载:"初,放与吴郡张率皆有侧室怀孕,因指为婚姻。其后各产男女,未及成长而率亡,遗嗣孤弱,放常赡恤之。"③韦放不仅矜恤朋友遗孤,且遵守婚姻承诺,"及为北徐州,时有势族请姻者,放曰:'吾不失信于故友。'乃以息岐娶率女,又以女适率子,时称放能笃旧"④。陈朝广州刺史欧阳纥以谋反被诛,其子欧阳询年小,藏匿而免。友人江总抚恤救助之,《旧唐书·欧阳询传》曰:"以故人子,私养之。貌寝侻,敏悟绝人。总教以书记,每读辄数行同尽,遂博贯经史。"⑤

北魏王衍笃于交旧,"有故人竺虩,于西兖为仲远所害,其妻子饥寒,衍置之于家,累年赡恤,世人称其敦厚"⑥。张普惠不营产业,乐善布施,敦于故旧,"冀州人侯坚固少时与其游学,早终,其子长瑜,普惠每于四时请禄,无不减赡给其衣食。及为豫州,启长瑜解褐,携其合门拯给之"⑦。张普惠对故友之子不仅经济上资助抚养,且政治上进行提携。青州刺史刘仁之与冯元兴友善,元兴死后积年,仁之"营视其家,常出隆厚。时人以此尚之"⑧。武强马八龙轻财重义,"友人武遂县尹灵哲在军丧亡,八龙闻即奔赴,负尸而归,以家财殡葬,为制俎服。抚其孤遗,恩如所生。州郡表列,诏表门闾"⑨。

(二) 王公贵族

门阀制度下,世家大族之间盘根错节、相互关联,王公贵族在矜恤孤幼方面亦发挥着一定作用。

一是抚养幼孤。三国时期光禄勋蒯越临终,与曹操书,托以门户。太祖报书曰:"死者反生,生者不愧。孤少所举,行之多矣。魂而有灵,亦将闻孤此言也。"⑩蜀汉建兴六年(228),马谡街亭之战失利,诸葛亮挥泪斩马谡,"待其遗孤若平生"⑪。孙吴陈表为官清廉,不营产业,死后妻子饥寒,太子孙登对其慷慨资助,为其经营宇室,善待其妻儿。《三

---

① 《宋书》卷五七《蔡廓传附子兴宗传》,第1583页。
② 《南齐书》卷四三《王思远传》,第766页。
③ 《梁书》卷二八《韦放传》,第424页。
④ 《梁书》卷二八《韦放传》,第424页。
⑤ 《旧唐书》卷一八九上《欧阳询传》,北京:中华书局,1975年,第4947页。
⑥ 《魏书》卷六三《王肃传》,第1413页。
⑦ 《魏书》卷七八《张普惠传》,第1746页。
⑧ 《魏书》卷八一《刘仁之传》,第1795页。
⑨ 《魏书》卷八七《节义·马八龙传》,第1893页。
⑩ 《三国志》卷六《魏书·刘表传》注引《傅子》,第215页。
⑪ 《三国志》卷三九《蜀书·马良传附弟谡传》注引《襄阳记》,第984页。

国志·吴书·陈武传附子表传》曰:"家财尽于养士,死之日,妻子露立,太子登为起屋宅。"①晋朝桓彝去世后,桓冲兄弟并年小,家贫,得富人救助才能解忧。《晋书·桓彝传附子冲传》载:"初,彝亡后,冲兄弟并少,家贫,母患,须羊以解,无由得之,温乃以冲为质。羊主甚富,言不欲为质,幸为养买德郎。买德郎,冲小字也。"②桓温兄弟贫困,为给母亲治病,欲将桓冲抵押为人质,得羊救母。羊主富足仁慈,不欲桓冲为人质,愿抚养桓冲,不仅救了桓氏兄弟母亲性命,又抚养孤幼,解决了其家燃眉之急。晋朝尚书纪瞻仗义好施,"尚书闵鸿、太常薛兼、广川太守河南褚洽、给事中宣城章辽、历阳太守沛国武戢,并与瞻素疏,咸藉其高义,临终托后于瞻。瞻悉营护其家,为起居宅,同于骨肉焉"③。纪瞻与尚书闵鸿等人并无深交,但闵鸿等人深知纪瞻为人高尚,仗义疏财,助人为乐,临终皆托孤于他。纪瞻果不负众望,抚养孤稚,为之经营门户。周隋之际名将李崇死于沙场,其子李敏幼孤,仗杨坚救助才得以生存。《北史·李贤传附孙敏传》载:"文帝以其父死王事,养于宫中。"④

二是教授书学。东吴凌统去世后,二子烈、封,年各数岁,时"权内养于宫,爱待与诸子同,宾客进见,呼示之曰:'此吾虎子也。'及八九岁,令葛光教之读书,十日一令乘马"⑤。孙权对凌统幼子矜恤抚育,为其择师教授文治武功,恩爱如同己子。刘宋刘峻幼遭战乱,流离失所,至北魏中山,为中山富人刘实所抚恤,并教其书学,此等经历成为刘峻人生的一大转折。《梁书·文学下·刘峻传》曰:"峻年八岁,为人所略至中山,中山富人刘实愍峻,以束帛赎之,教以书学。"⑥陈朝义兴人周文育少孤贫,寿昌浦口戍主周荟见而奇之,就其母请文育为己子,其母遂与之。周荟后携文育进京,又"命兄子弘让教之书计。弘让善隶书,写蔡邕《劝学》及古诗以遗文育,文育不之省也,谓弘让曰:'谁能学此,取富贵但有大槊耳。'弘让壮之,教之骑射,文育大悦"⑦。周文育为周荟所养,根据文育的喜好,教其骑射武艺,培养成就了一代名将。北齐宠臣郭秀去世,家无成人子弟,得高祖资助乃长大成人。《北齐书·恩倖·郭秀传》曰:"高祖自至其宅,亲使录知其家资粟帛多少,然后去。命其子孝义与太原公已下同学读书。"⑧东魏房谟之子房子远险薄,为其父所弃。房子远得北齐高祖救助才能生存,并令与诸子同学。《北史·房谟传》曰:"谟前妻子子远险薄,谟甚嫌之,不以为子列。时以谟为后妻卢氏所潜,神武亦以责谟。谟陈其恶。神武弗信,自收恤之,令与诸子同学,久乃令还。"⑨

---

① 《三国志》卷五五《吴书·陈武传附子表传》,第1290页。
② 《晋书》卷七四《桓彝传附子冲传》,第1948页。
③ 《晋书》卷六八《纪瞻传》,第1824页。
④ 《北史》卷五九《李贤传附孙敏传》,第2109页。
⑤ 《三国志》卷五五《吴书·凌统传》,第1297页。
⑥ 《梁书》卷五〇《文学下·刘峻传》,第701页。
⑦ 《陈书》卷八《周文育传》,第137页。
⑧ 《北齐书》卷五〇《恩倖·郭秀传》,第686页。
⑨ 《北史》卷五五《房谟传》,第1993页。

三是经济资助。萧梁侯景之乱,致使百姓饥寒交迫,南平嗣王中兵参军鲁悉达救助百姓,慷慨解囊。《陈书·鲁悉达传》载:"侯景之乱,悉达纠合乡人,保新蔡,力田蓄谷。时兵荒饥馑,京都及上川饿死者十八九,有得存者,皆携老幼以归焉。悉达分给粮廪,其所济活者甚众,仍于新蔡置顿以居之。"①北齐、北周之际,魏宗室元亨时年数岁,赖富人救助才得以存立。其"遇周、齐分隔,时年数岁,与母李氏在洛阳。齐神武以亨父在关中,禁固之。其母遂称冻馁,得就食汤阴,讬大豪李长寿,携亨及孤侄数人,得至长安"②。

(三)故吏救助

世家大族故吏是救助孤幼的又一力量。如士族家门遭难,故吏为报恩,往往救孤幼于危难之中。

一是经济资助。东汉末年,刘繇因病长逝,长子刘基幼弱,故吏感念其生前恩情,皆想方设法帮助刘基。《三国志·吴书·刘繇传》曰:"繇长子基,字敬舆,年十四,居繇丧尽礼,故吏馈饷,皆无所受。"③虽然刘基幼年有志,居丧尽礼,不受馈饷;但仍然可见故吏与刘氏父子恩情之深,救助孤幼之心恳切。晋朝琅邪内史王诞为桓玄徙于广州,亲故咸离弃之,王诞故吏龙骧府功曹张邵情意弥谨,独"流涕追送。时变乱饥馑,又馈送其妻子"④。刘宋建平王景素被诛,女废为庶人,故吏南徐州主簿王思远善待景素之女,不仅将其抚养成人,且为之择贤婿,闻褚球清白自立,乃以此女妻之,为之准备嫁妆,送其出阁。《南齐书·王思远传》曰:"思远分衣食以相资赡,年长,为备笄总,访求素对,倾家送遣。"⑤

二是助其逃难。魏晋南北朝时期,许多将、吏因罪被诛,稚子寡妻难免饥寒流离,此时故吏挺身而出,救孤幼于危难之中。东晋高崧之父高悝曾为刺史华轶之西曹书佐,及华轶败,悝"藏匿轶子经年,会赦乃出"⑥。东晋王恭兵败见执,遇故吏戴耆之为湖孰令,托庶子于故吏,委托他送与桓玄抚养。恭私告之曰:"我有庶儿未举,在乳母家,卿为我送寄桓南郡。"⑦十六国时期,南燕慕容超得叔父故吏救助才有机会降临到兵荒马乱的世界。慕容纳之兄慕容垂在山东起兵,前秦张掖太守苻昌抓捕慕容纳和慕容德家眷,时慕容德故吏呼延平拔刀相助,使慕容纳妻段氏得以出逃,生下慕容超。《晋书·慕容超载记》载:"纳母公孙氏以耄获免,纳妻段氏方娠,未决,囚之于郡狱。狱掾呼延平,德之故吏也,尝有死罪,德免之。至是,将公孙及段氏逃于羌中,而生超焉。"⑧刘宋泰始初,萧赜起义,为人所执,萧赜属下桓康救助其家眷逃亡避难。《南齐书·桓康传》载:"康装檐,一头贮穆

---

① 《陈书》卷一三《鲁悉达传》,第198—199页。
② 《北史》卷一五《魏诸宗室·常山王遵传附亨传》,第574页。
③ 《三国志》卷四九《吴书·刘繇传》,第1186页。
④ 《宋书》卷四六《张邵传》,第1393页。
⑤ 《南齐书》卷四三《王思远传》,第765页。
⑥ 《晋书》卷七一《高崧传》第1895页。
⑦ 《晋书》卷八四《王恭传》,第2187页。
⑧ 《晋书》卷一二八《慕容超载记》,第3175页。

后,一头贮文惠太子及竟陵王子良,自负置山中。"①齐、梁换代之际,梁武帝诛杀南齐宗室,宗室成员萧宝夤亦命在旦夕,幸遇属下救助而逃亡至魏。《魏书·萧宝夤传》载:"萧衍既克建业,杀其兄弟,将害宝夤,以兵守之,未至严急。其家阉人颜文智与左右麻拱、黄神密计,穿墙夜出宝夤。具小船于江岸,脱本衣服,著乌布襦,腰系千许钱,潜赴江畔,蹒跚徒步,脚无全皮。"②北魏刁雍父刁畅在南,因与刘裕有旧怨,及裕诛桓玄,以嫌故先诛刁氏,赖故吏救助乃得以生存。《魏书·刁雍传》载:"雍为畅故吏所匿,奔姚兴豫州牧姚绍于洛阳,后至长安。"③北魏汲固行侠仗义,为兖州从事,刺史李式坐事被捕,其子李宪尚在襁褓,亦被株连。汲固为保刺史之子不惜一切,李宪之生全靠其父属下汲固。《魏书·节义·汲固传》载:"于式妇阁抱宪归藏之。及捕者收宪,属有一婢产男,母以婢儿授之。事寻泄,固乃携宪逃遁,遇赦始归。"④北魏赵琰儿时遇苻氏叛乱,为乳母所救。《魏书·孝感·赵琰传》载:"苻氏乱,琰为乳母携奔寿春,年十四乃归。"⑤北魏末年,柔玄镇杜洛周反叛,高欢初与之同,后谋图诛杀杜洛周,不果而逃,为杜洛周所追杀,逃难途中命悬一线。其子高澄与女儿幼弱,不堪旅途颠簸,赖属下段荣庇护幸而得免。《北齐书·神武帝纪上》曰:"文襄及魏永熙后皆幼,武明后于牛上抱负之。文襄屡落牛,神武弯弓将射之以决去。后呼荣求救,赖荣透下取之以免。"⑥

四、佛教救助

魏晋南北朝时期,佛教对中国社会产生了深远的影响。佛教宣扬普度众生、劝人向善,在此理论的指引下,许多僧尼积极投身到慈善救助事业之中,已有学者对佛教济贫、施医等救助措施进行了专门探讨。⑦ 然则,对佛教救助孤幼方面的研究尚有空间。

寺院是佛家讲经说法的重要场所,也是一些孤幼避难的场所。许多儿童幼年遭遇不幸,遂以佛寺为依凭,以求消灾避难、祈福获胜。东晋祖约率宗族投奔后赵,后为石勒所杀。祖氏之将诛,有胡奴王安曾受祖逖恩惠,于刑场救出祖逖庶子,藏之于寺院,使之免于死难。《晋书·祖约传》曰:"初,逖有胡奴曰王安,待之甚厚。及在雍丘,告之曰:'石勒是汝种类,吾亦不在尔一人。'乃厚资遣之,遂为勒将。祖氏之诛也,安多将从人于市观省,潜取逖庶子道重,藏之为沙门,时年十岁。石氏灭后来归。"⑧祖道重为儿童时,受胡奴

---

① 《南齐书》卷三〇《桓康传》,第557页。
② 《魏书》卷五九《萧宝夤传》,第1313页。
③ 《魏书》卷三八《刁雍传》,第865页。
④ 《魏书》卷八七《节义·汲固传》,第1891页。
⑤ 《魏书》卷八六《孝感·赵琰传》,第1882页。
⑥ 《北齐书》卷一《神武帝纪上》,第2—3页。
⑦ 周兆望、蔡定益:《魏晋南北朝慈善事业初探》,《南昌大学学报》(人社版)2004年第4期,第84—89页。
⑧ 《晋书》卷一〇〇《祖约传》,第2627页。

王安救命之恩,得以藏匿于佛寺,出家为沙门,石勒灭亡后南归。盖是寺院乃佛门圣地,石勒又笃信佛教,对寺院及僧尼敬畏三分,不敢在佛门搜扬造次。石勒爱子石斌暴病而亡,高僧佛图澄杨枝沾水,洒而咒之,令其起死回生,石勒由此更加敬重高僧,"自是勒诸子多在澄寺中养之"①。高僧佛图澄救人起死回生的故事未必真实可信,但这一传说反映出石勒对佛教的虔诚恭敬,其幼子养于佛寺的做法应不为虚妄。可见,佛教在救助童幼上起过重要作用。

刘宋高僧释法显,其父恐其幼年夭折,便为其剃度,以沙门身份鞠养避难。《高僧传》载:"释法显,姓龚,平阳武阳人,有三兄,并髫龀而亡,父恐祸及显,三岁便度为沙弥。"②萧梁刘勰早孤,依托沙门僧祐十余年,赖其经济上接济而生存。《梁书·文学下·刘勰传》载:"勰早孤,笃志好学,家贫不婚娶,依沙门僧祐,与之居处,积十余年,遂博通经论,因区别部类,录而序之。"③北魏刘休宾叔父刘旋之娶妻许氏,生二子。旋之早亡,许氏孤儿寡母,身处异乡,饥寒交迫无以生存,无奈之下母子出家,因佛寺而全活,佛教寺院成为养活其母子的收容所。《魏书·刘休宾传》载:"许氏携二子入国,孤贫不自立,并疏薄不伦,为时人所弃。母子皆出家为尼,既而反俗。"④隋朝开国皇帝杨坚出生则带有佛教救济的神话色彩,《续高僧传》曰:"帝以后魏大统七年六月十三日生于此寺中,于时赤光照室,流溢外户,紫气满庭,状如楼阁,色染人衣,内外惊禁。……有神尼者名曰智仙,……又曰:'此儿来处异伦,俗家秽杂,自为养之。'太祖乃割宅为寺,内通小门,以儿委尼,不敢名问。"⑤杨坚出生光彩照室,又有神尼相论,虽有溢美之嫌,但其出生,养于佛寺女尼之手却应不为妄言,从侧面反映了小儿出生,为了免于灾祸,寄养于寺院的习俗。

救难消灾、普度众生本是佛教教义重要内容之一,有些僧尼秉承这一宗旨,常常对处于危厄之际的儿童伸出援助之手。魏晋南北朝战火相连、饥荒不断,有些儿童受战争、饥荒影响,常处于困顿之中,此时僧尼及时挺身而出,拔刀相助,救稚幼于水火。东晋末年,刘裕西伐长安,结识高僧释僧导。刘裕旋旆东归,留下年仅十二岁的儿子桂阳公刘义真镇守关中,嘱托僧导对其多加关照。刘义真为西虏勃勃赫连所逼,狼狈逃窜,追兵甚急,命在旦夕,释僧导及时挺身而出,伸手相援,化解义真危机。《高僧传》曰:

"导率弟子数百人过于中路,谓追骑曰:'刘公以此子见托,贫道今当以死送之,会不可得,不烦相追。'群寇骇其神气,遂迴锋而反。义真走窜于草,会其中兵段宏,卒以获免,盖由导之力也。"⑥

---

① 《晋书》卷九五《艺术·佛图澄传》,第 2487 页。
② 《高僧传》卷三《译经下·宋江陵辛寺释法显传》,第 87 页。
③ 《梁书》卷五〇《文学下·刘勰传》,第 710 页。
④ 《魏书》卷四三《刘休宾传》,第 969 页。
⑤ 《续高僧传》卷二八《感通篇下·隋京师大兴善寺释道密传》,第 1083–1084 页。
⑥ 《高僧传》卷第七《义解四·宋寿春石磵寺释僧导传》,第 281 页。

刘宋侍中王华幼遭家难,父王廞为王恭所追讨,父子军中相失,为沙门所救而免于祸难。《宋书·王华传》曰:

> "华时年十三,在军中,与廞相失,随沙门释昙永逃窜。时牢之搜检觅华甚急,昙永使华提衣幞随后,津逻咸疑焉。华行迟,永呵骂云:'奴子急懈,行不及我!'以杖捶华数十,众乃不疑,由此得免。"①

危难之际,对于一个十三岁的儿童来说应是生死考验,沙门释昙永伸出援助之手,机智巧妙地帮其化解危机。南朝王愉与刘裕有旧怨,及刘裕为政,大诛王氏家族。王愉之子慧龙"年十四,为沙门僧彬所匿"②。后僧彬带领慧龙逃往北魏,在江边为津人所疑,僧彬又随机应变,让慧龙扮成自己徒弟,成功逃难。《高僧传》记载刘宋魏郡廷尉寺释僧富救助小儿的故事,曰:

> 时村中有劫,劫得一小儿,欲取心肝以解神。富逍遥路口,遇见劫,具问其意,因脱衣以易小儿,群劫不许。富曰:"大人五藏亦可用不。"劫谓富不能亡身,妄言亦好。富乃念曰:"我幻炎之躯,会有一死,以死济人,虽死犹生。"即自取劫刀划胸至脐,群劫更相咎责,四散奔走,即送小儿还家。③

刘宋高僧释僧富路遇劫匪,见其欲杀小儿以祭神,僧富仗义慈悲,遂挺身而出,以己之躯换取小儿性命,亲自剖膛破肚,吓得劫匪四散逃走,僧富终将小儿救出虎口。此故事虽有传说色彩,带有渲染的性质,但释僧富慈悲为怀、救儿童于危厄的事迹未必全为虚妄,佛教教徒在救助儿童方面做了力所能及之事。

南齐东昏失德,司空徐孝嗣被诛,其子赖高僧释智顺救助得以免难。《高僧传》载:"及东昏失德,孝嗣被诛,子绲逃窜避祸,顺身自营护,卒以见免。"④

魏晋南北朝时期,许多世家大族笃信释氏,受佛教影响深远,秉承佛家"慈悲为怀"之思想,他们以佛教为依托,创立与之相关的慈善机构,其目的在于济难度世,救助贫苦,积善修德。儿童作为弱势群体之一,深受佛教慈善机构之恩惠。南齐文惠太子与竟陵王萧子良俱崇信佛教,受佛教思想影响,在救助六疾贫幼方面大有作为,成立了中国历史上第一个以佛教为依托的慈善机构。《南齐书·文惠太子传》载:"太子与竟陵王子良俱好释氏,立六疾馆以养穷民。"⑤萧梁武帝建立"孤独园",这是中国历史上第一个孤儿院。梁

---

① 《宋书》卷六三《王华传》,第1675页。
② 《魏书》卷三八《王慧龙传》,第875页。
③ 《高僧传》卷第一二《亡身·宋魏郡廷尉寺释僧富传》,第448—449页。
④ 《高僧传》卷第八《义解五·梁山阴云门山寺释智顺传》,第335页。
⑤ 《南齐书》卷二一《文惠太子传》,第401页。

武帝普通二年(521)春正月诏曰:"凡民有单老孤稚不能自存,主者郡县咸加收养,赡给衣食,每令周足,以终其身。又于京师置孤独园,孤幼有归,华发不匮。若终年命,厚加料理。尤穷之家,勿收租赋。"①

众所周知,梁武帝虔诚信佛,几次舍身佛寺,不得不说,孤儿院的创立与佛教济难度世思想有千丝万缕的联系。"孤独园"的成立,是专门针对孤幼救助的慈善机构,在萧梁时期孤儿救助方面起到不可替代的作用。周隋交替,天下丧乱,高僧释智通崇信佛教,不以艰难阻业。值"隋祖再兴,奄还蒲坂,慈济所及,乃立孤老寺于城治,等心赈赡,以时周给,授戒说法,乘机间起,食椹怀音,日有千计"②。周末隋初,释智通于城中设立孤老寺,赈济救助孤儿老弱、贫疾困顿,这是僧尼自发组织的民间救助机构,是民间救济历史上的一大壮举。

总之,佛教宣传普度众生、劝人行善,救助大众成为其义不容辞的责任,佛教僧尼在孤儿救助方面更是起到重要的作用,为儿童救济史增添了一抹风采。

第四节　孤儿救助的特点及影响

一、魏晋南北朝孤儿救助的特点

(一)官府是孤儿救助的权威机构

1. 实施孤儿救助是官府义不容辞的责任

实施孤儿救助是官府义不容辞的职责。究其原因主要有以下两种:

一是中国传统文化的思想引领。"以民为本,得民心者得天下"是历代帝王的治国思想。早在春秋战国时期,儒、墨等家在以民为本的治国思想方面观点一致。如孔子"节用而爱人,使民以时"③思想,孟子"民为贵,社稷次之,君为轻"④的仁政思想,墨家"兼相爱、交相利"⑤的爱民思想。事实证明,统治阶级为了维护国家的长治久安,必须走"爱民""贵民""利民""恤民"的路线,反映到治国方针、措施上,则主要表现为轻徭薄赋、社会救助、宽刑恤民等。魏晋南北朝时期,无论政权如何更迭,统治阶级皆以维护国家稳定为目的,因此救助老幼孤寡、赈恤贫疾灾害的制度与措施屡见不鲜。

---

① 《梁书》卷三《武帝纪下》,第64页。
② 《续高僧传》卷一八《习禅三·隋河东栖巖道场释智通传》,第683页。
③ 《论语·学而》,《论语注疏》,第5页。
④ 《孟子·尽心章句下》,《孟子注疏》,第387页。
⑤ 吴毓江撰,孙啟治校:《墨子校注·兼爱上》,北京:中华书局,1993年,第155页。

二是历史环境的客观需求。魏晋南北朝时期社会动荡,灾害频繁,在艰难困苦的历史时期,更需要统治阶级为主体救民于危难之中,这是国家兴亡的需要,也是社会稳定的必要条件。因此,以官府为主导的救助活动相对频繁,救助体系也日趋完善。无论是生育救助、慈幼还是恤孤,均体现了官府对儿童的关心与爱护。

2. 官府救助孤儿具有宏观性、强制性特点

从中央到地方在内的官府是孤儿救助的权威机构,官府积极投身于孤儿救助事业,从立法、政令、制度等方面保证孤幼的生存与发展。相对于民间救助而言,官府救助是从宏观范围面向广大民众中的弱势群体,从鳏寡孤独到六疾贫乏全面铺开。官府性质决定了其具有至高无上的权威性,社会救助的法律、政令及措施的推行,具有很大的强制性。

尽管如此,我们应客观看待官府对孤儿救助的成效。官府救助孤儿有特有的优势,无论中央官府,还是地方官府均带有权威,政令容易推行,在一定程度上帮助了没有生存能力的孤儿,对儿童的成长与成才有重要作用。然而,我们不应神话代官府的力量,就官府救助孤儿的政令与制度来看,一是纵观整个魏晋南北朝,官府下达的救助政令没有延续性,制度并不完善。二是大多数情况下,官府救助只能缓解一时之急,远远不能满足孤儿成长的长期需要,因此官府救助慰问意义更大。当然,不排除有时官府抚养孤儿至成人的情况,但这种情况较为少见。官府没有也不可能解决孤儿的所有问题,这使民间救助儿童走上了历史舞台。

3. 官方孤儿救助组织出现

魏晋南北朝时期出现孤儿救助的官方组织,南朝齐文惠太子与竟陵王子良"俱好释氏,立六疾馆以养穷民"①救助贫困穷疾等孤老幼弱群体。此后,萧梁武帝普通二年(521)春正月创立"孤独园",下诏"孤幼有归,华发不匮。若终年命,厚加料理"②。首发中国儿童救助机构之滥觞,在中国儿童救助史上具有重要意义。北魏孝文帝时期的病坊、宣武帝时期的医馆均是此时官办慈善救助机构,收容孤幼贫疾等弱势群体,是中国古代救助体系的重要组成部分。

(二)民间救助是孤儿救助的中坚力量

1. 民间救助孤儿具有微观性、自发性特点

与官府宏观救助孤儿不同,民间救助则是从微观层面入手开展的系列救助活动。不管是以血缘联系的宗族救助,还是以地缘为纽带的乡里救助,以及个人行侠仗义、拔刀相助,都具体而微、目标明确,使小范围的孤儿直接受益。民间救助往往是救助主体自发的慈善行为,并不带有官方强制特征。

---

① 《南齐书》卷二一《文惠太子传》,第401页。
② 《梁书》卷三《武帝纪下》,第64页。

2. 宗族是孤儿救助的主力军，其他个人是民间救助的有效补充

宗族是以血缘为纽带的社会基层组织，是民间恤孤的中坚力量。民间救济中宗族力量较为强大，成效也最为显著。宗族救孤主要表现在抚养遗孤、教育资助、财产资助、为之婚娶等各个方面，在世家大族范围内还有"授爵与孤"的现象。孤幼能在宗族长辈的抚养、教育下茁壮成长。从感情方面而言，宗族长辈与孤儿之间建立了深厚的感情，情义甚笃；从经济方面而言，宗族内部对孤儿让财、与之共财的现象时有发生；从继承方面而言，士族孤幼继承官爵、直接进入仕途的情况也有所体现。宗族恤孤不仅保证了孤幼的基本生存条件，温暖了其幼小的心灵，促进了其心灵的健康发展，而且维持了本宗族的香火传录，繁荣与昌盛，保证了宗族本身的切身利益与繁荣发展。宗族救孤是继官府救助制度之外，最为有力的民间救助体系。

除宗族恤孤之外，亲朋好友、王公贵族、故吏等亦从不同方面对孤幼伸出援助之手，这是民间救孤体系的重要组成部分。这股救助力量在抚养孤幼、培育成长方面起了不可忽视的作用，是民间救孤的有效补充。

（三）佛教救助是孤儿救助的新兴力量

佛教自传入中国之后，与中国固有的传统文化不断融合，魏晋南北朝时期佛教兴盛。佛教救助为中国的慈善救助事业增添了新的活力，开辟了新的途径，这是中国救助史上又一显著的特征。

1. 佛教救助孤儿的自发性与神秘性

佛教救助活动多带有自发性与神秘性的双重特质。其自发性源于受佛教教义的指引，佛教向来宣传慈悲为怀、扬善弃恶、因缘业报，这成为佛教修身、为人的思想引擎，指引僧尼普度众生。佛教登上历史舞台，成为济贫救难的重要力量。因此，佛教展开济贫、劝善、施医、抚幼等一系列救助活动，其对于弱势群体的帮助显而易见，对社会稳定发展亦功不可没。

佛教救助孤儿还具有神秘性特点，这源于佛教本身的神秘性特点。有学者认为："佛教作为一种外来宗教，在汉代本作为道术的一种。其流行之教理行为，与当时中国黄老方技相同。"[①]佛教传入之始便披着神秘的面纱，带有浓郁的异域风情与神秘色彩。虽然魏晋南北朝时期，佛教脱离方士而独立，为玄理之大宗，但佛教因果轮回、功德圆满等理念，舍身、习禅、诵经、持咒等修炼行为无不带有宗教的神秘色彩。在神秘氤氲的笼罩之下，佛教救助活动也显得高深莫测，为儿童救助增添了神话的色彩，为百姓提供了不少想象的空间，甚至成为百姓茶余饭后谈论的焦点。

2. 佛教救助与官府救助紧密相连

南北朝时期，以帝王为代表的统治阶级崇信佛教，佛教极其繁盛，"南朝四百八十寺，

---

① 汤用彤：《汉魏两晋南北朝佛教史》，北京：北京大学出版社，2011年，第67页。

多少楼台烟雨中"。北朝虽然出现过北魏、北周的灭佛运动,但并未阻挡佛教在北方广袤大地传播的脚步,也未改变上层社会恢复佛教信仰的事实。统治阶级的笃信起到了良好的宣传示范作用,统治阶级也依托佛教进行了一系列慈善救助活动,比如南齐文惠太子与竟陵王子良好"释氏"才创立六疾馆,这正说明佛教慈悲向善的思想影响了文惠太子为代表的统治阶级,让他们在救助孤疾方面有所作为,梁武帝本身信佛,极其虔诚,他创建孤独园,很难说与佛教慈善思想没有联系。

二、魏晋南北朝孤儿救助的影响

孤儿救助制度的贯彻、实施对魏晋南北朝社会产生了很大影响,主要表现在以下三个方面。

1. 孤儿救助有利于人口的恢复与增长

儿童是家庭的寄托,是社会的未来,儿童的生存与发展不仅直接关系到家庭的兴衰,而且关系到国家人口的增删。众所周知,魏晋南北朝时期战乱频繁,灾害连年,人口在战争、灾害中锐减。孤儿救助的一系列制度与措施,从个人层面看,保证了孤儿生存;从国家层面看,有利于国家人口的恢复与增长。

2. 孤儿救助有利于国家赋税的增加与徭役的征发

儿童的成长与发展,使社会人口恢复与增长处于良性循环。随着时间推移,儿童终究会长大成人,将要负担国家赋税徭役,这是成年人必须履行的社会责任。儿童救助致使社会人口良性循环,有利于魏晋南北朝时期赋税徭役的征发。

3. 孤儿救助有利于国家的稳定与社会的长治久安

这主要表现在两个方面:一方面,官府救助孤儿体现了统治阶级仁政爱民的思想,具有很强的宣传教化作用,官府出面解决孤儿等弱势群体的燃眉之急,这种恤民、爱民的做法会使百姓对以皇帝为代表的官府感恩戴德,有利于稳定民心,巩固统治阶级的统治。另一方面,民间救助孤儿体现了宗族、乡里、朋友之间的仁、义、孝、悌等思想观念,正是在这种思想的指引下,社会能趋于稳定。

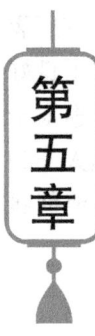

童年之趣：魏晋南北朝时期的儿童游艺①

如果人生是一条长河，童年则是河水之源。童年生活多姿多彩，而点亮儿童记忆的火炬则是儿童喜闻乐见的活动——游艺，这是儿童生活必不可少的组成部分。儿童通过活泼生动的游艺活动，展现出有别于成人的、非同寻常的精神世界。当然，成人试图用大人的眼光理解儿童游艺，甚至指手画脚、妄自菲薄，最终导致儿童与成人思想的南辕北辙。

第一节 弱不戏弄：儒家思想下士族对儿童游艺的态度

童年生活离不开游艺。然而，成人又是如何理解与认知儿童游艺活动的呢？虽然每个成年人都经历了童年的纯真岁月，但时过境迁，他们未必以当年的心态去理解儿童游艺的乐趣；而且不同阶层对儿童游艺的态度又不尽相同。以世家大族为例，在儒家思想影响下，士族对儿童要求很高，他们希望儿童心智早熟，聪敏早慧，甚至成为"神童"。李孟儒指出："魏晋社会除了各阶层都要求子女在生理上早熟外，上层阶级的皇室与士人也希望自己的子女心智能够早熟。他们希望儿童在记忆力、参悟玄学佛理、机智反应、解析事理、处理问题以及自身角色定位等思维特质方面成为表现杰出的小孩；他们希望儿童实践儒家孝、悌、仁、义等德行，同时在自信、雅量、方正、自新与忌妒等人格特质在儿童身上展现。"②可见，世家大族心目中理想的儿童除生理上的成熟外，心理上更应早熟，心理与生理双重"早慧"是世家大族对儿童角色定位。世家大族希望儿童践行儒家道德观，养成忠、孝、仁、义等品德，待人处世得体，并通过教育等手段将这一思想灌输给儿童，形成成人眼中的儿童观——"弱不戏弄""幼年向学"。"早慧"满足了成人对儿童的期望，却使儿童付出沉重的代价，这与儿童游艺所展现的天真烂漫性格特征全然不符。

儿童"弱不戏弄"的价值观广为世家大族推崇与宣扬。曹魏甄皇后幼而聪慧，不好戏弄，门外有骑马之戏，诸姊贪恋好奇，争先恐后登楼观望，甄氏独不前往。《三国志·魏

---

① 本章论述的关键词"游艺"，指的是包括游戏在内的儿童娱乐活动。
② 李孟儒：《魏晋儿童与魏晋士人的儿童观》，台湾清华大学硕士学位论文，2007年。

书·文昭甄皇后传》曰：

> 后自少至长,不好戏弄。年八岁,外有立骑马戏者,家人诸姊皆上阁观之,后独不行。诸姊怪问之,后答言："此岂女人之所观邪？"①

甄氏虽为儿童,对游艺充耳不闻,与诸姊贪图戏乐形成鲜明对比,她的行为受到士族称赞,甄氏亦由此垂名史册。可见,士族阶层对儿童"弱不戏弄"持肯定态度。

世家大族以"弱不戏弄"的儿童观来要求、评价儿童,具有此种品德的儿童无疑都能得到赞扬与推崇。孙吴殷礼"弱不好弄,潜识过人。少为郡吏,年十九,守吴县丞"②。西晋褚陶"弱不好弄,少而聪慧,清淡闲默,以坟典自娱。年十三,作《鸥鸟》《水碓》二赋,见者奇之"③。萧梁宗室萧劢"弱不好弄,喜愠不形于色"④。西阳王大钧"性厚重,不妄戏弄。年七岁,高祖尝问读何书,对曰：'学《诗》。因命讽诵,音韵清雅高祖因赐王羲之书一卷'"⑤。萧大钧幼年聪敏,读书讽诵,甚得其义理。高祖对其学问欣然满意,因赐王羲之书一卷,是对其"弱不戏弄"与"幼年向学"的奖励。萧梁王瞻弱不好弄,专心坟典,受到从父赞赏,被寄以兴旺宗族之厚望。《梁书·王瞻传》曰：

> 瞻年数岁,尝从师受业,时有伎经其门,同学皆出观,瞻独不视,习诵如初。从父尚书仆射僧达闻而异之,谓瞻父曰："吾宗不衰,寄之此子。"⑥

萧梁刘歊四岁,与群儿同处,独不戏弄,而以《诗》《书》为业。《梁书·处士·刘歊传》曰："歊幼有识慧,四岁丧父,与群儿同处,独不戏弄。六岁诵《论语》、《毛诗》,意所不解,便能问难。"⑦萧梁高僧释僧副亦因"弱年不弄"而受到乡党交口称赞。《续高僧传》曰："弱而不弄,鉴彻绝群,年过小学,识成大量,乡党称奇,不仁者远矣。"⑧陈朝姚察幼时早慧,摒除私心杂念,专心学问,受到世家大族的称赞与好评。《陈书·姚察传》载："察幼有至性,事亲以孝闻。六岁,诵书万余言。弱不好弄,博弈杂戏,初不经心。勤苦厉精,以夜继日。"⑨

在世家大族心目中,儿童嬉戏与幼有令才相去甚远;只有弱年不戏,才能聪敏早慧,

---

① 《三国志》卷五《魏书·后妃·文昭甄皇后传》注引《魏书》,第159页。
② 《三国志》卷五二《吴书·顾邵传》,注引殷礼子殷基《通语》,第1229页。
③ 《晋书》卷九二《文苑·褚陶传》,第2381页。
④ 《南史》卷五一《梁宗室上·吴平侯景传附子劢传》,第1262页。
⑤ 《梁书》卷四四《太宗十一王·西阳王大钧传》,第617页。
⑥ 《梁书》卷二一《王瞻传》,第317页。
⑦ 《梁书》卷五一《处士·刘歊传》,第747页。
⑧ 《续高僧传》卷一六《习禅初·梁钟山定林寺释僧副传》,第559页。
⑨ 《陈书》卷二七《姚察传》,第348页。

堪当大任。北朝亦是如此,北魏徐州刺史王绍"幼挺岐嶷,弱不好弄,长端孝美"①。介休县令李谋弱年不戏,性格沉稳,因此而受到父亲喜爱,认为此子将大有作为。其墓志曰:"资性沉毅,弱不好戏。幼而父所偏赏,目以为千里驹。"②清水太守杨乾"朗达发自天机,岐嶷彰于怀抱。幼不好弄,贫而乐道,内静外融,慕崇中孝"③。晋州刺史元信幼年向学,不喜嬉戏,其墓志曰:"幼入书堂,无竹马之叹;长寻坟诰,有月旦之异。"④北齐文宣帝高洋"不好戏弄,深沉有大度"⑤。杨愔幼年岐嶷,自为儿童便表现出卓越不群的才能。《北齐书·杨愔传》载:"愔儿童时,口若不能言,而风度深敏,出入门间,未尝戏弄。"⑥嬉戏本是儿童天性,儿童在游戏中展现天真烂漫的个性,享受童年的欢乐,杨愔却"未尝戏弄",成熟稳重。群儿争奈树果实于书馆前,杨愔独不往,独坐诵读,为其叔父所重视,杨愔亦被视为兴旺家族的希望。《北齐书·杨愔传》曰:

> 愔一门四世同居,家甚隆盛,昆季就学者三十余人。学庭前有奈树,实落地,群儿咸争之,愔颓然独坐。其季父暐适入学馆,见之大用嗟异,顾谓宾客曰:"此儿恬裕,有我家风。"⑦

北齐居士道明"弱不好弄,长而可师。垂诲门庭,言行无择。居士禀先人之诲,有儒雅之风。年在冲幼,德已大成"⑧。北朝刘焯"犀额龟背,望高视远,聪敏沉深,弱不好弄"⑨。韩暨"韶龀之年,竹马之岁,皎然卓异,有别侪伍。不戏弄、不笑言,容止徐佯,风姿可爱,聪明爽悟,机警若神"⑩。

总之,世家大族以儒家思想为基础,志在培养心智早熟、聪敏早慧的神童,他们希望儿童"弱年不戏",专心坟典,早读《诗》《书》,通晓仁、义、礼、智、信等儒家大义。在此思想的引导下,儿童过早地失去天真烂漫的特性,变得深沉稳重,一步步向士族心目中理想的"神童"靠近。

---

① 《魏故辅国将军徐州刺史昌国县开国侯王绍墓志》,《汉魏南北朝墓志汇编》,第82页。
② 《大魏故介休县令李谋墓志》,《汉魏南北朝墓志汇编》,第178—179页。
③ 《魏故清水太守恒农男杨乾墓志》,《汉魏南北朝墓志汇编》,第193页。
④ 《魏故假节龙骧将军晋州刺史元信墓志》,《汉魏南北朝墓志汇编》,第503页。
⑤ 《北齐书》卷四《文宣纪》,第43页。
⑥ 《北齐书》卷三四《杨愔传》,第453页。
⑦ 《北齐书》卷三四《杨愔传》,第453页。
⑧ 《居士道明墓志》,《汉魏南北朝墓志汇编》,第388页。
⑨ 《北史》卷八二《儒林下·刘焯传》,第2762页。
⑩ 《韩暨墓志》,《新出魏晋南北朝墓志疏证》,第601页。

第二节 文化学视角下的儿童游艺：
　　　　传承游艺与童趣

儒家思想影响下,世家大族推崇儿童早慧,旨在培养符合儒家礼法的神童,他们对儿童游艺不以为然。然而,他们却忽略了一个重要的事实,游艺是儿童生活中不可或缺的组成部分。19世纪的教育思想家卡尔洛塔·洛姆勃罗素认为:"游戏之于儿童,如同学习之于成人一样,是一项严肃而重要的工作。游戏是儿童发展的手段,儿童必须进行游戏活动,正如蚕必须不断地吃桑叶一样。"①中国有学者指出:"游戏,作为儿童生活和儿童文化的一个自然而重要的组成部分,并不仅仅意味着'玩',甚至也不仅只是儿童用以理解他生活于其中世界的手段,它实际上是儿童存在的一种形式,是儿童生存的一种状态。游戏在儿童的生活中随时随地都可以发生,对于儿童来说,游戏本身就是一种生活,是一种区别于'日常生活'的生活。……游戏是儿童真实生活的一部分,儿童的生活也离不开游戏的精神。"②游艺等娱乐活动是儿童生活的主旋律,哪里有儿童,哪里就有游艺,儿童在多姿多彩的游艺活动中享受童年的快乐。《搜神记》便记载孙吴时期,儿童聚众嬉戏的热闹场景,曰:

> 吴以草创之国,信不坚固,边屯守将,皆质其妻子,名曰保质。童子少年,以类相与嬉游者,日有十数。永安二年三月,有一异儿,长四尺余,年可六七岁,衣青衣,来从群儿戏,诸儿莫之识也。皆问曰:"尔谁家小儿,今日忽来?"答曰:"见尔群戏乐,故来耳。"详而视之,眼有光芒,爓爓外射。诸儿畏之,重问其故。儿乃答曰:"尔恶我乎? 我非人也,乃荧惑星也。将有以告尔:三公钮,司马如。"诸儿大惊,或走告大人,大人驰往观之。儿曰:"舍尔去乎!"竦身而跃,即以化矣。仰面视之,若引一匹练以登天。大人来者,犹及见焉,飘飘渐高,有顷而没。③

这一故事记载了荧惑星受人间儿童嬉戏感染,下凡与诸儿童共同游戏的事情。虽为传说,不可相信,但故事所载孙吴儿童聚集一堂、游戏嬉笑的场面却并不为妄。就儿童而言,即使战乱时期,游戏仍然是其生活的主旋律。

游艺是文化的重要组成部分。儿童游艺形式多端,种类繁多,诸如竹马、骑羊、斗鹅、棋弈等游戏不仅点亮了儿童缤纷多彩的童年生活,成为儿童快乐的源泉,而且为社会文

---

① (美)大卫·埃尔金德著,周毅、王忠勇、黄少政、刘惠明译:《儿童与青少年:皮亚杰理论之阐释》,重庆:西南大学出版社,1988年,第193页。
② 王小英:《儿童游戏意义的多维视角解析》,吉林大学博士论文,2003年,第106页。
③ 《三国志》卷四八《吴书·孙皓传》注引《搜神记》,第1177–1178页。

化的发展与繁荣做出了贡献。

一、竹马之欢

关于竹马之戏的起源,有学者认为:"竹马之戏最早的明确记载见于汉代,因儿童跨骑竹竿、仿拟跃马奔走而得名。"①这一游戏保存传承,在魏晋南北朝时期亦广为流行,成为深受儿童欢迎的娱乐方式之一。甘肃敦煌佛爷庙湾魏晋墓彩绘砖生动活泼地描绘了儿童骑竹马之戏:左一人估计是仆人,右一妇估计是童子母亲,主角则是中间的童子,童子胯下骑一根竹竿,作骑马状,回头望着自己的母亲。②(图5-1)

图5-1 甘肃敦煌佛爷庙湾魏晋墓 骑竹马图

汉末陶谦少好竹马之戏,这一游戏伴随其童年生活。《三国志·魏书·陶谦传》曰:"谦少孤,始以不羁闻于县中。年十四,犹缀帛为幡,乘竹马而戏,邑中儿童皆随之。"③西晋灭吴,孙吴大将诸葛靓入晋,他曾与晋武帝幼年相识,武帝回忆二人童年竹马之欢,不禁嘘唏。《世说新语》载:

> 诸葛靓后入晋,除大司马,召不起。以与晋室有仇,常背洛水而坐。与武帝有旧,帝欲见之而无由,乃请诸葛妃呼靓。既来,帝就太妃间相见。礼毕,酒酣,

---

① 王子今:《汉代儿童生活》,西安:三秦出版社,2012年,第73页。
② 马建华主编:《甘肃敦煌佛爷庙湾魏晋墓彩绘砖》,重庆:重庆出版社,2000年,第4页。
③ 《三国志》卷八《魏书·陶谦传》注引《吴书》,第248页。

第五章 童年之趣:魏晋南北朝时期的儿童游艺

帝曰:"卿故复忆竹马之好不?"①

东晋殷浩与桓温少年齐名,每暗自相竞,相轻相诋数十载,互不服输。温语人曰:"少时吾与浩共骑竹马,我弃去,浩辄取之,故当出我下也。"②

北朝时期,竹马之戏亦广为流行,北魏墓志中甚至以"竹马"指代童年,其游戏普及程度可见一斑。北魏元仙墓志曰:"君禀三珠之叡气,承八桂之余风,馨香发于竹马之年,令问播于纨绮之岁。"③"竹马"在北魏墓志中出现频率极高,北魏元或幼年骑竹马、羊车以为戏乐,其墓志曰:"凤禀岐嶷之姿,□树扶异□量。精明内湛,符彩外发,体含珠玉,心怀琬琰。甫游竹马,已见千仞之奇,始戏羊车,便□百□之自。"④北魏冀州刺史笱景幼年歧疑,"神慧起自蒲车,眸辩发于竹马"⑤。北魏赫连悦"温凉恭俭之量,始自蒲车;孝友廉贞之志,茂于竹马"⑥。北朝崔大善幼年聪慧,"鸠车竹马之岁,卓尔不群"⑦。韩暨"韶龀之年,竹马之岁,皎然卓异,有别俦伍"⑧。可见,"竹马""鸠车""羊车"等游戏贯穿于儿童童年,是其获得快乐的源泉。

木马亦是深受童子喜爱的玩具。北魏段晖幼年与一童子友善,二人相交甚密,经常一起游戏,后童子别离,段晖作木马与之,以为纪念。《魏书·段承根传》曰:

> 有一童子,与晖同志。后二年,童子辞归,从晖请马。晖戏作木马与之。童子甚悦,谢晖曰:"吾太山府君子,奉敕游学,今将欲归。烦子厚赠,无以报德。子后位至常伯,封侯。非报也,且以为好。"言终,乘木马腾空而去。晖乃自知必将贵也。⑨

此故事仍为传说,是以突显段晖自有天命佐佑,终当显贵,并未可信。但段晖幼年与玩伴嬉戏,共乘木马之乐却并不为虚。可见,竹马、木马等玩具为儿童的童年带来无尽欢乐。

墓志、壁画、文字记载生动勾勒出儿童竹(木)马之戏的活泼有趣,这种游戏对儿童影响深远,成为儿童喜闻乐见的游艺活动之一。竹(木)马之戏流传久远,唐代诗人李白"郎

---

① 《世说新语笺疏·方正第五》,第319页。
② 《晋书》卷七七《殷浩传》,第2047页。
③ 《魏故正平太守元仙墓志》,《汉魏南北朝墓志汇编》,第133页。
④ 《魏故临淮王元或墓志》,《汉魏南北朝墓志汇编》,第504页。
⑤ 《魏故仪同笱景墓志》,《汉魏南北朝墓志汇编》,第257页。
⑥ 《魏故使持节镇北将军都督建充华三州诸军事华州刺史罨平县开国伯赫连悦墓志》,《汉魏南北朝墓志汇编》,第275页。
⑦ 《崔大善墓志》,《新出魏晋南北朝墓志疏证》,第442页。
⑧ 《韩暨墓志》,《新出魏晋南北朝墓志疏证》,第601页。
⑨ 《魏书》卷五二《段承根传》,第1158页。

骑竹马来,绕床弄青梅",就是描绘儿童骑竹马的画面,"青梅竹马"这一成语因儿童嬉戏而广为人知。

二、骑牛·骑羊·骑狗

除骑竹马嬉戏之外,儿童又有骑牛、骑羊、骑狗、骑马等游戏。对普通百姓而言,儿童骑牛、羊等既是游戏,又是畜牧劳动。甘肃嘉峪关魏晋三号墓出土壁画描绘了一牧童手持小木棍,骑在牛背的场景。①（图5-2）此儿童应以放牧为劳动任务。诸如牧牛、牧羊等劳动消耗体力较少,行动较为自由,一般由尚未成年的童子担任。儿童既可以帮助父母劳动,以减轻家庭负担,又可以纵情田野,嬉戏河滨,从中享受无尽的童趣。畏冬先生指出:"牧放牲畜是一项辛苦的工作,早出晚归,夏则日晒雨淋,冬则顶风冒雪。但这项工作体力消耗较小,在古代通常由儿童来承担。……这些表现儿童游戏的作品,有的含有劳动的意味,……但重点不是儿童劳动,而是儿童在劳动过程中表现的那种'童趣'。"②因此,牧牛既是劳动,又是嬉戏,儿童畜牧十分常见,成为深受儿童喜爱的游艺活动。魏明帝曾曰:"而坟陵崩颓,童儿牧竖践蹈其上。"③"牧童"一词也广泛传播开来。

图5-2　甘肃嘉峪关魏晋三号墓 牧童骑牛图④

对世家大族而言,儿童没有放牧的任务,骑牛、骑羊纯粹为嬉戏游乐。东晋王导妇曹夫人性妒忌,王导于家中不敢纳妾,便置别馆以处之,馆中众妾罗列、儿女成行。王导小

---

① 甘肃省文物队:《嘉峪关壁画墓发掘报告》,北京:文物出版社,1985年,第100页。
② 畏冬:《中国古代儿童题材绘画》,北京:紫禁城出版社,1988年,第12页。
③ 《三国志》卷三《魏书·明帝纪》注引《魏书》,第112页。
④ 张宝玺:《嘉峪关酒泉魏晋十六国墓壁画》,兰州:甘肃人民美术出版社,2001年,第66页。

儿曾于门前骑羊为戏,活泼可爱,甚是喜人。曹夫人所见,亦为之感染动容,欲以相识,派人打听儿出自何家,不料引出家门秘事,引发一场妒妇兴师问罪的闹剧。

> 丞相曹夫人性甚忌,禁制丞相,不得有侍御,乃至左右小人,亦被检简,时有妍妙,皆加诮责。王公不能久堪,乃密营别馆,众妾罗列,儿女成行。后元会日,夫人于青疎台中,望见两三儿骑羊,皆端正可念。夫人遥见,甚怜爱之。语婢:"汝出问,是谁家儿?"给使不达旨,乃答云:"是第四王等诸郎。"曹氏闻,惊愕大恚。命车驾,将黄门及婢二十人,人持食刀,自出寻讨。王公亦遽命驾,飞辔出门,犹患牛迟。乃以左手攀车兰,右手捉麈尾,以柄助御者打牛,狼狈奔驰,劣得先至。蔡司徒闻而笑之,乃故诣王公,谓曰:"朝廷欲加公九锡,公知不?"王谓信然,自叙谦志。蔡曰:"不闻余物,唯闻有短辕犊车,长柄麈尾。"①

南朝袁粲小儿骑狗为戏,《南史·袁湛传附粲传》载:

> 粲小儿数岁,乳母将投粲门生狄灵庆。灵庆曰:"吾闻出郎君者有厚赏,今袁氏已灭,汝匿之尚谁为乎?"遂抱以首。乳母号泣呼天曰:"公昔于汝有恩,故冒难归汝,奈何欲杀郎君以求小利。若天地鬼神有知,我见汝灭门。"此儿死后,灵庆常见儿骑大甓狗戏如平常,经年余,斗场忽见一狗走入其家,遇灵庆于庭噬杀之,少时妻子皆没。此狗即袁郎所常骑者也。②

这一故事虽旨在说明袁粲门生忘恩负义,必遭因果相报,带有浓烈的传奇色彩;然则,袁粲小儿生时天真无邪,常骑狗为戏,此非虚构,骑狗之戏是儿童喜闻乐见之游艺活动之一。

三、斗鹅·斗鸡·斗鸭

有学者认为:"早在先秦时期就开始流行斗鸡游戏。"③汉魏以降,斗鹅、斗鸡、斗鸭之风更甚。张承宗先生在《中国风俗通史·魏晋南北朝卷》中引西晋蔡洪《斗凫赋》,描绘了魏晋之际斗鸭之戏的激烈画面,曰:"嘉乾黄之散授,何气化之有灵?产羽虫之丽凫,惟斗鸭之最精。……招爽敌于戏门,交武势于川庭。尔乃振动羽,竦六翮,抗严趾,望雄敌,

---

① 《世说新语笺疏·轻诋第二十六》注引《妒记》,第914—915页。
② 《南史》卷二六《袁湛传附粲传》,第706—707页。
③ 杨孝鸿:《斗鸡及其内在的文化意义与社会时尚》,《中国汉画学会第十三届年会论文集》,2011年,第181—186页。

忽雷起而电发,赴洪波以奋击。"①

东北集安出土壁画中生动地描绘了斗鸡之戏。②（图5-3、图5-4）

图5-3　集安高句丽壁画　斗鸡图

魏晋十六国时期丁家闸五号墓北壁壁画中亦绘有"斗鸡图"。③（图5-4）

---

① 张承宗、魏向东:《中国风俗通史·魏晋南北朝卷》,上海:上海文艺出版社,2001年,第623页。
② 吴广孝:《集安高句丽壁画》,济南:山东画报出版社,2006年,第124页。
③ 朱智武:《试论河西魏晋十六国墓葬壁画对汉画像的新变——以斗鸡、驻马等非典型图像题材为中心》,《南京晓庄学院学报》2016年第3期,第35—41页。

图 5-4　丁家闸五号墓北壁壁画　斗鸡图

汉代"斗鸡"文化内涵丰富,杨孝鸿先生就此进行了研究,认为:"驯兽、斗兽等刺激性活动充分体现了汉代人的尚武精神与征服自然、好斗博彩的趣味嗜好。汉代社会之所以出现全国范围的斗兽活动,一是与当时社会社会稳定、经济发达等政治环境、经济基础分不开的,二是更与礼制观念有关。"①魏晋南北朝时期"斗鸡"等娱乐的文化内涵与汉代不尽相同,对此我们做以下两方面的分析。

一是由墓壁画墓所知,"斗鸡"等娱乐的精神实质与文化意义悄然发生了变化,朱智武先生进行诠释,认为:"从文化的时间递承与空间传播的角度来说,河西魏晋墓葬壁画中的'斗鸡图'无疑吸收了汉画像的艺术风格,是对中原汉画像装饰题材的承续。然而,……二者的视觉表达与图像内涵已悄然发生了变化。……酒泉丁家闸五号墓中的'斗鸡图',若将其置于所在墓室北壁壁画第四层所绘图像的整体中予以观察,则'驻马''坞壁''采桑''桑林''鸡群''鸡圈''屠宰''悬肉'等这些与之处于同层画面中的图像题材,无论如何也无法让人产生类似于汉画像'斗鸡图'所具有的'博戏''乐舞百戏'等娱乐或狂欢情境的联想,倒是能于'桑(树)成行''居成群''居有坞(壁)''行有马''食有肉''劳有婢'的图像中,切实感受到画师所试图描绘的墓主生前生活世界或所畅想的身后世界的安宁、富庶、祥和与舒适气氛。"②可见,"斗鸡"等游艺的文化内涵由汉代以来展示"搏斗""尚武"精神,逐渐发展成为追求"居住祥和"的安宁特色。究其原因,这与其所处的时代背景息息相关。魏晋南北朝处于战乱纷争的历史环境,带来了社会风气与娱乐思想的巨大变化。由壁画可知,"斗鸡图"与"采桑""坞壁""驻马"等画面共存,反映出世家大族对安宁祥和环境的崇尚与追求。众所周知,"坞壁"是魏晋南北朝世家大族带有自

---

①　杨孝鸿:《斗鸡及其内在的文化意义与社会时尚》,《中国汉画学会第十三届年会论文集》2011年,第181-186页。

②　朱智武:《试论河西魏晋十六国墓葬壁画对汉画像的新变——以斗鸡、驻马等非典型图像题材为中心》,《南京晓庄学院学报》2016年第3期,第35-41页。

卫性质的社会组织,河西地区相对安宁,世家大族以"坞壁"自保,在此范围内,"斗鸡""采桑"等题材的绘画应运而生,反映了士族阶层追求和平的强烈愿望。

二是由传世文献所知,"斗鸡"等游艺作为贵族阶层的娱乐活动,带有世家大族精神消费与消遣的意味,是贵族阶层游艺活动的重要组成部分。这种游戏不仅为世家大族所喜爱,小儿也广泛参与其中。东晋桓温为小儿时,与诸兄弟共好斗鹅。《世说新语》载:"桓南郡小儿时,与诸从兄弟各养鹅共斗。南郡鹅每不如,甚以为忿。乃夜往鹅栏间,取诸兄弟鹅悉杀之。"①南齐郁林王"好斗鸡,密买鸡至数千价"②。小儿斗鸡、斗鸭、斗鹅亦成为画家笔下的重要题材,据《历代名画记》载,刘宋画家顾景秀作《小儿戏鹅图》③、萧梁江僧宝笔下《小儿戏鹅图》④均以小儿戏鹅入题,足见当时小儿此戏之盛。北朝亦盛行斗鸡之戏。北齐授"斗鸡"开府之职,《北齐书·幼主纪》载:"斗鸡亦号开府,犬马鸡鹰多食县干。"⑤儿童乐在其中,北魏长孙稚"少轻侠,斗鸡走马,力争杀人,因亡抵龙门将陈兴德家,会赦乃免"⑥。北周宇文述之子宇文智及"幼顽凶,好与人群聚斗鸡,习放鹰狗"⑦。

综上所述,从上述传世文献来看,小儿"斗鸡"文化内涵与河西魏晋十六国墓葬壁画中所展现的"斗鸡"文化意义有所不同,是小儿嬉戏之乐,是儿童精神层面的文化追求,与河西地区壁画墓体现的墓主追求生前与身后安乐、祥和、富庶的氛围有较大的差异。此外,北朝"斗鸡"之风甚盛,北齐甚至倾国为之,授"斗鸡"以官职,盖是受北方少数民族尚武精神的影响,带有少数民族征服自然、好斗乐搏的民族风气。

四、水岸之戏

水是生命之源,江河湖海成为儿童嬉戏的天堂。曹操为儿童时,好于水中嬉戏。《童幼传》曰:"太祖幼而智勇,年十岁,尝浴于谯水。有蛟来逼,自水奋击,蛟乃潜退。于是毕浴而还,弗之言也。"⑧

《太平广记》记载了东晋义熙年间儿童于河中戏水的画面,曰:

> 荆之清水宛口旁,义熙十二年,有儿群浴此水。忽见岸侧有钱,出于流沙,因竞取之。手满置地,随复流去。乃以襟结之,然后各有所得。流钱中有铜车,铜牛牵车之势甚迅速。诸童奔逐,掣得车一脚,径可五寸许,猪鼻,毂有六幅,通

---

① 《世说新语笺疏·忿狷第三十一》,第980页。
② 《南齐书》卷四《郁林王纪》,第73页。
③ (唐)张彦远著,俞剑华注释:《历代名画记》,上海:上海人民美术出版社,1964年,第135页。
④ 《历代名画记》,第154页。
⑤ 《北齐书》卷八《幼主纪》,第113页。
⑥ 《魏书》卷二五《长孙道生传附稚传》,第649页。
⑦ 《北史》卷七十九《宇文述传》,第2658页。
⑧ 《初学记》卷九《帝王部》,第331页。

体青色,毂内黄锐。时沈敞守南阳,求得车脚。钱行时,贯草辄便停破,竟不知所终。①

江左多河流,儿童因地利之便,水中嬉戏为乐,追逐水花。忽见岸侧有钱,钱中夹杂铜车,诸童竞相取之,水岸嬉戏成为儿童快乐的源泉,承载了儿童许多美好的回忆。

刘宋时期,刘秀之幼年尝与诸儿戏于水滨,见大蛇来逼,岿然不动。《宋书·刘秀之传》载:"十许岁时,与诸儿戏于前渚,忽有大蛇来,势甚猛,莫不颠沛惊呼,秀之独不动,众并异焉。"②儿童嬉戏于水,技艺高超者莫过于周文育。《陈书·周文育传》载:"年十一,能反覆游水中数里,跳高五六尺,与群儿聚戏,众莫能及。"③北朝薛濬儿时与群童游戏水滨,见一黄蛇,而诸童莫见。《北史·薛辩传附濬传》载:"濬初为儿时,与宗中儿戏涧滨,见一黄蛇,有角及足。召群童共视,了无见者。"④

诗歌中亦展现了儿童水岸嬉戏的热闹场景,萧梁刘孝威诗曰:"菏蒲浮新叶,渔舟绕落花。浴童竞浅岸,漂女择平沙。"⑤萧梁谚语曰:"深不绝涓泉,稚子浴其渊。高不绝丘陵,跛羊游其巅。"⑥萧梁诗歌、谚语勾勒出一幅幅童子戏水的欢乐画面。儿童嬉戏水滨,垂钓河畔的场景常见诗中,萧梁何逊诗曰:"单舻时向浦,独楫乍乘流。娈童泣垂钓,妖姬哭荡舟。"⑦陈朝张正见《衰桃赋》描绘了儿童垂钓的快乐,曰:"叹垂钓之妖童,怨倾城之丽妾。"⑧

儿童水岸嬉戏还体现在"禊祓"这种古老的风俗,晋朝成功绥《洛禊赋》曰:"考吉日,简良辰,祓除解禊,同会洛宾。妖童媛女,嬉游河曲,或振纤手,或濯素足。"⑨张协《洛禊赋》曰:"故新服之既成,将禊除于水滨,于是缙绅先生,啸俦命友,携朋接党,冠童八九,主希孔墨,宾慕颜柳,临崖咏吟,濯足挥手。"⑩晋世风俗,三月三日临水,禊祓以消灾除难。是日,趁春光明媚,杨柳初发,男女呼朋引伴而行,妇女儿童亦在其列,嬉戏河曲,洗手濯足,以祛除病害。对儿童而言,游艺的快乐远大于禊祓的实际意义。

五、博弈之戏

博弈之戏种类繁多、名目各异,诸如弹棋、围棋、樗蒲、藏钩、握槊、双陆、斗族等为童

---

① 《太平广记》卷三九九《铜车》,第3199—3200页。
② 《宋书》卷八一《刘秀之传》,第2073页。
③ 《陈书》卷八《周文育传》,第137页。
④ 《北史》卷三六《薛辩传附濬传》,第1332页。
⑤ 《先秦汉魏晋南北朝诗·梁诗》卷一八《刘孝威·登覆舟山望湖北寺》,第1876—1877页。
⑥ 《先秦汉魏晋南北朝诗·梁诗》卷二九《杂歌谣辞·刘昼引古谚》,第2146页。
⑦ 《先秦汉魏晋南北朝诗·梁诗》卷八《何逊·春夕早泊和刘谘议落日望水诗》,第1691页。
⑧ 《艺文类聚》卷八六《叶部上·桃》,第1471页。
⑨ 《艺文类聚》卷四《岁时中·三月三日》,第69页。
⑩ 《艺文类聚》卷四《岁时中·三月三日》,第69页。

子所喜闻乐见。有些儿童在弹棋方面技艺高超。曹丕幼喜弹棋之戏,《自叙》曰:"余于他戏弄之事少所喜,唯弹棋略尽其巧,少为之赋。"①《博物志》曰:"帝善弹棋,能用手巾角。时有一书生,又能低头以所冠著葛巾角撇棋。"②可见,魏文帝对弹棋十分痴迷,技艺十分娴熟。

弹棋之戏始自西汉成帝,两汉时期流行甚广。《后汉书·梁冀传》曰:"(冀)性嗜酒,能挽满、弹棋、格五、六博、蹴鞠、意钱之戏,又好臂鹰走狗,骋马斗鸡。"③如是,何谓弹棋?《艺经》曰:"弹棋,两人对局,白黑棋各六枚,先列棋相当,更先弹也。其局以石为之。"④东汉末年至曹魏,此戏在士族阶层中盛行。蔡邕擅长此戏,棋弈如行云流水,并为之作赋,曰:"于是列象棋,雕华丽,丰腹敛边,中隐四企。轻利调博,易使骋驰。然后栻掣,兵棋夸惊。或风飘波动,若飞若浮。不迟不疾,如行如留。"⑤曹魏丁廙、夏侯惇均因热衷弹棋,并为之作赋,梁武帝为弹棋作序,梁元帝亦因东宫赐弹棋局而有启,北周王褒亦因此而赋诗。⑥

围棋亦是老幼皆宜的一项游艺活动。班固详细论述了围棋的规则与方法,其"弈旨"曰:"北方之人,谓棋为弈,弘之说之举大略。局必方正,象地则也;道必正直,神明德也;棋有白黑,阴阳分也;骈罗列布,効天文也。四象既陈,行之在人,盖王政也;或虚设预置,以自卫护,盖象庖牺网罟之制;隄防周起,障塞漏决,有似夏后治水之势。一孔有阙,坏颓不振,有似瓠子泛滥之败,作伏设诈,突围横行,田单之奇,要厄相劫,割地取赏,苏张之姿,参分有胜而不诛,周文之德,逡巡儒行,保角依旁,却自补续,虽败不亡,缪公之智,中庸之方,上有天地之象,次有帝王之治,中有五霸之权,下有战国之势,览其得失,古今略备。"⑦

儿童深爱围棋游戏,孔融被曹操收时,其二幼子正在下棋。《三国志·魏书·崔琰传》载:"二子年八岁,时方弈棋,融被收,端坐不起。"⑧西晋韩谧与愍怀太子游处,"常与太子弈棋争道"⑨。东晋江彪年少善棋,尝与王导共弈,表现出高超精湛的棋艺。《世说新语》曰:

> 江仆射年少,王丞相呼与共棋。王手尝不如两道许,而欲敌道戏,试以观之。江不即下。王曰:"君何以不行?"江曰:"恐不得尔。"傍有客曰:"此年少戏

---

① 《三国志》卷二《魏书·文帝纪》注引《典论》帝《自叙》,第90页。
② 《三国志》卷二《魏书·文帝纪》注引《博物志》,第90页。
③ 《后汉书》卷三四《梁统传附玄孙冀传》,第1178页。
④ 《后汉书》卷三四《梁统传附玄孙冀传》注引《艺经》,第1178页。
⑤ 《艺文类聚》卷七四《巧艺部·弹棋》,第1275页。
⑥ 《艺文类聚》卷七四《巧艺部·弹棋》,第1274–1276页。
⑦ 《艺文类聚》卷七四《巧艺部·围棋》,第1273页。
⑧ 《三国志》卷一二《魏书·崔琰传》注引《魏氏春秋》,第372–373页。
⑨ 《晋书》卷四〇《贾充传附孙谧传》,第1174页。

第五章 童年之趣：魏晋南北朝时期的儿童游艺

乃不恶。"王徐举首曰："此年少非惟围棋见胜。"①

刘宋褚胤幼年便为围棋高手，后因父谋逆而被牵连，人爱其才艺，乃为之求情，后未被获准，时人痛惜之。《宋书·羊玄保传》曰："吴郡褚胤，年七岁，入高品。及长，冠绝当时。胤父荣期与臧质同逆，胤应从诛，何尚之请曰：'胤弈棋之妙，超古冠今。魏犨犯令，以才获免。父戮子宥，其例甚多。特乞与其微命，使异术不绝。'不许。时人痛惜之。"②南齐高帝萧道成"少沈深有大量，宽严清俭，喜怒无色。博涉经史，善属文，工草隶书，弈棋第二品。虽经纶夷险，不废素业"③。萧晔虽幼年家贫，然不废学业，善长棋弈。《南史·齐高帝诸子下·武陵昭王晔传》曰："高帝虽为方伯，而居处甚贫，诸子学书无纸笔，晔常以指画空中及画掌学字，遂工篆法。少时又无棋局，乃破荻为片，纵横以为棋局，指点行势，遂至名品。"④陈朝司马申幼年聪慧，因棋弈精湛而为当时士族所知，世家大族纷纷与之游处。《陈书·司马申传》曰："十四便善弈棋，尝随父候吏尚书到溉，时梁州刺史阴子春、领军朱异在焉。子春素知申，即于坐所呼与为对，申每有妙思，异观而奇之，因引申游处。"⑤陆琼幼年善棋，由此得"神童"之号。《陈书·陆琼传》曰："琼聪惠有思理，六岁为五言诗，颇有词采。大同末，云公受梁武帝诏校定《棋品》，到溉、朱异以下并集，琼时年八岁，于客前覆局，由是京师号曰神童。"⑥

魏晋南北朝时期，围棋大行其道，大江南北皆以此为娱，不仅成为王公贵族休闲的主要形式，而且是儿童娱乐的主要方式。此外，诸如樗蒲、藏钩、握槊、双陆、斗族等博弈游戏均深受儿童喜爱，已有学者进行详细的论述，此处不赘。⑦

竹(木)马、骑羊、斗鸡、水岸之戏、博弈等儿童游艺活动，勾勒出了儿童充满童真、童趣、童智的美丽世界，丰富了儿童的文化生活，展现了儿童的精神世界，为儿童带来了无穷无尽的欢乐；同时，作为文化活动的重要组成部分，儿童游艺丰富了文化活动的内涵，为社会文化的繁荣与发展贡献了力量。

---

① 《世说新语笺疏·方正第五》，第354—355页。
② 《宋书》卷五四《羊玄保传》，第1536页。
③ 《南齐书》卷二《高帝纪下》，第38页。
④ 《南史》卷四三《齐高帝诸子下·武陵昭王晔传》，第1081页。
⑤ 《陈书》卷二九《司马申传》，第386—387页。
⑥ 《陈书》卷三〇《陆琼传》，第396页。
⑦ 参见朱大渭、刘驰、梁满仓、陈勇著：《魏晋南北朝社会生活史》，北京：中国社会科学出版社，1998年，第391—442页。张承宗、魏向东：《中国风俗通史·魏晋南北朝卷》，第624—630页。其中两部著作对樗蒲、藏钩等游戏解析甚详，今同张先生之说，于此不做详述。

第三节　心理学视角下的儿童游艺：
　　　　时代特色与童志

每个人都有志向，或称梦想，这是人们通往远方的桥梁。志向对儿童的意义更为深远，是儿童成长的灯塔，为其人生道路指明方向。刘晓东先生在《儿童精神哲学》一书中指出儿童梦想的重要意义："梦想使儿童进入一个比现实世界更有诗意也更为宏大的世界。"①那么，儿童是如何展现自己的梦想的呢？儿童游艺与志向之间有何关联？笔者以为，丰富的游艺活动为儿童打开了通往梦想的大门。

游艺活动不仅给儿童带来童年的快乐，也能展现出儿童远大的志向、价值观念，指引儿童逐渐成长、成才，为儿童将来人生选择打下基础。何诺德先生曾指出："游戏是将过去的仪式、习惯与禁忌，选择之后附加在现在的行为上，成为将来行为的基础。"②

儿童游艺与其人生志向息息相关。东汉末年，管辂年八九岁，喜仰视星辰，得人辄问其名，夜不肯寐。父母常禁之，犹不可止。他"与邻比儿共戏土壤中，辄画地作天文及日月星辰。每答言说事，语皆不常，宿学者人不能折之，皆知其当有大异之才"。管辂自幼喜好天文、风角，从其与群儿共戏中可见一斑，后果在此方面成就卓越，"及成人，果明《周易》，仰观、风角、占、相之道，无不精微"③。

刘备幼年有鸿鹄之志，为儿童时，与诸儿共戏桑树之下，见桑叶繁茂，犹如羽盖，立志将来乘坐羽葆高车，虽童言无忌，但言为心声，后果为一代豪杰。《三国志·蜀书·先主传》曰：

> 先主少孤，与母贩履织席为业。舍东南角篱上有桑树生高五丈余，遥望见童童如小车盖，往来者皆怪此树非凡，或谓当出贵人。先主少时与宗中诸小儿于树下戏，言："吾必当乘此羽葆盖车。"④

魏晋南北朝时期，游艺透射出儿童的兴趣爱好，甚至为其将来人生抉择埋下伏笔，这可从战争之戏、聚沙为塔、山水之恋等嬉戏娱乐活动中表现出来。

---

① 刘晓东：《儿童精神哲学》，南京：南京师范大学出版社，1999年，第247页。
② 何诺德著，谢光进等译：《儿童游戏》，北京：社会科学文献出版社，1989年，第1页。
③ 《三国志》卷二九《魏书·方技·管辂传》注引《辂别传》，第811—812页。
④ 《三国志》卷三二《蜀书·先主传》，第871页。

一、战争之戏与将帅之才

许多男童爱好战争游戏,聚合儿童,排兵布阵,指挥千军万马,自幼便表现出将帅才能。曹魏时期,夏侯称幼与诸儿游戏,聚合儿童以为军旅之阵,并亲自担任主帅。《三国志·魏书·夏侯渊传》曰:"自孺子而好合聚童儿,为之渠帅,戏必为军旅战陈之事,有违者辄严以鞭捶,众莫敢逆。"①

贾逵幼好部伍,常为排兵布阵之戏,在游戏中展现将帅才能,为其祖父所赏识,后果如祖父所言,不违儿时之愿,终为一时之将,为国立下汗马功劳,深为曹操重视。《三国志·魏书·贾逵传》曰:

> 自为儿童,戏弄常设部伍,祖父习异之,曰:"汝大必为将率。"口授兵法数万言。②

安徽马鞍山朱然墓出土"童子对棍图",勾勒出儿童战阵的精彩画面:两童子手持长棍,脚扎马步,一击一挡对阵,惟妙惟肖,是对儿童爱好部伍的最直观诠释。③

晋朝李矩幼年喜好战争,常排兵布阵以为戏乐。《晋书·李矩传》曰:"童龀时,与群儿聚戏,便为其率,计画指授,有成人之量。"④十六国时期,吕光的将帅之才在幼年游戏中一览无余,《晋书·吕光载记》载:"年十岁,与诸童儿游戏邑里,为战阵之法,侪类咸推为主。部分详平,群童叹服。"⑤南朝周山图为儿童时气力过人,率领童子嬉戏游乐,指挥筹划,甚有章法,后果为千人之将。《南史·周山图传》载:"家世寒贱,年十五六,气力绝众,食噉恒兼数人。乡里猎戏集聚,常为主帅,指麾处分皆见从。"⑥

北朝许多大将幼年奇才,指挥分画、排兵布阵宛若成人,成年后亦为一时之雄。北周杨宽"少有大志,每与诸儿童游处,必择高大之物而坐之,见者咸异焉"⑦。北周李远幼有胆略,与诸儿共战争之戏,沉着冷静,为群儿之首,展现出将帅之能。《周书·李贤传附弟远传》曰:

> 贤弟远,字万岁。幼有器局,志度恢然。尝与群儿为战斗之戏,指麾部分,便有军阵之法。郡守见而异之,召使更戏。群儿惧而散走,远持杖叱之,复为向

---

① 《三国志》卷九《魏书·夏侯渊传》注引《世语》,第273页。
② 《三国志》卷一五《魏书·贾逵传》,第479页。
③ 丁邦钧:《安徽马鞍山东吴朱然墓发掘简报》,《文物》1986年第3期,图版贰。
④ 《晋书》卷六三《李矩传》,第1706页。
⑤ 《晋书》卷一二二《吕光载记》,第3053页。
⑥ 《南史》卷四六《周山图传》,第1155页。
⑦ 《周书》卷二二《杨宽传》,第364页。

势,意气雄壮,殆甚于前。郡守曰:"此小儿必为将军,非常人也。"及长,涉猎书传,暑知指趣而已。①

北周宇文深"年数岁,便累石为营伍,并折草作旌旗,布置行列,皆有军阵之势"。父永遇见之,乃大喜曰:"汝自然知此,于后必为名将。"②宇文忻幼年便有卫、霍之志,其与诸儿童游戏中可见一斑。《北史·宇文贵传附子忻传》曰:

> 忻字仲乐,幼而敏慧,为童儿时,与群辈戏,辄为部伍,进止行列,无不用命者。年十二,能左右驰射,骁捷若飞。恒谓所亲曰:"自古名将,唯以韩、白、卫、霍为美谈,吾察其行事,未足多尚,使与仆并时,不令竖子独擅高名。"③

宇文忻儿时与诸童共戏,便为部伍,曾立征战疆场之志向,纵使卫青、霍去病等名将亦可一决高下。薛世雄亦幼有将帅之志,在与儿童游戏中反映出来。《北史·薛世雄传》曰:

> 世雄儿童时与群辈戏,辄画地为城郭,令诸儿为攻守势,不从令者辄挞之,诸儿畏惮,莫不齐整。其父见而奇之,谓人曰:"此儿当兴吾家。"④

每个儿童都有自己的兴趣爱好,并通过游艺等活动得以彰显。透过儿童游艺之表象,我们可以窥探儿童的内心世界,其人生的志向、对未来的期望、心中的梦想不由自主地反映出来,为其长大后的人生抉择奠定了基础。朱智贤先生指出:"在游戏中,反映着人的社会实践生活。"⑤苏联学者艾里康宁也指出:"儿童游戏的本质是对社会生活的反映。"⑥儿童自幼怀有将帅之志,反映在战争游戏之中,仿效军旅指挥分画、排兵布阵,这些儿童易在军旅之中有所成就,甚至成为名将。

二、聚沙为塔与向佛之心

佛教作为外来宗教,传入中国后日渐在中原大地生根、发芽、开花、结果,给人们日常生活带来深远的影响。佛教对儿童亦有影响,许多儿童自幼与佛教渊源甚厚,儿童向佛

---

① 《周书》卷二五《李贤传附弟远传》,第418页。
② 《周书》卷二七《宇文测传附弟深传》,第455页。
③ 《北史》卷六〇《宇文贵传附子忻传》,第2140页。
④ 《北史》卷七六《薛世雄传》,第2606页。
⑤ 朱智贤:《儿童心理学的发展》,引自《儿童心理发展的基本理论》,北京:北京师范大学出版社,1982年,第11页。
⑥ 王小英:《儿童游戏的意义》,长春:东北师范大学出版社,2006年,第77页。

之心在游艺中也有突出的表现,诸如"聚沙成塔"之戏渗透着浓郁的佛教符号特征。儿童顽皮,喜欢嬉戏于土沙,这种游戏本非异域所传,在华夏史书亦有记载,且此戏起源很早,有学者认为"始于战国"①。战国时期佛教尚未传入,儿童只是单纯聚沙为乐,与佛教渊源无从谈起。魏晋南北朝时期,随着佛教的繁盛,儿童除享受聚沙之乐外,更多了一层信仰的意义。萧梁竹园寺比丘尼净渊,为儿童时便对佛教情有独钟,聚沙成塔为戏乐,以表达心声。《比丘尼传》曰:"幼有成人之智,五、六岁时,尝聚沙为塔,刻木为像,烧香拜敬,弥日不足。"②聚沙成佛塔,是儿童对佛教塔寺等场所的向往与崇拜,杨秀清先生指出:"儿童将聚沙作为一种功德,可为自身带来福报。"③儿童不仅在"聚沙为塔"游艺中享受童真、童趣,而且震撼了心灵、启迪了思维,感受佛教的深邃与伟大,并不断向佛法靠拢。

萧梁高僧释慧约幼年喜爱"聚沙为塔"之戏,《续高僧传》曰:"抚尘之岁,有异凡童,惟聚沙为佛塔,垒石为高座。"④北周高僧释僧实"幼怀稚亮,清卓不伦。尝与诸僮共游狡戏,或摘叶献香,或聚砂成塔,乡间敬焉,知将能信奉之渐也"⑤。唐代高僧释普明"少小志操有异恒童,口常称佛,聚砂以为福事,蒿艾以为殿塔,不俗谈戏,唯志崇法"⑥。

不仅沙土成为儿童垒塔的原料,更有甚者,牛粪亦为儿童所珍惜,以之为塔,《洛阳伽蓝记》记载童子"垒牛粪为塔"的故事,曰:

> 城东四里。推其本缘,乃是如来在世之时,与弟子游化此土,指城东曰:"我入涅槃后二百年,有国王名迦尼色迦,此处起浮图。"佛入涅槃后二百年来,果有国王字迦尼色迦,出游城东,见四童子累牛粪为塔。可高三尺,俄然即失。⑦

不管是"聚沙为塔"还是"垒牛粪为塔",通过这些游艺活动,儿童对佛教产生朦胧的向往,表达了内心深处向佛的精神需求,体现了儿童与佛教的渊源联系,是儿童对佛教因果福报追求的集中体现。

三、枕石漱流与清谈之志

魏晋南北朝玄学之风甚盛,士族阶层皆以清谈为美,行为上表现出放荡不羁、纵情山

---

① 王永平:《游戏、竞技与娱乐——中古社会生活透视》,北京:中华书局,2010年,第370—371页。
② 《比丘尼传校注》卷四《梁·竹园寺净渊尼传》,第197页。
③ 杨秀清:《敦煌石窟壁画中的古代儿童生活(三)》,《敦煌学辑刊》2013年第3期,第94页。
④ 《续高僧传》卷六《义解篇二·梁国师草堂寺智者释慧约传》,第182页。
⑤ 《续高僧传》卷一六《习禅初·周京师大追远寺释僧实传》,第591页。
⑥ 《续高僧传》卷一九《习禅四·唐天台山国清寺释普明传》,第723页。释普明生平跨越南朝陈、隋、唐三朝,按其本传,普明于太建十四年(582)出家,其为儿童时应在陈宣帝时期。
⑦ (北魏)杨衒之著,杨勇校笺:《洛阳伽蓝记校笺》卷五《城北·凝玄寺》注引《道荣传》,北京:中华书局,2006年,第214页。

水的玄学特点。儿童深受此种思潮影响,深谙玄学之道。他们或任情旷达、放荡不羁,或纵情山水、枕石漱流,通过游艺活动展现清谈玄学之志,表现了出乎意料的玄学造诣。西晋王济年少不羁,与群儿游戏亦出乎意料。《晋书·王浑传附子济传》载:"和峤性至俭,家有好李,帝求之,不过数十。济候其上直,率少年诣园,共啖毕,伐树而去。"①王济深恶和峤吝啬,几颗李子果实视若珍宝,便趁其不备,率儿童入园伐树取李,旁若无人,如此率意任情、通脱旷达,足见士族儿童任情而行的玄学本质。东晋王献之少有盛名,而高迈不羁,容止不怠,风流为一时之冠,虽为儿童,观人嬉戏,语出惊人,表现出深厚的玄学造诣。《晋书·王羲之传附子献之传》载:

> 年数岁,尝观门生樗蒱,曰:"南风不竞。"门生曰:"此郎亦管中窥豹,时见一班。"献之怒曰:"远惭荀奉倩,近愧刘真长。'遂拂衣而去。"②

王献之擅长樗蒱,为儿童时便有很深造诣。观其父门生樗蒱之戏,不免指手画脚,发表高论。门生轻其年幼,嘲笑他管中窥豹,只见一斑。献之怒,厉声还击,拂衣而去。由此故事可知两点:一是王献之幼年好戏,尤其对樗蒱深有造诣。二是王献之自幼便受玄学之风感染,善于清谈,一语惊人,当仁不让,玄学功底极深,显示了自身非凡的心志。

东晋陶潜幼年洒脱不羁,喜爱田园山林,以纵情山水、隐逸任情为娱。《晋书·陶潜传》载:"潜少怀高尚,博学善属文,颖脱不羁,任真自得,为乡邻之所贵。"③郭文"少爱山水,尚嘉遁。年十三,每游山林,弥旬忘反"④。东晋许询"总角奇秀,众谓神童。隐在会稽幽究山,与谢安、支遁游处,以弋钓啸咏为事"⑤。萧梁阮孝绪幼时与诸童游戏,不忘山水之志。《梁书·处士·阮孝绪传》载:"幼至孝,性沉静,虽与儿童游戏,恒以穿池筑山为乐。"⑥顾协幼孤,幼有隐逸之志、清谈之美,《梁书·顾协传》载:

> 协幼孤,随母养于外氏。外从祖宋右光禄张永尝携内外侄孙俱游虎丘山,协年数岁,永抚之曰:"儿欲何戏?"协对曰:"儿正欲枕石漱流。"永叹息曰:"顾氏兴于此子。"⑦

顾协幼年丧父,随母养于外氏。外从祖张永爱护侄孙辈,尝携之游历名山,欲问诸儿喜好何戏以观其志。时顾协年仅数岁,虽在童幼,便有纵情山水之志,从中可见其清谈、

---

① 《晋书》卷四二《王浑传附子济传》,第1206页。
② 《晋书》卷八〇《王羲之传附子献之传》,第2104页。
③ 《晋书》卷九四《隐逸·陶潜传》,第2460页。
④ 《晋书》卷九四《隐逸·郭文传》,第2440页。
⑤ 《世说新语笺疏·言语第二》注引《隐录》,第140页。
⑥ 《梁书》卷五一《处士·阮孝绪传》,第739页。
⑦ 《梁书》卷三〇《顾协传》,第444–445页。

玄学之志尚。

儿童通过游艺透射出兴趣爱好,展现人生远大志向,游艺成为儿童未来的生活演习,是儿童走向成年的实战基础。同时,儿童游艺又受时代影响,展现特有的时代特色,诸如战争之戏、聚沙为塔、山水之娱等是这个时代特点的集中体现。通过游艺活动,折射出儿童征战沙场的愿望,心向释教的时代特征,清谈玄远的人生理念。

第四节　社会学视角下的儿童游艺: 社会参与与童智

苏联学者的游戏理论认为:"不论是游戏的社会起源,还是游戏的个体发生,均由社会存在所决定,儿童游戏发展的动力乃是他们与其周围环境的相互作用,所以游戏是一种受到儿童在其中生活与教育的社会存在所制约的活动。"①由此可知,游戏是一种社会性活动,儿童游戏离不开其生活的社会空间;而儿童游戏又反过来影响着儿童的社会活动,其重要的意义在于促进儿童社会化进程。通过游艺娱乐,儿童掌握社会生活中的角色分工、理解与之对应的责任与义务、锻炼融入集体或社会所必备的适应、参与、交往等能力。魏晋南北朝时期,诸如弹弓、涉猎、百戏、出游等游艺活动深为儿童所喜,儿童通过这些游艺参与社会活动、理解社会生活,这对儿童身心发展起到重要作用。

一、弹弓·射猎

王永平先生认为:"弹弓游戏早在战国时期便受到儿童青睐,此戏具体操作是:先准备器具,器具由弹弓与弹丸两部分组成。弹弓为主体,弹丸一般以小石子或泥丸为之,制作过程复杂讲究,具有极大的杀伤力。"②此戏经久不衰,历代传承,带有战斗与杀伤性质,一般为男童所喜爱。孙吴甘宁少时游侠,常挟持弓弩相随。《三国志·吴书·甘宁传》曰:"少有气力,好游侠,招合轻薄少年,为之渠帅;群聚相随,挟持弓弩,负毦带铃,民闻铃声,即知是宁。"③西晋潘岳美姿仪,其为少年时亦喜爱弹弓之戏,《晋书·潘岳传》曰:"少时常挟弹出洛阳道,妇人遇之者,皆连手萦绕,投之以果,遂满车而归。"④

魏晋壁画墓中更是生动地描绘了童子举弹弓射鸟的画面:图中一轺车朝坞驶去,前

---

① 华爱华:《幼儿游戏理论》,上海:上海教育出版社,1998年,第58—59页。
② 王永平:《游戏、竞技与娱乐——中古社会生活透视》,北京:中华书局,2010年,第365—366页。
③ 《三国志》卷五五《吴书·甘宁传》,第1292页。
④ 《晋书》卷五五《潘岳传》,第1507页。

有一马系于树下,车后一侍女,车旁一童正弯弓射鸟,车前站一女童。①（图5-5）

图5-5　甘肃嘉峪关魏晋一号墓　出游图

弹弓杀伤力强,远可射鸟雀,近可伤人。南齐时期,曲江公萧遥欣左右小儿喜爱此戏,以弹弓射鸟,百发百中,甚有威名。当时儿童皆好弹鸟,以为戏乐。《南史·齐宗室·曲江公遥欣传》载:

始年七岁出斋时,有一左右小儿,善弹飞鸟,无不应弦坠落。遥欣谓曰:"凡戏多端,何急弹此,鸟自空中翔飞,何关人事,无趣杀此生,亦复不急。"左右感其言,遂不复弹鸟。时少年通好此事,所在遂止。②

北朝宇文化及少年轻侠,不循法度,"好乘肥挟弹,驰骛道中,由是长安谓之轻薄公子"③。儿童弹弓之戏盛行,为诗歌创作提供了题材,萧梁简文帝《洛阳道》诗曰:"洛阳佳丽所,大道满春光。游童初挟弹,蚕妾始提筐。"④陈朝顾野王《阳春歌》曰:"春草正芳菲,重楼启曙扉。银鞍侠客至,柘弹宛童归。"⑤

魏晋南北朝涉猎之戏盛行。魏文帝曹丕因世事扰乱,幼学骑射以自保。《三国志·魏书·文帝纪》曰:"余时年五岁,上以世方扰乱,教余学射,六岁而知射,又教余骑马,八岁而能骑射矣。"⑥

对儿童而言,骑射的意义不仅在于自我保护,更在于嬉戏与社会实践。孙盛之子孙

---

① 甘肃省文物队:《嘉峪关壁画墓发掘报告》,北京:文物出版社,1985年,第98页,图见附录图版七二。
② 《南史》卷四一《齐宗室·曲江公遥欣传》,第1042页。
③ 《北史》卷七九《宇文述传附子化及传》,第2654页。
④ 《先秦汉魏晋南北朝诗·梁诗》卷二〇《简文帝萧纲·洛阳道》,第1911页。
⑤ 《先秦汉魏晋南北朝诗·陈诗》卷二《顾野王·阳春歌》,第2468页。
⑥ 《三国志》卷二《魏书·文帝纪》注引《典论》帝《自叙》,第89页。

放幼称令慧,从父狩猎以为戏乐。《世说新语》载:

> 孙盛为庾公记室参军,从猎,将其二儿俱行。庾公不知,忽于猎场见齐庄,时年七八岁。庾谓曰:"君亦复来邪?"应声答曰:"所谓'无小无大,从公于迈。'"①

魏晋墓彩绘砖描绘了儿童涉猎的生动画面,甘肃敦煌佛爷庙湾魏晋墓彩绘砖有少女刺虎图,勾勒了一名少女手持长剑,刺杀猛虎的画面。② 该图画面清晰,生动活泼。(图5-6)

图5-6 甘肃敦煌佛爷庙湾魏晋墓 少女刺虎图

南齐高僧释智称"幼而慷慨,颇好弓马"③。南齐宜都王萧铿幼年善射,常以埘的太阔,曰:"终日射侯,何难之有。"乃取甘蔗插地,百步射之,十发十中。④ 萧梁曹景宗幼善骑射,好畋猎,弱冠之前便有能名,"常与少年数十人泽中逐麞鹿,每众骑趁鹿,鹿马相乱,景宗于众中射之,人皆惧中马足,鹿应弦辄毙,以此为乐"⑤。后年老,回忆儿时游乐之欢,念

---

① 《世说新语笺疏·言语第二》,第119页。
② 马建华主编:《甘肃敦煌佛爷庙湾魏晋墓彩绘砖》,重庆:重庆出版社,2000年,第12页。
③ 《高僧传》卷一一《明律·齐京师安乐寺释智称传》,第438页。
④ 《南史》卷四三《齐高帝诸子下·宜都王铿传》,第1091页。
⑤ 《梁书》卷九《曹景宗传》,第178页。

念不忘,曰:"我昔在乡里,骑快马如龙,与年少辈数十骑,拓弓弦作霹雳声,箭如饿鸱叫。平泽中逐麏,数肋射之,渴饮其血,饥食其肉,甜如甘露浆。觉耳后风生,鼻头出火,此乐使人忘死,不知老之将至。"①陈朝周宝安"年十余岁,便习骑射,以贵公子骄蹇游逸,好狗马,乐驰骋,靡衣媮食"②。萧摩诃"年未弱冠,随侯安都在京口,性好射猎,无日不畋游"③。

北朝为少数民族建立政权,尚骑善射之风更浓。许多儿童工于骑射,刘宋鲍照尝作拟古诗,描绘了幽并等北方地区少年骑射的事迹,曰:"幽并重骑射,少年好驰逐。毡带佩双鞬,象弧插彫服。兽肥春草短,飞鞚越平陆。"④北魏河南王拓跋曜幼善射,"五岁,尝射雀于太祖前,中之,太祖惊叹焉"⑤。高祖孝文帝亦是骑射高手,为儿童时以常涉猎为乐,至成童不再杀生。《魏书·高祖纪下》曰:"年十余岁,能以指弹碎羊髀骨。及射禽兽,莫不随所志毙之。至年十五,便不复杀生,射猎之事悉止。"⑥房法寿"幼孤,少好射猎,轻率勇果,结群小而为劫盗"⑦。北周宇文贵幼年骁勇,尝从其父宇文宪射猎,所获甚多。《周书·齐炀王宪传附子贵传》曰:"年十一,从宪猎于盐州,一围之中,手射野马及鹿十有五头。"⑧北周虞庆则幼以射猎为事,长乃折节读书。《北史·虞庆则传》曰:"庆则幼雄毅,性倜傥,身长八尺,有胆智,善鲜卑语,身被重铠,带两鞬,左右驰射,本州豪侠皆敬惮之。初以射猎为事,中更折节读书,常慕傅介子、班仲升之为人。"⑨苏夔骑射功夫远胜成人,尝与人骑射打赌,大胜而归。《北史·苏绰传》曰:"八岁诵诗,兼解骑射。年十三,从父至尚书省,与安德王雄射,赌得骏马而归。"⑩

二、乐舞百戏

汉魏以来乐舞百戏盛行,张承宗先生在《中国风俗通史·魏晋南北朝卷》中论述了魏晋南北朝时期百戏之盛。⑪百戏杂技又是深受儿童喜爱的娱乐活动,刘宋后废帝刘昱幼年不好读书,惰业好玩,专喜杂技百戏,缘漆竿杂耍,乐此不疲。《宋书·后废帝纪》曰:"初昱在东宫,年五六岁时,始就书学,而惰业好嬉戏,主帅不能禁。好缘漆帐竿,去地丈

---

① 《梁书》卷九《曹景宗传》,第181页。
② 《陈书》卷八《周文育传附子宝安传》,第142页。
③ 《陈书》卷三一《萧摩诃传》,第412页。
④ 《先秦汉魏晋南北朝诗·宋诗》卷九《鲍照·拟古诗八首》,第1295页。
⑤ 《魏书》卷一六《道武七王·河南王曜传》,第395页。
⑥ 《魏书》卷七下《高祖纪下》,第187页。
⑦ 《魏书》卷四三《房法寿传》,第969页。
⑧ 《周书》卷一二《齐炀王宪传附子贵传》,第196页。
⑨ 《北史》卷七三《虞庆则传》,第2516页。
⑩ 《北史》卷六三《苏绰传》,第2249页。
⑪ 张承宗、魏向东:《中国风俗通史·魏晋南北朝卷》,第618-622页。

第五章 童年之趣：魏晋南北朝时期的儿童游艺

余，如此者半食久，乃下。"①南齐郁林王好杂戏，常"于宫中及出后堂杂戏狡狯"②。北周宣帝亦好杂戏，"散乐杂戏鱼龙烂漫之伎，常在目前"③。

近年来，考古出土的壁画、陶俑等文物展现了儿童参与乐舞百戏表演的画面，这对我们了解魏晋南北朝儿童游艺大有裨益。山西大同南郊仝家湾北魏墓出土的壁画绘有"童子杂戏图"，惟妙惟肖，生动逼真。图中杆柱下部横杆两侧有两个穿紧身衣的小孩儿，头梳小髻，一手紧抓杆柱，一手伸开，一腿紧蹬杆柱底部，一腿弓起维持平衡。④

山西大同湖东北魏一号墓出土棺板漆画绘有"童子杂戏图"，从发掘报告的描述中得知：各联圈纹中部均绘一姿态伎乐童子，周边以朱红色任忍冬花纹，联珠圈纹内外均以朱色绘同心圆线。童子发结上挽，椭圆形脸，浓眉大眼。穿三角裤，上下身裸露、赤脚，臂绕彩带向后飘扬，两腿呈交叉或胡跪式，体态面向丰满，四肢丰腴。从童子形态看，有翩翩起舞者和吹奏和弹拨状。⑤

北魏司马金龙墓出土的石柱础雕刻乐舞童子，在四角各雕一个立体伎乐童子，做击鼓、弹琵琶、舞蹈等姿态，形象活泼生动、惟妙惟肖，个别已缺损。座上每侧浮雕两个伎乐童子做不同姿势舞蹈。另两件角上没有立雕童子，方座上每侧浮雕四至五个舞蹈伎乐童子。⑥（图5-7）

图5-7 司马金龙墓石柱础雕 伎乐童子

出土陶俑中亦见童子杂技形象。山西大同雁北师院北魏墓出土"'缘橦'杂技胡俑"，由一胡俑与二童子组成。胡俑深目高鼻，面部丰满，脸部涂红。二童子原应处高竿之上，一童子腿夹竿，头和胳膊向后扬起，另一童子以竿顶腰，四肢下垂，同时做惊险的高

---

① 《宋书》卷九《后废帝纪》，第188页。
② 《南齐书》卷四二《萧坦之传》，第748页。
③ 《周书》卷七《宣帝纪》，第125页。
④ 山西省考古研究所：《山西大同南郊仝家湾北魏墓（M7、M9）发掘简报》，《文物》2015年第12期，第4-22页。
⑤ 山西大同考古研究所：《大同湖东北魏一号墓》，《文物》2004年第12期，第26-34页。
⑥ 山西省大同市博物馆：《山西大同石家寨北魏司马金龙墓》，《文物》1972年第3期，第20-64页。

空表演。两童子头戴黑色圆帽,上有中缝,全身涂为红色。上身穿红色小马夹,下身着褐色短裤,身材轻盈瘦小,动作舒展大方。①(图5-8)

图5-8　北魏墓出土杂技胡俑

综上,魏晋南北朝时期,乐舞百戏成为深受老幼喜爱的娱乐活动,儿童参与其中者不在少数,其技术精湛娴熟,动作惟妙惟肖,表演惊险刺激,给人带来视觉上的一次又一次的冲击。当然,出土文物所见儿童乐舞百戏,是否带有谋生性质,因史料所限使后世不得而知。

三、出游之乐

贵族喜尚出游,或踏青,或访友,以身心放松、陶冶情操为目的,享受丛林之欢、阳光之乐。非但成人,儿童亦参与其中,魏晋壁画墓中即绘有童子、成人共同出游的画面,甘肃嘉峪关魏晋四号墓出游图生动描绘了童子、成人共同出行的场景。②(图5-9)甘肃嘉峪关魏晋一号墓出游图亦展现童子追随成人出游的画卷,图中前为将车奴和容车,车上坐女墓主。车后童、婢三人,一婢手提食物,跟随车后。③(图5-10)

---

① 刘俊喜主编:《大同雁北师院北魏墓群》,北京:文物出版社,2008年,第53—54页。
② 甘肃省文物队:《嘉峪关壁画墓发掘报告》,北京:文物出版社,1985年,图版七二。
③ 甘肃省文物队:《嘉峪关壁画墓发掘报告》,北京:文物出版社,1985年,第97页。图版见胡之主编:《甘肃嘉峪关魏晋一号墓彩绘砖》,重庆:重庆出版社,2000年,第30页。

第五章 童年之趣：魏晋南北朝时期的儿童游艺

图 5-9 甘肃嘉峪关魏晋四号墓 出游图

图 5-10 甘肃嘉峪关魏晋一号墓 出游图

由此可知，儿童不仅在竞技性、娱乐性活动中享受童年的乐趣，而且通过参与社会生活，锻炼了胆识与心智，提高了人际交往能力，理解了生活的苦乐，有助于儿童对社会形成更深刻的认知，这对儿童规划与把握自己未来生活提供了更坚强有力的支撑。

第五节　游艺与亲子关系：
　　　儿童与父母的亲情互动

一、儿童游艺与父子关系

儿童游艺不仅是儿童乐趣、童年志向的具体展现，而且成为展现父子亲情的互动载体。父子在游艺中增进感情，分享快乐。蜀汉卫继儿时与父、兄嬉戏于庭中，父子之间气氛融洽、欢乐祥和。《益部耆旧杂记》载："继父为县功曹。继为儿时，与兄弟随父游戏庭寺中，县长蜀郡成都张君无子，数命功曹呼其子省弄，甚怜爱之。"①东晋王导爱长子王悦，父子共围棋之戏，难解难分。《世说新语》载："王长豫幼便和令，丞相爱恣甚笃。每共围棋，丞相欲举行，长豫按指不听。"②东晋陶潜热衷山水，尝携幼子弱侄纵情山林，陶冶情操，有诗为证："久去山泽游，浪莽林野娱。试携子侄辈，披榛步荒墟。徘徊丘垄间，依依昔人居。"③刘宋鲍照《拟行路难》一诗，描绘了一位士大夫罢官归家、侍亲伴子的场景，曰："对案不能食，拔剑击柱长叹息。丈夫生世会几时，安能蹀躞垂羽翼。弃置罢官去，还家自休息。朝出与亲辞，暮还在亲侧。弄儿床前戏，看妇机中织。自古圣贤尽贫贱，何况我辈孤且直。"④诗中主人公因刚直不阿而得罪权贵，一气之下罢官回家，侍母伴子，享受难得的天伦之乐。刘宋王昙首兄弟共集子孙嬉戏，父子、叔侄之间热闹非凡、其乐融融。《南史·王昙首传附子僧虔传》载："僧虔，金紫光禄大夫僧绰弟也。父昙首，与兄弟集会子孙，任其戏适。僧达跳下地作彪子。时僧虔累十二博棋，既不坠落，亦不重作。僧绰采蜡烛珠为凤皇，僧达夺取打坏，亦复不惜。"⑤北魏河南王曜与父共射猎为戏，"五岁，尝射雀于太祖前，中之，太祖惊叹焉"⑥。北周宇文贵幼时与父宪共乐，"年十一，从宪猎于盐州，一围中，手射野马及鹿一十有五"⑦。

---

① 《三国志》卷四五《蜀书·糜芳传》注引《益部耆旧杂记》，第 1091 页。
② 《世说新语笺疏·排调第二十五》，第 878 页。
③ 《先秦汉魏晋南北朝诗·晋诗》卷一七《陶渊明·归园田居》，第 992 页。
④ 《先秦汉魏晋南北朝诗·宋诗》卷七《鲍照·拟行路难》，第 1275 页。
⑤ 《南史》卷二二《王昙首传附子僧虔传》，第 600 页。
⑥ 《魏书》卷一六《道武七王·河间王曜传》，第 395 页。
⑦ 《北史》卷五八《周室诸王·齐炀王宪传》，第 2092 页。

二、儿童游艺与母子关系

嬉戏为儿童生活的重要组成部分,伴随儿童成长。儿童在游戏中与母亲互动,增进了母子之间的感情。近年来出土的魏晋彩绘砖,生动地展示了母子共戏的温馨画面,如甘肃敦煌佛爷庙湾魏晋墓彩绘砖中"母童嬉戏"图:画面中间一束髻童子,上身穿无袖短衫,内着兜肚,下身裸,右手持一棍状物于胯下作骑马状,回头望着母亲。画面右侧,其母慈祥地注视着童子,配合着童子,积极参与童子的竹马之戏。① 甘肃嘉峪关新城七号墓育婴图描绘了一位妇女左手抱着婴儿前行,婴儿双肩展开,似在哭闹。② 相信这名妇女会想尽办法让婴儿破涕为笑。(图5-11)甘肃嘉峪关魏晋一号墓"各内"门扉上,左扉画二女,左女抱一婴,右一女站立其前。③ (图5-12)甘肃嘉峪关魏晋十二号墓描绘一幅生动的妇人童子图,妇人在前,童子在后,一前一后前行。④ (图5-13)母亲抚养儿童、带领儿童游戏在诗词中亦有反映,梁朝诗歌《相逢行》勾勒出三位官吏罢朝归家见娣姒和睦,刺绣、弹琴、陪子玩耍等其乐融融的画面。曰:"相逢夕阴街,独趋尚冠里。高门既如一,甲第复相似。……兄弟两三人,冠珮纷陆离。朝从禁中出,车骑并驱驰。金鞍马脑勒,聚观路傍儿。入门一顾望,鸟鹄有雄雌。雄雌各数千,相鸣戏羽仪。并在东西立,群次何离离。大妇刺方领,中妇抱婴儿。小妇尚娇稚,端坐吹参差。"⑤

图5-11 甘肃嘉峪关新城七号墓 育婴图

图5-12 甘肃嘉峪关魏晋一号墓 宴饮图

---

① 马建华主编:《甘肃敦煌佛爷庙湾魏晋墓彩绘砖》,重庆:重庆出版社,2000年,第4页。
② 张宝玺:《嘉峪关酒泉魏晋十六国墓壁画》,兰州:甘肃人民美术出版社,2001年,第229页。
③ 甘肃省文物队:《嘉峪关壁画墓发掘报告》,北京:文物出版社,1985年,图版五九。
④ 胡之主编:《甘肃嘉峪关魏晋十二、十三号墓彩绘砖》,重庆:重庆出版社,2000年,第3页。
⑤ 《先秦汉魏晋南北朝诗·梁诗》卷十三《张率·相逢行》,第1781页。

图 5-13　甘肃嘉峪关魏晋十二号墓 妇人童子图

魏晋南北朝时期,虽然游艺并不符合世家大族早慧的儿童观,但儿童游艺活动仍缤纷多彩,是儿童生活不可或缺的重要组成部分。儿童游艺生动活泼、种类繁多,给儿童带来无尽的欢乐。有些游艺穿越时空、不论古今,诸如竹马、骑羊、弹弓等游艺均源自上古,期间历经数百年,在一代又一代儿童中演绎传承,为每个时代儿童带来童年的快乐。尽管如此,每个时代又有不同的特征,儿童游艺受时代影响,展现特有的时代特色,诸如战争之戏、聚沙为塔、山水之娱等即是这个时代特点的集中体现。战争、佛教、玄学等时代音符无一不影响儿童生活,影响儿童游艺活动;反过来,受时代因素的广泛影响,儿童在人格塑造、志向兴趣方面又有新的选择与超乎寻常的表现。儿童游艺不仅体现童年无忧无虑的浪漫情怀,更是为其成年生活进行的实战演习,观童子之戏而知其志,许多儿童在游艺中传递着人生的志向,为其将来人生选择埋下伏笔。游艺是社会生活的载体,儿童通过游艺活动,广泛参与社会事务,从而对社会生活有更深刻的理解与认知。游艺又是欢乐的载体,父母与儿童亲情互动,享受天伦之乐,儿童则在游艺中享受童年的天真无邪,父(母)子在互动中增进了感情。

一言以蔽之,儿童游艺的意义重大、内涵丰富:既展现了童年的单纯、快乐,又是表达其志向的人生演习,更是社会参与的外在表象。儿童游艺不可避免地受儒、释、道各种思潮的影响,带有这个时代强烈的思想特征。游艺又是亲子关系的载体,父母与儿童亲情互动,渗透着父(母)子之间浓厚的亲情。

结 语

历史若是一条长河,那么儿童则是河面上泛起的一圈一圈涟漪,在阳光之下闪着粼粼波光。然而,千百年来,儿童隐没在历史的角落,不管世事怎样风云变幻,他们似乎总是波澜不惊、云淡风轻。也正因为此,儿童容易被掩盖在成人的羽翼之下,被历史的车轮碾压而过,随风化为尘埃。其实,揭开儿童世界的面纱,会蓦然发现,这是一个弥漫着奇思妙想的世界。更为重要的是,儿童并未孤立于成人与社会生活之外;相反,他们置身于时空的前沿阵地,紧跟时代的车轮,滚滚向前。通过对儿童问题研究,挖掘儿童特有的精神本质,反映了一个时代社会生活的点点滴滴,透视出社会历史的变迁。王振宇先生指出:"在儿童身上集中着人类精神的本源;儿童的执着,表现着人类求真的实验精神;儿童的烂漫,体现着人类求美的艺术精神;儿童的率真,反映着人类求善的道德精神。"①

本书通过对魏晋南北朝儿童问题的研究,透视出的时代特征和儿童精神如下。

第一,由儿童生育问题为切入点,透射出魏晋南北朝各个阶层精神世界与宗教信仰。生儿育女不是简单的人口繁衍,也不是单纯的为某个家庭添丁进口。生育问题是关乎家族兴旺、社会发展的重大问题。通过对生育问题的剖析,我们可以认知魏晋南北朝各阶层人士的宗教信仰、可以探索他们的精神世界。我们可以了解魏晋南北朝医学发展、巫术的传承;子孙繁衍、香火相继的环节展现了各阶层佛、道等不同信仰,传承了古代医学的有限技术。我们可以了解官府的生育政策,以及官府对待童幼的态度;我们可以了解家庭、家族的生育责任,家庭内部关系;我们甚至可以从生育问题了解当时社会的人口趋向、经济发展概况以及政治制度的状况。

第二,魏晋南北朝时期,家庭内部,儿童与父亲、母亲的关系受到礼制与情感的双重影响。在礼制范围内,儿童与父母之间总体上遵循儒家家庭伦理道德规范,表现出父(母)尊子职的亲子关系,父母通过教育儿童凸显其身份与地位。在情感体系下,父母与儿童之间又展现了浓厚的亲情。在礼制与情感的双重作用下,儿童在情与礼的碰撞中与父、母共生与互动,增进了感情。儿童以稚嫩的声音、幼弱的臂膀、活跃的思维改变着父、母对他们的印象,儿童身上表现出勇敢、坚强、聪明、睿智、担当的精神特色。

第三,儿童犹如稚嫩的禾苗,要长成参天古木需要阳光雨露的滋润,更需要芟除枝丫

---

① 王振宇:《尊重儿童,就是尊重人类本身》,《早期教育》1999年第3期,第15页。

藤蔓。为此,教育在儿童成长中起到至关重要的作用。儿童在受教育的过程中不断汲取营养,懂得辨别是非,变得知书达理。正是教育的力量,儿童得以深化与父母的感情,了解社会规则与制度,完成与家庭、社会的联系与互动。正是教育的力量,儿童得以从牙牙学语的孩童逐渐长大成人。正是教育的力量,儿童得以褪去身上的青涩与无知,长成顶天立地的栋梁。魏晋南北朝时期,官、私学中的童蒙教育既传承两汉,又表现出不同于两汉时期的新的历史特征。官学中的小学教育更是处于风雨飘摇中,但小学教育未废,一直贯穿于魏晋南北朝的始终。从教育内容看,小学教育仍是以儒家教育为基础,但深受佛教、民族融合等时代特征的影响。官学式微,私学则如雨后春笋,遍地开花,私学中的童蒙教育具有多样性的时代特征。不管是求学方式,还是教育内容,各个方面均体现了私学教育百花齐放的显著特征。

第四,魏晋南北朝时期,孤儿问题十分突出。父母膝下,童子嬉戏,勾勒出中国古代最为美好的亲子画卷。然而,并非所有儿童均如此幸运,有些儿童命途多舛,自幼而孤。可想而知,孤儿生存何其艰难,朝不保夕,甚至凋零陨落。为了孤儿能得以生存,健康成长,这需要社会与家庭的共同帮助。魏晋南北朝未成年人社会保障这一问题,不仅仅是家庭、家族需要关注的问题,更成为备受国家关注的社会问题。这一问题解决得好坏,关系到社会发展、朝廷长治久安的大局。当然,官府是孤儿救助的权威机构,各统治阶级从政令、法律等方面采取措施优恤孤儿,但官府的救助不足以解决孤儿生存的所有难题;民间救助成为孤儿救助的中间力量;此时,佛教救助为解决孤儿生存问题献出了绵薄之力,成为有别于汉代的又一救助特征。

第五,儿童精神生活丰富多彩,他们不仅热衷于历史传承的传统游戏,而且在此基础上又有许多体现时代特色的游戏问世。儿童游艺不仅仅是"小儿之戏",更是展现了丰富多彩的内涵,他们充满想象力,创造出许多紧跟时代的游戏活动。通过这些游戏,展现了儿童远大的志向,体现了儿童勇敢、坚强、纯真、无邪的性格特征。打开儿童精神世界的大门,展现在我们眼前的是一个充满童真、童趣、童智的美妙世界。虽然世家大族深受儒家思想的影响,企图抹杀儿童未泯的天真,按照自己的意愿塑造儿童的心灵,事实证明,他们的想法是多么幼稚。这个世界花团锦簇、色彩斑斓,这个世界清澈明亮、天真无邪,这个世界充满蓬勃生机。置身于儿童的精神世界,听到一路歌声,看到一路芬芳,仿佛行走于快乐的天堂。

俗语说:"三岁看大,七岁看老。"儿童时期是每一个成年人成长的必经之路,儿童的性格、思维,儿童身上表现出的特质,对每个人一生影响重大,甚至决定了个人成年后性格、兴趣、志向和人生的选择。因此,探索"儿童的世界"显得至关重要。魏晋南北朝时期,儿童置身于战火纷飞的特殊时代,他们并未因烽烟四起而日渐凋零,反而在艰难的时空开出了娇艳的花朵。纵观此时的儿童生活,从子孙繁衍到家庭关系,从儿童教育到孤儿命运,从儿童游艺到人生理想,展现在世人面前的是一幅幅生动具体、活泼有趣的生命画卷。通过对魏晋南北朝儿童问题的探寻,打开一个有别于成人的"儿童世界",儿童以非同寻常的思维、父(母)子亲情互动、活泼有趣的游艺改变着成人对儿童的认知。不管世事沧桑改变,魏晋南北朝儿童被定格在战火纷飞的历史时空,展现了别具一格的生存与生活状况,儿童身上体现了浓郁的时代特色,给世人留下了难以磨灭的美好记忆,这些特点至今仍然闪烁着耀眼的光芒。

总体而言,魏晋南北朝儿童身上集中体现了中国古代儿童天真烂漫、聪明睿智、勇敢坚强等共性特征,同时又折射出与时代相关的独有气质。历史的车轮飞速旋转,进入新世纪,世界已然发生翻天覆地之变化。当代社会,儿童被社会赞誉为"祖国的花朵",他们的成长与社会的发展更加密不可分。儿童问题更是备受瞩目的重要课题,儿童教育、亲子关系、儿童游戏、未成年人的权益保障等这些问题,不仅关系着儿童自身的成长,更关系着祖国的发展,关系着社会的进步,关系着世界的文明。当然,世事变迁,随着时代的发展,儿童生活也日新月异、变化多端,但魏晋南北朝时期儿童精神仍值得学习。本书通过对魏晋南北朝儿童问题的探索,为当代儿童问题研究提供了一定的参考与借鉴。

笔者在写作过程中,时刻提醒自己,在问题意识的前提下,就"儿童问题"这一命题在深度与广度两个方面下功夫,力图剖析这一论题的详细面貌;但儿童问题包罗万象,因笔者能力所限,时间所迫,疏漏之处在所难免。庆幸的是,本书为笔者开启了社会生活史研究的大门。此后,在前辈研究成果的基础上,笔者将对信仰体系中的儿童、童谣的社会价值、儿童观、神童等问题进行深入思考与探寻,进一步挖掘儿童与社会之间的互动关系;也会继续关注新出土文献资料,力图利用考古资料与传世文献相结合,对儿童这一论题做进一步的完善与补充。

参考文献

[1] 司马迁. 史记[M]. 北京:中华书局,1959.
[2] 班固. 汉书[M]. 北京:中华书局,1962.
[3] 范晔. 后汉书[M]. 北京:中华书局,1965.
[4] 陈寿. 三国志[M]. 北京:中华书局,1959.
[5] 房玄龄. 晋书[M]. 北京:中华书局,1974.
[6] 沈约. 宋书[M]. 北京:中华书局,1974.
[7] 萧子显. 南齐书[M]. 北京:中华书局,1972.
[8] 姚思廉. 梁书[M]. 北京:中华书局,1973.
[9] 姚思廉. 陈书[M]. 北京:中华书局,1972.
[10] 李延寿. 南史[M]. 北京:中华书局,1975.
[11] 魏收. 魏书[M]. 北京:中华书局,1974.
[12] 李百药. 北齐书[M]. 北京:中华书局,1972.
[13] 令狐德棻. 周书[M]. 北京:中华书局,1971.
[14] 李延寿. 北史[M]. 北京:中华书局,1974.
[15] 魏征. 隋书[M]. 北京:中华书局,1973.
[16] 刘昫. 旧唐书[M]. 北京:中华书局,1975.
[17] 许慎. 说文解字注[M]. 段玉裁,注. 上海:上海古籍出版社,1981.
[18] 张华. 博物志校证[M]. 范宁,校证. 北京:中华书局,1980.
[19] 干宝. 搜神记[M]. 汪绍楹,校注. 北京:中华书局,1979.
[20] 王嘉. 拾遗记[M]. 萧绮,录. 齐治平,校注. 北京:中华书局,1981.
[21] 顾恺之. 女史箴图[M]. 天津:天津人民美术出版社,2007.
[22] 王义庆. 世说新语笺疏[M]. 刘孝标,校注. 余嘉锡,笺疏. 北京:中华书局,1983.
[23] 刘义庆. 幽明录[M]. 郑晚晴,辑注. 北京:文化艺术出版社,1988.
[24] 刘敬叔. 异苑[M]. 范宁,校点. 北京:中华书局,1996.
[25] 殷芸. 殷芸小说[M]. 周楞伽,辑注. 上海:上海古籍出版社,1984.
[26] 宗懔. 荆楚岁时记[M]. 宋金龙,校注. 太原:山西人民出版社,1987.
[27] 陶弘景. 本草经集注[M]. 尚志钧,尚元胜,辑校. 北京:人民卫生出版社,1994.
[28] 释宝唱. 比丘尼传校注[M]. 王孺童,校注. 北京:中华书局,2006.

[29]释慧皎.高僧传[M].汤用彤,校注.北京:中华书局,1992.

[30]杨衒之.洛阳伽蓝记校笺[M].杨勇,校笺.北京:中华书局,2006.

[31]颜之推.颜氏家训集解[M].王利器,集解.上海:上海古籍出版社,2006.

[32]巢元方.诸病源候论[M].宋白杨,校注.北京:中国医药科技出版社,2011.

[33]丹波康赖.医心方[M].高文柱,校注.北京:华夏出版社,2011.

[34]孙思邈.备急千金要方[M].焦振廉,校注.北京:中国医药科技出版社,2011.

[35]欧阳询.艺文类聚[M].上海:上海古籍出版社,1965.

[36]张彦远.历代名画记[M].俞剑华,注释.上海:上海人民美术出版社,1964.

[37]徐坚.初学记[M].韩放,点校.北京:京华出版社,2000.

[38]道宣.续高僧传[M].郭绍林,点校.北京:中华书局,2014.

[39]杜佑.通典[M].王文锦,王永兴,刘俊文,点校.北京:中华书局,1988.

[40]李林甫.唐六典[M].陈仲夫,点校.北京:中华书局,1992.

[41]李昉.太平预览[M].汪绍楹,点校.北京:中华书局,1960.

[42]李昉.太平广记[M].汪绍楹,点校.北京:中华书局,1961.

[43]顾炎武.日知录集释[M].黄汝成,集释.栾保群,吕宗力,校点.上海:上海古籍出版社,2006.

[44]陈立.白虎通疏证[M].吴则虞,点校.北京:中华书局,1994.

[45]严可均.全上古三代秦汉三国六朝文[M].北京:商务印书馆,1999.

[46]程俊英,蒋见元.诗经注析[M].北京:中华书局,1991.

[47]吴毓江.墨子校注[M].孙启治,校.北京:中华书局,1993.

[48]徐元诰.国语集解[M].王树民,沈长云,点校.北京:中华书局,2002.

[49]逯钦立.先秦汉魏晋南北朝诗[M].北京:中华书局,1988.

[50]张双棣.淮南子校释[M].北京:北京大学出版社,1997.

[51]王明.抱朴子内篇校释[M].北京:中华书局,1980.

[52]杨明照.抱朴子外篇校笺上[M].北京:中华书局,1991.

[53]罗新,叶炜.新出魏晋南北朝墓志疏证[M].北京:中华书局,2005.

[54]赵超.汉魏南北朝墓志汇编[M].天津:天津古籍出版社,1992.

[55]陈汉才.中国古代育儿教育史[M].广州:广东高等教育出版社,1996.

[56]陈鹏.中国婚姻史稿[M].北京:中华书局,1990.

[57]陈戍国.魏晋南北朝礼志研究[M].长沙:湖南教育出版社,1995.

[58]程树德.九朝律考[M].北京:商务印书馆,1927.

[59]邓拓.中国救荒史[M].北京:北京出版社,1998.

[60]杜成宪,王伦信.中国古代幼儿教育史[M].上海:上海教育出版社,1998.

[61]俄军,郑炳林,高国祥.甘肃出土魏晋唐墓壁画[M].兰州:兰州大学出版社,2009.

[62]费孝通.乡土中国 生育制度[M].北京:北京大学出版社,1998.

[63]冯尔康.中国宗族史[M].上海:上海人民出版社,2009.

[64] 甘肃省文物队. 嘉峪关壁画墓发掘报告[M]. 北京:文物出版社,1985.

[65] 高世瑜. 中国古代妇女生活[M]. 北京:商务印书馆,1996.

[66] 郭立诚. 中国生育礼俗考[M]. 台北:文史哲出版社,1979.

[67] 何平立. 巡狩与封禅:封建政治的文化轨迹[M]. 济南:齐鲁书社,2003.

[68] 侯旭东. 五六世纪北方民众佛教信仰:以造像记为中心的考察[M]. 北京:中国社会科学出版社,1998.

[69] 侯旭东. 北朝村民的生活世界:朝廷、州县与村里[M]. 北京:商务印书馆,2005.

[70] 湖北省博物馆,鄂州市博物馆. 鄂城汉三国六朝铜镜[M]. 北京:文物出版社,1986.

[71] 胡之. 甘肃嘉峪关魏晋一号墓彩绘砖[M]. 重庆:重庆出版社,2000.

[72] 胡之. 甘肃嘉峪关魏晋十二、十三号墓彩绘砖[M]. 重庆:重庆出版社,2000.

[73] 华爱华. 幼儿游戏理论[M]. 上海:上海教育出版社,1998.

[74] 李剑农. 中国古代经济史稿·魏晋南北朝隋唐卷[M]. 武汉:武汉大学出版社,2005.

[75] 李利安. 观音信仰的渊源与传播[M]. 北京:宗教文化出版社,2008.

[76] 李贞德. 女人的中国医疗史:汉唐之间的健康照顾与性别[M]. 台北:三民书局,2008.

[77] 梁满仓. 中国魏晋南北朝习俗史[M]. 北京:人民出版社,1994.

[78] 廖宜方. 唐代的母子关系[M]. 台北:稻乡出版社,2009.

[79] 刘俊喜. 大同雁北师院北魏墓群[M]. 北京:文物出版社,2008.

[80] 刘晓东. 儿童精神哲学[M]. 南京:南京师范大学出版社,1999.

[81] 刘咏聪. 中国古代的育儿[M]. 北京:商务印书馆,1997.

[82] 刘咏聪. 才德相辉:中国女性的治学与课子[M]. 香港:三联书店(香港)有限公司,2015.

[83] 刘永明. 汉唐纪年镜图录[M]. 南京:江苏古籍出版社,1999.

[84] 吕思勉. 两晋南北朝史[M]. 上海:上海古籍出版社,1983.

[85] 马建华. 甘肃敦煌佛爷庙湾魏晋墓彩绘砖[M]. 重庆:重庆出版社,2000.

[86] 孟昭华. 中国灾荒史记[M]. 北京:中国社会出版社,1999.

[87] 宁汉林,魏克家. 中国刑法简史[M]. 北京:中国检察出版社,1997.

[88] 彭卫,杨振红. 中国风俗通史·秦汉卷[M]. 上海:上海文艺出版社,2002.

[89] 汤用彤. 汉魏两晋南北朝佛教史[M]. 北京:北京大学出版社,2011.

[90] 唐长孺. 魏晋南北朝史论拾遗[M]. 北京:中华书局,1983.

[91] 田昌五. 古代社会断代新论[M]. 北京:人民出版社,1982.

[92] 徐梓. 蒙学读物的历史透视[M]. 武汉:湖北教育出版社,1996.

[93] 王建军. 中国教育通史第4卷魏晋南北朝[M]. 北京:北京师范大学出版社,2013.

[94] 王小英. 儿童游戏的意义[M]. 长春:东北师范大学出版社,2006.

[95] 王永平. 游戏、竞技与娱乐:中古社会生活透视[M]. 北京:中华书局,2010.

[96] 王稚庵. 中国儿童史[M]. 上海:儿童书局,1932.

[97] 王子今. 汉代儿童生活[M]. 西安:三秦出版社,2012.

[98] 畏冬. 中国古代儿童题材绘画[M]. 北京:紫禁城出版社,1988.

[99] 魏宏利. 北朝关中地区造像记[M]. 北京:中国社会科学出版社,2017.

[100] 吴格言. 中国古代求子习俗[M]. 石家庄:花山文艺出版社,1995.

[101] 吴广孝. 集安高句丽壁画[M]. 济南:山东画报出版社,2006.

[102] 奚从清. 角色论:个人与社会的互动[M]. 杭州:浙江大学出版社,2010.

[103] 熊秉真. 童年忆往:中国孩子的历史[M]. 台北:麦田出版股份有限公司,2000.

[104] 薛瑞泽. 嬗变的婚姻:魏晋南北朝婚姻形态研究[M]. 西安:三秦出版社,2000.

[105] 阎爱民. 中国古代的家教[M]. 北京:商务印书馆,1997.

[106] 阎步克. 品位与职位:秦汉魏晋南北朝官阶制度研究[M]. 北京:中华书局,2002.

[107] 严耕望. 严耕望史学论文集(上)[M]. 上海:上海古籍出版社,2009.

[108] 杨鸿年. 汉魏制度丛考[M]. 武汉:武汉大学出版社,2005.

[109] 于振波. 走马楼吴简初探[M]. 台北:文津出版社,2004.

[110] 张宝玺. 嘉峪关酒泉魏晋十六国墓壁画[M]. 兰州:甘肃人民美术出版社,2001.

[111] 张承宗,魏向东. 中国风俗通史·魏晋南北朝卷[M]. 上海:上海文艺出版社,2001.

[112] 王利华. 中国家庭史第一卷先秦至南北朝时期[M]. 广州:广东人民出版社,2007.

[113] 赵秀玲. 中国乡里制度[M]. 北京:社会科学文献出版社,1998.

[114] 郑岩. 魏晋南北朝壁画墓研究[M]. 北京:文物出版社,2002.

[115] 郭必恒. 中国民俗史·汉魏卷[M]. 北京:人民出版社,2008.

[116] 周一良. 魏晋南北朝史札记[M]. 北京:中华书局,1985.

[117] 朱大渭,刘驰,梁满仓,等. 魏晋南北朝社会生活史[M]. 北京:中国社会科学出版社,1998.

[118] 朱智贤. 儿童心理发展的基本理论[M]. 北京:北京师范大学出版社,1982.

[119] 埃里希·弗洛姆. 爱的艺术[M]. 赵正国,译. 北京:国际文化出版公司,2004.

[120] 大卫·埃尔金德. 儿童与青少年:皮亚杰理论之阐释[M]. 周毅,王忠勇,黄少政,等译. 重庆:西南大学出版社,1988.

[121] 菲利浦·阿利埃斯. 儿童的世纪:旧制度下的儿童和家庭生活[M]. 沈坚,朱晓罕,译. 北京:北京大学出版社,2013.

[122] 何诺德. 儿童游戏[M]. 谢光进,译. 北京:社会科学文献出版社,1989.

[123] 威廉·古德. 家庭社会学[M]. 魏章玲,译. 台北:桂冠图书股份有限公司,1988.

[124] 陈艳玲. 宗教影响下魏晋迄唐生育礼俗探微:以佛道教为中心[J]. 河南师范大学学报(哲学社会科学版),2011(3):146-150.

[125] 陈英. 魏晋南北朝私学教育内容多元化格局述论[J]. 甘肃教育学院学报(社会科学版),2000(2):64-67.

[126] 丛振. 敦煌壁画中的儿童游戏[J]. 山西档案,2015(5):16-18.

[127] 丁邦钧. 安徽马鞍山东吴朱然墓发掘简报[J]. 文物,1986(3):封底图版.

[128]高慧斌.南朝私学师生关系管窥[J].河北师范大学学报(教育科学版),2006(3):34-36.

[129]郭法奇.儿童教育史研究:价值、特点及设想[J].天津师范大学学报(社会科学版),2009(2):77.

[130]侯旭东.秦汉六朝的生日记忆与生日称庆[J].中华文史论丛,2011(4):127-164.

[131]胡朝阳,王义芝.敦煌壁画中的儿童骑竹马图[J].寻根,2005(4):54-57.

[132]胡大雷.中古时期家族对儿童的"文学"教育[J].梧州学院学报,2008(1):69-77.

[133]胡福贞.中国古代儿童游戏今析[J].西南师范大学学报(哲学社会科学版),1998(1):98-100.

[134]胡金平.魏晋六朝官学行政体制与师生管理制度考辨[J].南京师大学报(社会科学版),2013(2):81-89.

[135]胡幸福.中国古代平民胎教略论[J].北方论丛,1997(6):71-74.

[136]黄智允.汉代童蒙教育中的儒家因素:以天才儿童形象的探讨为中心[J].兰州学刊,2012(5):58-62.

[137]李必友,张白茹.论魏晋南北朝家族教育兴盛的原因[J].宁夏大学学报(人文社会科学版),2002(4):108-111.

[138]李传军.魏晋南北朝时期风俗巡视制度初探[J].晋阳学刊,2004(2):72-75.

[139]李凭.魏晋南北朝之际妇女的精神面貌[J].文献,1993(4):60-67.

[140]李沈阳.论汉代的胎教[J].咸阳师范学院学报,2009(5):22-25.

[141]李贞德.汉隋之间"生子不举"问题[J]."中央研究院"历史语言研究所集刊,1995,66:760.

[142]李贞德.汉唐之间求子医方试探:兼论妇科滥觞与性别论述[J]."中央研究院"历史语言研究所集刊,1997,68:313-314.

[143]李贞德.汉魏六朝的乳母[J]."中央研究院"历史语言研究所辑刊,1999,70:439-481.

[144]梁满仓.从魏晋南北朝复仇现象看"礼"对"法"的影响[J].求是学刊,2013(5):155-162.

[145]刘太祥.北朝大使巡行制度初探[J].许昌师专学报(社会科学版),1995(1):25-30.

[146]刘增贵.魏晋南北朝时代的妾[J].新史学,1991,2(4):1-36.

[147]刘志.魏晋南北朝节日延寿求福风俗与道教文化[J].西夏研究,2011(1):106-111.

[148]刘柱彬.中国古代宗法制度的形成及其精神实质[J].法学评论,1997(1):76-81.

[149]路志峻.论敦煌文献和壁画中的儿童游戏与体育[J].敦煌学辑刊,2006(4):85-88.

[150]马新.论两汉乡村社会中的宗族[J].文史哲,2000(4):100-107.

[151]齐慧源.芝兰玉树生街庭:《世说新语》中神童现象与魏晋家庭教育论略[J].徐州师范大学学报(哲学社会科学版),2004(6):42-46.

[152]乔孝冬.《世说新语》儿童游戏的谐趣效应[J].学前教育研究,2015(1):65-69.

[153]秦冬梅.略论北朝遣使制度[J].青海民族研究,2003(2):70-73.

[154]山西省大同市博物馆.山西大同石家寨北魏司马金龙墓[J].文物,1972(3):20-64.

[155]山西大同考古研究所.大同湖东北魏一号墓[J].文物,2004(12):26-34.

[156]山西省考古研究所.山西大同南郊仝家湾北魏墓(M7、M9)发掘简报[J].文物,2015(12):4-22.

[157]唐长孺.读《颜氏家训·后娶篇》论南北嫡庶身份的差异[J].历史研究,1994(1):65.

[158]陶广峰.汉魏晋宫刑存废析[J].法学研究,1997(3):142-145.

[159]万绳楠.魏晋南北朝时代的思想主流是什么[J].史学月刊,1957(8):8-12.

[160]王仁磊.魏晋南北朝儿童教育略论[J].山西师大学报(社会科学版),2011(5):79-81.

[161]王小婷.论中国古代民间胎教思想习俗及其科学性[J].山东社会科学,2012(11):88-93.

[162]王振宇.尊重儿童,就是尊重人类本身[J].早期教育,1999(3):15.

[163]王子今.三国孙吴乡村家族中的"寡嫂"和"孤兄子":以走马楼竹简为中心考察[J].简牍学研究,2004,4:107-118.

[164]王子今.秦汉"生子不举"现象和弃婴故事[J].史学月刊,2007(8):31.

[165]王子今.两汉童蒙教育[J].史学集刊,2007(3):15-25.

[166]魏向东.魏晋南北朝生育风俗述论[J].安徽史学,2003(2):104-106.

[167]吴洪成,王金霞.魏晋南北朝时期的小学教育探析[J].南京社会科学,2007(10):128-133.

[168]武剑青.南朝遣使巡行初探[J].西南交通大学学报(社会科学版),2007(6):125-131.

[169]向明.兼容并包:魏晋时期儿童教育述论[J].江苏科技大学学报(社会科学版),2006(4):41-44.

[170]谢长法.魏晋时期的家庭教育与社会教化[J].河北师范大学学报(教育科学版),2009(9):15-19.

[171]徐忠明,姚志伟.清代抱告制度考论[J].中山大学学报(社会科学版),2008(2):144.

[172]杨秀清.敦煌石窟壁画中的古代儿童生活研究(一)[J].敦煌学辑刊,2013(1):24-46.

[173]杨秀清.敦煌石窟壁画中的古代儿童生活(二)[J].敦煌学辑刊,2013(2):40-56.

[174] 杨秀清.敦煌石窟壁画中的古代儿童生活(三)[J].敦煌学辑刊,2013(3):86-103.

[175] 杨钰侠.北朝大使出巡评议[J].安徽史学,1999(4):19-22.

[176] 姚志伟.略论中国古代刑事责任年龄制度[J].南华大学学报(社会科学版),2005(1):66-69.

[177] 张承宗.魏晋南北朝妇女的社交活动[J].襄樊学院学报,2005(3):90-93.

[178] 张国刚.论唐代家庭中父母的角色及其与子女的关系[J].中华文史论丛,2007(3):207.

[179] 张连生.东晋南朝时期家庭教育述论[J].南京晓庄学院学报,2005(1):30-35.

[180] 张旭华.萧梁经学生策试入仕制度考述[J].史学月刊,1994(6):18-25.

[181] 张政烺.六书古义[J].历史语言研究所辑刊,1948,10:1-22.

[182] 赵国权.浅析中国古代的胎教思想[J].河南大学学报(哲学社会科学版),1994(1):82-85.

[183] 郑训佐.论魏晋南北朝妇女人格的蜕变[J].东岳论丛,1992(6):100-105.

[184] 周兆望,侯永惠.魏晋南北朝妇女的服饰风貌与个性解放[J].中国史研究,1995(3):13-20.

[185] 周兆望,蔡定益.魏晋南北朝慈善事业初探[J].南昌大学学报(人社版),2004(4):84-89.

[186] 朱智武.试论河西魏晋十六国墓葬壁画对汉画像的新变:以斗鸡、驻马等非典型图像题材为中心[J].南京晓庄学院学报,2016(3):35-41.

[187] 庄华峰.魏晋南北朝时期的妇女再嫁[J].安徽师大学报(哲学社会科学版),1991(3):343-348.

[188] 黄清敏.魏晋南北朝教育制度述论[D].福州:福建师范大学,2003.

[189] 王仁磊.魏晋南北朝家庭关系研究[D].郑州:郑州大学,2004.

[190] 李燕.亲子关系的教育哲学分析[D].苏州:苏州大学,2005.

[191] 柳称.魏晋南北朝时期家庭教育研究[D].天津:南开大学,2014.

[192] 刘浩.魏晋儿童研究[D].合肥:安徽大学,2007.

[193] 李静.魏晋南北朝少儿研究[D].南京:南京师范大学,2008.

后 记

炎炎夏日,窗外榴花似火,绿树荫荫。

我站在南山脚下,回首这几年的求学和工作经历,不禁感慨万千。时光如白驹过隙,转瞬即逝。想来距离我博士毕业已然三年。

这部书稿是在我博士论文的基础上修改而成。2018年5月我在郑州大学历史学院通过论文答辩,同年7月博士毕业。后西行入秦,来到秦岭脚下,终南山畔。

时至今日书稿终于付梓,可是我并未感到丝丝欣慰。相反,更多的是惴惴不安。一是自知才疏学浅,恐书稿为方家所笑;一是三年来忙于工作,恐怕是辜负了恩师的期望。

往事历历如左,三年前或漫步在校园,或坐于课堂听先生们讲课的场景仍然在侧。书稿的完成,我要感谢我的导师姜建设先生,先生治学严谨,为人和善。不幸的是,先生悄然而逝,听到消息,我的师兄弟和我都难以置信、难以接受。听到噩耗,我感叹生命无常,世事难料,不免嘘唏不已。先生之情无以为报,唯有在学术的路上砥砺前行,以慰藉先生在天之灵。

我亦要感谢张旭华老师。张老师是魏晋南北朝史研究的专家,先生的学问犹如高山仰止,因为我博士论文断代在魏晋南北朝,所以选修了先生的魏晋南北朝史课程。先生和蔼可亲,从未因我的学识浅薄而嫌弃,而是尽最大可能帮助我,辅导我。我的论文从选题到写作,先生倾注了大量的心血,给予我莫大帮助。从张老师身上,我学到了治学的态度、方法。每当我浮躁,想在学习中敷衍了事时,总能想起先生谆谆教诲的话语。

感谢郑州大学出版社的胥丽光女士、张霞女士,为书稿的出版做了大量的编辑、校对工作。

最后,我要感谢我的亲人,特别是我的丈夫,在我读博期间给予我精神上的支撑,生活上的慰藉,物质上的支持。感谢我的两个可爱的儿子,我在读书期间给他们做了榜样,希望他们能快乐成长,平安幸福。

周海燕

2021年8月6日于西安